united p.c.

De auteur is verantwoordelijk voor de correctie en inhoud.

Gedrukt in de Europese Unie op milieuvriendelijk gebleekt papier, geheel chloor- en zuurvrij.

www.united-pc.eu

Klaas de Groot

Gebroken Oranje

Overlevingsproblemen van het politieke patriciaat van het Friese platteland vóór, tijdens en na de Franse periode.

Op de omslag:

Brief van 29 augustus 1799 van Willem Erfprins van Oranje, gericht aan jhr. Æbinga van Humalda, met de mededeling dat de Engelse troepen ontscheept zijn met bestemming Den Helder.

Eén van de vele boerderijen die de naam van de Van Scheltinga's droegen. Deze Scheltinga Zathe staat in Tersoal.
Foto: K. de Groot

Een woord vooraf

De reden dat ik dit onderzoek heb gedaan berust op een toevallige loop van omstandigheden. In een eerder onderzoek, dat over de houding van Friese soldaten in het leger van Napoleon handelde, stuitte ik per ongeluk op een gedicht van een jongeman die zogenaamd vrijwillig ingelijfd werd bij de Gardes d'Honneur, een Frans elitekorps dat speciaal door Napoleon werd opgericht, en dat uit drie regimenten met in totaal dertigduizend man omvatte, allen afkomstig uit de betere kringen. Dit gedicht heb ik in mijn vorig onderzoek verder niet betrokken. Opvallend aan dit gedicht was dat het was geschreven door een persoon die een familienaam droeg die verwant was aan mijn moeders naam. Achteraf bleek dan ook dat het inderdaad familie was, wel van heel ver terug in de geschiedenis, waardoor veranderingen in de familienaam voorgekomen zijn.
Ik besloot om deze Garde d'Honneur verder te onderzoeken en vooral de reden te vinden waarom hij bij dit elitekorps moest dienen. Daardoor kwam ik terecht bij de oude elite van Friesland. Aangezien de adel al eerder onderwerp van onderzoek was geweest, besloot ik om het andere deel van de elite, namelijk die van de eigenerfde boeren, aan een onderzoek te onderwerpen. Als gevolg hiervan kwam ik tot de conclusie dat ik in wezen onderzoek deed naar de groep waartoe mijn eigen voorouders behoorden, zowel van moederskant als van vaderskant. Dit maakte mijn betrokkenheid bij dit onderwerp er steeds groter op. Dit boek bevat een verslag van mijn bevindingen.
Ik hoop dat dit geschrift voor de lezer even plezierig mag zijn als voor de schrijver.

Koudum, 2013.

Inhoud

Het heden is slechts een schakel tussen het verleden en de toekomst.

Hoofdstuk 1

Inleiding

Op 19 juli 1816 werd bij Koninklijk besluit de eigenerfde Johan Petrus van Hylckama door Koning Willem I benoemd tot grietman van de grietenij Gaasterland. Op het eerste gezicht zou je zeggen, wat is daar dan wel voor bijzonders aan. Er werden die dag meer grietmannen benoemd, en wel eenendertig in totaal, waarvan ongeveer de helft eigenerfden. Dat is door de eeuwen heen altijd normaal geweest. Wie en wat waren nu die eigenerfden.

In Friesland waren in de voorgaande eeuwen veel oude families uit de plattelandsstreken betrokken bij het bestuur, zowel op gewestelijk als lokaal niveau. Deze betrokkenheid stamt al uit de tijd der middeleeuwen. Hierbij kunnen we twee groepen onderscheiden: de adel en de eigenerfde boeren. Hoewel beide groepen duidelijke verschillen vertonen, zijn er ook overeenkomsten. Beide groepen zijn van oorsprong eigenerfde boeren. Het verschil zit meer in de tijd waarin deze groepen zich als bestuurders gingen manifesteren. De adellijke groep was al gedurende de tweede helft van de middeleeuwen actief op dit terrein, terwijl de groep der eigenerfde boeren vanaf het begin der zestiende eeuw een voet aan de grond begon te krijgen. Verder bestaat er een groep eigenerfden die in vroegere perioden tot de groep van de adel hebben behoord, maar die door diverse was oorzaken als misdragingen, verarming of huwelijk beneden de stand, uit de adel zijn verdwenen.

Om terug te komen op vraag wat zo bijzonder was in het geval van de benoeming van Van Hylckama. Het antwoord hierop is heel eenvoudig. Als we nagaan hoe deze persoon zich in de periode voorafgaande aan zijn benoeming gedroeg, lijkt het bijna een wonder dat hij zelfs maar voor een dergelijke benoeming in aanmerking kwam.

Bij de start van de omwenteling in 1795, waarbij een enorme steun werd ontvangen van de Fransen, was hij één van de eersten die zich inzette voor het vestigen van een republikeinse staat zonder Oranjes. Hij heeft gedurende de gehele periode van de revoluties en de Franse bezetting actief deelgenomen aan het bestuur in Friesland, aanvankelijk op plaatselijk niveau in Leeuwarden, en later op gewestelijk niveau. Hier bereikte hij zelfs het hoogst mogelijk bereikbare als Raad van de Prefectuur.

Gedurende de periode van ongeveer 1780 tot 1820 traden grote veranderingen op in de bestuurlijke structuur van de Nederlanden. Het was een periode van revoluties en contrarevoluties, bestuurlijke omwentelingen, inlijving en bevrijding, met en zonder staatshoofd. Vrijwel elke bestuursvorm heeft in dit tijdvak de revue gepasseerd.

Toch is het een aanzienlijk deel van de bij het bestuur betrokken oude Friese families, ook zij die niet tot de adel behoorden, gelukt om deze woelige periode van de grote veranderingen vrijwel onbeschadigd te overleven. De leden van de stand der eigenerfde boeren waren, net als de adel, vaak als hoogste gezagsdragers er aan gewend zonder soeverein staatshoofd mede de verantwoordelijkheid te dragen voor het welzijn van de provincie en haar inwoners. Ook hadden zij het vertrouwen van het belangrijkste deel van de kiezers onder de bevolking. Zij beschouwden het dan ook als normaal dat van hen verwacht werd dat zij deze lijn van functioneren voort zouden zetten, ongeacht binnen welke politieke structuur dit zou moeten plaatsvinden.

Hun grote gebondenheid aan hun gewest Friesland en zijn historie gaf hen een zekere onafhankelijkheid ten opzichte van de bovenliggende structuur. Of dit nu de Republiek der Verenigde Provincies, de Bataafse Republiek, het Koninkrijk Holland, het Franse keizerrijk of het Koninkrijk der Nederlanden was, maakte betrekkelijk weinig verschil.

Doel van dit project is onder andere om aan de hand van sociaal-cultureel en politiek onderzoek vast te stellen op welke manier, en in welke mate zij deze continuïteit gestalte wisten te geven.

Als inleidende casus is een korte geschiedenis van de familie Van Hylckama gekozen, één van de families der eigenerfde boeren.

Vaart wel mijn Vaderland! vaart wel o vrugtbre dreeven!
Waar 'k eerst in 's vaders arm ten hemel wierd geheeven
Waar de eerste moederkus op mijne wangen klonk
Ik het eerst het levensvocht uit haren boezem dronk
Waar 'k de eerste teed're jeugd als spelend door mogt stoeijen
En aan den oud'ren hand tot jongling op zag groeijen,
Waar reeds mijn kloppend hart zich een vriendinne koos,
Vaarwel mijn Vaderland! 'k verlaat U voor altoos!

De schelle krijgsclaroen, waarvoor de volken beeven
De standaard, die reeds eens voor mij wierd opgeheeven
Daar ik door Perus' goud, mij eens van heb ontdaan
Toen 'k een gekogte slaaf voor mij in dienst deed gaan
Die standaard roept mij op, - en schoon ik de oorlog hate
Moet 'k al wat dierbaar is, om zijnentwil verlaaten
Schoon 'k nooit in mijnen vuist een slagzwaard heb gekneld
Moet ik op 's dwing'lands wil, naar 't bloedig oorlogsveld.

Mogt men het waarlijk niet reeds diep rampzalig heeten
Dat men staag band op band, zag wreed vaneen gereeten
De jong'ling uit den arm der moeder had gesleurd!
De gaê van 't harte zijner gaede afgescheurd!
Moest het gering getal dat Neerland nog aanschouwde
Moest de een'ge vaste steun, waarop zij nog vertrouwde
Van uit haar zoekend oog, naar vreemde landen heen
Zich krommen onder 't juk, gebukt in 't harnas treen!

Kunt Gij, o grote God! die alles blijft regeeren!
Van 't bloedend oud'ren hart dit offer dan begeeren!
Was deeze schrikbre daad, Algoede ook uwe wil?
Ja - Niets ontglipt uw oog – zwijg morrend harte stil.
Houd moed – het is Gods wil, zoudt gij die wil bestrijden
Neen sterv'ling! schoon gij ook nog driemaal meer moet lijden
Houd steeds uw oog op Hem, die werelden gebiedt
En denkt, dat zonder Hem, er niets op aard geschiedt.

Het is dus ook Gods wil, dat ik U moet begeeven
O dierbaar Vaderland! o wellust van mijn leven!
Mijn oud'ren, Vriendenschaar, Geliefde het is zijn wil –
Mor niet om mijn gemis, maar zwijg eerbiedig stil,
Nog eens vaart wel! – ik moet mijn' oudren u begeeren
'K omhels u thans misschien, voor 't laatste in mijn leeven
Geef mij uw zegen mee, zie mij nog eenmaal aan –
Een zoon dus uitgerust, is 't altijd wel gegaan –.

En gij ook, zielsvriendin! blijft aan mijn hals niet hangen
Wilt mij met zoveel vuur niet meer aan 't harte prangen
Ach wist gij, hoe gij staag mij 't scheiden moeilijk maakt
Elk sluimrend hartsgevoel in mijne borst ontwaakt
Ik moet, ik moet van hier – ik mag niet langer toeven
Goon! hoe toch kunt gij dus het mensenlijk hart beproeven
Geliefde, deeze kus zij U voor 't laatst gewijd
Vaart wel, vaart alle wel tot in de eeuwigheid.[1]

---

[1] Tresoar (Frysk Historysk en Letterkundich Sintrum, voorheen Ryksargyf Fryslân) Leeuwarden/Archief 332-05 Familie De Carpentier-Van Hylckama, nr.65, *Gedicht van Cornelis Franciscus Frisius Nauta van Hylckama ter gelegenheid van*

1.1 Cornelis Franciscus Frisius Nauta van Hylckama

Dit gedicht werd op 12 juli 1813 geschreven door Cornelis Franciscus Frisius Nauta van Hylckama, ter gelegenheid van zijn vertrek naar Tours als lid van de Gardes d'Honneur. Het lijkt dat hij weinig zin had in deze onderneming. Hij moet dan ook wel enigszins overrompeld zijn geweest dat hij hiertoe aangezocht was. Hij had al aan zijn militaire verplichtingen als dienstplichtige voldaan. In zijn plaats had hij zich laten vervangen door een het laten opkomen van een betaalde remplaçant. Dienstneming bij dit nieuwe onderdeel van het Franse leger kwam voor hem dan als een donderslag bij heldere hemel, al moet hij toch wel iets vernomen hebben. In april 1813 bepaalde Napoleon namelijk per decreet dat een elitevrijwilligerskorps, de Gardes d'Honneur, een keizerlijke erewacht, diende te worden opgericht met een sterkte van 10.000 man, verdeeld over vier regimenten. Hiermee bedoelde hij dat de elite van het hele land (Frankrijk met alle geannexeerde gebieden dus) op vrijwillige basis verplicht werd om haar zonen op te geven voor dienst in dit korps. Sinds de inlijving in 1810 was het Nederlandse grondgebied een deel van Frankrijk; de inwoners van Nederland hadden dus dezelfde rechten en (vooral) plichten als de inwoners van Frankrijk. Voor Friesland werd het aantal uitverkorenen gesteld op 37. Om deel te kunnen nemen aan dit gebeuren moesten de kandidaten aan verschillende eisen voldoen. In aanmerking kwamen de leden en hun zonen van de diverse Franse ridderorden, evenals die van de adel. De benoemde en gekozen leden van de diverse departementen en arrondissementen,

---

zijn vertrek als garde d'honneur op 12 juli 1813 naar Tours in Frankrijk, 1813.

evenals die van de grote steden, en hun zonen, kleinzonen en neven, konden ook toetreden. Verder kwamen de leden, zonen, kleinzonen en neven van de vijfhonderd voor de belastingen hoogst aangeslagen inwoners van ieder departement als kandidaat in aanmerking. Oud-beroepsofficieren en hun zonen mochten ook meedoen. Allen werden min of meer verplicht zich vrijwillig aan te melden. En alles voor eigen rekening. Deze opzet had niets anders dan voordelen voor Napoleon. Hij kreeg er een cavalerieonderdeel van 10.000 man sterk bij, zonder dat dit hem een cent kostte. Omdat dit onderdeel uit de zonen van de meest invloedrijke personen in het hele land bestond, hadden deze topmensen nu niet meer de mogelijkheid in verzet te komen tegen het regime, zonder dat zij hierbij het leven van hun zonen in de waagschaal stelden.

Het was voor die tijd gebruikelijk dat, indien de keizer ergens op bezoek kwam, de plaatselijke overheid zorgde voor een tijdelijk ere-escorte van vooraanstaande jongemannen voor de begeleiding van de keizer en zijn gevolg. Nu had hij zelf de beschikking over dit bereden escorte, dat gekleed was in mooie, kleurrijke en opvallende uniformen.

Het was (aanvankelijk) niet de officiële bedoeling dat deze Gardes echt aan een mogelijke strijd zouden gaan deelnemen. Zij zouden als versiering op afstand, doch wel duidelijk zichtbaar voor de vijand, aan het front aanwezig zijn. Als zodanig wekten zij wel de indruk dat er nog een groot cavalerieonderdeel achter de hand werd gehouden voor een massale charge. Maar in werkelijkheid had Napoleon na de enorme verliezen bij zijn nederlaag tijdens de Russische veldtocht een geheel nieuw leger nodig. Naast de restanten van zijn oude 'Grande Armee' had hij nog ongeveer 180.000 nieuwe soldaten nodig om de totale sterkte op 200.000 mannen te brengen. Hiertoe werden dus de vier regimenten met 10.000 gardisten in het leven geroepen. Ook werden 80.000 mannen uit de eerste ban (in werkelijke dienst zijnde) van de nationale gardes overgeplaatst naar verplaatsbare eenheden. Deze eerste ban waren de actieve soldaten van de territoriale troepen, die dus niet buiten het Nederlandse gebied zouden hoeven te opereren. Verder werden 90.000 dienstplichtigen van de lichting 1814 vervroegd opgeroepen.[2]

Deze 'vrijwillige inlijving' bij de Gardes d'Honneur leek Cornelis niet de juiste wijze om zijn leven te wagen voor iets waarin hij waarschijnlijk niet geloofde. Hij had andere plannen met zijn zielsvriendin. Toch is hij na terugkomst nooit getrouwd geweest. Mogelijk moet die 'hartsvriendin' dan ook uitgelegd worden als Friesland. Opvallend in dit gedicht is, dat er geen namen of plaatsen genoemd worden die een verband met de schrijver of diens familie zouden kunnen leggen. De dichter, Cornelis Franciscus Frisius Nauta van Hylckama blijft volkomen anoniem in dit werk. Ook is het niet ondertekend. Wel is duidelijk uit de tekst op te maken waarover hij schrijft, en dat hij weet waarover hij schrijft. Hij was de jongste zoon van Johan Petrus van Hylckama, lid van de raad van de prefectuur in Friesland, en dus hoogstwaarschijnlijk zeer goed op de hoogte met de gebeurtenissen die zich in en rond het Franse keizerrijk afspeelden. Hij was één van de 37 'uitverkorenen' in Friesland die vrijwillig mochten dienstnemen in één der regimenten van de Gardes d'Honneur. Dit voorrecht was hem verleend omdat zijn vader lid was van de raad van de prefectuur van Friesland. Het vrijwillig zijn moet wel met een enorme korrel zout genomen worden. In wezen waren zij niet veel meer dan een groep gijzelaars, waarmee de rijke families persoonlijk aan het welzijn van de keizer werden verbonden.[3]

---

[2] Ch.C. van der Vlis, *De Gardes d'Honneur van Friesland,* (zp. z.j.) 38.
[3] Ch.C. van der Vlis, *Gardes d'Honneur,* 40.

De vader van de schrijver, Johan Petrus van Hylckama, was samen met Pieter Fontein en Watze Ruitinga door de Provisionele Representanten van het volk van Friesland gemachtigd om in 1795 de Franse troepen te verwelkomen en hun verblijf te regelen.[4] Hieruit valt wel op te maken dat de familie oorspronkelijk, in ieder geval voor een periode, patriottisch en mogelijk zelfs Fransgezind moet zijn geweest. Alle drie deze mannen, en vaders, moesten een zoon afstaan aan de Gardes d'Honneur. Ook Pieter Fontein was raad van de prefectuur; bovendien was hij vermogend; hij komt voor op de lijst van de 600 hoogst aangeslagenen voor de belastingen.[5]

Uit het gedicht klinkt nu wel een heel andere instelling. Volgens het tweede vers was Cornelis al eerder opgeroepen om als dienstplichtige dienst te nemen in het leger. Evenwel wist hij zich hieraan te onttrekken door het op 24 maart 1813 leveren van een betaalde remplaçant, de op 27 mei 1785 in Huizum (bij Leeuwarden) geboren Bernardus Nicolaas Colé,[6] in het gedicht een 'gekogte slaaf' genoemd, betaald met Perus' goud (naar Pereus, slavenhandelaar). Voor deze vervanger werd 2000 gulden betaald, de prijs van een behoorlijke boerderij met voldoende land, beslist geen kleinigheid. Wat hem vanzelfsprekend het meeste tegen de borst stuitte is het feit dat hij door het leveren van een vervanger aan zijn militaire verplichtingen had voldaan,

---

[4] Tresoar/332-05, nr.41, *Akte waarbij Johan Petrus van Hylckama, Pieter Fontein en Watze Ruitinga door de Provisionele Representanten van het volk van Friesland worden gemachtigd de Franse troepen te verwelkomen en hun verblijf te regelen,* 1795.

[5] Tresoar/8/3639, *Liste définitive des six cents Contribuables les plus imposés du Département de la Frise,* mei 1812.

[6] Tresoar/BRF/Prefect/Militaire Zaken (4065), *Akten van overeenkomst betreffende plaatsvervanging voor de conscriptie van de klasse 1812, arrondissement Leeuwarden,* nr.367, 24 maart 1813.

en alsnog 'vrijwillig' gedwongen werd om in dienst te gaan. Tussen haakjes, deze remplaçant heeft zijn verblijf in het leger niet overleefd. Cornelis mag van geluk spreken dat hij een vervanger heeft gevonden om voor hem te sneuvelen. Deze vervanger, Bernardus Colé, heeft gediend in het 124e Regiment de Ligne, aanvankelijk in het vijfde bataljon, een depotonderdeel, later als aanvulling in het tweede, een frontonderdeel. Hij is officieel geregistreerd als gedeserteerd in 1813, maar in werkelijkheid was hij in 1814 opgegeven als vermist, evenals in 1816 en 1817.[7] In de Franse archieven worden de tijdens een verloren veldslag of terugtocht gesneuvelde soldaten gewoonlijk ten onrechte opgegeven als zijnde gedeserteerd. Vaak was de gehele administratie dn ook zoek geraakt.

Het derde vers gaat over de veldtocht naar Moskou. Hieraan deden ruim 600.000 mannen mee, waarvan slechts ongeveer 15.000 zijn teruggekeerd, ongeveer 2½ %. Hij was op de hoogte van de gevolgen van deze veldtocht, en had het idee dat de volgende ook de nodige risico's zou inhouden. Hij moet zich wel goed van de gevaren bewust zijn geweest, gezien de positie die zijn vader in het bestuur bekleedde, in de directe nabijheid van de prefect. Vandaar ook zijn laatste regel in het eerste vers 'Vaarwel mijn Vaderland! 'k verlaat U voor altoos!'. Hij had geen enkele illusie levend terug te komen. Wat hij wel begreep was dat Napoleon niet van plan was om de nederlaag van 1812 tegen de Russen zomaar te accepteren; in het voorjaar van 1813 was hij opnieuw met een vers leger richting Rusland vertrokken. In Duitsland had hij alweer slag moeten leveren. Cornelis' enige verwachting was dan ook dat hij zijn ouders en vriendin pas in de eeuwigheid weer terug zou zien.

---

[7] Tresoar/11/6510 nr. 22, *Lijst van vermisten.*
Tresoar/16/822 nr. 389, *Zitting 06.08.1816* en nr.791, *Zitting 16.06.1817.*

We moeten er natuurlijk wel rekening mee houden dat een gedicht niet de werkelijkheid uitdrukt, maar meer een visie daarop. Verder zijn, om de nodige effecten te bereiken, retorische stijlmiddelen gebruikt. Maar niettemin drukt het wel duidelijk zijn tegenzin uit om gehoor te geven aan de oproep van Napoleon.

Op 30 april 1813, dus vijf weken nadat hij voor zijn nummer had moeten opkomen, heeft hij van de prefect J.G. Verstolk de uitnodiging voor 'de nieuwe loopbaan' ontvangen.[8] Het bleef een tijdje stil, tot de nieuwe gardes op 3 juni uitgenodigd werden om op 5 juni op het Tournooiveld, de opkomstplaats voor de Friese soldaten in Leeuwarden, te verschijnen voor de verdeling van de paarden. Op 24 juni werden de uitrustingsstukken voor de paarden uitgereikt. Op 5 juli kwam de mededeling dat Cornelis het commando over het zestien man sterke eerste detachement van het derde regiment zal hebben,[9] met als vervanger J.P. Fontein,[10] een zoon van Raad van de Prefectuur Pieter Fontein. Op 8 juli waren de laatste uniformstukken klaar en kon de reis naar Tours aanvangen. De uniformen waren een prachtige combinatie van rood en groen, aangevuld met een sjako met een grote pluim.

Op 12 juli gingen de leden van het eerste Friese detachement van start in Leeuwarden en ze bereikten

---

[8] Tresoar/Archief 334-03 Familie Buma, nr.566, *Stukken betreffende de gardes d'honneur, afschriften 20e eeuw,* 1813.

[9] Tresoar/Archief 326 Familie thoe Schwartzenberg en Hohenlansberg, nr.794.3, *Extract van een "proces-verbal de revue des Gardes d'Honneur à cheval"*, 10 juli 1813.

[10] De 14 metgezellen van Van Hylckama en Fontein waren J. Albarda, M.W. Bleker/Bleecking, Gerlach Buma, J.C. Driessen, P.A. Engelbert van Bevervoorden, Dirk Arends Evers, G.L. van Knijff, S.L. Manger, B.G.A. van Nauta, Wilco Holdinga thoe Schwartzenberg en Hohenlansberg, J. van Straten, V. de Swart, G.G. Burmania Vegelin van Claerbergen en Jan Wentholt. Tresoar/BRF/prefect/ingekomen stukken, nr.56, juli 1813.

die dag Heerenveen.[11] Hier ontmoetten zij enkele vrouwelijke bekenden; Buma beloofde hen onmiddellijk na aankomst in Tours te schrijven. De tocht, begeleid van Heerenveen tot Steenwijk door onder andere hun gastheer, de Heer Scheltinga, ging verder over Steenwijk, Zwolle (hier wachtten de Zwolse gardes op hun sjako's), Apeldoorn, Arnhem, Nijmegen (vanaf Steenwijk begeleid door Tinco Hylckama), 's Hertogenbosch, Tilburg, Antwerpen, Brussel, waar zij kennis maakten met de Zeeuwse gardes. Het ging verder via Bergen, Valenciennes, St. Denis, Versailles en Chartres naar Tours, waar zij op 20 augustus aankwamen. Onderweg hebben zij zich uitstekend vermaakt. Er werden regelmatig rustdagen gehouden, die zij gebruikten om bekenden op te zoeken, om per koets naar de Comedie in Parijs te gaan, en om diverse musea en paleizen te bezoeken. Tijdens hun reis hebben zij op 8 augustus ook nog de keizerin in de omgeving van Parijs geëscorteerd. Al met al een door Bernardus Buma als een zeer aangenaam en afwisselend bestaan ervaren. Hun grootste zorg was over het algemeen de kwaliteit van de wijn; in Frankrijk hadden ze betere verwacht. Uit de uitgebreide briefwisseling van Bernardus Buma blijkt wel dat zij tijdens hun reis een redelijk aantal bekenden ontmoetten, waar zij dan ook ingekwartierd werden. Ook geven de brieven de indruk dat de nieuwe gardes elkaar al goed kenden en een goede onderlinge verstandhouding hadden. Verder hadden zij het vooruitzicht om na een jaar dienst bevorderd te worden tot officier.

In september veranderde hun leven. Ze werden ingedeeld bij het 6e escadron van het 3e regiment Garde d'Honneur. De Zeeuwen werden ingedeeld in een ander regiment. Na een korte training gingen zij op 18 september op stap, om via Orléans, Troyes, Toul, Metz, Saarbrücken en Kaiserslautern op 20 oktober in Mainz

---

[11] Tresoar/334-03, nr. 566, *Brief van Bernardus Buma aan zijn ouders*, 16 juli 1813.

aan te komen. Hier lachte het geluk hem toe. Enige dagen daarvoor, 16, 17 en 18 oktober, was het Franse leger bij Leipzig tijdens de Volkerenslag definitief verslagen. Tijdens de terugtocht van de restanten van het Franse leger over de Rijn is Cornelis in Mainz als deserteur achtergebleven.

Niet iedereen van de groep is er in geslaagd tijdig het onderdeel te verlaten. Hun lot was niet al te goed. Toen bekend werd dat Nederland zich losgemaakt had van het Franse rijk, en zich tegen zijn vroegere meester keerde, werden alle Nederlandse gardes als verraders beschouwd en als krijgsgevangenen in de gevangenis opgesloten. Zo heeft Schwartzenberg vastgezeten in de gevangenis van Bourges, waar hij volgens zijn paspoort op 13 april 1814 werd vrijgelaten.[12]

Cornelis heeft de oorlog overleefd, is teruggekomen en heeft in 1815 tijdens de slag van Waterloo in Quatre-Bras als officier tegen de Fransen gevochten voor de bevrijding van Nederland.[13] Bij deze veldslag raakte hij door een kogel gewond aan één van zijn benen. Steunend op zijn sabel bleef hij zijn manschappen leiden. Later was hij actief tijdens de tiendaagse veldtocht tegen de opstandige Belgen. Voor zijn inzet is hij door koning Willem I onderscheiden met de Militaire Willemsorde. Opvallend is dat de schrijver, die in het gedicht zegt nooit een wapen te hebben gehanteerd, en die de oorlog haat, zich vrij snel hierna wel ging inzetten voor de bevrijding van zijn land, en een militaire

---

[12] Tresoar/ 326, nr.794.5, *Paspoort gegeven door de regering van Bourges voor de terugreis van Wilco Hold. III thoe Schw. Naar Nederland,* 13 april 1814.

[13] Tresoar/332-05, nr. 67, 1865, nr. 52, *Certificaat van de "Commissie in Vriesland tot aanmoediging van 'sLands militairen dienst" uitgereikt aan Bavius Anthonius van Hylckama, wegens zijn deelname in 1815 aan de oorlog tegen Frankrijk,* 1815, en nr. 62, *idem, uitgereikt aan Tinco Andringa van Hylckama,* 1815.

carrière niet uit de weg ging. Hij bereikte uiteindelijk bij zijn pensionering de rang van majoor. Toen Cornelis op 23 november 1865 in Sondel in Gaasterland stierf, was met hem deze tak van het geslacht Van Hylckama in Friesland uitgestorven. Op zijn graf op het kerkhof van Sondel ligt een grafsteen met daarop het familiewapen met de zwaan.

1.2 Johan Petrus van Hylckama

De vader van Cornelis was Johan Petrus van Hylckama. Wie was deze man en was hij zo belangrijk in Friesland dat zijn zoon hierdoor in aanmerking kwam om te mogen (moeten?) dienen bij de Gardes d'Honneur? Hiertoe diende men wel tot de top 500 wat betreft invloed, macht en bezit te behoren. Er kan dus wel aangenomen worden dat hij in het geheel niet onbelangrijk was. In de diverse studies die over deze periode geschreven zijn, komt zijn naam nauwelijks voor; toch is er in de archieven genoeg over hem te vinden dat hem wel interessant maakt.

Bij keizerlijk decreet van 19 mei 1811 werd Johan Petrus van Hylckama benoemd tot de Raad van de Prefectuur voor het departement Friesland. Dit valt te lezen in een document dat hem op 13 juni van dat jaar wordt toegestuurd door de prefect J.G. Verstolk.[14]

Johan Petrus van Hylckama werd geboren op 25 oktober 1749 en de volgende dag gedoopt in Sloten. Hij was gehuwd met Titia Rinia van Nauta,[15] dochter van Mr. Bavius van Nauta, burgemeester van Dokkum, die

---

[14] Tresoar/Archief 332-05, nr.44, *Besluit van de prefect van Friesland, waarbij deze meedeelt dat Johan Petrus van Hylckama volgens keizerlijk decreet van 19 mei 1811 wordt aangesteld als Raad ter Préfecture*, 1811.

[15] Tresoar/Archief 332-05, nr.194, *Aantekeningen van de familie Van Hylckama.*

tevens lid was van de Gecommitteerde Staat in het Mindergetal, de uit acht leden bestaande commissie uit de Staten die voorstellen voorbereidde voor behandeling in de voltallige Staten. Toen Johan twintig jaar oud was begon zijn militaire loopbaan. In 1770 werd hij door Teutscher von Lisveld, kapitein in het Regiment van Saxen Gotha, aangesteld als vaandrig bij dit onderdeel.[16] Deze benoeming werd bevestigd door Friedrich, hertog van Saksen, Gulik, Kleef en Berg.[17] Vervolgens werd deze benoeming op 27 januari 1770 bevestigd door Prins Willem van Oranje.[18] Na verschillende periodes van effectieve dienst en verlof werd hij in 1775 door stadhouder Willem V van Oranje bevorderd tot kapitein.[19] In 1786 was hij nog steeds in dienst van Willem van Oranje,[20] die hem in 1789 op zijn verzoek ontslag uit de dienst verleende. Op het eerste gezicht stond hij tijdens de revolutie van 1787 en de daarbij behorende troebelen aan de kant van de Oranjegezinden. Het lijkt er evenwel op dat hij de kant van de patriotten had gekozen. Door zijn verplichtingen als officier in het leger van Oranje was hij echter niet vrij om te handelen. Mogelijk hebben de gebeurtenissen in Frankrijk ook invloed gehad op zijn ontslagname. In 1793 werd hij gekozen als gevolmachtigde in de Staten van Friesland voor Idaarderadeel uit de stand der eigenerfden.

In 1795 zien we Johan van Hylckama weer verschijnen. In januari van dat jaar waren Franse troepen, met in hun kielzog uitgeweken Friese patriotten, het land binnengevallen om de Republiek te bevrijden van de Oranjeheerschappij. Stadhouder Willem V was op 18

---

[16] Tresoar/332-05, nr.38/2, *Stukken betreffende de militaire loopbaan van Johan Petrus van Hylckama als vaandrig en kapitein,* 1770.

[17] Tresoar/332-05, nr.38/3, *idem,* 12 januari 1770.

[18] Tresoar/332-05, nr.38/4, *idem,* 27 januari 1770.

[19] Tresoar/332-05, nr.38/14, *idem,* 29 april 1775.

[20] Tresoar/332-05, nr.38/23, *idem,* 15 oktober 1786.

januari naar Engeland gevlucht. Op 20 januari brak in Amsterdam de revolutie uit. Het duurde als gevolg van de strenge winter nog een week voordat dit nieuws Friesland bereikte. In Leeuwarden werd een Comité Revolutionair Provinciaal opgericht met de bedoeling om op de meest geschikte tijd het gezag over te nemen. Zij waren zich ervan bewust dat officieel het gezag in handen was van de Staten, en zij probeerden dan ook de revolutie geleidelijk te laten verlopen, in samenwerking met de Staten. De Gedeputeerde Staten hadden al besloten om de oprukkende Franse troepen zonder tegenstand de provincie binnen te laten.[21] Diverse comités van verschillende patriottische groeperingen werden naar Kampen gestuurd, waar zich de leiding van de teruggekeerde patriotten bevond, om een soepele overgang van het bestuur te bewerkstelligen. Op 6 februari 1795 verzocht het 'comité revolutionair' in Kampen Van Hylckama om toe te treden tot het bestuur.[22] Hij wist zich hier snel verdienstelijk te maken. Hij werd dan ook uitgenodigd om samen met Pieter Fontein en Watze Ruitinga de verblijfplaats van de Franse bevrijdingstroepen op te sporen, en hen namens de burgers ds. Thomas Joha en Coert Lambertus van Beyma van het Friese bestuur te verwelkomen en hun onderdak en voeding aan te bieden.

Vanaf 1795 vervulde hij diverse functies in het nieuwe bestuur, zoals provisioneel representant, gedeputeerde ter Generaliteit, gedeputeerde in het 21 leden tellende comité van de algemene zaken van het Bondgenootschap te Lande, de opvolger van de Raad van State der Verenigde Nederlanden, en representant van

---

[21] Joh. Frieswijk e.a., *Geschiedenis van Friesland 1750-1995*, (Amsterdam 1998) 105-106

[22] Tresoar/332-05, nr.39/25, *Ingekomen brieven bij en minuten van uitgaande brieven van Johan Petrus van Hylckama, in verschillende functies tijdens de Bataafse Republiek,* 6 februari 1795.

het volk van Friesland. Blijkbaar gaf hij er wel de voorkeur aan om zich in te zetten voor Friesland; op 4 maart 1795 werd hij als één van de drie Friese vertegenwoordigers benoemd tot lid van het Comité te Lande, maar op 10 juli diende hij alweer zijn ontslag in wegens zijn verkiezing tot representant van het volk van Friesland.[23] Hij werd vervangen door jonkheer Assuerus Vegelin van Claerbergen. De andere twee leden, mr. Johannes Lambertus Huber en Wopke Wopkens, hebben helemaal geen zitting genomen; zij werden op 14 april vervangen door Reinder van Kleffens en mr. Meinardus Siderius. Wel bestonden er aanvankelijk enkele bezwaren tegen Van Hylckama; er gingen stemmen op dat hij niet altijd aan de juiste kant heeft gestaan, en ook deel is geweest van het regime dat als de onderdrukkers van het volk aangeduid werd. Uiteindelijk werd hem niets verweten, en hij ontving schriftelijke excuses voor deze beschuldigingen.[24] Tot zover heeft hij het overleefd.

Van Hylckama's bestuurlijke zegetocht ging verder. In 1800 werd hij lid van het administratief bestuur, van 1802 tot 1806 was hij lid van het Departementaal Bestuur van de Eems, en van 1808 tot 1810 assessor van het departement. Na de inlijving bij Frankrijk werd hij in 1811, zoals eerder gemeld, benoemd tot raad van de prefectuur. Tijdens deze periode werd zijn zoon Cornelis uitgenodigd voor de gardes d'Honneur.

Toen Nederland onafhankelijk van Frankrijk werd, kwam Johan Petrus van Hylckama weer terug als lid van de raad van commissarissen, terwijl hij in 1815 voor de tweede maal opduikt als lid van de Provinciale Staten van Friesland. Op 19 juli 1816 werd hij door

---

[23] Nationaal Archief (NA), Den Haag, Archief van het Comité tot de Algemene Zaken van het Bondgenootschap te Lande, 1795-1798, toegangnummer 2.01.14.01. Lijst van leden comité op Internet onder http://www.nationaalarchief.nl. toegangen/2011401/2011401.html.

[24] Tresoar/332-05, nr.39/28, *idem,* 5 februari 1796.

koning Willem I benoemd tot grietman van Gaasterland. Dit ambt heeft hij maar kort kunnen uitoefenen, want op 28 oktober 1816 overleed hij op 67-jarige leeftijd in Sondel, zijn woonplaats in Gaasterland

Een volgende vraagt dringt zich op. Waar komt de familie vandaan? Johan Petrus was een zoon van Epeus van Hylckama, geboren te Sloten op 23 oktober 1665, en secretaris van Sloten en de zeven grietenijen,[25] een groot en belangrijk waterschap met een lange zeekust. Diens vader was (juridisch) dr. Janus van Hylckama, geboren te Joure in 1628,[26] ook secretaris van Slooten en de zeven grietenijen, net als zijn zoon. Hij overleed op 13 augustus 1701 en is in de kerk van Tjerkgaast begraven. Janus werd beschouwd als de stamvader van de familie. Janus was de zoon van Pieter Jelles van Hylckama en een kleinzoon van Jelle Broers van Hylckama, die in 1580 secretaris van Haskerland werd. Hij was tevens een neefje van Ambrosius Gellius Hylckama, die in 1614 werd benoemd tot secretaris van Ængwirden.[27] In de door de familie bijgehouden, en hoofdzakelijk mondeling overgeleverde, stamboom staat de volgende foute opmerking: "Broer Jelles Hylckama de zoon van Jelle Broers Hylckama was 1582 secretaris van Haskerland wierd gecasseerd (ontslagen) 12 augustus 1603 wegens het weijgeren van de afsweering des konings

[25] Tresoar/332-05, nr.194, *Genealogische aantekeningen betreffende de familie Van Hylckama, ca.1900.*

[26] Tot ongeveer 1650 woonde de familie Van Hylckama in Joure, in het buurtschap Broek, dat even ten noordwesten van Joure ligt.

[27] Tresoar/332-05, nr.183, *Genealogische aantekeningen van Johan Petrus van Hylckama betreffende de oudste generaties van de familie Van Hylckama, ca 1800.* De in deze aantekening voorkomende gegevens komen waarschijnlijk uit het mondeling overgeleverde collectieve geheugen van de familie; namen van verschillende personen en takken van de familie worden door elkaar gebruikt.

van Spanjen was 1618 secretaris van Schoterland hij was de zoon van Pieter Jelles Hylckama." Het geheel was hier aardig door elkaar gehaald

Hobbe Baerdt van Sminia maakt in zijn naamlijst van grietmannen de volgende aantekening[28]: 1545 Jelle Hylckama, wiens vader Broer heette, nam de naam van Hylckama aan, en had een broer, Broer genaamd, die naderhand grietman (moet zijn secretaris)[29] van Schoterland werd. Hij komt als grietman van Haskerland voor in een ordonnantie van het Hof. Van zijn post ontzet, omdat hij weigerde de eed aan de Koning van Spanje te doen, werd hij, bij verandering der zaken, in 1582 secretaris in dezelfde grietenij. Hij woonde in 1580 in Joure." In deze opmerking staan wel een paar misverstanden. Een andere bron, gebaseerd op genealogisch onderzoek, geeft meer duidelijkheid.[30] Jelle Broers Hylckama, zoon van de in 1544 overleden Broer, was van 1543 tot 1545 grietman van Haskerland. Aangezien de Nederlanden in het jaar 1545 deel uitmaakten van het rijk van de Spaanse koning, lijkt mij het zeer goed mogelijk dat hier het ontslag wegens weigering van de erkenning van de koning correct is, en zeker niet

---

[28] H. Baerdt van Sminia, *Nieuwe naamlijst van Grietmannen; van de vroegste tijden tot het jaar 1795; met enige geschiedkundige aanteekeningen* (Leeuwarden 1837), 353.

[29] H. Baerdt van Sminia, de auteur van Sminia maakt hier een fout die hij in een erratum aan het eind van zijn boek corrigeert. Genoemd boek is niet vrij van fouten, daar het meer een reconstructie aan de hand van incomplete verslagen van vergaderingen etc. betreft dan een zuiver genealogisch overzicht.

[30] Julius Heemstra, *500 jaar Het Geslacht Heemstra/Hylckama* (zp, zj). Genealogie 1303. Aantekening in begin van het boek: het is steeds hetzelfde geslacht, dat in de loop der eeuwen meerdere malen van naam veranderde. Hylckama, Hylcama, Hylcema, Hilcema. Hylkema, Hijlkema, Hielkema, Hiemstra en Heemstra vinden in dit geval hun oorsprong bij dezelfde voorouders.

het weigeren van de afzwering in 1603. Deze Jelle Broers Hylckama is in 1547 overleden. Zijn kleinzoon Jelle Broers Hylckama werd in 1580 benoemd tot secretaris in Haskerland. Door Van Sminia werden hier vader en kleinzoon Jelle Broers als één persoon behandeld. Om de onduidelijkheden te vergroten, werd door sommige familieleden de naam Jelle vervangen door de verlatijnste vorm Gellius en de naam Broer door Ambrosius, soms geregistreerd, en soms niet. De meest duidelijke oplossing van het vraagstuk 'vader en zoon Jelle Broers Hylckama' komt uit de genealogie van de familie Hylckama Vlieg, die tussen de twee 'Jelle Broers's een andere persoon plaatst, namelijk Broer Jelles Hylckama, die geboren is rond 1525, en die grietman is geweest van Schoterland. Zijn vader, Jelle Broers, die omstreeks 1500 geboren is, was grietman van Haskerland, terwijl zoon Jelle Broers, geboren in 1547, secretaris is geweest van Haskerland. Deze genealogie lijkt mij de meest waarschijnlijke, omdat deze voldoet aan de gangbare naamgeving en vernoeming van oudste zonen in een Friese familie. Het is wel duidelijk dat het niet mogelijk is om op een enkel bericht te vertrouwen; verifiëring met andere bronnen is wel noodzakelijk.

De omstreeks 1550 geboren Jelle Broers Hylckama heeft volgens de genealogie van Hylckama Vlieg samen met zijn echtgenote Bauck Aemes en zijn zoon Aeme Jelles Helckema en diens echtgenote in 1601 een boerderij, genaamd Eysinga-sate, aangekocht. Deze stemhebbende boerderij was 83 pondemaat (27,6 ha) groot, was gekocht voor 1765 goudguldens. Aangezien een aantal personen uit het voorgeslacht grietman is geweest, moet dit niet de eerste grote boerderij zijn die in hun bezit is gekomen.

Ook in Broek, bij Joure, bezaten de familie Hylckama een grote boerderij van het kop-hals-romp type, de Hylckama-sate. Deze boerderij is afgebroken, en er zijn dan ook weinig resten van over. Op de plaats van de oude staat nu een moderne boerderij. Broek is de plaats die wel beschouwd kan worden als de bakermat van de familie Van Hylckama.

Figuur 1.2.1

Van de oude boerderij in Broek is na de sloop weinig overgebleven; alleen een klein aantal smeedijzeren muurankers resteerde. Een viertal hiervan heeft een lokale kunstenaar gebruikt als basis voor een kandelaar die in de plaatselijke kerk een ereplaats heeft gekregen. Deze kandelaar mag niet uit Broek verdwijnen om de herinnering aan het oude geslacht Hylckama levend te houden. De familie was kennelijk geliefd in Broek.

Foto: K. de Groot

Om weer even terug te komen op de vader van de eerste Jelle Broers Hylckama die door Hobbe Baerdt van Sminia werd aangeduid als Broer; deze wordt in de genealogie van Van Hylckama Vlieg vermeld als Broer Hylckes, geboren ongeveer in 1475, en zoon van de rond 1440 geboren Hylcke Broers. In plaats van Hylcke wordt in sommige genealogieën ook wel de naam Roucke genoemd. Uiteraard had deze weer een vader die weer niet anders dan Broer geheten kan hebben. Deze Broer zal, uitgaande van een leeftijd van ongeveer 25 jaar waarop hij zijn zoon Hylcke/Roucke zal moeten hebben gekregen, rond 1415 het levenslicht hebben gezien. Al met al kan wel gesteld worden dat van de afkomst van de familie redelijk bekend is om ervan uit te gaan dat het hier om een toch wel eerbiedwaardig geslacht gaat dat zijn oorsprong vindt in de middeleeuwen.

Als samenvatting van het voorgaande volgt in tabel 1.1 een kort genealogisch overzicht van het voor dit onderzoek relevante deel van de familie Van Hylckama, beginnend bij de oudst bekende en eindigend bij Johan Petrus. Ook is geen rekening gehouden met de aanwezigheid van broers van de betrokkenen. Van deze niet vermelde broers is ook een aantal in dienst geweest van de verschillende Friese overheden, onder andere als Advocaat van het Hof van Friesland.

Naam	Jaren	Functie
Broer N.	(ca.1415)	
Hylcke/Roucke Broers	(ca.1440)	
Broer Hylckes/Rouckes	(ca.1475-1544)	
Jelle Broers Hylckama	(<1514)	Grietm. Haskerland 1539
Broer Jelles Hylckama	(ca.1525)	Grietm. Schoterland
Jelle Broers van Hylckama	(1547-1618)	Secr. Haskerland 1580
Pieter Jelles van Hylckama	(ca.1592)	Secr. Haskerland
Janus (Pieters) van Hylckama	(1628-1681)	Secr. Slooten 1663
Epeus (Janus) van Hylckama	(1665-1733)	Secr. Slooten
Tinco Andringa van Hylckama	(1711-1750)	Secr. Waterschap
Johan Petrus van Hylckama	(1749-1816)	Grietm. Gaasterland

Tabel 1.1: Vereenvoudigd genealogisch schema familie Van Hylckama.

Broer Hylckes (ca 1475-1544) was gehuwd met de adellijke dame Doed Amama. Op de grafzerk van hun dochter waren de kwartieren van de beide ouders aangebracht, namelijk Hylckama en Reynalda, en Amama en Feytsma.[31] Zij trouwde in 1545 met Reyn Hoytes Hoytema. De families Amama, Feytsma en Hoytema behoorden tot de adellijke families uit de middeleeuwen,[32] zodat wel aangenomen mag worden dat de

[31] Julius Heemstra, *500 jaar Hylckama/Heemstra,* 34.

[32] M.H.H. Engels, *Stamboek van den Frieschen adel, 1846; Vindplaatsen families in twee delen,* (2009).

familie Van Hylckama dicht bij de oude adel verkeerd heeft, en mogelijk als zodanig werd beschouwd. Voor deze studie wil ik hen verder alleen zien als eigenerfden. De relatie tussen de verschillende families kan kort weergegeven worden als volgt:

H/R Broers Hylckama × N Reynalda   Herne T. Amama × Lioets Feytsma

Broer H/R Hylckama × Doedt Amama

Jelle Broers Hylckama (<1514)

De familie was blijkens het voorgaande al ver voor het begin van de tachtigjarige oorlog betrokken bij het bestuur van de diverse grietenijen in Friesland, en kan dus wel als een gevestigde familie worden beschouwd. Wel moet rekening gehouden worden dat de familie in 1580 nog katholiek was,[33] en zich aangesloten had bij de 'malcontenten', een groep van katholieke edelen die zich bij de Spaanse zijde aangesloten hadden.

Het oude familiewapen van de familie Hylckama/Hylkema vertoont een staande zilveren zwaan op een rode achtergrond met om zijn hals een met een kroon getooide gouden halsband.[34] In zijn snavel heeft hij een gouden takje met drie eikels, het teken van eigenaar van bossen. Het getal drie, zoals dit voorkomt in de drie eikels is een verdere indicatie van een geslacht van eigenerfden. De betekenis hiervan is dat tenminste drie generaties eigenaar zijn geweest van een stemdragend landgoed, dus dat het land van grootouder via ouder op kind overerfd is. Het beeld van de zwaan, maar nu zonder halsband, komt ook voor in het helmteken. Het voeren van een zwaan als teken geeft een indicatie dat één van de voorvaderen toestemming had om zwanen te houden en te jagen, een privilege dat normaal was voor-

[33] In 1580 was het niet meer toegestaan om katholiek te zijn.

[34] Dit wapen heeft zowel middeleeuwse als adellijke kenmerken.

behouden aan de adel. Er komt ook een familiewapen voor met rechts een uitkomende halve Friese zwarte adelaar op een gouden ondergrond.[35] Dit geeft aan dat de familie betrokken is geweest bij de rechtspleging in Friesland. Op de linkerhelft komen boven elkaar in blauw drie gouden eikels, en in rood een gouden klaver. De betekenis hiervan is dat de drager zowel bosland als weiland bezit. Dit is ook het familiewapen van de familie Heemstra, een familie die van het Hylckamageslacht afstamt. Verder bestaat er nog een versie waarin beide wapens gecombineerd worden, namelijk de laatstgenoemde met in het centrum het oudere wapen met de daarin voorkomende zwaan.

De betekenis van het begrip eigenerfde, houdt in dat een stemhebbend bezit tenminste drie generaties aan de familie moet hebben toebehoord. Ook uit het feit dat de oudste Jelle Broers Hylckama (<1514) reeds grietman (en grote boer) is geweest, kan worden afgeleid dat ook de grootvader Hylke/Roucke Broers, en mogelijk ook diens voorvaderen, reeds aanzienlijke bezittingen moeten hebben gehad.

Een ander leuk detail is dat Jelle Broers van Hylckama (1545-1618), en dus ook diens voorgeslacht, rechtstreekse voorouders zijn van de auteur. In bijlage 1.2 is dit verband duidelijk gemaakt.

Verder moet nog vastgesteld worden dat verschillende leden van de familie degelijk opgeleid waren; onder andere hadden Gellius (Jelle) en Janus beide de doctorstitel, en waren sommige leden van de familie als lid en als advocaat werkzaam bij het Hof van Friesland. Dus naast hun bezigheden van grote boer, met uitgestrekte landerijen en meerdere boerderijen, waren zij ook op andere terreinen actief.

---

[35] In de heraldiek wordt het wapen beschouwd vanuit de drager, niet vanuit de beschouwer. Als gevolg hiervan lijken links en rechts verwisseld te zijn.

Figuur 1.2.2

Tegen de westelijke muur van de nieuwe kerk te Broek is een oude 17e-eeuwse grafsteen van de Familie Hylckama geplaatst. Deze lag oorspronkelijk in de vloer van de oude kerk. Om de steen van verder verval te behoeden – er werd overheen gelopen – is hij nu rechtop geplaatst. In het centrum is het familiewapen opgenomen.

Foto: K. de Groot

1.3 De andere zonen van J.P. van Hylckama

Buiten Cornelis Franciscus Frisius had Johan Petrus van Hylckama nog twee oudere zonen, die beiden ook in dienst zijn geweest van de overheid.

Bavius Anthonius van Hylckama, meester in de rechten, geboren 20 maart 1779 te Leeuwarden, werd op 24 februari 1811 per keizerlijk decreet benoemd tot plaatsvervangend rechter van de rechtbank in eerste aanleg te Sneek.[36] Hij behield deze functie tot 1817, dus ook nog tijdens de eerste periode van het Koninkrijk der Nederlanden. Van 1817 tot 1823, evenals in 1838 en van 1840 tot zijn dood in 1849 was hij assessor (bijzitter

[36] Tresoar/332-05, nr.51, *Benoeming tot plv. rechter,* 8 nov.1810.

of tweede rechter) van Gaasterland. Gedurende de lange periode van 1828 tot 1845 was hij lid van de Provinciale Staten van Friesland. Ook is hij actief geweest als militair. Hij heeft op vrijwillige basis, samen met zijn broer Tinco Andringa, als officier in 1815 meegevochten tegen Napoleon. Beiden kregen toestemming van de koning om een zilveren herinneringsmedaille te dragen als blijk van waardering aan hun deelname aan de strijd als lid van de Compagnie Vriesche Vrijwillige Jagers.[37] De kosten van deze onderscheiding waren wel voor eigen rekening. Van 1831 tot 1834 is hij, weer samen met Tinco, als kapitein bij de Mobiele Friesche Schutterij bij de strijd in België betrokken. Van 1844 tot zijn dood was hij majoor bij de rustende schutterijen, beter bekend als reservetroepen. Als volksvertegenwoordiger was hij van 1839 tot 1840 lid van de grietenijraad van Gaasterland, van 1841 tot zijn dood volmacht van Sloten in het dijkbestuur van "De Zeven Grietenijen en Stad Sloten". Hij stierf op 10 januari 1849, bijna 70 jaar oud, tijdens een bezoek aan Dwingeloo. De carrière van Bavius lijkt niet zo indrukwekkend als die van zijn vader. Hij is nooit grietman geworden zoals Johan. Maar hij zat wel met het probleem dat door de openstelling van ambten aan personen uit andere groepen dan de families van de eigenerfde boeren, er een groter aantal kandidaten beschikbaar kwam. Tinco is na het overlijden van zijn vader de vaste bewoner van het familieverblijf 'Beuckenswijk' geworden. Uit een extract van een akte van boedelscheiding van 15 september 1838 blijkt dat hij ook de bezitter is geworden van het landgoed 'Groot Roorda State' in Grouw.[38]

Tinco Andringa van Hylckama, geboren 2 april 1785, evenals zijn oudere broer in Leeuwarden, werd in

---

[37] Tresoar, toegang 11, nr. 9765, *Toestemming tot het dragen van zilveren medaille,* 12 maart 1818 en 19 maart 1818.

[38] Tresoar/332-05, nr.78, *Extract boedelscheiding,* 15 sept.1838.

1814 substituut-schout van Oldeberkoop, en over de periode 1814 tot 1846 controleur der belastingen te Oldeberkoop en Gorredijk. Ook hij is actief geweest in het leger. Zoals hiervoor al gemeld, vocht hij in 1815 tegen Napoleon, waarvoor hem de Militaire Willemsorde werd verleend. Ook is hij actief geweest bij de tiendaagse veldtocht tegen België als kapitein bij de Mobiele Friesche Schutterij, waarvan hij van 1831 tot 1839 lid was. Van 1844 tot zijn dood in 1857 was hij, evenals zijn broer Bavius, majoor bij de rustende schutterijen. Net als zijn broer Bavius was hij ook lid van de Provinciale Staten van Friesland, gedurende de periode van 1840 tot 1850, waarna hij van 1851 tot zijn dood lid was van de gemeenteraad van Ooststellingwerf. Op 14 september 1857 overleed hij, 72 jaar oud, te Oldeberkoop.

De carrières van beide broers vertonen een grote overeenkomst. Beiden waren, gezien hun militaire bijdragen aan Nederland, voortreffelijke vaderlanders die niet alleen de gewestelijke belangen dienden. Ook van hen kan gezegd worden dat zij professionele overheidsdienaren waren. Beiden hebben in de juridische omgeving gewerkt, zij het voor Tinco slechts een korte periode. Wel is deze tot op hoge leeftijd, 71 jaar, actief gebleven als controleur der belastingen. Beiden hebben zich als volksvertegenwoordiger ingezet; gedurende de periode van 1840 tot 1845 waren zij zelfs beiden tegelijkertijd lid van de Provinciale Staten. Ook zijn ze beiden, maar nu niet gedurende dezelfde tijd, lid geweest van een grietenijraad/gemeenteraad.

De zonen van Johan Petrus hadden nog een overeenkomst. Zowel Cornelis als Bavius en Tinco is nooit gehuwd geweest. Als gevolg hiervan is bij hun overlijden geen opvolger voor het voortzetten van zowel de naam Van Hylckama en de familietradities meer aanwezig. De in de loop der eeuwen vergaarde bezittingen gaan over op de erfgenamen van zijn enige, in 1824 overleden, dochter Aletheija Aurelia en haar uit Noord

Holland afkomstige echtgenoot Jan Hendrik de Carpentier.

1.4 De financiële situatie

Een interessant deel van de geschiedenis van de familie is hun financiële situatie, waarin het vergaren van bezittingen redelijk centraal lijkt te staan. Hieraan ontleende de familie Van Hylckama hoogstwaarschijnlijk zijn invloed. Het ziet er naar uit dat zij redelijk vermogend waren. Om dit duidelijk te maken is een onderzoek naar hun financiële handel en wandel nodig.

Johan bezat in Gaasterland ruim 300 pondemaat (= 110 ha.) weiland, waarover ongeveer een slordige *f* 1500,- belasting per jaar moest worden betaald.[39] De waarde van dit bezit heb ik op *f* 12.000,- (oude guldens) geschat.[40] Verder bezat hij 115 pm (= 41 ha.) bosland, met een getaxeerde waarde van *f* 4.600,-.[41] Ook bezat hij in diverse plaatsen 13 huizen met een totale waarde van *f* 4.366,-.[42] Tot zijn eigendom behoorden verder 19

---

[39] Tresoar/332-05, nr.87/40, *Lijsten van onroerende goederen in Gaasterland, eigendom van Johan Petrus van Hylckama; met vermelding van waarde en grootte van de goederen, ca 1800.*

[40] Tengevolge van het massaal op de markt brengen van corpora goederen door hun eigenaren (kerken, gilden, gast- en weeshuizen) was de prijs van grasland per pondemaat van *f* 120,- in 1795 gekelderd naar *f* 40,- in 1797. Vele grondeigenaren hebben doordoor vermogens verloren. Uit: Brief van Joha aan E.M. van Beyma, 14 februari 1797, Tresoar, Archief Van Beyma thoe Kingma, nr. 1530.

[41] Tresoar/332-05, nr.87/39, *idem.*

[42] Tresoar/332-05, nr.83, *Taxatierapporten van onroerende goederen, eigendom van Epeus en/of Johan Petrus van Hylckama, 1778-1784; met akte van scheiding van de in 1778 getaxeerde goederen, behalve stemhebbende goederen, tussen beide eigenaren, 1778; authentieke, gelijktijdige afschriften.*

boerderijen met een totale waarde van *f* 93.000,-. Samen met zijn broer Epeus was hij nog eigenaar van 16 boerderijen met een totale waarde van *f* 44.500,-. Verder bezaten zij samen nog een groep huizen en boerderijen van 56 stuks, waarvan geen waarden bekend zijn, maar die op 17 september 1778 onderling verdeeld werden, waaraan Johan 29 van in eigendom kreeg. Heel voorzichtig schat ik de waarde van deze boerderijen op ongeveer *f* 30.000,-. Bij deze verdeling waren de stemdragende boerderijen niet inbegrepen, deze zijn later na het overlijden van Epeus in zijn geheel aan Johan overgedragen. De waarde van deze belangrijke boerderijen en landerijen zijn mij onbekend; taxatie had voor een eventuele erfenis weinig zin, omdat zij toch bij elkaar dienden te blijven. Aangezien Johan voor verschillende grietenijen (Idaarderadeel, Ferwerderadeel) afgevaardigde is geweest in de Staten van Friesland, en zijn voorgeslacht grietmannen heeft geleverd in Haskerland en Schoterland, wat alleen mogelijk was indien hij daar over voldoende stemmen beschikte, kan aangenomen worden dat deze bezittingen over een groot deel van Friesland verspreid hebben gelegen, en verdeeld over verschillende grietenijen en kwartieren. Alles bij elkaar opgeteld kom ik op het formidabele bedrag van bijna *f* 166.000,-. Het vreemde is dat van dit enorme vermogen niets terug te vinden is bij de grote belastingaanslagen van 1812; ik vermoed dat dit te maken heeft met het feit dat de bezittingen over zoveel grietenijen verdeeld waren, zodat het moeilijk geweest moet zijn om officieel inzicht in zijn bezittingen te verkrijgen. Ook heeft hij een belangrijk deel van deze periode in Leeuwarden in de niet onaanzienlijke wijk Keimpema Espel[43] gewoond, wat, gezien de bestuurlijke structuur in Friesland, zeker heeft bijgedragen tot 'veronduidelijking' van al zijn bezittingen; Leeuwarden had immers niets te

[43] Tresoar/BRF, 424, *Lijst 83 1/3e penning Keimpema Espel,* 16 oktober 1796.

maken met de situatie in de plattelandsgebieden; Leeuwarden was deel van een ander kwartier, dat van de steden.

Wel wil ik opmerken dat er nog een andere verklaring is voor het niet voorkomen op de lijst van grote belastingaanslagen. In een inventarisatie van de bezittingen van wijlen J.P. van Hylckama en verdeling van die goederen over de erfgenamen in 1838 wordt een totaalbedrag van de goederen gemeld van *f* 59.844,56.[44] Dit bedrag is 36% van het door mij geraamde bedrag, wat hoogstwaarschijnlijk gebaseerd is op de prijzen van onroerende goederen van vóór de ineenstorting van de waardes van eigendommen. In beslag genomen kerkelijke (corpora) goederen werden op de markt gebracht, wat een daling van de prijzen teweegbracht. In deze lijst komt, net als in de voorgaande, het landgoed Beuckenswijk niet voor, waardoor zijn bezittingen toch nog een iets hogere waarde hadden. Wel is het duidelijk dat hij omstreeks 1795 door de lagere waardering toch nog een verlies heeft geleden van ongeveer honderdduizend gulden, een behoorlijk vermogen. Merkwaardig genoeg zou hij ongeveer hetzelfde bedrag hebben verloren in het geval hij zijn vermogen in staatsobligaties had gestoken; door de tiërcering, het door drie delen, als maatregel om de staatsschuld te verminderen, waren die immers ook verminderd tot éénderde van hun oorspronkelijke waarde.

De volgende vraag wordt nu wel duidelijk. Aangezien de familie in alle periodes betrokken is geweest bij het bestuur en de rechtspraak in Friesland, heeft ze blijkbaar alle veranderingen overleefd, van het stadhouderlijk bestuur, via Bataafse Republiek en de Franse tijd naar de nieuwe Oranjeperiode. De periode van de troebelen rond 1787 is ze buiten schot gebleven, omdat Johan toen

---

[44] Tresoar/332-05 nr.78, *Extract boedelscheiding J.P. van Hylckama,* 15 sept.1838.

als militair werkte voor de stadhouder. De eerste echte verandering, die van Willem V naar de Bataafse Republiek, verliep soepel; Johan bleef als gekozene in de Friese Staten gewoon op zijn plaats zitten en aanvaardde de veranderingen zonder hier tegenin te gaan. Hij was zelfs zeer snel actief voor het patriottische bewind als gematigd lid van de Fraterniteit van Leeuwarden. De Franse tijd gaf ook geen problemen; Johan Petrus en zijn zoon Bavius kregen goede benoemingen. Het grote omslagpunt kwam toen de zoon Cornelis zich, na de dienstplicht afgekocht te hebben, moest melden voor de Gardes d'Honneur. Na de desertie van Cornelis en zijn deelname aan de slag bij Waterloo, en de vrijwillige deelname van de broers Bavius en Tinco aan de afsluitende oorlogshandelingen, was de familie volledig klaar om weer met de Oranjes in zee te gaan. Verder was (de latere koning) Willem I zeer gebrand om deskundige bestuurders uit de periode van het Franse bewind over te nemen vanwege hun ervaring en deskundigheid. Hij prefereerde blijkbaar deze geschoolde ambtenaren, dus ook de Van Hylckama's, boven sommigen van de oudere generatie die altijd trouw aan Oranje waren gebleven.

Het is opvallend dat Johan Petrus in de studies over de 'Franse tijd' totaal onopvallend was. In de literatuur komt zijn naam in het geheel niet voor.[45] Wat hiervoor de reden is, is mij nog niet helemaal duidelijk. Mogelijk komt dit omdat over deze periode heel weinig is onderzocht. Hoewel hij in de literatuur niet voorkomt, is dit niet het geval in de documenten die over deze tijd bewaard zijn gebleven. Hierin is hij duidelijk aanwezig.

Bij het lezen van de grote reeks algemene geschiedenisboeken over de periode van de revoluties, het Koninkrijk Holland en de inlijving bij Frankrijk wordt al snel de indruk gewekt dat de geschiedschrijvers deze

---

[45] Ook in *Een revolutie ontrafeld; Politiek in Friesland 1795-1798* van Jacques Kuiper (Franeker 2002) komt zijn naam niet voor. In dit boek worden enorm veel personen vermeld.

periode, die toch zeer belangrijk was voor de vaderlandse geschiedenis, zo goed en zo kwaad als het ging onder de mat hebben geveegd. Zo kon meer aandacht worden geschonken aan de opbouw van het Koninkrijk der Verenigde Nederlanden. Hiermee hebben ze evenwel een belangrijk fundament van dit koninkrijk praktisch onzichtbaar gemaakt.

Een belangrijke vraag is nu: was de historie van de familie Van Hylckama nu wel zo uniek. Of kwamen dergelijke situaties en gebeurtenissen wel vaker voor. Aangenomen mag worden dat dit laatste wel degelijk het geval moet zijn.

1.5 Onderzoek naar de gedragingen van de niet-adellijke elite

Zoals al in de inleiding is gemeld, is het een aanzienlijk deel van de bij het bestuur betrokken oude, niet-adellijke Friese families, gelukt om de woelige periode van de grote veranderingen vrijwel onbeschadigd te overleven. Deze leden van de stand der eigenerfde boeren waren vaak als hoogste gezagsdragers gewend in een gewest zonder soeverein staatshoofd mede de verantwoordelijkheid te dragen voor het welzijn van de provincie en haar inwoners. Daar zij het vertrouwen van het belangrijkste deel van de kiezers onder de bevolking hadden, beschouwden zij het als normaal dat van hen verwacht werd deze lijn van functioneren voort te zetten. Het maakte nauwelijks iets uit binnen welke structuur dit zou moeten plaatsvinden.

De meest hiertoe geëigende middelen van deze boeren waren hun bekwaamheid door generaties van activiteit in bestuurlijke functies, betrouwbaarheid door hun reputatie als bestuurder én boer, betrokkenheid door gemeenschappelijke belangen en continuïteit. Ter versterking van hun positie gebruikten zij hun onderlinge vriendschappen en familierelaties, en de diensten van mensen die van hun positie afhankelijk waren, hun cliënten.

Binnen de families gold over het algemeen dat een eenmaal bereikte functie van de vader na diens overlijden uiteindelijk overging op de oudste zoon.[46] Vaak werd hij in afwachting van het overlijden van zijn vader tijdelijk geparkeerd in een ander overheidsbaantje. Mocht deze oudste zoon komen te overlijden zonder dat hij nageslacht had, dan kwam de volgende zoon in aanmerking voor de opvolging, of een jonger familielid van de vader.[47] Echter moet niet uit het oog verloren worden dat deze regels niet gebaseerd zijn op wetten, maar op overlevering en traditie. Voor de wet waren alle kinderen gelijkberechtigd en hadden allen recht op een gelijk deel van de nalatenschap. Verder werd er ook gezorgd dat verdere familieleden, zoals aangetrouwde, als onderdelen van hun netwerk deel namen in de toewijzing van de beschikbare functies.

Voor cliënten, die vaak als ambtenaren afhankelijk waren van hun patronen, gold een vrij algemene regel dat zij dienden te beschikken over een ambtelijke afkomst (een vader die dit werk ook al deed), bescherming van hun patronen, en de middelen om eventueel een betrekking van een voorganger te kunnen overnemen.[48] Op het gebied van het ambtenarenbeleid was Friesland een berucht wespennest.[49] Hier had men vrienden nodig. Hoe beter een kandidaat er in slaagde om een omvangrijk en goed sociaal netwerk op te bou-

---

[46] Luuc Kooijmans, *Vriendschap en de kunst van het overleven in de zeventiende en achttiende eeuw,* (Amsterdam 1997), 56.
[47] Yme Kuiper, *Adel in Friesland 1780-1880,* (Groningen 1993), 234.
[48] Paul Knevel, *Het Haagse Bureau; 17*[de]*-eeuwse ambtenaren tussen staatsbelang en eigenbelang*, (Amsterdam 2001), 57.
[49] Ibidem, 69.

wen, hoe groter zijn kansen op succes werden. Maar zelfs een aanbeveling uit de hoogste kringen was niet altijd een garantie voor succes.[50]

Om succes te krijgen in de pogingen van de eigenerfden om zoveel mogelijk macht te krijgen in het bestuur van Friesland werd handig gebruik gemaakt van de mogelijkheden die het selectief beheer van stemhoudende bezittingen hen gaf. Hun grote gebondenheid aan hun gewest Friesland en zijn historie gaf hen wel een zekere onafhankelijkheid ten opzichte van de bovenliggende structuur. Of dit nu de Republiek der Verenigde Provincies, de Bataafse Republiek, het Koninkrijk Holland, het Franse Keizerrijk of het Koninkrijk der Nederlanden was, maakte betrekkelijk weinig verschil.

Doel van dit project is onder andere om aan de hand van sociaal-cultureel en politiek onderzoek vast te stellen op welke manier en in welke mate zij deze middelen aanwendden, en wat hiervan de resultaten waren.

Interessant is te weten hoe de bestuurlijke structuur van Friesland zich vóór, tijdens en na de periode van 1795 tot 1815 heeft ontwikkeld. Verder is de moeite waard om te weten hoe de machtsverhoudingen tussen Friesland en de rest van Nederland zich in deze periode hebben ontwikkeld. Hebben Friese bestuurders en politici zich in de nieuwe landelijke structuur weten te vestigen, en omgekeerd, hebben Nederlandse politici zich in Friesland in de structuur ingewerkt.

Hoe was de onderlinge verhouding binnen en tussen de families van de eigenerfde boeren. Bestonden er netwerken van onderlinge bescherming en bevoordeling, en zo ja, welke waren deze. Golden deze verhoudingen van patronage ook met de centrale en decentrale overheden. Voor het geval dit waar is, zijn hierin door de veranderde omstandigheden ook wijzigingen gekomen. En hoe hebben de betreffende Friese families zich

[50] Ibidem, 105.

gedurende deze periode opgesteld; hebben zij actief aan de veranderingen meegewerkt, deze tegengewerkt, of hebben zij alles over zich heen laten komen. Is er van buiten af een situatie ontwikkeld waardoor eventueel verandering van hun status en aantal is veroorzaakt. Veel vragen dus.

Is er verandering gekomen in de invloed en macht die deze families bezaten gedurende deze periode; is dit dan een gevolg van hun eigen kundigheden en initiatieven of zijn ze hiertoe aangezocht. Werd er door leden van deze families onderling over deze zaken gediscussieerd werd, en zo ja wat was de strekking hiervan. En hebben deze families financieel of op andere wijze geprofiteerd van hun instelling, of hebben zij juist nadeel hiervan gehad, met andere woorden, heeft dit een verhoging of verlaging van hun financiële situatie en status opgeleverd.

1.6 Belang van het onderzoek

De in het onderzoek betrokken families zijn er voor een belangrijk deel in geslaagd om onder de diverse, onderling nogal tegenstrijdige, vormen van bestuur te dienen, en te overleven. In de beginperiode was er sprake van een sterk gedecentraliseerde regeringsvorm zonder staatshoofd, waarbij de provinciale staten als soeverein optraden. Nationalisme bestond nog nauwelijks; landsbelang, speciaal voor wat betreft de Republiek, was een niet erg ontwikkeld begrip. En dit landsbelang bestond voor Friesland hoofdzakelijk uit het betalen van belasting. Friesland was na Holland zelfs de grootste bijdrager van belastingopbrengsten binnen de Republiek. Door het ontbreken van politieke partijen was er aanvankelijk niet zoiets als partijpolitiek. Aan het eind van de periode was de situatie totaal gewijzigd. Er bestond nu een koninkrijk met een soeverein staatshoofd die alle politieke macht naar zich toe had getrokken; verder was het bestuur gecentraliseerd. De macht voor wat Friesland betreft was verplaatst van Leeuwarden naar Den Haag.

Voor de leden van de Friese elite heeft dit verregaande consequenties gehad. In het oude regime waren zij, door het ontbreken van een staatshoofd, als gekozen vertegenwoordigers de feitelijke machthebbers. Posities en kandidaatstellingen voor baantjes konden vaak in onderling overleg en via aanbevelingen worden verdeeld. In de koninkrijken en het keizerrijk werden zij dienaren van de Kroon, en afhankelijk van benoemingen op grotere afstand, en soms verkiezingen. Als gevolg van hun indiensttreding bij de Nederlandse overheid zijn velen van hen, die het zich konden veroorloven hun bedrijven en landerijen te verlaten - dit geldt meer speciaal voor de adel - naar andere delen van het land verhuisd; zij hebben door hun ervaring en vakmanschap wel degelijk geprofiteerd van de mogelijkheden die een groter land met een sterk gecentraliseerd en hiërarchisch karakter te bieden had.[51] Het huidige België was na de verdrijving immers ook een deel van het latere Koninkrijk geworden.

Er mag worden verondersteld dat veel leden van de te bestuderen groep elkaar goed kenden. Velen waren familie van elkaar, terwijl ook veel vriendschappen voorkomen. En het gebied waarin zij woonden was betrekkelijk klein. De groep kan worden omschreven als homogeen; tussen hen bestond geen uitgesproken animositeit, dit in tegenstelling tot de oude adel, die in de late middeleeuwen lange tijd verwikkeld is geweest in de strijd tussen de Schieringers en de Vetkopers, het Friese equivalent van de Hoekse en Kabeljauwse twisten.[52] Het ligt voor de hand dat bij de verdeling van

---

[51] Yme Kuiper, *Adel in Friesland,* 408.

[52] Ten tijde van de geschillen tussen de Schieringers en de Vetkopers waren de eigenerfde boeren nog niet tot de rangen van de bestuurders doorgedrongen; zij beperkten zich in de

ambten deze familie- en vriendschaprelaties een grote rol hebben gespeeld. Evenwel moet niet uit het oog worden verloren dat ook de stadhouder, die sinds 1749 ook wel iets in te brengen had op het bestuurlijk vlak, over een niet onaanzienlijke clientèle van afhankelijke personen beschikte.

Aangenomen kan worden dat in de onstuimige periode van de Bataafse Republiek, het Koninkrijk Holland en de inlijving bij Frankrijk de meesten van hen, uit solidariteit met degenen die het wettelijk gezag uitoefenden, zich beschikbaar hebben gehouden voor het vervullen van de functies die zij als groep al eeuwen hadden uitgeoefend. Hun loyaliteit lag meer bij Friesland dan bij Nederland. In wezen maakte het voor hen betrekkelijk weinig uit hoe de bovenliggende structuur eruit zag, zolang ze hun gang maar konden gaan. Dit geldt speciaal voor diegenen die geen (sterke) binding met het Huis van Oranje hadden. Daartoe beschikten zij tevens, zowel als individuen en als groep, over een groot aanpassingsvermogen. In 1806 gaf de uitgeweken stadhouder toestemming aan zijn volgelingen, van adel zowel als eigenerfden, om posten in het bestuur aan te nemen, welk advies dan ook door een deel van hen opgevolgd is.

In de vroegere periode, dus die zonder staatshoofd, waren voor de nagenoeg gelijkwaardige groepen van adel en patriciërs de banden van familie en vriendschap erg belangrijk. Dit veranderde, als gevolg van de meer centralistisch georiënteerde regeringsvormen, in een meer hiërarchisch georiënteerd netwerk van patronage. De leden van de elite kwamen nadien zowel in politieke als in de sterk daarvan verschillende bureaucratische en ambtelijke functies terecht.

---

late middeleeuwen nog meestal tot het dagelijkse bestaan op hun boerenbedrijf.

Gezien de onduidelijkheden rondom de persoon van Jelle Broers Hylckama ligt het voor de hand dat bij het bevragen van de diverse bronnen ook rekening moet worden gehouden met de betrouwbaarheid van deze bronnen. De familiehistorie die door Johan Petrus van Hylckama rond 1800 is opgesteld bevat enige onduidelijkheden en een duidelijke fout. Kennelijk is deze historie opgesteld aan de hand van verhalen die in de familie rondgingen. Een dergelijke manier van het mondeling overbrengen van oude histories was een gangbare wijze van doorgeven van gegevens. De verhalen werden van ouders op kinderen doorverteld, en als deze verhalen een paar eeuwen oud zijn, is het erg waarschijnlijk dat de werkelijkheid enigszins geweld wordt aangedaan. Een aantal meer betrouwbare bronnen zijn vaak door brand, verschillende gebruiken binnen de diverse kerken, en veronachtzaming verloren gegaan.

Buiten de mondelinge overdracht was ook het familiearchief een belangrijke bron van gegevens. Sommige families, waaronder de - niet tot de eigenerfde boeren behorende – Makkumer handelsfamilie Kingma, die als voorbeeld van schriftelijke overlevering kunnen worden aangemerkt.[53] Deze gegevens zijn door Henk Nicolai verwerkt tot een studie.[54]

Wat de problemen met het boek van Hobbe Baerdt van Sminia betreft, deze heeft zijn gegevens bijeengesprokkeld uit verslagen van de diverse grietenijvergaderingen. Indien er van een bepaalde grietenij over een grotere periode niet veel bewaard is gebleven, of in ieder geval in de tijd dat Van Sminia zijn boek schreef, rond ongeveer 1830, niet voor hem toegankelijk was, heeft hij die periodes duidelijk aangevuld met gemotiveerde gissingen, met het risico dat hij er wel eens

[53] Tresoar, Kingma-archief.

[54] Peter te Boekhorst, Peter Burke en Willem Frijhoff ed., *Cultuur en Maatschappij in Nederland 1500-1850,* (Meppel/Amsterdam 1992), 285-318.

naast zou kunnen zitten. De gegevens in de genealogie van Julius Heemstra lijken mij meer betrouwbaar, omdat deze zijn onttrokken aan de oude doop-, trouw- en overlijdensregisters van de diverse kerken, en de trouwregisters van de diverse grietenijen. Toch zitten hierin ook fouten.

Ik heb me dan ook voorgenomen om, waar mogelijk, alle gegevens die ook maar een klein beetje verdacht lijken, te verifiëren met de officiële stukken. Gelukkig zijn de meeste hiervan in Friesland goed gedocumenteerd, en dus terug te vinden.

Hoofdstuk 2

Historie van bestuurlijke structuur

De historie van de bestuurlijke structuur in Friesland laat een lijn zien die in de loop der eeuwen gaat van een redelijk onafhankelijk Friesland, via allerlei gradaties tussen vrijheid en onvrijheid, naar volledige integratie binnen het Koninkrijk der Nederlanden. Telkens treden veranderingen op, soms de vrijheid vergrotend en soms verkleinend.

Ik heb gemeend dat het wenselijk is dat in dit hoofdstuk, dat in principe meer fungeert als een inleiding tot de kern van mijn onderzoek, een aantal zaken worden beschouwd die door anderen al beschreven zijn.[55] Wel geven die gebeurtenissen een basis voor het handelen van de in mijn onderzoek betrokken personen en families. Dit hoofdstuk beschrijft de omstandigheden uit het 'verre' verleden, waarin de bekende 'Friese vrijheid' met de daaruit voortvloeiende bestuurlijke structuur is ontstaan, tot en met de revolutieperiode. De gebeurtenissen en ontwikkelingen voor Friesland en zijn bestuurders kunnen niet los worden gezien van wat er in de rest van Nederland, en ook Frankrijk en de Verenigde Staten, is voorgevallen.

2.1 De vroege geschiedenis

[55] Veel van deze informatie is afkomstig uit werken van H. Halbertsma, I.H. Gosses, B.H. Slicher van Bath, N.E. Algra, E.H. Waterbolk, J.R.G. Schuur, P.N. Noomen, Oebele Vries, Yme Kuiper, Jacques Kuiper, Hans Mol en Johan Frieswijk, die allen veel onderzoek naar delen van het Friese verleden hebben verricht.

In de inleiding van dit hoofdstuk zijn de begrippen 'Friesland' en 'Friese vrijheid' genoemd. Deze begrippen kunnen zonder nadere uitleg wel tot enige misverstanden leiden. Wat betekenen zij?

Onder 'Friesland' worden een groot aantal verschillende gebieden verstaan, die in omvang nogal van elkaar verschillen. Er bestaat een 'groot Friesland' uit de tijd van de Romeinen en de eerste helft van de middeleeuwen. Dit gebied omvatte het land dat aan het zuiden is begrensd door het Zwin, een inham op wat nu de grens is tussen Zeeuws-Vlaanderen en Belgisch Vlaanderen. In het noordoosten lag de grens bij Denemarken. Van dit rijk lag het zwaartepunt ongeveer bij Utrecht. Dorestad (Wijk bij Duurstede) was een belangrijke handelspost. In de latere Middeleeuwen, vanaf ongeveer het jaar 900, bestond Friesland uit het gebied wat nu Friesland heet, en wat ook in het grotere geheel bekend staat als Westerlauwers Friesland, het noordelijk deel van Groningen (de Ommelanden), en in Duitsland tot de rivier de Weser, gebieden die bekend zijn onder de namen Ostfriesland, Jeverland en Butjadingerland.[56] Soms wordt ook nog het Noord-Hollandse West-Friesland meegerekend. Na ongeveer 1500 wordt onder Friesland alleen nog maar het Westerlauwers Friesland verstaan, dus het huidige Friesland.

Er wordt altijd stilzwijgend van uit gegaan dat de Friezen vanaf het begin van de jaartelling een vrij volk waren zonder onderscheid tussen de diverse groepen binnen de bevolking. Dit is evenwel niet een juiste veronderstelling. In het jaar 802 werd op last van Karel de Grote in Aken het geredigeerde *Lex Frisionum*, dat gold voor het gebied tussen het Zwin en de Wezer, als eerste aanloop gecodificeerd tot een wetboek. Hierin werden drie groepen mensen onderscheiden, *nobiles,*

---

[56] B.H. Slicher van Bath, 'The economic and social conditios in the Frisian districts from 900 to 1500', in: *A.A.G. Bijdragen*, deel 13 (Wageningen 1965), 97.

liberi, en *liti*, waarvoor onderling sterk uiteenlopende strafbepalingen bestonden.[57] Dit betekent dat er dus edelen, vrijen, en anderen geweest moeten zijn in die tijd. En zij hadden totaal verschillende rechten en plichten.

Om meer duidelijkheid te krijgen omtrent het begrip vrijheid, en dan speciaal het begrip 'Friese vrijheid' moeten we weer ver in het verleden teruggaan. Het begrip vrijheid houdt in Friesland over het algemeen in dat de inwoners niet onderworpen waren, en ook niet onderworpen wilden zijn aan de grillen van een vorst of landsheer. Gedurende de meeste tijd zijn de inwoners van Friesland wel onderdeel geweest van een groter geheel, zoals het Heilige Roomse Rijk, het Duitse Rijk. De Duitse keizer heeft meerdere malen een graaf of bisschop de rechten op (het groter) Friesland toegekend, maar dezen zijn er nooit in geslaagd om hun rechten ook daadwerkelijk uit te oefenen en hun gezag te vestigen. Het overgaan van de rechten van de ene naar de andere partij komt een aantal malen voor als gevolg van onderlinge ruzie en onderlinge huwelijken.[58] In 1165 werd een condominiumverdrag afgesloten tussen verschillende partijen, maar dit heeft nauwelijks gewerkt. Op één of andere manier zijn de Friezen er altijd in geslaagd om een bovenliggende macht effectief tegen te houden. Dus ondanks de verre aanwezigheid van een heer, waaraan zij wel schattingen betaalden, zijn ze erin geslaagd om hun eigen opvattingen over bestuur te doen gelden. Wel is door de Friezen algemeen aanvaard dat hun landen verbonden zijn met Karel de Grote en diens opvolgers. In 1417 is de status van Friesland als vrij land door de Rooms-Koning Sigismund in een belang-

[57] H. Halbertsma, *Frieslands oudheid; Het rijk van de Friese koningen, opkomst en ondergang* (Utrecht 2000), 58.
[58] J.R.G. Schuur, 'De grondslag van de sinds de 12de eeuw door de Hollandse graven op Friesland gemaakte aanspraken', in: *It Beaken,* jrg. 18 (Leeuwarden 1981), 167-169.

rijk privilege bevestigd.[59] Door de erkenning van de rijksonmiddellijkheid, zonder landheer direct onder de keizer, werden eventuele aanspraken van anderen nietig verklaard.

De Friezen zijn er dus wel in geslaagd om het elders veel voorkomende feodale systeem grotendeels buiten de deur te houden. Pogingen om een dergelijk systeem te vestigen zijn door hen altijd met gewelddadige tegenstand tegengehouden. Slicher van Bath schrijft dit toe aan de ligging van de Friese landen direct aan de zee, de voor die tijd grote bevolkingsdichtheid, en de aanwezigheid van overzeese handel waarbij een aanzienlijk deel van de bevolking betrokken was.[60] Volgens Slicher van Bath kunnen feodale toestanden alleen ontstaan in relatief dunbevolkte landbouwgebieden, waar de bevolking niet de mogelijkheid heeft om andere zaken ter hand te nemen. Verder is natuurlijk de mentaliteit van de betrokken mensen niet uit te sluiten als een factor die het gevoel voor vrijheid een impuls gaven.

In het huidige Westerlauwers Friesland leefden rond het jaar 900 ongeveer 30.000 inwoners. Met een bevolkingsdichtheid van gemiddeld 10 inwoners per vierkante kilometer kan dit voor die tijd redelijk dichtbevolkt worden genoemd. De grootste dichtheid was in het noorden en het westen van Friesland. Als we ervan uitgaan dat de helft van het totale gebied niet geschikt was voor de voedselproductie, dan was er voor iedere persoon dus ongeveer 5 hectare grond beschikbaar, voor een huishouding van 6 personen was dit dus 30 hectare. In ieder geval was Friesland verreweg het dichtstbevolkte deel van het huidige Nederland.[61] Terwijl praktisch overal in West-Europa rond die tijd het belangrijk-

---

[59] Oebele Vries, *Het Heilige Roomse Rijk en de Friese vrijheid* (Leeuwarden 1986), 37-47.

[60] B.H. Slicher van Bath, *The economic and social conditions*, 106.

[61] Ibidem, 98-104.

ste voedsel bestond uit granen, had men in de Friese gebieden een veel uitgebreider en gevarieerder dieet. Buiten de granen aten de Friezen vooral vlees, dankzij het houden van grote hoeveelheden koeien en schapen, en vis uit de zee en de wateren rondom hen.[62] Rond 1500 was het aantal inwoners gestegen tot ongeveer 75.000. Met de uitbreiding van het beschikbare land – de Middelzee was ingepolderd en moerasgebieden werden drooggelegd – was er per familie nog steeds 15 hectare beschikbaar.

Tijdens de elfde eeuw werden de delen van Friesland tussen Vlie en Lauwers, de graafschappen Sudergo (Staveren), Westergo en Oostergo, bestuurd door graven uit het huis der Brunswijkers. Hoe zij aan de Friese graafschappen kwamen is onduidelijk.[63] Wel zijn in 1077 en 1086 delen van de Friese graafschappen tussen Vlie en Lauwers van hen ontnomen en aan de bisschop van Utrecht overgedragen. In 1101 gaven de Brunswijkers en de bisschop aan graaf Hendrik van Nordheim de rechten op de Friese graafschappen. Hij vertrok naar Stavoren om zich te laten huldigen. In plaats daarvan werd hij tijdens een zeegevecht met de Friezen gedood. Met deze daad van ontkenning van de grafelijke rechten, in feite een revolutie, namen de Friezen dus nu de vrijheid om hun zaken zonder een boven hun gesteld gezag en in onafhankelijkheid te regelen.

Koning Hendrik V (1106-1125), die in 1111 tot keizer werd gekozen, kreeg nu moeilijkheden met de Friezen. Zij weigerden een nieuwe graaf te aanvaarden. Tevens weigerden zij de keizer gepaste onderdanigheid te tonen. Om zijn gezag duidelijker te vestigen ondernam de keizer een expeditie tegen de Friezen, die hij echter moest afbreken wegens gebrek aan deelname van zijn ondergeschikte edelen, zoals die van Westfalen en Lotharingen. In 1165 droeg de keizer de rechten op de

---

[62] Ibidem, 104.
[63] H. Halbertsma, *Frieslands oudheid*, 140.

Friese graafschappen over op de Hollandse graven. Mogelijk hadden deze meer mogelijkheden om het oppergezag van de keizer te vestigen. Hun voorgangers hadden zich destijds nog Friese graven genoemd toen Holland nog een onderdeel van het grote Friesland was.

In 1232 liet de bisschop van Utrecht zijn claims op Friesland vallen. Hij verleende de Friezen de vrijheid, ook ten opzichte van de Hollandse graven. Dit was als tegenprestatie voor hun deelname aan een op een fiasco uitgedraaide veldtocht tegen de Drenten. De Friezen hadden nu geen buitenstaander meer die zich met het bestuur kon bemoeien. Ze maakten alleen nog maar deel uit van het Heilige Roomse Rijk, met de Duitse keizer als titulair staatshoofd. De in 1101 genomen vrijheid werd hiermee door de bisschop erkend en bevestigd.[64] Daarbij werd evenwel niet rekening gehouden met de rechten die de Hollandse graven nog meenden te hebben. Deze graven hebben steeds geprobeerd hun macht over Friesland te vestigen, maar dat is hun nooit gelukt. Bij de mislukte landing bij Staveren op 26 september 1345 om het Sint-Odulphusklooster te veroveren en om te bouwen tot een dwangburcht werd het Hollandse leger verslagen en graaf Willem IV gedood.[65]

---

[64] Ibidem, 145.

[65] Bij de aanval op Staveren begingen de Hollandse troepen onder graaf Willem IV en zijn oom Jan van Beaumont een aantal grote fouten. De aanvalsvloot werd in tweeën gesplitst. Een deel van het invasieleger onder Jan van Beaumont landde iets ten noorden van Staveren en wist het klooster te bereiken. Het restant onder Willem liep aan de grond op een zandbank ten oosten van de stad. Tijdens het ontschepen van het leger ging Willem, in harnas, zonder paard en doorweekt, met een onderdeel in de aanval, waarbij hij werd verslagen. De rest van zijn leger nam een verkeerde weg naar het door water omsloten Staveren, en kwam in een moeras terecht, waar zij kundig werden afgemaakt door de Friezen, die uit traditie geen genade kenden voor hun tegenstanders. De weg tussen Scharl en Warns wordt ook nu nog door de lokale bevolking

Opvallend is dat enkele dagen voor de inval van de Hollanders een algehele mobilisatie in Friesland was afgekondigd. Dit had tot gevolg dat er veel Friese 'soldaten' aanwezig waren op de landingsgebieden. Waren zij op de hoogte van de plaatsen waar de Hollanders zouden landen? Het lijkt er in ieder geval wel op. Mogelijk zijn ze gewaarschuwd door West-Friezen, die de voorbereidingen van de landing moeten hebben gezien. Deze waren niet zo gelukkig met de Hollanders, die hun leger van opstandelingen op 27 maart 1297 bij Vronen (St.Pancras) volledig in de pan hadden gehakt, en waarbij ook de plaatselijke bevolking werd uitgemoord. Nadien is er in 1398 vanuit Holland nog een poging ondernomen om Friesland in bezit te krijgen,[66] maar dit heeft voor de Hollanders niet het gewenste resultaat opgeleverd. Vanaf dat moment heeft ook Holland afgezien van de inlijving van Friesland. De zogenoemde Friese vrijheid ten opzichte van machthebbers van buiten Friesland was eindelijk een feit geworden. Deze onafhankelijkheid zou precies een eeuw duren.

Wel moet er rekening worden gehouden met het feit dat de bevolking van Friesland toch de keizer van het Heilige Roomse Rijk, dus die van de Duitse landen, als een soort titulair staatshoofd beschouwden, immers hun voorganger Karel de Grote had hun de onafhankelijkheid verleend wegens de bijdragen die zij hadden geleverd aan zijn rijk. Als gevolg hiervan werd het ambt van rechter dan ook beschouwd als een recht (en een plicht) dat rechtstreeks van hem afkomstig was. Deze verbondenheid is ook duidelijk zichtbaar in een niet onbelangrijk deel van de oude Friese familiewapens. Deze voerden als teken van dit recht de gedeelde ade-

---

de *ferkearde wei (verkeerde weg)* genoemd. Deze slag bij Staveren staat in de volksmond ook bekend als de slag bij Warns.

[66] H. Halbertsma, *Frieslands oudheid*, 147.

laar (zwart op goud), de rechterhelft van het keizerlijke wapen.

De uit de stand der hoofdelingen afkomstige edelen beschikten over een aantal rechten, zoals het recht om als rechter op te treden. Dit recht bestond ook bij de zogenaamde eigenerfden. Waar de term, en de functie, hoofdeling oorspronkelijk vandaan komt is nog niet geheel duidelijk, maar de hoofdelingen waren wel de aanvoerders, met een kleine strijdmacht van 'ruters', en rechters van de dorpen.[67] Evenwel hadden zij ook plichten, zoals de plicht om als rechter op te treden indien zij hiertoe werden aangewezen.

Men is het er nog niet over eens of de hoofdelingen afstammen van een mogelijke ambtsadel uit vroegere tijden, of dat zij zijn ontstaan uit de behoefte om in de dan heersende vetemaatschappij over leiders te beschikken. In de Friese rechtskundige historie tussen 1200 en 1400 bevinden zich helaas nogal wat hiaten.[68] Algra vraagt zich af of de hoofdeling afkomstig is uit de Friese oeradel, die zich gefideliseerd en gefeodaliseerd heeft aan de Frankische koning. Of zijn het afstammelingen van Frankische ambtenaren die naar Friesland zijn gekomen om over de Friezen te regeren?[69] Op deze vraag moet Algra het antwoord schuldig blijven, maar hij vermoedt wel dat de 'nobiles' een mengsel vormden van beiden. Schuur is van mening dat de opvatting van Algra wat betreft de door hem genoemde 'nobiles' in de twaalfde en dertiende eeuw als basis voor de hoofdelingen juist is.[70] Wel zegt hij dat voorzichtigheid betracht moet worden, omdat door gebrek aan documentatie het

---

[67] I.H. Gosses, *De Friesche hoofdeling,* (z.p., z.j.), 77.
[68] N.E. Algra, 'De oorsprong van de Friese adel', in: *Jaarboekje 1971 Nederlandse Kastelenstichting,* (z.p. 1971), 16.
[69] Ibidem, 24.
[70] J.R.G. Schuur, 'De Friese hoofdeling opnieuw bekeken', in: *Bijdragen en mededelingen betreffende de geschiedenis der Nederlanden,* 102^{e} jrg., afl.1, (Utrecht 1987), 16.

verband met de in de Karolingische bronnen genoemde 'nobilis' niet kan worden aangetoond. Wel bestaat er een aantal mythes waarbij alle Friezen afstammen van een grote koninklijke aanvoerder Friso. Eenzelfde soort afstamming hebben de Schotten zichzelf ook toegedicht.[71] De Hollanders, en de Geldersen daarvoor, hebben zich met behulp van Hugo de Groot ook een verleden met de Bataven voorgehouden.

Een opvallend verschijnsel is dat er in Friesland in de middeleeuwen reeds een sterk saamhorigheidsgevoel aanwezig was. Er heerste een sterk etnisch besef tot een volk te behoren,[72] waarbij ook de in Duitsland wonende Oostfriezen gerekend werden. Hiaten in hun geschiedenis hebben de Friezen vaak opgevuld met fictieve personen en gebeurtenissen, waarvan sommige ook nog eens herhalingen (soms vooraf) zijn van andere gebeurtenissen.[73]

2.2 *Friesland verliest zijn vrijheid*

In 1498 werd Friesland op een bloedige manier veroverd door de hertog van Saksen, waardoor het weer gebeurd was met de Friese vrijheid. Op 10 juni 1498 vond bij Laaxum een slag plaats tussen het beroepsleger van Albrecht van Saksen en een vrij ongeorganiseerd leger van Friezen, dat zonder leiding en discipline opereerde,[74] ondanks het feit dat de Friezen over een grote overmacht aan (boeren)strijders beschikte. Vroeger,

[71] P.N. Noomen, 'Suffridus Petrus en de Friese identiteit', in: *It Beaken*, jrg. 56 (Leeuwarden 1994), 170.

[72] E.H. Waterbolk, *Twee eeuwen Friese geschiedschrijving; opkomst, bloei en verval van de Friese historiografie in de zestiende en zeventiende eeuw* (Groningen 1952), 39-44.

[73] Ibidem, 61-62.

[74] J.A. Mol, 'Het militaire einde van de Friese vrijheid: de slag bij Laaxum, 10 juni 1498', in: *Millennium* 13 (1999) 3-20.

bijvoorbeeld in de slag bij Staveren in 1345 tegen de Hollanders, was deze strijdmethode nog rendabel, omdat ook de tegenstanders ongeregeld opereerden, maar tegen troepen die bedreven waren in moderne tactische oorlogvoering waren zij niet bestand. Het ongeregelde optreden van de Friese strijders kwam geheel overeen met hun denkwijze over bestuur; ieder voor zich was de regel. Er was totaal geen centraal gezag of aanvoering bij het leger, hoewel de Friezen in de potestaat toch over een militaire aanvoerder beschikten. Deze nederlaag kostte de Friezen hun legendarische 'Friese vrijheid'. Deze toestand zou helaas nooit meer terugkeren.

In 1524 werd door de hertog van Saksen Friesland verkocht aan de Habsburgers. Op die manier werd Friesland een deel van de Habsburgse Nederlanden onder Karel V. Om Friesland en de andere gewesten in het noordoosten onder zijn gezag te brengen is veel oorlogvoeren nodig geweest. En het blijft opmerkelijk dat het de opeenvolgende Bourgondisch-Habsburgse vorsten zoveel oorlogen en drukmiddelen heeft gekost om de noordoostelijke gewesten van de Nederlanden bij hun territorium in te lijven.[75]

Evenwel bleven de Friezen toch hun gevoel voor vrijheid en onafhankelijkheid houden. In 1555, bij de inhuldiging van Philips II als koning van Spanje en de Nederlanden, weigerden de Friese afgevaardigden knielend de eed van trouw aan de nieuwe koning af te leggen, want een Fries knielt alleen voor God, en zeker niet voor een mens. Het idee dat alle mensen gelijk waren leefde dus al, reeds eeuwen voor dit idee in andere gebieden ingang vond.

Het idee dat iedereen gelijk was, was zo ver doorgevoerd in het bestuur van Friesland dat er geen 'staatshoofd' aanwezig kon zijn. Als zodanig trad één van de gedeputeerden bij toerbeurt op als voorzitter van dit college; deze functioneerde dus dan tijdelijk 'naar

---

[75] J.C.H. Blom, E. Lamberts (red.), *Geschiedenis,* 96.

buiten' als een soort staatshoofd, en alleen maar voor beperkte tijd, en zonder bevoegdheid; deze berustte alleen bij de Landdag, de Nationale vergadering. In wezen betekent dit dat de bestuurlijke omgeving voor de Friezen alleen maar de republiek kan zijn. De enige persoon die voor een langere periode als leider kon optreden was de potestaat, de door zijn gelijken uit hun midden gekozen legeraanvoerder.

2.3 De voorgeschiedenis tijdens de Republiek

In 1568 veranderde de toestand in de Nederlanden. Er was een opstand uitgebroken tegen de Habsburgse koning Philips II. Deze had zijn sterke man, de hertog van Alva, gestuurd om de gewesten onder controle te houden. Op 23 januari 1579 werd door een aantal gewesten de Unie van Utrecht gesloten met de bedoeling gezamenlijk tegen de Koning op te treden, en geen afzonderlijke vrede te sluiten. Friesland sloot zich een jaar later bij dit verbond aan.

Van mei tot december 1579 werd er door bemiddeling van keizer Rudolf II onderhandeld over een vrede tussen Philips II en de Nederlandse gewesten. Evenwel sprongen de onderhandelingen af op de totaal verschillende eisen op religieus gebied van beide partijen. De standpunten van beide partijen radicaliseerden steeds verder, om te eindigen bij de vorstelijke soevereiniteit. In de zomer van 1580 verklaarde Philips II Willem van Oranje vogelvrij.[76] Op zijn beurt verweet Willem Philips II dat hij allerlei overeenkomsten met zijn vazallen, goddelijke en wereldlijke wetten had overtreden, en door hemzelf gezworen privileges had geschonden. Hij wilde zelfs zijn fouten niet inzien, na er herhaaldelijk op te zijn gewezen. Dit nu werd be-

---

[76] Ibidem, 115.

schouwd als tirannie. En aan zulk een vorst was niemand gehoorzaamheid verschuldigd. De Staten-Generaal wilden nu op zoek gaan naar een nieuwe vorst, één die ontslagen zou kunnen worden. Deze zou dus niet soeverein zijn, meer een soort president.

In juli 1581 werd het Plakkaat van Verlating afgekondigd. Philips II werd daardoor definitief niet meer als landsheer beschouwd. Vanaf 1582 ging Parma, de nieuwe afgevaardigde van Philips II, aan de slag. Hij heroverde Gent, Brussel en Antwerpen. Het zag er somber uit voor de Opstand, toen op 10 juni 1584 Willem van Oranje vermoord werd. Als gevolg van de tegenslagen in de Zuidelijke Nederlanden vluchtten naar schatting honderd vijftigduizend Zuid-Nederlanders naar de Noordelijke Nederlanden.

In de tussentijd werden verschillende buitenlandse edellieden benaderd om vorst van de Nederlanden te worden. Wel zouden ze moeten zorgen voor een militaire ondersteuning om de strijd tegen Spanje te voeren. De katholieke hertog van Anjou verschafte niet de noodzakelijke Franse steun, en de graaf van Leicester kwam ook niet met Engelse steun. Niet gedreven door enige vooropgezette theorie, maar door toeval en slechte ervaringen, werd door de Staten-Generaal besloten om van verdere zoektochten naar een nieuwe vorst af te zien, en de rol van soevereine instantie zelf op zich te nemen. De Republiek was ontstaan.

Toen in 1594 Groningen zich bij het verbond aansloot bestond de Republiek uit zeven gewesten, namelijk Gelderland, Holland, Zeeland, Utrecht, Friesland, Overijssel en Groningen. Een achtste provincie, Drente, was wel baas in eigen huis, maar had geen zitting in de hoge vergadering. Ondanks het feit dat de Noordelijke Nederlanden wel de strijd met Spanje aandurfden, beschikten zij niet over een krachtig bestuur. In feite was het een statenbond van zelfstandige gewesten, ieder met zijn bestuursstructuur. A.Th. van Deursen schrijft dat alle zeven gewesten een gelijke inbreng hadden in de macht, en de bevoegdheid belangrijke beslissingen door een tegenstem te blokkeren.[77] Als militair leider had de Unie van Utrecht aanvankelijk Willem van Oranje, en als politiek overlegorgaan de Staten-Generaal, waarin alle zeven gewesten gelijk vertegenwoordigd waren. Ook op provinciaal niveau was de verdeling van de macht op eenzelfde manier geregeld. Men moest om belangrijke beslissingen te nemen beschikken over de unanieme instemming van praktisch alle betrokkenen. Potentiële tegenstemmers moesten via een proces van geven en nemen overgehaald worden alsnog mee te werken aan de beoogde beslissing. Een dictator zou niet in staat zijn de vereiste eensgezindheid te krijgen om zijn wil door te drukken. Voor elk niveau was een college nodig dat eensgezind een beslissing kon nemen; eenlingen hadden geen kans. Het werd in de Nederlanden normaal om macht te geven aan een college, niet aan een persoon. En temidden van die colleges is er een eenzame figuur – eigenlijk twee – van de stadhouder. In Holland was de prins van Oranje stadhouder. Hij oefende ook meestal die functie uit voor de andere provincies, behalve in Friesland, dat een eigen stadhouder had; deze was meestal tevens ook stadhouder in Groningen en Drente. In het gewest Holland was ook nog een leidende figuur aanwezig met de functienaam van raadpensionaris. Dit was de tweede machtige man in Holland na de stadhouder, al waren beiden ambtenaren in dienst van het gewest. De raadpensionaris was tevens leider van de provinciale delegatie in de Staten-Generaal. Een belangrijk element in de macht van de stadhouder was dat hij de bevelhebber van het leger was. De raadpensionaris verkreeg status bij zijn ambt, de stadhouder kreeg die bij zijn ambtsaanvaarding al mee door zijn afkomst.[78] Een opvallend verschijnsel was evenwel dat de Hollandse raadpensionaris, met de bekende Oldenbarnevelt als

[77] Ibidem, 122.
[78] Ibidem, 124.

meest in het oog lopende, door de economische macht van Holland tevens de machtigste man werd in de gehele Republiek. Daar maakte hij de belangen van de Republiek vaak ondergeschikt aan die van Holland.

Zo was er bijvoorbeeld na de tweedeling van Brabant in Noord-Brabant een bijzondere, bijna middeleeuws aandoende vorm van machtsverdeling[79]. De steden waren volkomen autonoom, terwijl er na de opstand niet zoiets als een gewest meer bestond, waarin deze steden vertegenwoordigd waren. De organisatie van een stad als 's-Hertogenbosch was geheel gebaseerd op het corporatisme, waarbij allerlei organisaties, zoals de gilden en de schutterijen, onderdeel van de machtsbasis uitmaakten. Het gewest werd vanuit de Generale Staten in Den Haag gezien als een wingewest, waarmee weinig rekening hoefde te worden gehouden. De steden onderling hadden ook geen enkele band, of zelfs maar overeenkomsten met elkaar.

In Friesland was de macht een tikkeltje anders verdeeld. Waren in Holland de steden, met als belangrijkste personen de rijke handelaren, de belangrijkste dragers van de macht, in Friesland was de situatie geheel anders. De macht was daar meer in handen van het platteland. Het gewest Friesland was verdeeld in drie plattelandskwartieren, te weten Oostergo, Westergo en Zevenwouden, waarin de dertig grietenijen (gemeenten) werden vertegenwoordigd, en een stedenkwartier, bestaande uit de vertegenwoordigers van de elf steden. Bij stemmingen bracht elk kwartier zijn eigen stem uit. Bij staking der stemmen was die van de stadhouder beslissend; deze bezat dus ook wel enige macht. Voor de indeling van Friesland zie Bijlage 2.3. Voor de landdag leverden de kwartieren 82 afgevaardigden, twee per grietenij, be-

---

[79] Maarten Prak, *Republikeinse veelheid, democratische enkelvoud; sociale veranderingen in het revolutietijdvak 's-Hertogenbosch 1770-1820* (Nijmegen 1999), 29.

noemd uit de hervormde en doopsgezinde eigenerfde boeren, en twee per stad. Aan het hoofd van het geheel stond de *secretaris van staat*, het Friese equivalent van de raadpensionaris. Het dagelijkse bestuur van de provincie was in handen van de Gedeputeerde Staten. Verder was er nog een Mindergetal, een commissie uit de Staten, waarbij elk der kwartieren twee volmachten leverden. Dit Mindergetal behandelde vooraf de zaken die door de Staten afgehandeld dienden te worden. Aan de stemverhouding tussen de kwartieren – het platteland had driemaal zoveel stemmen als de steden – is duidelijk te zien dat de macht in Friesland bij het platteland berustte; hier woonden en werkten de belangrijkste rijken, de grote boeren en de adel, die trouwens ook boeren waren. In de praktijk betekende dit dus dat de macht lag bij mensen die met hun bezit aan het land gebonden waren. Tot slot nog iets over de stadhouder. In 1580 aanvaardde Willem van Oranje op verzoek van de Staten het stadhouderschap van Friesland; hij zich liet waarnemen door Bernard van Merode. In 1584, na de moord op Willem van Oranje, koos Friesland een eigen stadhouder, Willem Lodewijk, de zoon van Jan van Nassau. Met diens nakomeling Willem IV werd de stadhouder van Friesland in 1747 ook weer stadhouder van de Republiek.

Even een tussendoortje. Het is misschien interessant te weten hoe in Friesland verkiezingen verliepen. De schoolmeester en historicus Foeke Sjoerds schreef in zijn boek *Algemene Beschryvinge van oud en nieuw Friesland,* dat in 1767 verscheen, onder andere het volgende over het stemrecht.

1. Het stemrecht is zodanig aan de bezittingen verbonden en onafscheidbaar vastgelegd, dat alle eigenaren, die niet door de wetten van het land uitgesloten zijn, zonder onderscheid tussen mannen en vrouwen, volwassenen of kinderen (de laatste door hun voogden), ingezetenen of vreemden, in de genoemde zaken zich daar-

van mogen bedienen.[80] Dit was al een vroege vorm van emancipatie.

2. De oppermacht, oorspronkelijk berustend bij de stemgerechtigde ingezetenen, volgt dus vanzelf dat niemand uit enige aangeboren titels, waardigheden, adeldom of erfrecht, deel aan de regering heeft dan alleen voor zover hij, uit hoofde van zijn stemgerechtigde goederen, zichzelf of anderen, geheel of gedeeltelijk wegens enig dorp of grietenij daartoe kan benoemen. De adel in Friesland heeft, uit kracht van geboorte, alleen het recht dat er altijd uit iedere grietenij jaarlijks één edelman, die behoorlijk gekwalificeerd is, in de Landdag gestemd moet worden. Hetzelfde geldt voor de eigenerfden, uit wier midden jaarlijks mede een persoon uit elke grietenij gekozen moet worden.[81] Bij gebrek van een goede kandidaat wordt één uit de andere groep. Adel en eigenerfden zijn behoorlijk gelijkwaardig.

3. De wijze van stemmen der volmachten is voornamelijk op een vaste voet gebracht in het jaar 1640. Volgens het ontwerp, door de stadhouder Hendrik Casimir en de Heren Gedeputeerden opgesteld, en door een staatsbesluit van de vierde maart van hetzelfde jaar bekrachtigd.[82] Dit was dus een reglement dat voor heel Friesland gold.

4. De stemming zal geschieden in alle dorpen op dezelfde dag en uur door de gehele provincie. De aankondiging moet geschieden door de dorpsrechters, daags voor de stemming voor zonsondergang. Op de dag van de stemming moet de klok driemaal geluid worden, om negen, tien en elf uur. Na de laatste klokslag wordt na een kwartier de stemming in de kerken begonnen, met gesloten deuren zolang de stemming duurt. Al degenen die na het sluiten van de kerkdeuren verschijnen worden

---

[80] Foeke Sjoerds, *Algemene Beschrijvinge van oud en nieuw Friesland*, Vol.2 nr.1, 92.

[81] Ibidem, 94.

[82] Ibidem, 96.

als bijvallende stemmen gerekend.[83] De stemming ging op volgorde van bezittingen; iedere stemhebbende landerij had een eigen nummer. Kandidaten mochten niet bij de stemming aanwezig zijn.

5. Twee dagen na de genoemde stemmingen in de dorpen geschied de algemene stemming in de rechtkamer van de grietenij. Dan worden de personen aangewezen die door de meeste dorpen voor de Landdag gekozen zijn. Daarbij moet aangemerkt worden dat in deze laatste stemming de dorpen geteld worden, zonder onderscheid van grootte. Een dorp van drie of vier stemmen heeft evenveel gewicht als een ander van zeventig of tachtig. Het recht van stemmen is verboden aan alle papisten, landschapsmeiers, en andere niet genoegzaam begoedigde personen, en andere personen die volgens de wet niet worden toegelaten.[84] Deze manier van waarderen van stemmen is volkomen identiek aan die van de Amerikaanse Senaat, waar ook iedere staat met twee senatoren vertegenwoordigd is, onafhankelijk van de grootte en bevolking van die staat.

5. Geen leden, ten Landdage verschijnende, mogen in hun eigen zaken, of hen enigszins betreffende, in de vergadering adviseren, of stemmen Zij dienen zich gedurende zodanige beraadslagingen uit de vergadering begeven.[85] De kans op het nastreven van eigen belang wordt hierdoor verkleind.

6. De waardigheid van volmachten op de Landsdag, die de opperste macht in Frieslands regeringsstaat is, hebben dezen gedurende de Landdag de hogere rang boven de leden van alle hoge colleges van staat of justitie binnen deze provincie.[86] Als wetgever staan zij dus boven alles en iedereen.

---

[83] Ibidem, 97.
[84] Ibidem, 97.
[85] Ibidem, 103.
[86] Ibidem, 103.

Het is wel duidelijk dat de democratische gevoelens in Friesland zeer duidelijk aanwezig waren. We moeten niet vergeten dat deze regels al golden in de tijd van de tachtigjarige oorlog.

In 1648 werd de vrede tussen de Republiek en Spanje gesloten. In de Republiek had het gewest Holland na 1600 niet meer de behoefte om delen van de Zuidelijke Nederlanden op Spanje te heroveren; dit zou kunnen leiden tot een grote zuidelijke macht (Vlaanderen en Brabant), die het overwicht van Holland wel eens teniet zou kunnen doen. Spanje erkende de soevereiniteit van de Nederlanden, en vergunde het de vrije vaart op Indië.

In 1650 ontstond een nieuwe situatie. De stadhouder prins Willem II was overleden, en de Staten van Holland bleken niet bereid te zijn een opvolger voor hem te benoemen. Willem II had zich in hun ogen wel erg vorstelijk gedragen. De nieuwe raadpensionaris Johan de Witt was nu de grote man in Holland. Hij was zich er evenwel van bewust een betaalde ambtenaar van de Staten van Holland te zijn, en moest dus steeds behendig manoeuvreren, iets wat hem over het algemeen goed afging. Maar hoe belangrijk zijn ambt ook was, de Hollandse heren wilden niet ondergeschikt zijn aan hun eigen knecht.[87] Het eerste stadhouderloze tijdperk uit zich vooral in twee kenmerkende situaties. Naar binnen ontstaat de heerschappij van de regenten, en naar buiten is het de periode van de handelsoorlogen. Beide hebben duidelijk met elkaar te maken. Kenmerkend voor de regenten was dat zij als hoogste prioriteit hun eigen belang hadden, gevolgd door dat van de familie en de stad waarin zij woonden. Maar we moeten niet vergeten dat het begrip 'stadhouderloze tijdperk' niet voor de gehele Republiek gold; in Friesland (en Groningen en Drenthe) was er nog steeds een stadhouder.

---

[87] J.C.H. Blom, E. Lamberts (red.), *Geschiedenis*, 153.

In 1747 deed zich een nieuwe toestand voor. Frankrijk was de Nederlanden binnengevallen en het land had behoefte aan een leider. Deze werd gevonden in Friesland, en wel in de persoon van Willem IV, de zoon van Johan Willem Friso. Deze laatste had de titel prins van Oranje geërfd van de kinderloos gestorven Willem III. De latere Willem IV was in 1711, bij zijn geboorte, reeds stadhouder van Friesland geworden. De roep om Oranje bleek onweerstaanbaar, en Willem IV aanvaardde het stadhouderschap over al de Verenigde Provinciën. Evenwel was er nu een verandering in de situatie gekomen. Was vroeger de benoeming van een stadhouder afhankelijk van een keuze, nu was het stadhouderschap erfelijk geworden. Dit hield in dat de Oranjes nu rechten op deze functie konden laten gelden. De Staten hadden hun vrijheid wel of geen stadhouder te kiezen verloren.[88] Voor een eventuele democratie was dit een achteruitgang.

Willem IV was geen groot leider; zijn zoon Willem V, die in 1751 op driejarige leeftijd de macht kreeg, was nog minder een voortrekker. Aanvankelijk stond hij onder voogdij van zijn moeder, Anna van Hannover. Na haar dood in 1759 werd de voogdij waargenomen door de gewestelijke staten. De hertog van Brunswijk werd benoemd tot kapitein-generaal, zonder dat hij zich met de politiek mocht bemoeien. Toch bleek dat, via het stelsel van patronage, zijn invloed groter dan was gehoopt. Willem III had al druk gebruik gemaakt van de mogelijkheden die het verlenen van gunsten gaven. Ook Willem IV had zich hiermee bezig gehouden. Na hem hebben ook Anna en Brunswijk volop gebruik gemaakt van dit systeem. Toen Willem V meerderjarig werd, bleef hij op Brunswijk steunen. Er werden zelfs officiële afspraken gemaakt over de adviserende rol van Brunswijk.

---

[88] Ibidem, 169.

Deze zwakke stadhouder was nu officieel de leider. Hij stond aan het hoofd van een patronagesysteem, dat raadzalen kon vullen met zijn cliënten en creaturen.[89] Als we ons afvragen waarom hij gefaald heeft, dan kunnen we ervan uitgaan dat zijn invloed in de provincies ongelijk verdeeld was. In Friesland, en vooral in de grote steden van Holland, had men zich aan zijn patronaat weten te onttrekken, en politiek bedrijven tegen de zin van Holland is altijd moeilijk geweest. Hij beschikte met het in de loop der jaren opgebouwde netwerk van patroon-cliënt-relaties over een goed apparaat voor machtsuitoefening. Evenwel wist hij dit niet te gebruiken om een krachtig beleid mee te voeren.

2.4 De tijd van de revoluties

Het ligt voor de hand om aan te nemen dat wat er gebeurde in Friesland niet een geheel op zichzelf staande toestand was. Dit geldt speciaal voor de revoluties die zich in de periode van ongeveer 1770 tot ongeveer 1800 afspeelden. De revoluties in Friesland stonden in nauw verband met die in de rest van Nederland, welke weer een connectie hadden met de Franse revolutie. De Amerikaanse revolutie was de eerste van de rij, als we de 'glorious revolution' van 1688 in Engeland even buiten beschouwing laten.[90] Om een idee te krijgen wat er zich in de periode, waarover deze studie gaat, afspeelde volgen hier in het kort de geschiedenissen zoals die zich afspeelden in Amerika, Frankrijk, Nederland en Friesland.

---

[89] Ibidem, 177.

[90] Deze Engelse revolutie was wel de oorzaak dat John Locke zijn theorie omtrent de soevereiniteit van een volk opstelde, die later in de andere revoluties een belangrijk beginsel werd. De oude monarchie werd omgezet in een constitutionele monarchie.

In de jaren zeventig van de achttiende eeuw begon de gisting die in de Engelse koloniën in Amerika al enige tijd aan de gang was, om te slaan in een regelrechte revolutie.[91] In 1775 kreeg de krachtmeting een militair karakter. Op 4 juli 1776 verklaarden de Amerikaanse koloniën zich onafhankelijk, waarbij ze zich in hun Verklaring baseerden op Lockes gedachte, dat een koning die de onvervreemdbare rechten op leven, vrijheid en geluk van mensen stelselmatig aantastte, niet langer gehoorzaamd hoefde te worden. In 1788 werd een grondwet aangenomen, waarin veel ideeën van de Franse verlichtingsdenkers waren verwerkt, in het bijzonder de *trias politica* van Montesquieu, de scheiding van de machten. Frankrijk heeft de revolutie in Amerika dan ook altijd openlijk gesteund.

Op 26 februari 1782 erkenden de Friese Staten als tweede natie de Verenigde Staten van Amerika als onafhankelijke staat. Frankrijk had dit als eerste in 1778 al gedaan. De Staten-Generaal volgde het Friese voorbeeld en erkenden het nieuwe land in april van 1782. Uit de erkenning door de Friese Staten blijkt wel dat zelfs in buitenlandse zaken de afzonderlijke gewesten van de Republiek een grote zelfstandigheid bezaten.

In Frankrijk was het ook al geruime tijd onrustig. Vanaf juni 1789 kan er gesproken worden van een revolutionair tijdperk. Een groep burgers besloot met de 'Eed in de kaatsbaan' om het oude regime ongevraagd te voorzien van een grondwet. Met de bestorming van

---

[91] De onlusten begonnen in Boston op 16 december 1773 met het in zee gooien van 600 kisten thee, waarop de Engelsen een aanzienlijk bedrag aan invoerrechten wensten te ontvangen. Deze gebeurtenis staat bekend als de 'Boston tea party'; deze ongeregeldheden gelden als de directe aanzet van de Amerikaanse vrijheidsoorlog. De dieper liggende grond was dat men geen belastingen wilde betalen indien er geen zeggenschap over het bestuur, en dus het opleggen van belastingen, bestond.

de Bastille op 14 juli escaleerde de situatie. Na enkele jaren resulteerde dit in de onthoofding van de koning en het uitroepen van de Republiek. Ondertussen was Frankrijk in oorlog geraakt met Oostenrijk en Pruisen. Engeland werd ook een vijand van de jonge Franse Republiek. In het binnenland maakte de revolutie een radicale fase door die uitliep in het schrikbewind. Talloze burgers van alle mogelijke signatuur werden ter dood veroordeeld en terechtgesteld. In 1794 werd het weer rustiger in Frankrijk. Ondertussen kreeg de militair Napoleon Bonaparte het land onder controle en werd de revolutie gestabiliseerd. In 1802 werd hij 'eerste consul', en in 1804 kroonde hij zichzelf tot keizer. Hij perfectioneerde de bureaucratie, die nadien voor een belangrijk deel in stand is gebleven. Na een aantal onstuimige jaren, waarin oorlogvoeren zijn belangrijkste bezigheid werd, is hij in 1815 definitief bij Waterloo verslagen en daarna verbannen. Wel zijn de wijzigingen die hij invoerde voor wat betreft het landsbestuur vrijwel ongewijzigd.

In Nederland broeide het ook al enige tijd. Al geruime tijd was een groot aantal mensen, bekend als patriotten, onder invloed van het Franse verlichtingsdenken tot de conclusie gekomen dat er op bestuursniveau heel veel diende te veranderen. Het leven in de Republiek stond tussen 1780 en 1787 in het teken van twisten tussen Oranjegezinden en patriotten. Deze laatste groep wilde een grotere stem in het bestuur hebben, en kwam dan ook in verzet tegen het stadhouderlijke bestuur. Willem V (1751-1795) was er niet in geslaagd de bevolking op zijn hand te krijgen. Hij kwam over als een vrij slappe, maar wel intelligente figuur met betrekkelijk weinig initiatief. Toen hem in 1785 als gevolg van ontevredenheid over de afloop van de vierde Engelse oorlog het bevel over de troepen was ontnomen, verliet hij in 1786 Den Haag. Hij vestigde zich in Nijmegen, zonder iets te doen om zijn gezag te herwinnen.

Ondertussen hadden de patriotten overal in het land zogenaamde vrijkorpsen opgericht, burgerlijke militaire eenheden die niet onder het gezag van de overheid stonden. Deze goed getrainde en geüniformeerde burgertroepen, die naast de reguliere schutterijen bestonden, begonnen op meerdere plaatsen in het land het gezag over te nemen. In juli 1787 liet Willem zijn vrouw, Wilhelmina van Pruisen, een poging doen om zijn macht in Holland te herstellen. Dit mislukte toen zij in Goejanverwellesluis door patriotse soldaten werd aangehouden en in wezen gearresteerd. Voor haar broer, de koning van Pruisen, was dit een onaanvaardbare belediging. Hij zag hierin aanleiding om met een leger van 20.000 man een inval in Nederland te doen. Hij maakte korte metten met de patriotten en herstelde het gezag van Willem.

Ook Friesland raakte vanaf 1781 betrokken bij de ongeregeldheden tussen patriotten en Oranjegezinden. Coert Lambertus van Beyma, grietenijsecretaris van Westdongeradeel, organiseerde het verzet in de Friese Staten tegen het bewind van Willem V, aanvankelijk met succes. In 1783 stonden de Staten het stichten van exercitiegenootschappen toe. Vooral in het noordwesten van Friesland werden er tientallen opgericht. In Franeker oefende de burgermilitie zelfs met de stedelijke schutterij. Eendracht en verbroedering leken hier te zegevieren.

In het gehele land werd de invloed van de exercitiegenootschappen steeds duidelijker. Ook werd de effectieve macht van de stadhouder steeds kleiner. Ondertussen gingen de debatten steeds verder. De grote vraag was welke maatregelen er getroffen zouden moeten worden om het bestel democratischer te maken. Als gevolg van de golf van publieke hartstocht voor politieke kwesties slaagden de patriotten er in 1785 in om in enkele steden de macht te grijpen. Hun optreden werd steeds vrijmoediger.

Toen in september 1787 de Pruisen orde op zaken hadden gesteld in de Republiek, namen vele patriotten noodgedwongen de wijk naar Frankrijk, in afwachting van betere tijden.[92] De revolte kwam dus tot een einde door ingrijpen van de Pruisen. Overal in Friesland werden nu patriotten opgepakt. Op 26 september 1787 vaardigde het Hof van Friesland een arrestatiebevel uit voor 35 vooraanstaande patriottische bestuurders.[93] Deze lieden, waarvan een belangrijk deel afkomstig was uit Franeker, dienden in het Blokhuis te Leeuwarden gevangengezet te worden in afwachting van hun berechting. Tot de te arresteren personen behoorde ook de eerder genoemde Coert Lambertus van Beyma. Hij was echter, zoals zoveel anderen, naar Frankrijk uitgeweken.

2.5 Nederland onder de Franse invloed

In 1795 vielen de Fransen Nederland binnen, met in hun kielzog de terugkerende patriotten. Uit Leeuwarden vertrokken de heren E.S.G.J. van Burmania Rengers, W.A. van Haren, R.L. van Andringa de Kempenaer en Petrus Wierdsma met de officiële taak als vertegenwoordigers van de Staten van Friesland de Franse autoriteiten tot een wapenstilstand te bewegen. Zij kwamen op 3 februari 1795 in Zwolle aan. Tot hun ontsteltenis werden zij door generaal Daendels, de leider der teruggekeerde patriotten, doorverwezen naar de Friese patriotten die zich in Kampen ophielden. Hun missie mislukte dus volkomen. Wat een gunstige vredesregeling had moeten worden, eindigde in een smadelijke capitulatie.

Op 7 februari werd het *Comité Revolutionair Provinciaal* (C.R.P.) opgericht, een soort volksvertegenwoordiging. Hierin zaten onder andere Coert Lam-

---

[92] Joost Rosendaal, *Bataven! Nederlandse vluchtelingen in Frankrijk 1787-1795* (2003).

[93] Tresoar/Archief 345/ Verzameling aanwinsten nr. 383, *Arrestatiebevel,* 26 september 1787 (1797).

bertus van Beyma, Daam Fockema en Thomas Joha. Ook Johan Petrus van Hylckama was vanaf de eerste dag lid van dit 32 man sterke comité. Opvallend was dat de meeste leden van het C.R.P. uit de Friese steden afkomstig waren. Hiermee was de macht overgegaan van het platteland naar de steden. Verder bleek dat het merendeel van de leden koopman dan wel ondernemer was. Acht leden waren vrije beroepsbeoefenaren, te weten vijf advocaten en drie medici.[94] Het C.R.P. werd in sterke mate gedragen door leden uit de gezeten burgerij. Middenstanders en andere vertegenwoordigers van de kleine burgerij ontbraken bijna geheel. Ook het platteland was matig vertegenwoordigd. Naast een enkele boer zaten voor het platteland in het C.R.P. vooral verlichte dorpspredikanten. Zij werden in hun omgeving toch wel als deftig beschouwd werden. Het provinciale comité was dus tamelijk homogeen samengesteld. Vier plaatsen waren ingeruimd voor personen die in 1787 naar Frankrijk uitgeweken waren.

Op dezelfde dag werd door het comité nog een afvaardiging benoemd, bestaande uit Johan Petrus van Hylckama, Pieter Fontein en Watze Ruitinga, om de verblijfplaats van de Franse 'bevrijders' op te sporen. Zij moesten hen namens het Friese bestuur welkom heten en hun voeding en onderdak aanbieden.

Op 14 februari kwamen overal in Friesland op aanwijzing van het *Comité Revolutionair Provinciaal* de volwassen mannen in de plaatselijke kerken bijeen, waar onmiddellijk onder toezicht van een dorpsrechter een tweetal zogenaamde dorpsgecommitteerden werd aangewezen. Twee dagen later trokken de gecommitteerden naar de grietenij-rechtkamers en stadhuizen om de handelingen van de provinciale commissarissen te bekrachtigen, vooral de aanstelling van de nieuwe districtsbestuurders. Zo werden in nog geen 48 uur alle

---

[94] Jacques Kuiper, *Een revolutie ontrafeld; Politiek in Friesland 1795-1798,* (Franeker 2002) 31.

plaatselijke oligarchieën in Friesland aan de kant gezet en vervangen door provisionele besturen. Verzet tegen deze revolutie in februari 1795 was in Friesland zeer incidenteel. Op 19 februari werd de Statenvergadering ontbonden en werd het oppergezag in Friesland overgedragen aan een tussenregering bestaande uit 60 provisionele representanten.

Overal in Nederland braken grote feesten uit; de binnenkomst van de Fransen werd door het volk echt gezien als een bevrijding van het gehate bewind van Willem V en de regentenklieken. De Bataafse Republiek, die zich in feite ontwikkelde tot een Franse vazalstaat, was geboren.

De macht moest, naar de ideeën van Franse verlichtingsfilosoof Rousseau, aan een volksvertegenwoordiging gegeven worden, die namens het volk zou regeren. Wat de wil van het volk was, was nog niet uitgekristalliseerd. Er bestond nog geen vastomlijnd idee omtrent wie eigenlijk tot het volk behoorden. Iedereen die wat in te brengen had was er wel van overtuigd dat in ieder geval de Oranjegezinden daar niet toe behoorden. Verder was er de kwestie van de omvang van het volk. Was dit het hele Nederlandse gebied, of die van de afzonderlijke gewesten. De brandende vraag was dus of Nederland als geheel, een unie met een enkel volk, zou moeten worden gezien, of als een federatie van afzonderlijke gewesten met afzonderlijke volken.

In Friesland was de mening hieromtrent sterk verdeeld. Gematigde groeperingen, waartoe de meeste behoorden, voelden het meest voor een federale structuur, waarbij de organisatie van het bestuur in Friesland in grote trekken overeenkomst vertoonde met wat het vroeger was. Hiertegenover stonden de radicale groeperingen die een eenheidsstaat wensten. Veel van deze mensen waren afkomstig uit de steden, vooral uit Leeuwarden. Onder hen bevonden zich vele katholieken en doopsgezinden. Deze groeperingen waren in het oude regime buitengesloten voor wat betreft het bestuur. Nu kregen zij hun kans. Dus wilden zij de hervormingen vooral zo compleet en snel mogelijk doorvoeren. Ook kreeg Leeuwarden een prachtige kans om als hoofdstad een belangrijke stem in het geheel te krijgen. Evenwel wisten de gematigde federalisten door kundig manipuleren de situatie voorlopig nog in de hand te houden. Er ontstond een enorme belangenstrijd tussen de Friese representanten en de radicale leden van de Leeuwarder municipaliteit.

Op 12 en 13 januari 1796 kwam de strijd tot een voorlopig hoogtepunt. Het militaire garnizoen moest in opdracht van de representanten de leden van de Leeuwarder municipaliteit arresteren, maar velen waren onvindbaar. Slechts een paar werden opgepakt en naar het Blokhuis afgevoerd. Op 25 januari vertrokken de laatste Franse militairen uit de stad. Door hun aanwezigheid hadden zij voor een redelijke rust gezorgd. De Leeuwarder schutters sloegen aan het muiten. De gevangenen in het Blokhuis werden vrijgelaten en met marsmuziek naar hun woningen gebracht. De volgende dag, 26 januari, werden in Leeuwarden de federalistische vertegenwoordigers door de radicale unitarissen met geweld van hun posten ontheven en gearresteerd.[95] Na anderhalve week, op 11 februari, werden zij door ingrijpen van de inmiddels teruggekomen Fransen bevrijd. Tevens kwamen gevluchte representanten weer met de Fransen terug. Op 15 februari werd de Leeuwarder municipaliteit weer aan de kant gezet. Een week later, na het vertrek van het Franse leger op 22 februari, was het voor de radicalen vervolgens kinderspel om andermaal op het pluche te komen, ditmaal voor langere tijd. De plaatselijke bevolking werd in verbijstering achtergelaten. Er volgden geen arrestaties. De tegenstanders van de coup kregen alle gelegenheid om te vluchten, met als belangrijksten de representanten. Vele burgers volgden hun voorbeeld en verlieten Friesland. Alle gevluchte

---

[95] Jacques Kuiper, *Een revolutie ontrafeld,* 125.

representanten werden door hun achtergebleven collega's als ongeoorloofd afwezig verklaard en uit hun ambt gezet. Veel overheidsdienaren, zowel lokale als provinciale, verloren hun baan tengevolge van het weigeren van een politieke eed aan het nieuwe bewind. Hetzelfde gold voor gekozen en benoemde bestuurders. Op deze wijze werd het bestuur van vele politieke tegenstanders gezuiverd. Het is duidelijk dat deze periode in Friesland voor verwarrende situaties zorgde. Na deze tweede revolutie was er van de rest van de Friese zelfstandigheid niet veel meer over.[96] Als de coupe van 22 februari 1796 niet was verlopen zoals het gebeurde, was de bestuursvorm in Friesland waarschijnlijk (voor zo lang dat zou duren) nog die van een federaal bestuurde staat geweest.

Op 23 juni 1796 trad een nieuw Provinciaal Bestuur aan. Bestond het oude college nog voor een belangrijk deel uit mensen met een academische achtergrond (40%), en voorzien van goede ambten, functies en beroepen, en dus bestuurlijke ervaring. Bij de nieuwe regeringsploeg waren deze kwalificaties drastisch verminderd. Universitair geschoolden ontbraken vrijwel volledig. Friesland had afgerekend met 'het hoogwijse schrikbewind van hooggeleerde mannen'.[97] Ook het aantal vermogensbezitters onder de nieuwe regeerders was aanzienlijk gedaald. Opvallend was ook dat de politiek gematigde doopsgezinden, die in de vorige regering een belangrijke groep vormden, en door hun houding nog een vrij geweldloze uitvoering aan de revolutie hadden gegeven, nu grotendeels waren vervangen door katholieken die er een radicalere mening op na hielden. Dit resulteerde in een veel hardere doorzetting van de revolutie. Behoorde een aanzienlijk deel van de doopsgezinde bestuurders nog tot de welgestelde burgers, de

---

[96] Tresoar/345/Verzameling aanwinsten nr. 458, *Rondschrijven T. van Heloma,* 30 maart 1796.
[97] Jacques Kuiper, *Een revolutie ontrafeld*, 182.

nieuwe katholieke bestuurders waren van een veel eenvoudiger afkomst.

In Den Haag zag de Nationale Vergadering zich steeds meer geconfronteerd met de moeilijkheden in Friesland. Een delegatie uit Friesland vroeg steun voor het huidige beleid, terwijl brieven van andere groeperingen, waaronder naar Groningen uitgewekenen, om precies het tegenovergestelde vroegen. Evenwel was de Nationale Vergadering niet bij machte om in te grijpen; in het reglement van 21 januari 1796 stond dat alleen nationale zaken behandeld konden worden. Op politiek, justitioneel, economisch en financieel gebied waren de provincies nog volkomen autonoom.[98] Nationaal ingrijpen in de provinciale politiek was echter niet geheel uitgesloten. Ingrijpen was mogelijk indien bemiddeling of tussenkomst uitdrukkelijk door de diverse partijen verlangd werd. Volgens de commissie-Schimmelpenninck, die op 17 maart hierover verslag deed, was dit hier het geval; er was hier sprake van wederzijdse inroeping. Dit schrok de Friese machthebbers dusdanig af, omdat zij de kans liepen van hogerhand in de problemen te geraken. Zij haastten zich de Nationale Vergadering te verzekeren dat het wettige gezag in Friesland hersteld was en de openbare orde geen enkel gevaar liep.

Ondertussen gingen de zuiveringen voorgesteld door het Comité van Waakzaamheid gewoon door. Rechters werden ontslagen. Iedere bestuurder, ambtenaar of overheidsdienaar die de nieuwe eed van trouw niet wenste af te leggen, werd onmiddellijk uit zijn functie ontheven. Vele oudgedienden moesten het veld ruimen, terwijl steeds meer onervaren mensen op belangrijke posten kwamen. Eind 1796 hadden hereboeren plaatsgemaakt voor middenstanders, gereformeerden voor katholieken en conservatieven voor radicalen. Ook

[98] Ibidem, 190.

veel gematigde doopsgezinden waren van het toneel verdwenen.

De toestand in Friesland werd door de Nationale Vergadering, en ook door Parijs, scherp in de gaten gehouden. Als gevolg hiervan werd Friesland steeds centralistischer bestuurd. Op 3 februari 1797 brak in het noordoosten van Friesland het zogenaamde ‘Kollumer oproer’ uit. Dit Oranjeoproer veroorzaakte in Friesland een nieuwe golf van revolutionaire opwinding en solidariteit, iets wat het in Leeuwarden zetelende bewind hard nodig had.[99] Een mogelijke oorzaak van dit oproer was de instelling van een nationale dienstplicht. Er was echter een probleem. Hoe moest voorkomen worden dat tegenstanders van de revolutie bewapend werden. Dat dit risico’s inhield werd door het oproer in Kollum en omstreken duidelijk aangetoond. In januari 1797 was in de Friese Wouden een begin gemaakt met de registratie van weerbare mannen. Zij dienden zich te vervoegen bij de rechthuizen. Velen weigerden zich te laten inschrijven. Door de arrestatie van een teruggekeerde oranjegezinde vluchteling sloeg de vlam in de pan. Jacques Kuiper geeft in zijn boek ‘Een revolutie ontrafeld’ een nagenoeg volledig verslag van de gebeurtenissen.[100]

In Dantumadeel weigerden naar schatting van Jacques Kuiper zeker 75% van de mannen tussen de 18 en 40 jaar zich te registreren voor de militaire dienst. Omdat in Rinsumageest maar ongeveer 10% de dienst geweigerd hebben, moet voor de rest van de gemeente wel ongeveer de volle 100% zijn medewerking hebben ontzegd. Velen van de weigeraars hebben actief deelgenomen aan de ongeregeldheden in Kollum en later in Dokkum. Na ingrijpen door militietroepen van de centrale Friese overheid werd het oproer gestopt. Een aantal oproerlingen was gesneuveld, een ander deel werd gevangengenomen en naar Leeuwarden overgebracht om

---

[99] Ibidem, 255.
[100] Ibidem, 265-288.

gestraft te worden. Een aantal stierf op het schavot. Het neerslaan van de opstand werd door de overheid gevierd als een grote overwinning. Terugkerende troepen maakten van de situatie gebruik om een aantal mensen alsnog wegens medewerking aan een poging tot staatsgreep te arresteren. Zelfs als zij niets met de onlusten te maken hadden gehad. Er werden zo'n dertig edellieden en andere ex-regenten, waaronder negen vroegere grietmannen, gegijzeld en onder mensonterende omstandigheden opgesloten.

De gebeurtenissen rond het Kollumer oproer hadden in de rest van Nederland een flinke afschuw gewekt over de manier waarop in Friesland tegen de tegenstanders van het regime was opgetreden. In Friesland zelf was de overheid, en met de overheid vele revolutionairen, trots op de manier waarop alles geregeld was. De Franse gezant Noël was echter ontstemd over de gebeurtenissen en stuurde een groot aantal Franse militairen, die op 25 februari in Leeuwarden aankwamen om orde op zaken te stellen. Ook stuurde hij een hoge Franse officier naar Friesland om onderzoek te doen naar de gang van zaken die geleid hebben tot de onlusten. Deze officier stelde een enquête samen om inzicht te krijgen in de situatie. De antwoorden die hij kreeg waren echter nietszeggend en ontwijkend. Het was wel duidelijk dat de Friese machthebbers niet van plan waren openheid van zaken te geven. Verder lieten zij blijken dat zij weinig ingenomen waren met de Franse bemoeienis.[101] Ook sommige nationale volksvertegenwoordigers schoot het Franse initiatief in het verkeerde keelgat. Franse militaire bemoeienis met interne politieke aangelegenheden in Nederland werd wel als zeer ongebruikelijk ervaren. Door Den Haag werd een twee man sterke commissie ingesteld die op 3 maart in Leeuwarden arriveerde. Deze commissie deed na een onderzoek een aantal uitspraken, waarbij de Friese

[101] Ibidem, 289.

machthebbers er niet al te goed afkwamen. De gegijzelde oud-notabelen dienden vrijgelaten te worden. Verder toonden zij zich somber over de toekomst van Friesland. Zij stelden dan ook voor dat de Nationale Vergadering snel tussenbeide zou komen om orde op zaken te stellen. Zij vergaten echter dat de Nationale Vergadering alleen zou kunnen ingrijpen wanneer de situatie in een gewest een gevaar voor de gehele Bataafse Republiek zou kunnen opleveren. Dit was in hun ogen niet het geval. De onlusten vormden geen enkele bedreiging voor de nationale veiligheid. Den Haag had dus geen mogelijkheden om in Friesland in te grijpen.[102]

Er was intussen aan een ontwerp-grondwet voor Nederland gewerkt. Op 8 augustus 1797 werd een referendum over deze grondwet gehouden. De Nederlandse bevolking was niet erg ingenomen met dit stuk. Ook in Friesland werd het met grote meerderheid verworpen. De machthebbers in Friesland waren tegen het ontwerp, maar wilden zich niet uitspreken omdat zij dit een nationale kwestie vonden, waarin zij naar hun idee geen zeggenschap hadden. Bij verkiezingen op 1 en 2 augustus waren tijdens de nationale verkiezingen de uitslagen niet erg gunstig voor de machthebbers in Leeuwarden. De Friezen gaven een sterke voorkeur aan moderaten en zelfs federalisten. Dit was in tegenstelling tot wat de radicale Leeuwarder bestuurders gehoopt hadden.[103] Onder de voorstemmers bij het referendum van 8 augustus waren een aantal Friese steden, waarvan bekend was dat zij een gruwelijke hekel hadden aan het radicale Friese bestuur. Opvallend was wel dat een groot aantal van de tegenstemmers kwamen uit steden en dorpen waar de katholieken en doopsgezinden een belangrijk deel van de bevolking uitmaakten. Deze beide groeperingen stonden over het algemeen bekend als radicaal,

---

[102] Ibidem, 293-295.
[103] Ibidem, 348.

de katholieken nog sterker dan de doopsgezinden,[104] die toch nog enigszins gematigd waren. Al met al was er in de Bataafse Republiek geen grondwet. Waren er moeilijkheden tussen Leeuwarden en Den Haag, dan was er officieel niets geregeld om Den Haag in te laten grijpen; dit kon alleen in het geval Friesland achterstallig was in de betaling van de bijdragen aan de landelijke financiën. Het bestuur in Leeuwarden maakte dankbaar gebruik van het wettelijke onvermogen van de Nationale Vergadering om zich met de zaken in Friesland te kunnen bemoeien.

Op 11 oktober 1797 leed de nationale vloot bij Kamperduin een enorme nederlaag tegen de Engelsen. De gevolgen hiervan waren enorm. Er moest een nieuwe vloot opgebouwd worden, wat enorme sommen geld zou gaan kosten. En geld was er niet. Om aan geld te komen werd op 8 november een nationale heffing voorgesteld van acht procent over het inkomen. Dit was de eerste keer dan de nationale overheid een belasting wou gaan innen. Vooral buiten Holland bestonden er vele bezwaren tegen dit plan. Deze achtprocentheffing tastte de soevereiniteit van de gewesten aan. In Friesland bleef men hameren op de noodzaak zuinig met het geld om te gaan. Bij een eerste stemming werd het voorstel met een krappe meerderheid verworpen, maar bij een tweede stemming op 2 december werd het voorstel aangenomen. Voor de federalisten was dit evenwel moeilijk te verteren.

Op 22 januari 1798 vond er in Den Haag een staatsgreep plaats, uitgevoerd door generaal Daendels. Hij was het eindeloze gedelibereer van de afgevaardigden beu. Deze staatsgreep was al geruime tijd voorbereid, en zou worden uitgevoerd met Franse steun. Zo snel mogelijk werden de mensen die als tegenstander bekend stonden, gearresteerd. Een nieuwe Constituerende Vergadering werd samengesteld, die korte metten

[104] Ibidem, 350-374.

maakte met stadhouderschap, federalisme, aristocratie en anarchie.[105] Nederland was nu op weg naar een eenheidsstaat. Een ontwerpgrondwet, *Staatsregeling voor het Bataafsche Volk 1798*, was op 17 maart gereed.[106] Het was op het oog ongeveer een kopie van de Franse grondwet

De omwenteling van 22 januari werd in Friesland gelaten ontvangen. Opvallend was dat de Friese autoriteiten ook niet in een jubelstemming verkeerden. Ook de Leeuwarder radicalen zaten met de nieuwe structuur in hun maag. Van de plaatselijke autonomie was niet veel meer overgebleven; het land werd nu bestuurd vanuit Den Haag, en de lokale bestuurders waren gewoon uitvoerders geworden van een bewind waartegen zij nauwelijks nog iets in te brengen hadden. De uitvoering van de aanpassingen in het provinciale bestuur was nu opgedragen aan een aantal speciale regeringsagenten die hun instructies van het Bataafse bestuur in Den Haag kregen. Van de leden van het bestuur - hun aantal was van 42 teruggebracht naar 12 - werd volledige onderworpenheid geëist. Ook het grootste deel van de Friese provinciale ambtenaren moest om bezuinigingsredenen verdwijnen.

Op 17 mei 1798 verscheen een Staatsregeling waarbij de één-en-ondeelbaarheid werd afgekondigd. De Bataafse Republiek was een eenheidsstaat geworden. Het federalisme was totaal afgeschaft. De nieuwe grondwet gaf een scherp verschil met het verleden aan. De scheiding tussen kerk en staat was doorgevoerd, de gilden werden opgeheven. Adellijke titels en privileges waren verdwenen. Om zeker te wezen van de uitslag van het referendum over de verheffing van de Staatsregeling tot Grondwet, werden er weer zuiveringen uitge-

---

[105] Ibidem, 414,415.

[106] Op initiatief van de Stichting Daendels is in 2005 door de uitgeverij Vantilt een herdruk van deze Staatsregeling uitgebracht, voorzien van een inleiding door Joost Roosendaal.

voerd. Het aantal stemgerechtigden daalde als gevolg hiervan weer drastisch. Wel werd ermee bereikt dat de uitslag van de stemming gunstig was voor het nieuwe bewind. Op 12 juni vond weer een coup plaats. Ditmaal waren het de moderaten die, opnieuw onder leiding van Daendels de macht grepen. Zij zeiden op te komen voor het landsbelang. Zij rekenden af met de partijgeest en het despotisme dat het land in zijn ban had gehouden. In juli vonden weer zuiveringen plaats. Alle invloed van lokale clubs was nu verdwenen. Van de oude patriotten waren er niet veel meer over. Als gevolg van deze omwenteling hadden vele adellijke en patricische oud-grietmannen zich op hun buitenplaatsen teruggetrokken. Na de machtswisseling kwam Daendels naar Friesland om de lokale besturen van het gewest met de meest revolutionaire reputatie van de Republiek te zuiveren van radicalen. Daendels was in het verleden vaak tegengewerkt door de radicalen. Hij was dan ook vastbesloten wraak te nemen. In Friesland werd een nieuw intermediair bestuur opgezet. Hierin zaten, in tegenstelling tot het voorgaande bestuur dat uit bestuurlijk onkundige radicalen bestond, mensen die in het verleden een ruime bestuurlijke ervaring hadden opgebouwd, zowel federalisten als unitarissen. De Haagse heren stelden meer belang in bekwaamheid en ervaring dan in een vlekkeloos politiek verleden. De nieuwe bestuurders behoorden tot de groep van gezeten burgers. De volksheerschappij had in Friesland afgedaan.

Met de in de 'Akte van Staatsregeling; van de verdeeling der republiek' genoemde artikel 1, waarin staat vermeld dat de Bataafsche Republiek één en ondeelbaar is, is definitief een eind gekomen aan de 'Friese Vrijheid'. Koning Willem I heeft bij zijn aanvaarding van het koningschap deze bepaling niet teruggedraaid, evenals zijn opvolgers en de latere volksvertegenwoordigingen. Zodoende is de vroegere federale staat, misschien wel ten onrechte, helemaal verdwenen uit ons staatsbestel.

Het ging echter nog niet naar wens met de landelijke financiën. De Bataafse Republiek was arm, terwijl er in Friesland nog vele rijken woonden, vooral onder de oude elite. Daendels confereerde dan ook met de invloedrijkste edelman in Friesland, E.S.G.J. van Burmania Rengers, een (niet-Oranjegezinde) aristocraat van de oude stempel, en een bekende financier. Hier vroeg hij financiële steun voor een nieuw nationaal bewind.

Op 30 maart 1799 maakte de aloude indeling in gewesten of provincies plaats voor een totaal andere. De provincie Friesland verdween als zelfstandige eenheid geheel van de kaart; het werd opgesplitst in twee delen. Het noordelijk deel werd samen met de provincie Groningen en een klein deel van Drente toegevoegd aan het departement van de Eems, met Leeuwarden als hoofdstad, en het zuidelijk deel werd toegevoegd aan het departement van de Oude IJssel.[107] Deze situatie heeft maar kort bestaan. Enige jaren later werden de oude provinciegrenzen hersteld, en werd het vroegere autonome gewest omgedoopt tot het 'Departement Friesland'.[108]

Op 22 augustus 1799 werd de Republiek aangevallen door een coalitie van Engelsen en Russen. Deze hadden gerekend op een groot enthousiasme onder de bevolking om zich te ontdoen van de revolutionaire machthebbers en de Fransen. De verwachte steun bleef evenwel uit. Half oktober was duidelijk dat de invasie geen resultaat zou hebben, en vertrok het verslagen leger weer naar Engeland. Begin oktober landden er nog Engelse troepen in Lemmer, maar deze moesten op 13 oktober weer snel vertrekken. Wel waren er gedurende deze periode nog enige ongeregeldheden in Lemmer.

---

[107] Johan Frieswijk e.a., *Geschiedenis van Friesland 1750-1995* (Amsterdam 1998), 115

[108] Jacques Kuiper, *Een revolutie ontrafeld*, 472.

Prinsgezinde inwoners zagen hun kans schoon en wreekten zich op een gehate radicaal. Na de terugtocht van de Engelsen werden deze mensen door het bestaande bewind gearresteerd en naar het Blokhuis in Leeuwarden afgevoerd. Zij verbleven hier maar kort, en werden een paar weken later weer vrijgelaten.

Het Haagse onvermogen om op te treden, en het feit dat men als gevolg van een zekere politieke vermoeidheid afzag van hernieuwde zuiveringen zorgden ervoor dat de Friese gemeentebestuurders, die in juli 1798 de dans ontsprongen waren, nog enkele jaren op hun plaats konden blijven zitten. Dat deze (vroegere) radicalen uiteindelijk toch het veld moesten ruimen, vloeide voort uit een nieuwe staatsgreep op 18 september 1801 en de introductie van een nieuwe constitutie op 1 oktober 1801.[109] De zuiveringen, die hier onvermijdelijk moesten volgen, zorgden voor een voltooiing van de gebeurtenissen van juli 1798.

Op 9 november 1799 was in Frankrijk het door Napoleon Bonaparte gedomineerde Consulaat aan de macht gekomen. Hij koesterde grootse plannen voor Europa, en hij liet zich niet weerhouden door constitutionele belemmeringen. Hij was zelfs bereid de federalisten in Nederland een eind tegemoet te komen door een gedeeltelijk herstel van de autonomie van de lagere overheden toe te laten. Een grondwetsherziening op dit punt werd wenselijk gevonden. Op die manier bereikte hij een politieke verzoening tussen de diverse groeperingen, met als gevolg het terugkeren van de rust. Frankrijk kon hiervan financieel goed profiteren. De grondwetsherziening vond evenwel geen genade bij de meeste kiezers. Om toch tot een goed resultaat te komen werden de mensen die niet opgekomen waren om te stemmen, tot de voorstemmers gerekend. Deze truc werkte goed, en de nieuwe grondwet was dus met een overweldigende meerderheid aangenomen.

---

[109] Ibidem, 488.

Als gevolg van dit alles werd een krachtig binnenlands bestuur geïntroduceerd. De uitvoerende macht kwam in handen van een uit 12 leden tellend Staatsbewind, dat over vergaande bevoegdheden beschikte. In dit Staatsbewind zaten naast moderaten en federalisten ook leden van de oude elite, met als één van hen de Friese baron E.S.G. Juckema van Burmania Rengers.[110] Op lager niveau was er plaats voor enige autonomie.[111] Ook werden de oude provinciegrenzen hersteld en kregen de departementen ruimere bevoegdheden.

In 1801 keerden Rengers en de oud-regenten rond hem terug in nationale en gewestelijke besturen.[112] Kort daarna, eind december 1801, verzond Willem V zijn bekende brieven uit Oranienstein in Duitsland, waarin hij de oud-regenten toestemming gaf weer regeringsposten te aanvaarden.[113]

In 1802 ging alles weer iets beter. Met ingang van 4 juni beschikten alle Nederlandse departementen over een eigen bestuursreglement. De kiezers stonden evenwel geheel buitenspel. Het Staatsbewind benoemde nu de departementale bestuurders. Er werd een nieuw Departementaal Bestuur geïnstalleerd, waarin ook weer oud-regenten voorkwamen. Op gemeentelijk niveau ontstond weer vrijheid; gemeenten mochten eigen verordeningen opmaken. Voor het invoeren van nieuwe gemeentelijke belastingen hadden zij slechts toestem-

---

[110] In de oude Friese familienamen is het soms moeilijk een onderscheid te maken tussen voornamen en familienamen. Bijvoorbeeld bij de eerder genoemde Cornelis Franciscus Frisia Nauta van Hylckama zijn zowel Frisia als Nauta familienamen die als voornamen worden gebruikt. Dit geldt ook voor E.S.G. Juckema van Burmania Rengers, waarbij ook een oude familienaam (Juckema) soms als voornaam wordt gebruikt, en dan weer als toegevoegde familienaam.

[111] Jacques Kuiper, *Een revolutie ontrafeld,* 489.

[112] Johan Frieswijk e.a., *Geschiedenis*, 117.

[113] Ibidem, 118.

ming nodig van het departementale bestuur.[114] Gemeentebestuurders mochten weer gekozen worden door de ingezetenen, en dienden periodiek af te treden.

In de nieuwe Friese gemeenteraden kwamen geen revolutionaire radicalen en andere politieke militanten meer voor. De restanten van deze groeperingen, die de vorige zuiveringen hadden overleefd, verdwenen nu van het toneel. Katholieke gemeentebestuurders zaten in de hoek waar de grootste klappen vielen als gevolg van hun radicale optreden in de voorliggende periode. De Friese besturen waren langzamerhand een samenvoeging van oude en nieuwe krachten geworden. De vroegere grietmannen kwamen evenwel niet meer voor in de gemeenteraden; deze waren voor hen taboe. Slechts enkele ex-grietmannen, zoals T.M. Lycklama à Nijeholt, brachten het tot departementaal bestuurder of drost. Zelfs wisten enkele oranjegezinde oud-bijzitters zich weer naar voren te werken. Maar onder al deze oude en nieuwe notabelen ontbraken de mannen die de revolutie in Friesland haar gezicht hadden gegeven.

Het revolutionaire elan was geleidelijk aan verdwenen. Iedereen had genoeg van almaar nieuwe veranderingen en nieuwe besturen. De radicale revolutionairen hadden hun gezag, en ook hun aanzien, verloren. Iedereen verlangde naar rust. De belangstelling voor de politiek liep enorm terug.

Op 2 december 1804 kroonde Napoleon zichzelf tot keizer en in 1806 werd zijn broer Lodewijk Napoleon koning van de tot Koninkrijk Holland omgedoopte Bataafse Republiek. Dit veranderde niet veel aan de feitelijke toestand van vazalstaat, ondanks de pogingen van Lodewijk om onafhankelijk van zijn broer te regeren. Op 23 juni 1806 was het eerste officiële optreden van koning Lodewijk Napoleon. Een volksstemming over de nieuwe constitutie achtte men niet nodig. Het Wetge-

---

[114] Jacques Kuiper, *Een revolutie ontrafeld,* 490.

vend Lichaam onderging een uitbreiding naar 39 leden. Van hen mocht Friesland er drie leveren. De eerste drie waren R.L. van Andringa de Kempenaer, L.J.J. Rengers (neef van E.S.G.J.), en J.S.G.J. van Burmania Rengers (zoon van E.S.G.J.).[115] Enkele maanden eerder waren Willem V en E.S.G.J. van Burmania Rengers overleden. Aebinga van Humalda was teruggekeerd naar zijn geliefde Wommels. In de jaren die volgden traden steeds meer personen uit de cliëntèle van de stadhouder toe tot bestuur en rechtspraak in Friesland. De uit de Patriottentijd stammende factiestrijd binnen de oude regentenelite was voorgoed voorbij.[116]

Teleurgesteld in de houding van de keizer, trad Lodewijk in 1810 af ten gunste van zijn zoon. Napoleon lijfde echter het Koninkrijk Holland bij Frankrijk in. Nederland had opgehouden te bestaan. Nederlanders waren Fransen geworden. Op 11 september 1810 legde het bataljon gewapende burgerwacht in Leeuwarden de eed van trouw af aan de keizer. De Leeuwarden Courant, altijd een gezagsgetrouwe krant,[117] meldde op 29 maart 1811 dat het volk met feesten zijn grote blijdschap heeft getoond bij de bevalling van de Keizerin. Overal in het land werden Napoleon en zijn echtgenote door zijn nieuwe onderdanen enthousiast ontvangen.

Eén van de belangrijkste consequenties van de inlijving bij Frankrijk was de instelling van de militaire dienstplicht. Dit had als gevolg de deelname van dienstplichtige jongemannen aan de vele oorlogen waarin Napoleon verwikkeld was. Op den duur, speciaal na zijn grote nederlaag tijdens zijn Russische veldtocht in 1812,

---

[115] A.M. Elias en P.C.M. Schoelvink, *Volksrepresentanten en wetgevers. De politieke elite in de Bataafs-Franse tijd 1796-1810* (Amsterdam 1991), 271 (Bijlage 1).
[116] Frieswijk, *Geschiedenis*, 121.
[117] Marcel Broersma, *Beschaafde vooruitgang; De wereld van de Leeuwarder Courant 1752-2002* (Leeuwarden 2002).

resulteerde dit in zowel verzwakking van zijn positie, als in het verdwijnen van de steun die hij in Friesland bij een niet onaanzienlijk deel van de bevolking genoot. Na de verloren slag bij Leipzig rond 17 oktober 1813 volgde tijdens de terugtocht, die beter als een vlucht aangemerkt kon worden. Zijn troepen deserteerden massaal. Ook veel Friezen maakten van de gelegenheid gebruik. Eén van hen was de eerder genoemde Van Hylckama. Ook begonnen diverse steden en gewesten geleidelijk aan zelf het bestuur over te nemen, en werden de aanwezige Franse troepen uitgeleide gedaan. Het binnenvallen van Russische kozakken versnelde dit proces. Napoleon werd verslagen; hij gaf zich over en werd naar het eiland Elba verbannen. In 1815 kwam hij via een landing in Zuid-Frankrijk weer even terug, organiseerde een nieuw leger, wat echter na honderd dagen bij Waterloo definitief verslagen werd. Aan deze slag hebben ook Nederlandse soldaten deelgenomen, waaronder weer Van Hylckama, de schrijver van het gedicht aan het begin van het eerste hoofdstuk. Voor zijn aandeel in deze strijd, waarin hij gewond raakte, maar gewoon doorging met het aanvoeren van zijn eenheid, ontving hij de Militaire Willemsorde.

2.6 Nederland weer vrij

In het van de Fransen bevrijde Nederland werd de regering vanaf eind 1813 geleid door Willem I, de oudste zoon van stadhouder Willem V, die zich aanvankelijk slechts beschikbaar wilde stellen onder de titel van soeverein vorst. Toen de onderhandelingen tijdens het Weens Congres (1815) aan de gang waren, proclameerde Willem de hereniging van Nederland en België en gaf zichzelf de titel Koning der Nederlanden. Omdat hij zich realiseerde dat de gouden tijden van weleer voorbij waren, wilde hij het land herinrichten op basis van een modern-kapitalistische grootindustrie. Verder vestigde hij een centraal bestuur en werd de oude macht van de provincies aan banden gelegd. Om dit te realiseren had hij personen nodig die in moderne termen van bestuur konden denken, reden waarom hij veel mensen die in de Franse tijd bij het bestuur betrokken waren, in hun functie liet; de oudere generatie ambtenaren die zich niet aangepast hadden aan de nieuwe tijd, dus de oude elite, was niet meer nodig.

Wat er gebeurde met de families van eigenerfde boeren, die bij het oude bestuur betrokken zijn geweest, zullen we in het volgende hoofdstuk zien. Onderzocht wordt ook hoe hun onderlinge relaties waren.

Hoofdstuk 3

De families der eigenerfden en hun relaties. (interne netwerken)

De bedoeling van dit hoofdstuk is om vast te stellen welke families in aanmerking komen om nader onderzocht te worden. Het gaat hier om hun methoden om de politiek moeilijke 'Franse' periode met zo weinig mogelijk kleerscheuren door te komen, en de resultaten hiervan. Onderzocht wordt welke families zich tegen het eind van de achttiende eeuw hebben geprofileerd als de meest vooraanstaande in het politieke en openbare leven. Hierbij wordt nog niet in diepte ingegaan op de onderlinge relaties; dit zal geschieden in een volgend hoofdstuk. Ook worden de onderlinge relaties van de betrokken families in dit hoofdstuk nog niet verder uitgediept; ook dit zal gebeuren in de hierna volgende hoofdstukken.

Door de eeuwen heen is het gewest Friesland bestuurd als een onafhankelijk land, dat al vanaf het begin van de tachtigjarige oorlog aangesloten was bij de Unie van Utrecht, een verbond van gewesten dat gezamenlijk strijd tegen Spanje voerde. Friesland heeft in principe nooit, afgezien van de periode van 1498 tot 1568 (de periode van een vijandig en opgelegd bestuur van Albrecht van Saksen, die zijn 'rechten' verkocht aan de Habsburgers[118]), een bestuur gekend dat vanuit een

[118] Tijdens deze periode werd het opgelegde bestuur door velen niet of nauwelijks geaccepteerd. Bij de installatie van Philips II weigerde de Friese afvaardiging van edelen, onder wie Tsjomme Rollema, de eed van trouw knielend af te leggen, met als motivatie dat een Fries niet knielt voor een mens.

centrale plaats, en door inwoners van die centrale, plaats uitgeoefend werd. Ook heeft het nooit een elite of adel gekend die door een vorm van onderdrukking zijn gezag uitoefende. Wel heeft het eeuwenlang een door (een deel van) de bevolking gekozen vertegenwoordiging gekend. Gezien de verdeling van de bevolking in Friesland, waarvan altijd ongeveer driekwart op het platteland heeft gewoond, ligt het voor de hand dat de macht ook voor een evenredig deel op het platteland ligt. Friesland was ingedeeld in dertig grietenijen, vergelijkbaar met gemeenten, en elf steden. Elke grietenij en elke stad waren in de Staten, het centrale orgaan, vertegenwoordigd door twee deelnemers. De traditie was gegroeid dat elke grietenij werd vertegenwoordigd door een persoon van adellijke afkomst[119], en door een vertegenwoordiger van de vrije, eigenerfde boeren. Deze eigenerfde boeren hadden, samen met de edelen, in totaal ongeveer 10.000 stemmen in de verschillende verkiezingen, verdeeld over de 30 grietenijen, gemiddeld dus ruim driehonderd per grietenij. Door vererving en aankoop van boerderijen was de situatie ontstaan dat bepaalde families, en vooral de adel, per persoon (soms aanzienlijk) meer stemmen hadden dan anderen.

De grietenijen werden bestuurd door een grietman. Deze kon zowel uit de groep van de adel als van de eigenerfde boeren afkomstig zijn. In de praktijk bleek dat ongeveer de helft van adellijke afkomst was,

---

Eerder, in 1545, weigerde grietman Jelle Hylckama de eed van trouw af te leggen voor de 'Spaanse' koning; hij werd dan ook uit zijn post ontzet. Wel zijn in deze periode enkele edelen uit het buitenland ingevoerd door de machthebber; dezen zijn wel door de Friese adel erkend als gelijken.

[119] De adel in Friesland bestond niet uit mensen die door een vorst in de adelstand waren verheven, omdat de Friezen in wezen geen boven hen staande vorst erkenden. De Friese adel ontstond hoofdzakelijk door ouderdom van het geslacht en acceptatie van anderen als edele.

en de andere helft van boerenafkomst. Mocht de indruk gewekt zijn dat dit twee geheel verschillende en van elkaar gescheiden groepen waren, dan wil ik dat even rechtzetten. Ook het merendeel van de Friese adel leefde op het platteland, en ontving het grootste deel van zijn inkomsten uit de landbouw en veehouderij. Zij waren dus een soort 'veredelde' boeren met een historie die verder in de tijd terugging dan die van de anderen. Wel is het de moeite waard om te weten dat de Friese edelen niet tot een ridderschap behoorden. Er was geen ridderschap in Friesland. Een ridder werd benoemd en tot ridder geslagen door een meerdere. En die bestonden in Friesland in principe niet. Niemand had het recht om een ander tot ridder te slaan, want dan zou hij een ondergeschikte worden.

Over de adel in Friesland is door Yme Kuiper uitgebreid geschreven.[120] Aangezien zijn boek een grote mate van volledigheid bezit, is het voor mij niet nodig de geschiedenis van de adel verder aan een onderzoek te onderwerpen. Ook heeft het weinig waarde de geschiedenissen van alle eigenerfde boeren uit de doeken te doen. Er zijn er velen geweest over de eeuwen, maar slechts een in verhouding gering aantal van hen heeft de tijd en de moeite (en ook het geld) kunnen opbrengen om naast hun boerenwerk nog andere dingen te doen. Ik zal mij dan ook beperken tot die eigenerfde boeren die betekenis hebben gehad voor de bestuurlijke functies die zij hebben uitgeoefend. Mijn aandacht zal uitgaan naar die boeren die zitting hebben gehad in centrale organen als de Staten van Friesland, aan degenen die de functie van grietman hebben uitgeoefend, terwijl in voorkomende gevallen ook de bijzitters, dorpsrechter en assessoren enige aandacht zullen krijgen. Verder wordt aandacht besteed aan boeren in andere hoge bestuurlijke functies,

---

[120] Yme Kuiper, *Adel in Friesland 1780-1880,* (Groningen 1993).

zoals belastingambtenaar en bestuurder van een waterschap. De stedelijke elite wordt verder buiten beschouwing gelaten. Zij zijn normaal gesproken geen boeren. Het is echter ook voorgekomen dat boeren zich in steden, en dan vooral Leeuwarden, vestigden, althans daar een woonverblijf hadden, in verband met hun functies bij het Hof van Friesland of de Friese Staten. Een enkele maal is het voorgekomen, zoals bij de familie Van Scheltinga, dat zij hun oorsprong vinden in een stad, zoals in hun geval Harlingen.

De groepen grietmannen, statenleden en ander functionarissen zullen in afzonderlijke alinea's worden behandeld, al zullen sommige in meerdere groepen voorkomen. Verder noem ik hoofdzakelijk personen die voorkomen in de periode van 1770 tot 1820; families die daarbuiten vallen worden voor een groot deel als families, en dus niet als individuen vermeld.

3.1 De eigenerfde boeren

Voor we verder gaan met het onderzoeken van de eigenerfde boeren lijkt het me wenselijk om een definitie van het begrip 'boer' te geven, althans wat er in deze studie mee wordt bedoeld.

De meest voor de hand liggende betekenis is die van de man die dagelijks de koeien melkt of de gewassen op het land verzorgt. Maar het woord *boer* moet in mijn visie aanmerkelijk ruimer worden genomen. Het belangrijkste kenmerk is dat zij leven van de opbrengsten van het land, in welke vorm dan ook. Aan de betekenis moeten zeker die van eigenaar en beheerder van één of meerdere boerderijen worden toegevoegd. Verder wordt het woord hier ook gebruikt voor mensen die aan rasverbetering van zowel vee als planten werkten. Hetzelfde geldt voor productieverbetering. Zo was bijvoorbeeld jonkheer Hobbe Baerdt van Sminia, die vanaf 1904 op het uitgestrekte landgoed 'De Klinze' in Oudkerk woonde, zich uitleefde in zijn liefhebberij met paarden en stamboekvee.[121] Hij was ook voorzitter van het Friesch paardenstamboek. Een fokker en veredeler van paarden en rundvee mag ook wel een boer genoemd worden. Zij voelden zich in ieder geval wel boer. Een andere groep van boeren, dus buiten de veeboeren en landbouwers, zijn die mensen die zich bezig houden met bosbouw. Verder moeten ook verveners, zoals de familie Van Lycklama ä Nijeholt, als boeren worden beschouwd; ook zij leven van de opbrengsten van het land. En na de vervening lieten zij zowel graslanden als bouwgrond achter, waarvan zij op de traditionele zin weer als boer konden leven.

Een ander aspect van het bestaan als boer was de handel in de producten die zij produceerden. Gedurende de periode van dit onderzoek bestonden er nog geen boerencoöperaties die voor de afzet van de producten zorgden. In Friesland was het normaal dat de boeren voor de export produceerden. Uiteraard werd er ook voor eigen gebruik gezorgd. Maar een belangrijk deel van de opbrengst was bestemd voor de buitenlandse handel, hoofdzakelijk Engeland en de Oostzeelanden. Ook Holland moet in dit verband tot het buitenland gerekend worden. De werkzaamheden die nodig waren voor het verzamelen van de producten die op de boerderijen werden gemaakt, behoorden eveneens tot de bezigheden van de grotere boeren. Uit documenten blijkt ook vaak dat een boer zich naast boer ook wel *koopman* noemt. Er werd door hen een heel assortiment goederen verhandeld, om er enige te noemen: kaas, boter, vlees, rundvee, paarden, mest, turf, granen en andere landbouwproducten.

---

[121] Yme Kuiper en Johan Frieswijk (red.), *Twee eeuwen Friese adel, 1814-2000*, (Heerenveen 2000), 132.

Het begrip *boer* is in deze optiek aanmerkelijk breder dan wat er in de 'buitenwereld' onder verstaan wordt.[122]

Het belang van de groep eigenerfde boeren in Friesland kan moeilijk onderschat worden. Uit hun midden werden, samen met de adel, de mannen gekozen die voor het bestuur van Friesland moesten zorgen. Kenmerkend voor de eigenerfde boeren is hun onafhankelijkheid van andere mensen, al kwam soms een clientèleverhouding met andere eigenerfden en leden van de adel voor. Dit gold vooral voor de iets kleinere boeren, die de hulp van anderen nodig hadden om voor bepaalde functies in aanmerking te komen. Daarbij werd door de verlener van de gunst betaald met steun in de vorm van de stem van die kleinere boer. Omdat er in Friesland geen leenstelsel bestond, waren de eigenerfden als eigenaren van hun grond volledig vrij van bemoeienis van bovenaf. Dit geldt natuurlijk ook voor de adel, die evenmin afhankelijk was van een landsheer. Gezamenlijk benoemden zij uit hun midden de mensen die de provincie moesten besturen, zowel op provinciaal als op plaatselijk niveau. Ook de rechterlijke macht werd op dezelfde wijze uit hun midden gekozen en benoemd. De op deze manier gekozen colleges zorgden voor inning van de belastingen, die hoofdzakelijk door de adel en de eigenerfde boeren werden opgebracht.

---

[122] Het is mij gebleken dat destijds Anton Dreesmann zich officieel *koopman* noemde, oud-KLM-directeur Orlandini zag zichzelf als *transporteur*, terwijl Wisse Dekker van Shell zich *oliehandelaar* noemde. Zo moeten we het begrip *boer* dus ook ruimer lezen dan de man op vuile klompen en een mestvork in zijn hand. Dat het woord *boer* dus ook een aanvullende betekenis van koopman heeft blijkt wel uit begrippen als *kolenboer* en *visboer,* beroepen die niets met de agrarische sector te maken hebben.

Beide groepen, adel en boeren, zorgden voor een belangrijk deel van de welvaart in Friesland. Door hun aantal, er waren aanzienlijk meer eigenerfden dan edelen, zorgden deze rijke boeren voor een belangrijk deel van de inkomsten van de bevolking. Als gevolg van hun grote waarde voor de gemeenschap werden zij door de rest van de bevolking dan ook over het algemeen als zodanig gewaardeerd. Dat zij door de controle op de rechtspraak veel invloed hadden bij geschillen tussen mensen die niet tot hun groep behoorden, werd over het algemeen geaccepteerd. Er zijn natuurlijk ook wel afwijkingen van dit patroon te vinden.

Door de grote concentratie van vermogens bij deze boeren ligt het voor de hand dat het deze groep is geweest die mede gezorgd heeft voor de grote verbetering die in Friesland in de landbouw en veeteelt zijn voorgevallen. In tegenstelling tot de andere gebieden in Nederland, werkten de Friese boeren voornamelijk voor de exportmarkt. Deze export bestond hoofdzakelijk uit zuivelproducten, vlees, vee, turf en mest. Dit konden zij doen doordat de door hen geïnitieerde en gefinancierde gewasverbeteringen en fokprogramma's betere resultaten en hogere producties werden bereikt dan voor het binnenlandse gebruik nodig waren. Onder binnenlands wordt hier natuurlijk Friesland verstaan. De rest van de Republiek der Verenigde Nederlanden moet economisch als buitenland worden beschouwd. De gewesten waren immers autonoom, en er bestond geen gemeenschappelijke markt. Een deel van de Friese steden profiteerde hiervan door aan hen diensten te verlenen in verwerking en (overzees) transport van hun producten.

Als generators van belastingen droegen zij, samen met de adel, meer bij dan enige andere groep aan de financiën van Friesland, terwijl ook de rest van de Nederlanden, en vooral Holland, hiervan meeprofiteerden. De belasting werd hoofdzakelijk geheven over grondbezit, zodat het aannemelijk lijkt dat de adel en grote eigenerfden als grootgrondbezitters de belangrijkste bijdragen leverden aan de schatkist. Terwijl Holland zich ieder jaar door rente en afbetaling van leningen voor oorlogvoering dieper in de schulden werkte – vanaf 1713 werd in Holland zeventig procent van de belastingopbrengst gebruikt voor de betaling van rente op de schulden[123] – werd in Friesland de 'nationale' schuld binnen de perken gehouden. In Amsterdam was een enorm leger werklozen en andere armlastigen aanwezig, die met elkaar grote sommen geld nodig hadden voor hun onderhoud; in Friesland was deze groep beperkt. Voor het vele werk op de voor die tijd wel groot te noemen boerderijen waren zelfs buitenlandse arbeidskrachten nodig om het werk te doen. Velen van deze hoofdzakelijk uit Duitsland afkomstige trekarbeiders hebben zich dan ook blijvend in Friesland, en later ook in de rest van Nederland, gevestigd.[124]

Het belang van de Friese eigenerfde boeren voor de Friese zowel als de Nederlandse economie is groot geweest. We moeten ons vooral realiseren dat de internationale handel in Nederland, vooral die van de VOC, steeds verder terugliep. In de tweede helft van de achttiende eeuw leverde deze niet alleen geen winst meer op, maar draaide zelfs met verlies. Ook de functie van Amsterdam als stapelmarkt liep voor vele producten drastisch terug. Veel van deze markt werd overgenomen door de Engelsen.

---

[123] J.C.H. Blom en E. Lamberts (red.), *Geschiedenis van de Nederlanden,* (Rijswijk), 166.

[124] De meest bekende familie van deze Duitse trekarbeiders is de familie Brenninkmeijer. Net als de meeste 'hannekemaaiers' kwamen zij uit de omgeving van Mettingen bij Osnabrück, Westphalen. Op hun reizen naar Friesland voor oogstwerkzaamheden namen zij textielartikelen mee die zij in het winterseizoen thuis produceerden, en die zij in afwachting van de aanvang der werkzaamheden in Friesland verkochten. Later werd deze handel de hoofdzaak van hun trektochten. Zij vestigden zich aanvankelijk in Sneek, waarna zij zich later over het hele land verspreidden.

Tot nu toe is aangenomen dat eenieder weet wat een eigenerfde boer is, en waarin hij zich onderscheidt van een lid van de adel. Maar wat was nu eigenlijk het verschil tussen een edele en een eigenerfde boer? En waar kwamen de verschillen vandaan? Omdat het antwoord hierop niet eenvoudig te geven, heb ik de vrijheid genomen om van Yme Kuiper's boek *Adel in Friesland 1780-1880* alinea 1 (*Adel of 'adel' in de late middeleeuwen?*) van hoofdstuk 4 verkort over te nemen,[125] waarbij ik de toegevoegde noten niet heb overgenomen:

Kuiper begint met te poneren dat het moeilijk is om zeker te weten of Friesland in de late middeleeuwen een juridisch vast te stellen adelstand met specifieke standsvoorrechten bezat. Ook is de historische oorsprong hiervan nog steeds onduidelijk. Hij stelt dat enkele decennia geleden de meeste onderzoekers het bestaan van een adelstand ontkenden. De Friese samenleving in de late middeleeuwen kenmerkte zich door de afwezigheid van het feodale stelsel. Tegen die achtergrond lag de aanwezigheid van een geprivilegieerde adel niet voor de hand. Op zijn best was er sprake van een soort herenboeren-'adel'.

De top van de toenmalige Friese samenleving werd destijds gevormd door de hoofdelingen, een relatief nieuw fenomeen binnen de 14de-eeuwse Friese samenleving. Kuiper gaat ervan uit dat deze hoofdelingen eigenlijk eigenerfde boeren waren die qua grondbezit uitstaken boven de rest van de grondbezitters. Op basis van hun militaire macht en rijkdom, én het ontbreken van een daadwerkelijk landsheerlijk gezag, konden zij die samenleving op allerlei terreinen domineren. Eén van de belangrijke rechtsprincipes die aanvankelijk orde schiepen in deze samenleving met weinig formele insti-

[125] Yme Kuiper, *Adel in Friesland 1780-1880* (Groningen 1993) 63,64.

tuties was het vetewezen.[126] Dit principe was nauw verbonden met het bestaan en de regulering van persoonlijke en collectieve eergevoelens. Degene die bij een vete een bepaalde partij aanvoerde werd hoofdeling genoemd. Deze vetes riepen in de loop der tijd steeds vaker gewelddadige twisten tussen facties van hoofdelingen met hun aanhang op. Menig hoofdeling ging er na verloop van tijd een kleine, staande strijdmacht van 'ruters' op nahouden. In de gewelddadige ruzies, tussen Schieringers en Vetkopers, die er vaak als oorlogen uitzagen, en die de Friese samenleving in de late middeleeuwen langdurig teisterden vormde de onderlinge rivaliteit tussen hoofdelingen een belangrijke factor, aldus I.H. Gosses in 1933.

Volgens N.E. Algra vormden de 15[de]-eeuwse hoofdelingen echter wel degelijk een geprivilegieerde stand. Ondanks het feit dat zij sommige voorrechten deelden met eigenerfde boeren, bezaten hoofdelingen tevens enkele exclusieve voorrechten, zowel ten plattelande als in de steden. Vooral als dorpshoofd kon een hoofdeling, in ruil voor de bescherming die hij de ingezetenen bood, bepaalde 'heerlijke' rechten uitoefenen. Dorpelingen verrichtten voor hem hand- en spandiensten, terwijl hun dorpsheer recht over hen sprak en hij ook voor de landen die hem niet toebehoorden de gebruikers mocht aanstellen. Deze voorrechten van de hoofdeling wijzen in de richting van de ambtelijke oorsprong ervan. Hoofdelingen waren volgens hem dan ook de nazaten van personen uit een grafelijke ambtenarenstand, de zogenaamde dienstadel. Ook Algra's these bleef echter niet onbetwist.

---

[126] Aan een bepaalde partij toegebrachte schade riep een vete in het leven. Deze vete werd zo spoedig mogelijk beëindigd door schikkingen, compensaties of genoegdoeningen ten behoeve van de benadeelde partij. De bedoeling van dit alles was dat geen van de partijen teveel gezichtsverlies zou leiden.

Al met al kan toch wel gesteld worden dat zowel de adel, de grotere en de kleinere eigenerfde boeren waarschijnlijk eenzelfde oorsprong hebben. Alleen hun omstandigheden en mate van succes waren enigszins verschillend. Een mogelijk verschil tussen de diverse groepen was dat de eigenerfden juist nog iets te klein waren, en hierdoor de aansluiting met de groep van de adel misten. En iemand die erin is geslaagd om de macht naar zich toe te trekken zal over het algemeen meer geneigd zijn contacten te leggen met gelijken of iets machtiger personen dan met personen van geringe invloed. In de latere periodes wisten sommigen qua te bereiken functies dit gat weer enigszins te dichten.

Ook moet aandacht besteed worden aan een paar ideeën die binnen de adel leefden. Edelen huwden binnen hun groep. Deden zij dit niet dan was de kans groot dat zij niet meer tot hun groep gerekend werden, en dus terugvielen tot de groep der eigenerfden. Hetzelfde gebeurde wanneer zij door verarming niet meer hun stand konden ophouden, en dus weer bij de eigenerfden terechtkwamen, of zelfs helemaal hier ook nog buiten vielen.

Evenwel hebben een aantal van de adellijke families hun latere financiële toestand te danken aan de injecties van bezittingen die door huwelijk met leden van de eigenerfde boerenstand aan hun vermogens werden toegevoegd. Ook valt het op dat de groep der eigenerfden in het begin van de 19de eeuw de bron was waaruit in Friesland de nieuwe leden van de adel gerekruteerd werden.

Van de eigenerfden werden in 1816 Van Andringa de Kempenaar en Van Sminia, in 1817 Lycklama à Nijeholt, en in 1818 Van Scheltinga, De Blocq van Scheltinga en Coehoorn van Scheltinga door Willem I in de adelstand verheven. Van deze nieuwe edelen heeft geen enkele zelf het initiatief tot deze verheffing genomen, zoals wel gebeurd is door vele Hollandse bestuurders rond de koning.[127] Wel wordt aangenomen dat aanbevelingen voor opname in de adelstand afkomstig waren van de twee Friese adviseurs van de koning, de opperhofmaarschalk H.W. baron van Aylva, en de gouverneur in Friesland, jonkheer Idsert Aebinga van Humalda.[128]

Deze verheffingen geven wel enig idee dat de belangrijksten onder de eigenerfde boeren toch altijd wel zeer dicht bij de adellijke families in de buurt kwamen. In ieder geval heeft Koning Willem I dit wel als zodanig ervaren, en er naar gehandeld.

Bij de eigenerfden springen de volgende familienamen er duidelijk uit: Haersma, Sminia, Boelens, Scheltinga, Lycklama à Nijeholt, Glinstra, Vierssen, Andringa, Bergsma en Van der Haer.[129] Deze families deden wat grondbezit betrof niet onder voor de grote adellijke families. Waren in vroegere tijden de huwelijken bij de adel min of meer gearrangeerd, in het laatste kwart van de achttiende eeuw kregen de jonge edellieden meer vrijheid in het bepalen van hun huwelijkspartner. Hierbij kwamen ook vrouwen uit de hierboven gemelde groep der rijke eigenerfden in aanmerking.

De geschiedenissen van deze groep eigenerfden zullen, samen met enkele minder in het oog lopende families, in de volgende alinea's en hoofdstukken nader onderzocht worden, waarvan sommige iets uitgebreider, andere iets minder volledig.

3.2 De eigenerfde boeren als grietmannen

[127] NA, Kabinet des Konings 1816-1840, 2.02.03, inv.nr. 6135.

[128] Yme Kuiper en Johan Frieswijk (red.), *Twee eeuwen Friese adel 1814-2000; Van landadel naar historisch instituut* (Heerenveen 2000), 11.

[129] Yme Kuiper, *Adel in Friesland,* 73.

Veel eigenerfde boeren zijn in de loop der jaren betrokken geraakt bij het lokale bestuur, speciaal dat van de grietenijen. Als grietman hebben een groot aantal van hen, samen met leden van de adel, ervoor gezorgd dat over een lange periode voldoende stabiliteit in Friesland aanwezig was om het gewest tot een zekere bloei te brengen. Beide groeperingen verdienden redelijk aan hun benoeming tot grietman. De jaarlijkse inkomsten waren voldoende om goed van te kunnen leven, zeker vergeleken met die van de andere, minder of helemaal geen stemgerechtigde boeren. Een belangrijk punt bij de acceptatie van deze personen als grietman was ongetwijfeld het feit dat zij, net als de andere boeren, hoofdzakelijk leefden van wat hun bedrijven hun opleverden. In dit opzicht hadden zij bijvoorbeeld net zoveel belang bij een goede waterhuishouding als een kleine boer, mogelijk zelfs meer. Hun belangen liepen dus redelijk parallel.

Als we de lijsten van grietmannen tot 1795 bezien, vallen een paar dingen vrij snel op.[130] In de 14^{e} en 15^{e} eeuw is er een grote variatie in namen. Door het vaak nog niet bezitten van familienamen is het nog niet duidelijk zichtbaar waar de grietmansgeslachten ontstaan. In de 16^{e} eeuw gaat dit in vele gevallen ook nog op, al beginnen reeds de eerste tekenen van dynastievorming op te treden. Op een gegeven moment beginnen beide groepen, dus zowel de adel als de eigenerfden, buiten hun voornaam en vaders naam ook geslachtsnamen aan te nemen. Ook lijken aanvankelijk de eigenerfde boeren nog de meerderheid van de grietmannen te leveren, mogelijk omdat de adelsvorming nog niet helemaal tot stand gekomen was. Verder lijkt het er ook op dat, hoe dichter de grietenij bij een stad ligt, de kans dat een lid van de adel het bestuur in handen krijgt

---

[130] H. Baerdt van Sminia, *Nieuwe naamlijst van grietmannen:van de vroegste tijden af tot het jaar 1795* (Leeuwarden 1837).

groter wordt. Van de in totaal 28 voor Hobbe Baerdt van Sminia bekende grietmannen die Leeuwarderadeel, een grietenij rond Leeuwarden, heeft gehad tot 1795, behoorden er 19 tot de adel, waarvan 12 uit de stad Leeuwarden zelf afkomstig waren. Van hen waren er zeven van de familie Van Burmania. De laatste vijf van deze familie waren grietman van 1673 tot 1795.

Dit verschijnsel, het concentreren van de macht in een enkele familie, die dan lange tijd het gezag uitoefent, komt vaker voor. Zo is in de grietenij Westdongeradeel de macht, met een paar kleine onderbrekingen, van 1578 tot 1789 in handen geweest van de adellijke familie Van Aylva, die in deze periode tien grietmannen leverde van de in totaal twintig. Van deze extra tien waren er nog drie van adel, waaronder nog een Van Aylva. In deze grietenij, die direct westelijk van Dokkum was gelegen, was de macht dus grotendeels in handen van een enkele familie.

In het zuidelijk deel van Friesland is de toestand totaal anders. In Schoterland deed zich een soortgelijke situatie voor, maar met een beduidend verschil. Hier was de macht tijdens de periode van 1647 tot 1795 in handen van de diverse leden van de familie Van Scheltinga, een familie van eigenerfde boeren. In Opsterland is de familie Lycklama à Nijeholt, ook een familie van eigenerfde boeren, van 1693 tot 1782 nagenoeg de enige leverancier van grietmannen (van 1585 tot 1693 was de familie Fockens de leverancier van alle grietmannen), terwijl ze dat van 1752 tot 1795 in Utingeradeel zijn. Opvallend is dat er in de grietenijen in het zuidelijke deel van Friesland, Zevenwouden, bijna geen adellijke personen grietman zijn geworden; alleen de familie Vegelin van Claerbergen heeft nog een aantal (zes) grietmannen geleverd aan de verschillende grietenijen.[131] Verder komen we nog betrekkelijk vaak de namen

---

[131] De familie Vegelin van Claerbergen is oorspronkelijk afkomstig uit Duitsland.

van eigenerfde boeren als Van Andringa (in Utingeradeel onder andere acht maal, Lemsterland drie maal, en in Ængwirden en Doniawerstal) en Van Scheltinga (in Lemsterland en Gaasterland). In Haskerland komen we een aantal families tegen. Tussen 1521 en 1580 komen we driemaal de adellijke familienaam Van Hoytema tegen eenmaal afgewisseld met de naam Hylckama. De families Van Hylckama en Van Hoytema waren verzwagerd. Hetzelfde geldt voor de drie leden van de familie Van Baerdt (Dirk, Hobbe en Egbert), die van 1601 tot 1669 grietman waren, en de aan hen verzwagerde familie Van Vierssen, die met twee leden van 1669 tot 1689 de grietmannen leverden. Daarna was de beurt aan de adellijke familie Vegelin van Claerbergen. Aan het eind van de periode van de Republiek kregen we weer een eigenerfde als grietman, Arent Johan van Glinstra, een aangetrouwd familielid van de familie Baerdt van Sminia.[132] In 1681 kocht de Hobbe Baert van Sminia het landgoed De Klinze in Oudkerk, waarna vanaf 1772 de familie Baerdt van Sminia voortaan de grietmannen leverde, ook na de installatie van Willem I tot koning.[133] Voorafgaande aan de eerste van hen, Hobbe Baerdt van Sminia, was deze grietenij van 1686 tot 1752 in handen van de familie van Glinstra (Hector, Assuerus, Johannes

---

[132] In 1653 zijn door het huwelijk van Anna Maria van Baerdt, een dochter van Hobbe van Baerdt, en Jetze van Sminia, een niet zo rijke familie, de namen Baerdt en Van Sminia in de praktijk bij elkaar gevoegd, hoewel niet iedereen de combinatie gebruikte.

[133] Zoals wel vaker in Friesland voorkwam, was de aanduiding van de familienaam niet altijd de zelfde. Van de naam Baerdt komen vele variaties voor, zoals Baert, Baard, Baardt, Baart en Baarda, wel of niet met het voorvoegsel ‘van’. Ik heb, om de verwarring aan te geven, meestal die spelling gebruikt die in een stuk voorkomt waarin de naam op dat moment genoemd wordt.

en Hector Willem),[134] terwijl van 1752 tot 1772 Henricus Wiardus van Altena als grietman optrad.

In Westergo lijkt het erop dat dit vrijwel geheel door de adellijke families gedomineerd wordt. Bijvoorbeeld in Menaldumadeel behoren van de 27 grietmannen er 22 tot de adel. Na 1540 is er geen enkele eigenerfde boer meer grietman geweest; de macht is hier duidelijk in handen geraakt van een beperkt aantal adellijke families. Voor Franekeradeel geldt nagenoeg hetzelfde; 17 van de 23 grietmannen waren van adel, de laatste niet-adellijke boer beëindigde zijn bestuur in 1542. Voor Barradeel hetzelfde: 18 edelen tegenover zes anderen, waarvan drie buitenlanders (in de 16ᵉ eeuw)[135], met weer de laatste boer in 1553. Baarderadeel en Wonseradeel vertonen dezelfde karakteristieken: respectievelijk 24 en 18 edelen uit een totaal van 33 en 30 grietmannen, met weer de laatste boer in 1558 en 1580. Bij de grietenij Hennaarderadeel is de situatie afwijkend; hier zijn 13 edelen op een totaal van 23 grietmannen, waarbij het opvalt dat na 1706 geen lid van de adel bekend is als grietman. Hier hebben de families Van Sminia en Aebinga van Humalda de laatste vier grietmannen geleverd. Uit het voorgaande komt wel naar voren dat de regeringsperiode van Keizer Karel V het grote omslagmoment is geweest voor het naar voren brengen van de adel.

Opvallend is dat in zowel Baarderadeel als in Wonseradeel de adellijke familie Van Aylva dominant is, net als in Westdongeradeel. Deze familie is wel erg invloedrijk geweest. De dominante adellijke familie in

---

[134] Deze Hobbe Baerdt van Sminia was gehuwd met Louise A. van Glinstra; hier was ook weer sprake van verzwagering.

[135] Het Spaanse bewind heeft ervoor gezorgd dat een aantal grietmannen niet op de normale manier benoemd werden; binnen hun eigen gelederen waren altijd wel een paar mensen te vinden aan wie de Spaanse bewindvoerder een verplichting had.

Menaldumadeel was die van Thoe Schwartzenberg en Hohenlansberg.[136]

Wat verder opvalt, is dat de diverse families der eigenerfden die als grietmannen hebben gefunctioneerd, zich hoofdzakelijk binnen een enkel kwartier manifesteren.[137] Het verwerven van bezittingen buiten hun kwartier heeft kennelijk geen grote aantrekkingskracht. Hierbij moeten we wel rekening houden met het feit dat verkiezingen in Friesland zich altijd in het kwartier afspeelden. Het was dus van belang dat een familie zijn machtsbasis beperkte tot een enkel kwartier. Versnippering zou wel eens tot gevolg kunnen hebben dat men, ondanks een groot bezit, toch nog tot de kleinere boeren gerekend zou kunnen worden, en in de praktijk uitgesloten zou kunnen worden van het grietmanschap.

Nog iets wordt door de getalsmatige analyse in de voorgaande alinea's duidelijk. De grietenijen waarin de adellijke grietmannen duidelijk het grootste deel van de tijd de macht hadden, bevinden zich in het noordelijk

---

[136] De familie Thoe Schwartzenberg en Hohenlansberg is van Duitse afkomst.

[137] De kwartieren in Friesland zijn in het oosten Oostergo, in het westen Westergo, terwijl het zuiden bekend staat onder de naam Zevenwouden. Verder is er een vierde kwartier, dat van de elf steden.

De grietenijen in Oostergo waren: Oostdongeradeel, Westdongeradeel, Leeuwarderadeel, Ferwerderadeel, Tietjerksteradeel, Dantumadeel, Ooststellingwerf, Weststellingwerf, Smallingerland, Achtkarspelen, Kollumerland en Opsterland.

In Westergo liggen Barradeel, Menaldumadeel, Franekeradeel, Baarderadeel, Het Bildt, Hennaarderadeel, Wonseradeel, Rauwerderhem, Idaarderadeel en Wymbritseradeel.

In Zevenwouden liggen Lemsterland, Gaasterland, Hemelumer Oldeferd, Utingeradeel, Doniawerstal, Ængwirden, Schoterland en Haskerland.

Het vierde kwartier, de elf steden zijn: Leeuwarden, Dokkum, Franeker, Harlingen, Sneek, Bolsward, IJlst, Workum, Hindelopen, Staveren en Sloten.

deel van Oostergo en nagenoeg geheel Westergo. Nu is dit deel van Friesland het gebied waarin de landbouw en veeteelt al in een vroeg stadium tot ontwikkeling is gekomen, namelijk het gebied waarin de kleigrond het meest voorkomende is.[138] Dit gebied kenmerkt zich verder door de aanwezigheid van de terpen, de oude verhogingen van de grond die ontworpen zijn om de bewoonde gebieden te beschermen tegen de zee, in de tijd dat er nog geen dijken waren.[139] In dit gebied hebben de grotere boeren zich dus eerder kunnen ontwikkelen tot edelen in de periode dat door indijking veel meer land beschikbaar werd voor permanente bewoning en continu gebruik.[140] Het zuidelijk deel van Oostergo en het gehele Zevenwouden is pas veel later tot ontwikkeling gekomen. Het westelijk deel van Zevenwouden bestond aanvankelijk voor een belangrijk deel uit een met veel meren en meertjes onderbroken moerassig laagveengebied. In een later stadium zijn een aantal van die moerasgebieden drooggelegd en geschikt gemaakt voor de veeteelt. Het oostelijk deel van Zevenwouden en het zuidelijk deel van Oostergo bestonden voor een belangrijk deel uit zandgronden en moerassige hoogvenen, die ook later pas tot ontwikkeling werden gebracht. Aanvankelijk was de toegang tot deze gebieden heel slecht, terwijl ook de waarde van de gronden laag was. Zij waren weinig vruchtbaar. Het lijkt er dan ook op dat de leden van de adel geen enkele interesse in dergelijke gebieden hadden. Hier kregen de niet-adellijke eigenerfden de mogelijkheid de macht naar zich toe te trek-

---

[138] J.A. Faber, *Drie eeuwen Friesland; economische en sociale ontwikkelingen van 1500 tot 1800* (Leeuwarden 1972), 216-219, 320, 321.

[139] Deze terpengebieden waren al enige eeuwen vóór het begin van de jaartelling bewoond.

[140] Veel van de inpolderingen en bedijkingen zijn op initiatief van de kloosters gestart en onder leiding van monniken uitgevoerd.

ken, waarvan als reden het latere tijdstip van het in cultuur nemen doorslaggevend lijkt. Als gevolg van hun latere opkomst in de vaart der volken hadden deze boeren nog niet de mogelijkheid gehad om een lange historie en afkomst op te bouwen. Het lijkt aannemelijk alleen de factor tijd verantwoordelijk is geweest voor het geaccepteerde verschil tussen wat adel en eigenerfden genoemd word. Hun afkomst en ontwikkeling zijn nagenoeg identiek. Alleen het moment waarop hun aanzien zodanig was dat zij tot de adel werden gerekend was verschillend. Hierbij moeten we rekening houden met het gegeven dat zowel gedurende de periode van de Saksen en de Habsburgers en tijdens de Republiek geen mensen in de adelstand zijn verheven. Het tot de adel behoren was meer een onderlinge afspraak en acceptatie dan een werkelijk benoemen. Wel zijn er in de periode van Saksen en Habsburgers mensen van buitenlandse adellijke afkomst binnen de Friese adel opgenomen. In het kort samengevat betekent dit dat alleen die eigenerfden die over voldoende status en middelen beschikten vóór 1498, tot de oude Friese adel konden worden gerekend. De totale vrijheid, zoals men die in Friesland gewend was met het 'verhogen' van mensen was in 1498 met de overname van de macht door Albrecht van Saksen verdwenen. De oude Friese adel was niet alleen een niet een door een vorst ingestelde institutie, zij was zelfs wars van het leenstelsel.

Verder blijkt dat het gebied dat ligt in het zuiden van Friesland (de grietenijen Utingeradeel, Haskerland, Schoterland, Ængwirden, Opsterland, Oost- en Weststellingwerf, Gaasterland en Lemsterland, en alle grietenijen gelegen in Zevenwouden) de belangrijkste machtsbasis was voor de eigenerfde boeren. De meest in het oog springende namen die we hier tegenkomen zijn Lycklama à Nijeholt, Van Scheltinga, Van Andringa, Van Sminia, en Van Haren. De enige adellijke familie die in Haskerland nog nadrukkelijk voorkomt is die van

Vegelin Van Claerbergen. Voor de duidelijkheid van mijn onderzoek lijkt het mij wenselijk dat ik mij hoofdzakelijk ga concentreren op de in deze alinea's genoemde families. Verder ga ik natuurlijk de familie Van Hylckama niet uit het oog verliezen, al hebben die in de 17^{e} en 18^{e} eeuw geen grietmannen geleverd, ze zijn altijd aanwezig geweest als secretaris, dus de tweede man, in de grietenijen. Verder is het waterschap altijd door hen bestuurd.

In 1795, toen de revolutie plaats vond, ging het even mis met de benoeming van eigenerfden als grietman. Dit gold in wezen ook voor de adel. Alle 30 grietmannen worden ontslagen, waaronder de 17 eigenerfden. Door de gelijkschakeling als gevolg van de revolutie en het ontstaan van de Bataafse Republiek zijn er toen geen grietmannen meer benoemd. Het bestuur werd lokaal geregeld via een soort dorpsvergadering, waarin rivaliserende groepen elkaar bestreden om de macht, en waar een groot aantal nieuwe en bestuurlijk onervaren personen naar voren kwamen.[141] Met het opheffen van het gewest Friesland werd de oude structuur helemaal vernietigd. Op 30 maart 1799 bestond het Departementaal Bestuur van de Eems, waartoe een deel van Friesland nu behoorde, uit een aantal personen, onder leiding van G. Idsinga. Hierin komen we niemand uit een bekende eigenerfde familie meer tegen.[142] De groep van oud-bestuurders leek nu helemaal uitgerangeerd.

Op 18 september 1801 vond er in Den Haag weer een staatsgreep plaats. Een nieuwe grondwet werd op 1 oktober van dat jaar met 'overgrote meerderheid'

---

[141] P. Brood, P. Nieuwland en L. Zoodsma, *Homines Novi; De eerste volksvertegen-woordigers van 1795* (Amsterdam 1993), 127-239.

[142] Tresoar/BRF/nr. 642, *Departementaal Bestuur van de Eems,* 30 maart 1799.

door het volk goedgekeurd.[143] Wel werden de oude provincienamen en grenzen hersteld. Friesland bestond dus weer. In juni 1802 benoemde het Staatsbewind de twaalf leden van het nieuwe Departementaal Bestuur van Friesland. Tot deze groep behoorden onder andere Daniel de Blocq van Haersma, Johan Petrus van Hylckama, Tinco Martinus Lycklama à Nijeholt en Cornelis van Scheltinga, leden van de groep van eigenerfden.[144] Met eenderde deel van het aantal leden waren zij weer ruim vertegenwoordigd, vooral als we er rekening mee houden dat een nieuwe groep van rijke families, die voor de revolutie van 1795 niet aan het bestuur had deelgenomen, nu ook vertegenwoordigd was in de personen van Buma, Cats, Fontein, Ypey en Albarda.

In juli 1806 trad er weer eens een verandering op in de structuur van het bestuur. Nederland werd nu een Koninkrijk onder Lodewijk Napoleon, een broer van de Franse keizer. Het hoofd van het bestuur van Friesland werd nu een landdrost, de eigenerfde Regnerus Livius van Andringa de Kempenaer, die van 1772 tot 1795 grietman van Lemsterland was geweest.[145] Hij bleef in deze functie tot 1 januari 1811, dus nog na de inlijving bij Frankrijk. Hij werd bijgestaan door vijf assessoren, een soort gedeputeerde met portefeuille, waaronder we weer bekende namen tegenkomen. Onder andere werden J.J. Bergsma en H. van Sminia op 8 mei

---

[143] Joh. Frieswijk e.a. (red), *Geschiedenis van Friesland 1750-1995,* (Amsterdam 1998), 118-119.
De manier van stemmen roept wel enige vraagtekens op. Thuisblijvers (330.653) werden als voorstemmers beschouwd. Er waren slechts 16.771 echte voorstemmers en 52.219 tegenstemmers. Een klein aantal voorstemmers en het grote aantal onthouders zorgde dus voor een enorme meerderheid.

[144] Tresoar/BRF/nr. 829, *Register van besluiten van het Departementaal Bestuur van Friesland,* 21 juni 1802.

[145] Tresoar/BRF/nr. 823, *Benoemingsdecreet Landdrost,* 8 mei 1807.

1806 benoemd.[146] Op 26 juli 1807 werd de groep assessoren aangevuld met J.P. van Hylckama. Ook werden een aantal drosten, hoofden van districten en vervangers van de grietmannen benoemd, waaronder de eigenerfden Sybrand van Haersma, Pieter Adriaan Bergsma, Jetze van Sminia, Hector Livius van Haersma, T.M Lycklama à Nijeholt, A.A. van Andringa de Kempenaer en Menno Coehoorn van Scheltinga.[147]

Pas bij de inlijving bij Frankrijk ontstond weer een andere structuur in het bestuur. Dit was gebaseerd op het Franse stelsel van departementen, arrondissementen en mairies. Na enige tijd werd het aantal mairies groter dan het oude aantal grietenijen: een marie werd dus kleiner dan een grietenij. Ook werden de namen en de hoofdplaatsen anders. Aan het hoofd van een mairie stond nu een maire, die toch wel enigszins vergeleken kon worden met een grietman. Wel was de macht van de maire redelijk ingeperkt vergeleken met die van de grietman. Hij werd meer een uitvoerder van besluiten van bovenaf. Een ander belangrijk verschil was echter dat de maire niet gekozen werd, maar rechtstreeks door een hogere laag aangewezen werd. Echter vinden we in de nieuwe structuur wel weer namen terug uit de oude wereld van de eigenerfden.

Waren de mairies later veel groter in aantal (49) en dus kleiner in gebied en niet meer overeenkomstig de oude structuur, in de begintijd werden de maires nog verbonden aan de grietenijen zoals zij er voor de revolutie uitzagen en genoemd werden. De maires waren aanvankelijk dus nog de opvolgers van de oorspronkelijke grietmannen. In februari 1811 diende de prefect Van Andringa de Kempenaer, zelf een eigenerfde, zijn lijst

---

[146] Tresoar/BRF/nr. 828, *Benoemingsdecreet assessoren,* 8 mei 1807.

[147] Tresoar/BRF/nr. 3012, *Naamlijst belangrijke bestuursambtenaren.*

in.[148] Deze lijst lijkt niet volledig, want er worden kandidaten voorgedragen voor éénentwintig van de dertig grietenijen, acht van de elf steden en vier voor de eilanden. Op deze lijst komen we een aantal mensen uit de groep van de eigenerfde boeren tegen: Johannes Casparus Bergsma voor Oostdongeradeel, Petrus Adrianus Bergsma voor Dantumadeel, Hector Livius van Haersma voor Smallingerland, Cornelis van Scheltinga voor Idaarderadeel, P.J. van Beyma voor Franekeradeel en Klaas Arjens Wassenaar voor Het Bildt. De ontbrekende voordrachten zijn op afzonderlijke stukken binnengekomen, waaronder Daniel de Blocq van Scheltinga voor Schoterland, Jacob Johan Bergsma voor Menaldumadeel en Willem Livius van Sminia voor Tietjerksteradeel.[149] Vreemd genoeg zijn de eigenerfden nu redelijk sterk vertegenwoordigd in die gebieden waar vroeger de leden van de adel de grootste macht had. Grietenijen als Gaasterland, Haskerland en Doniawerstal, waar vroeger de eigenerfden hun machtsbasis hadden, zijn nu in handen van de adel.

Na het verdwijnen van de Fransen, en hun bestuursvorm, werd onder Willem I de grietenij weer in ere hersteld. Echter werden ook nu de grietmannen niet gekozen, maar door de koning aangesteld. Van de Fransen had hij dus wel iets overgenomen. Van een beperkt democratisch gekozen, of in ieder geval voorgedragen, grietman was nu ook geen sprake meer. De koning had stelselmatig alle macht naar zich toegetrokken.

Bij Koninklijk Besluit van 22 juni 1816 werden onder andere de volgende personen uit de stand der eigenerfde boeren benoemd tot grietman in de verschil-

[148] Tresoar/BRF/nr. 3669, *Naamlijst van kandidaten voor de functie van maire,* febr. 1811.

[149] Tresoar/BRF/nr.3518, *Voordrachten voor de functie van maire* (9 stuks), 19 febr. 1811.

lende gemeenten:[150] J.C. Bergsma, J.J. Bergsma, D.B. van der Haer, S. van Haersma, J.P. van Hylckama, A.G. Lycklama à Nijeholt, D. de Blocq van Scheltinga, M. Coehoorn van Scheltinga, F.J.J. van Scheltinga, W.L. van Sminia en H.L. Haersma van Vierssen. Op 19 juli 1816 werden zij door de gouverneur van Friesland beëdigd.[151] Voor een complete lijst van de benoemden zie bijlage 3.2.

Uit de namen van de benoemden blijkt duidelijk zijn persoonlijke voorkeur. Hij heeft zijn mensen, die nu bijna de status van beschermeling kregen, gekozen uit die groep die al beschikten over een enorme ervaring op bestuursgebied. Het zijn niet altijd dezelfde personen geweest, maar wel mensen uit de reeds jaren bekende geslachten van bestuurders. Ook geeft deze lijst de indruk dat bij de koning geen enkele wrok bestond tegen families die zich, vooral tijdens de revolutieperiodes, van het Oranjehuis hadden afgekeerd, en hun heil meer zagen in een bestuur zonder Oranjes. Een welbekende uit deze groep is weer Johan Petrus van Hylckama, een revolutionair van de eerste periode. Wel beschikte deze dus over een geweldige bestuurlijke ervaring, zelfs op bijna het hoogste niveau, als raad van de Prefectuur. Voor Willem I waren deze ervaringen zo te zien doorslaggevend voor zijn benoemingen. Hij koos dus voor een groep mensen die onder verschillende omstandigheden doorgegaan waren met het besturen. Een belangrijke overweging van de koning was ook zijn idee om de mensen weer met elkaar te verzoenen, waardoor het voor iedereen gemakkelijker zou zijn om weer aan een nieuwe toekomst te werken. Hij zag in deze manier van benoemen waarschijnlijk minder risico's dan het werken

[150] Tresoar/Archief 11, nr.6653, *Koninklijk besluit benoeming grietmannen,* 22 juni 1816.

[151] Tresoar/ 326 Familiearchief van Schwartzenberg thoe Hohenlansberg, nr.778.6 *Proces-verbaal van de beëdiging van grietmannen,* 19 juli 1816.

met mensen zonder ervaring, maar die de Oranjes wel over de jaren trouw waren gebleven.

Nu zijn dit allemaal namen van families die in de periode voor de revolutie veel posten in het bestuur, zoals grietman, secretaris en statenlid hebben opgevuld. De mannen met de oude namen zijn weer teruggekomen. Zo te zien hebben zij niet het veld geruimd, en zijn zij slechts voor een klein deel vervangen, beter gezegd aangevuld, door personen uit andere groepen. Zij hebben zich gedurende de laatste twintig jaren uitstekend weten te handhaven. Voor het geval zij persoonlijk de periode niet hebben overleefd, is toch hun functie overgegaan op een volgende generatie. De continuïteit is gebleven.

Ter afwisseling even iets anders. Zowel bij de Friese adel als bij de eigenerfde boeren komt een naamgeving voor die vaak voor onduidelijkheid zorgt. Het betreft hier het verschijnsel van de dubbele, en soms zelfs ook meervoudige, namen. Hierin komen verschillende vormen voor, die voor niet-Friezen, en zelfs ook voor een deel van de tegenwoordige Friezen, vrij moeilijk te onderscheiden zijn, en die dus verwarring kunnen veroorzaken. De meest voorkomende vorm bij de dubbele namen is de toevoeging van de familienaam van de vrouw aan één of meerdere van de kinderen. Toevoeging van de familienaam komt alleen voor bij het tweede en verdere kinderen. De eerstgeborene heeft alleen de familienaam van de vader. Een enkele naam duidt dus op rechtstreekse afstamming en is dus in wezen ‘deftiger’ dan een dubbele naam. Deze moedersnaam staat in deze gevallen vóór de vadersnaam, als een soort voornaam. Een paar voorbeelden hiervan zijn namen als De Blocq van Scheltinga, Coehoorn van Scheltinga, Andringa de Kempenaar en Baerdt van Sminia. Deze dubbele naamgeving geeft aardig de verweving van de diverse families aan. Een andere vorm is het plaatsen van de woonplaats van de betrokken familie als toevoeging achter de familienaam, dit ter onderscheiding van bijvoorbeeld een neef met dezelfde namen. Een voorbeeld hiervan is Lycklama à Nijeholt. Ook de combinatie van beiden komt voor; zo werd in 1773 Daniël de Blocq Lycklama à Nijeholt grietman in Opsterland.

Verder komt het voor dat verschillende of zelfs meerdere namen worden toegevoegd aan verschillende kinderen uit eenzelfde huwelijk, in deze gevallen weer de familienaam van een moeder of grootmoeder. Johan Petrus van Hylckama noemde een paar van zijn zonen naar verschillende moeders in de familie. Zijn jongste zoon was Cornelis Franciscus Frisius Nauta van Hylckama (Nauta was de familienaam van zijn moeder, dochter van een burgemeester van Dokkum; Frisius kwam van een verder voorgeslacht), terwijl zijn tweede zoon Tinco Andringa van Hylckama heette, vernoemd naar de vader van zijn grootmoeder. Door het ongehuwd, en dus kinderloos sterven van deze zonen is deze toevoeging niet verder doorgegeven aan een nageslacht.

Een paar bijzondere manieren wat betreft de naamgeving zijn de volgende. Als een man, die nog niet over een familienaam beschikte, huwde met een vrouw die wel een familienaam had, kwam het voor dat de man de naam van de vrouw aannam als familienaam. In dergelijke gevallen ging de familienaam dus in vrouwelijke lijn verder. Zelfs het aannemen van de naam van de vrouw door een man met een achternaam kwam voor. Een ander verschijnsel was dat een man zonder familienaam de naam aannam van het landgoed waarop hij woonde, en dat mogelijk door vererving via de vrouw, of door aankoop in zijn bezit was gekomen. Een voorbeeld hiervan was de naam Van Scheltinga, die door aankoop van de Scheltingastate bij Engelum als familienaam werd gebruikt.

3.3 Als Statenleden en gedeputeerden

In Friesland was in de loop der eeuwen de situatie ontstaan dat het politieke recht om op de Landdag, de Friese Nationale vergadering, te verschijnen was voorbehouden aan grootgrondbezitters.[152] Stemrecht hing af van de hoeveelheid stemgerechtigde grond die men bezat; of men tot de adel behoorde of niet, maakte in dit opzicht aanvankelijk weinig uit. In dit opzicht waren de niet-adellijke eigenerfde boeren nagenoeg gelijkwaardig aan de adel. Dat de grootgrondbezitters de macht bezaten was op zichzelf niet zo'n vreemd en onverklaarbaar verschijnsel. In vele opzichten liepen de belangen van de grootgrondbezitters en de kleine boeren parallel. Wel was het zo dat de grootgrondbezitters het meeste te verliezen hadden als er iets verkeerd ging. Hun belangen waren dus wel aanmerkelijk groter dan die van de kleinere boeren. Maar hoe meer iemand te verliezen heeft, hoe meer hij bereid is voorzorgsmaatregelen te nemen om zijn bezit te beschermen. Wel was de adel verhoudingsgewijs beter vertegenwoordigd dan de eigenerfden. Dat er in verhouding tot hun aantal meer adellijke vertegenwoordigers waren hing meer samen met het feit dat de leden van de adel over meer vrije tijd beschikten dan de boeren, en dus minder bezwaarlijk zitting konden nemen in de diverse vertegenwoordigende lichamen. Onder de eigenerfde boeren was er een aantal dat in rijkdom de adel overtrof, of nagenoeg gelijkwaardig aan hen was.

Het was traditie dat een grietenij in zijn afvaardiging naar de Landdag een edele en een eigenerfde benoemde. Maar soms, vooral in het zuidoosten van Friesland, was het moeilijk of zelfs onmogelijk een edele te vinden, zodat dan de vertegenwoordiging uit twee eigenerfden bestond, waarvan de tweede eigenerfde dan optrad namens de stand der edelen. Ook kwam het regelmatig voor dat een grietenij twee edelen als vertegenwoordiging afvaardigde, waarvan de extra dan op-

---

[152] Yme Kuiper, *Adel*, 66.

trad namens de eigenerfden. Hieruit blijkt ook weer dat deze twee groepen door henzelf als gelijkwaardig, of nagenoeg gelijkwaardig werden beschouwd. In 1748 ging het echter mis met de bestaande toestand. Een landelijke opstand werd door de stadhouder door middel van militair ingrijpen bedwongen, terwijl de Staten een aantal politieke en fiscale hervorming toestonden. Toen stadhouder Willem IV in 1748 de benoeming van de grietmannen op grond van het 'Reglement Reformatoir'[153] geheel tot zich trok kwam hij dan ook in aanvaring met de eigenerfde grietmannen. Zij traden in een lange schriftelijke discussie met hem. Op 14 oktober 1766 stuurden zij hem een brief waarin zij aantoonden dat hun rechten gelijk waren aan die van de edelen.[154] In het jaar 1323 was tijdens een allerplechtigste vergadering onder de Opstalboom bij Aurich, Oost-Friesland, vastgesteld dat de rechten van edellieden en eigenerfden gelijk waren. Het grootste verschil ligt meer in de gewoonte van de adel om zijn oude afkomst beter te kennen. Hun afkomst was in een vroeger stadium deel geworden van de geschiedenis van Friesland dan die der resterende eigenerfden, waarvan zij zelf als groep en als individu ook afkomstig waren. Aan die oudere geschiedenis ontleenden zij immers een belangrijk deel van hun status.

---

[153] De instelling van het 'Reglement Reformatoir' is een rechtstreeks gevolg van een volksopstand, het pachters- of Doelistenoproer, een burgerlijk-democratische actie tegen de belastingheffing, het stemrecht en de gevestigde regentenheerschappij in de Republiek der Verenigde Nederlanden.

[154] Tresoar /323-01, Familiearchief van Eysinga Vegelin van Claerbergen, invnr.819, nr.2, *Missive van de Heeren Eygenerfde Grietslieden aan den Erfstadhouder waarin bewijsen hun recht, om ten allen tijden als Edellieden te Landsdage te verschijnen,* 14 October 1766.

Met de opkomst van het patriottisme rond 1780 is de situatie van de Friese elite enigszins veranderd. Hoewel de patriotten geen vastomlijnd idee hadden omtrent de toekomst van het land, of wat Friesland betreft voor hun gewest, is het wel duidelijk dat ze af wilden van het bestuur door de regenten en de stadhouder. Ze hadden meer de oude situatie voor ogen waarbij de stemmen niet in het bezit waren van enkele machtigen, maar zij beter verdeeld waren over een groot aantal kiezers. In wezen was wat veel patriotten voor ogen hadden meer een terugkeer naar vroeger, een restauratie, dan naar een meer moderne versie van de democratie. Tijdens het begin van de revolutie veranderde veel voor de machtigste groep van de eigenerfden. Op 7 februari 1795 werd het 36 leden tellende *Comité Revolutionair Provinciaal* (C.R.P.) opgericht, dat de opdracht had om binnen twee maanden een vergadering van provisionele representanten in het leven te roepen. De soevereine macht, die oorspronkelijk bij de Staten van Friesland behoorde, werd door het C.R.P. overgenomen. Deze zou binnen die twee maanden aan de vergadering van provisionele representanten moeten worden overgedragen. Ondanks het feit dat de Staten nu in beleidszaken buitenspel waren gezet, bleven zij nog wel de soevereine macht over de in Friesland gelegerde Staatse troepen behouden. Dit dank zij de medewerking en een compromis dat de Gedeputeerde Staten hadden weten te bereiken.[155] De 82 leden tellende Statenvergadering, waarvan 60 afkomstig uit de grietenijen, werd op 19 februari 1795, als gevolg van de 'fluwelen revolutie', vervangen door een zestig leden tellende vergadering van Provisionele Representanten. Van hen waren elf afkomstig uit de groep der

[155] Jacques Kuiper, *Een Revolutie ontrafeld; Politiek in Friesland 1795-1798* (Franeker 2002), 30-32.

eigenerfden.[156] Deze elf zijn weer te verdelen in twee groepen. Allereerst een groep van vier, te weten dr. Hector Livius van Altena,[157] dr. Coert Lambertus van Beyma,[158] mr. Ayso van Boelens[159] en mr. Johannes Lambertus Huber;[160] al deze mensen zijn in 1787 naar het buitenland gevlucht in verband met hun bijdrage aan de mislukte opstand tegen Willem V, en in 1795 weer teruggekeerd. De vijf anderen zijn in deze periode in het land gebleven. Dit zijn dr. Arent Johan van Glinstra,[161] Lolke Lolkes Hommema,[162] Johan Petrus van Hylckama[163] en Martinus Bouricius van Idema.[164] Van de groep van de hier genoemde negen vertegenwoordigers hebben maar liefst vijf een voltooide universitaire opleiding in de rechten.[165] Met het benoemen van deze mensen is toch nog wel een redelijk grote hoeveelheid ervaring in bestuurlijke aangelegenheden in de vergadering ingebracht. De meeste van hen hadden ervaring als volmacht ten Landdage. Hun aantal is vergeleken met hun inbreng in de Staten van Friesland redelijk gedaald. Maar dit is nog niets vergeleken met die der adel, die

---

[156] P. Brood, P. Nieuwland en L. Zoodsma (ed.), *Homines Novi; De eerste volksvertegen-woordigers van 1795* (Amsterdam 1993), 162-235.

[157] P. Brood, *Homines Novi,* 165; Joost Rosendaal, *Bataven! Lijst van de Nederlandse vluchtelingen in Frankrijk 1787-1795* (2003), 70.

[158] P. Brood, *Homines Novi,* 171; Joost Rosendaal, *Bataven! Lijst,* 323.

[159] P. Brood, *Homines Novi,* 174. Van Boelens komt niet voor op de lijst van Rosendaal; hij is niet naar Frankrijk uitgeweken, maar naar Duitsland, omgeving Hannover.

[160] P. Brood, *Homines Novi,* 185; Joost Rosendaal, *Bataven! Lijst,* 3023..

[161] P. Brood, *Homines Novi,* 186.

[162] Ibidem, 194.

[163] Ibidem, 197.

[164] Ibidem, 198.

[165] P. Brood, *Homines Novi,* 165, 171, 174, 195, 186.

hun aantal zagen slinken tot één, namelijk Sicco Douwe van Aylva, die het land in 1787 ontvlucht was. De invloed van de adel was in de nieuwe samenstelling vrijwel geheel verdwenen.

Aangezien de Provisionele Representanten gewoon aangewezen waren, en niet zoals in de voorgaande periode als vertegenwoordigers van een grietenij of stad golden, werden ze nu gezien als vertegenwoordigers van het gehele gewest.[166] Als gevolg hiervan, en mede doordat velen via de Fraterniteit[167] in Leeuwarden aangewezen waren, werd de balans tussen de steden en het platteland enorm verstoord. Het 'oude' vierde kwartier, dat van de steden, was nu oververtegenwoordigd, met Leeuwarden nu als de meest belangrijke leverancier van vertegenwoordigers. Het belangrijkste doel van deze 'vertegenwoordigers' was het bewaren van de rust, het afzetten van de stadhouder, het vervangen van alle afgevaardigden in generaliteitscolleges en het uitschrijven van nieuwe verkiezingen.

Er werd een nieuw systeem van verkiezingen ingesteld. Bijna alle mannen van boven de twintig jaar, met uitzondering van inwonende huisknechten, gealimenteerden, vreemdelingen en misdadigers, kregen stemrecht. De verkiezingen werden getrapt gehouden, wat uiteindelijk resulteerde in de verkiezing van 68 vertegenwoordigers en evenveel vervangers.[168] In tegenstelling tot de vroegere methode van stemming per dorp was nu een evenredige vertegenwoordiging bereikt. Per ongeveer 2500 inwoners was er nu een vertegenwoordiger.

---

[166] Ibidem, 148.

[167] De Fraterniteit was het genootschap van patriotten in Leeuwarden. Deze broederschap was gevestigd in een groot pand aan de Nieuwestad, ongeveer de "duurste" straat in Leeuwarden. Vanuit de Fraterniteit is in grote trekken de opstand in Friesland geleid en georganiseerd.

[168] P. Brood, *Homines Novi*, 150.

Omdat de strijd voor de revolutie vooral vanuit de steden werd gevoerd, met als belangrijkste Leeuwarden, was het C.R.P. ook meer een afspiegeling van de deelnemers aan de revolutie. Het zwaartepunt van de macht verschoof zodoende van de grietenijen naar de steden.

De opdracht die het C.R.P. had gekregen, binnen twee maanden een vergadering van provisionele representanten in het leven te roepen, werd voortvarend aangepakt. Reeds op 19 februari, dus ruim binnen de gestelde tijd, vond de inauguratie van de provisionele representanten van Friesland plaats.[169] Tevens werd bij deze gelegenheid de vergadering van de Friese Staten ontbonden, en het C.R.P. opgeheven. Een nieuwe regering werd eveneens beëdigd. De ontbinding van de Friese Staten had tot gevolg dat ook de Gedeputeerde Staten niet langer bestonden. De op dit moment nog zitting hebbende leden waren nu ambteloos burger geworden, want drie dagen daarvoor waren zij uit hun functies van grietman ontheven. Op 14 februari hadden er in de gehele provincie door de C.R.P. zeer snel georganiseerde verkiezingen plaatsgevonden. Bij deze verkiezingen, die meer de bedoeling hadden om de revolutie in één slag door te laten werken op alle niveaus, werden per dorp twee dorpsgecommitteerden aangewezen, die op 16 februari in de grietenijrechtkamers (en stadhuizen) bijeenkwamen om de handelingen van de provinciale commissarissen te bekrachtigen, in het bijzonder de aanstelling van de nieuwe districtbestuurders.[170] De grietmannen, en met hen de gehele oligarchie, stonden buitenspel. De macht van de grote families was gebroken, voorlopig althans.

---

[169] Tresoar/BRF, 3, nr. 41, *Aanspraak uitgesproken door den burger H. Borgrink, als Preses van het Committé Revolutionair Provinciaal den 19 Februari, het eerste jaar der Bataafsche Vrijheid,* 19 februari 1595.

[170] Jacques Kuiper, *Een revolutie ontrafeld,* 36.

Bij de nieuwe verkiezingen op 16 juni 1795 werden de nieuwe vertegenwoordigers aangewezen. Van hen waren er 25 reeds eerder als Provisioneel Representant opgetreden. Van de eigenerfden kwamen H.L. van Altena, A. van Boelens, L.L. Hommema, J.L. Huber en J.P. van Hylckama weer terug. Van het toneel verdwenen C.L. van Beyma, A.J. van Glinstra en M.B. van Idema. Nieuw benoemd werden mr. Eduard Marius van Beyma, Horatius Allard van Hiddema en dr. Oene van Teyens. Het aantal eigenerfden bleef in de nieuwe organisatie dus negen. Van de leden der adel werd naast Sicco Douwe baron van Aylva[171] als nieuw lid Assuerus Vegelin van Claerbergen gekozen, zodat hun aantal op twee kwam. Van de oorspronkelijk zestig tellende afvaardiging van de elite van het platteland zijn nu nog maar elf waren overgebleven. De inbreng van de steden, en dan vooral Leeuwarden, is sterk vergroot. Een belangrijk deel van de nieuwelingen waren mensen die hun geld met de handel en (industriële) bedrijvigheid verdiend hadden, aangevuld met predikanten, gewone boeren en ambachtslui. Opvallend was het aantal doopsgezinden dat men onder de nieuwe vertegenwoordigers vond; zij waren gezien hun aantal oververtegenwoordigd. In 1809 is er een volkstelling geweest, waarbij het percentage doopsgezinden in Friesland op 7,6 werd gesteld.[172] In 1795 werd dit percentage nog vastgesteld op 8,2. In het nieuwe provinciale bestuur waren zij vertegenwoordigd met 18,7%,[173] wat dus wel een duidelijke oververtegenwoordiging genoemd mag worden. Een andere groep die het in de ‘oude’ tijd moeilijk had om vertegenwoordigd te worden, de katho-

[171] S.D. van Aylva was in 1787 naar Frankrijk uitgeweken en zijn bezittingen waren verbeurd verklaard. Zie: J. Rosendaal, *Bataven! Lijst,* 119.

[172] M. Staverman O.F.M., *Buitenkerkelijkheid in Friesland* (Assen 1954) 33.

[173] P. Brood, *Homines Novi,* 154.

lieken, waren wel slecht vertegenwoordigd met een vertegenwoordiging van 5,6% op een bevolkingsaandeel van 9,6%.

Tussen deze beide laatste groepen bestond een enorm verschil van opvattingen. De voor die tijd getolereerde doopsgezinden waren meer gematigd in hun ideeën, hetgeen van de katholieken niet gezegd kon worden. Door hun persoonlijke houding van eenvoud, werkzaamheid en spaarzaamheid was een niet onaanzienlijk deel van de doopsgezinden tot een zekere welstand gekomen; sommigen van hen behoorden tot de rijken van Friesland, enkelen, zoals de familie Cats, tot de zeer rijken. Verder leefden en woonden de doopsgezinden midden tussen de gereformeerde medeburgers, die ook van hun diensten, vooral op financieel gebied, gebruik maakten. Met de katholieken was dit niet het geval. Zij woonden veelal in katholieke enclaves in de steden en in de provincie, en genoten niet van de welstand die andere inwoners bezaten. Dat zij in enigszins geïsoleerde groepen tussen de rest van de bevolking leefden komt door het ontstaan van diverse gemeenschappen. Tijdens de reformatie was het meestal de pastoor die bepaalde of zijn parochie overging naar een protestants geloof.

Door de betrekkelijk geringe mobiliteit in de dorpen bleven zo hele dorpen katholiek; dit geldt ook voor parochies in grotere steden en de iets grotere dorpen. Zo was rond 1800 het dorp Wirdum onder Leeuwarden, met ongeveer 800 inwoners, voor 32% katholiek;[174] de meesten van hen woonden afgezonderd van de overige dorpelingen in de buurtschap Wytgaard.[175] Een belangrijke bron van achterstelling was de armenzorg. De inkomsten van de armenkas bestonden uit bij-

---

[174] Jacques Kuiper, *Een revolutie ontrafeld*, 138.

[175] Het dorp Wytgaard is ook nu nog een katholieke enclave, net zoals Bakhuizen, Oudega (Wymbr.) en andere plaatsen. Leeuwarden was rond 1800 voor 16% katholiek.

dragen van de leden van de gereformeerde kerk, maar het belangrijkste deel kwam uit de provinciale kas, via heffingen opgelegd aan de gehele bevolking.[176] Maar om een uitkering uit de armenkas te krijgen moest men wel tot de gereformeerde kerk behoren. De katholieke gemeenschap, die dus al voor de gereformeerde armen zorgde, diende voor hun eigen armen ook op eigen kosten een dergelijk stelsel op te zetten. Verder hadden zij, zelfs voor die tijd, grote gezinnen, wat hun mogelijkheden tot verzamelen van enig vermogen danig hinderde. Deze katholieken, die weinig tot niets te verliezen hadden, stelden zich tijdens de revoluties bijzonder radicaal op. En hoe radicaler, hoe meer kans zij hadden door een radicale achterban tot volksvertegenwoordiger te worden gekozen. Hierdoor kregen vaak slecht tot niet opgeleide personen, dus alleen door hun radicale houding, toch een duidelijke stem in de Staten, die zij gebruikten om hun ideeën erdoor te drukken.

We gaan nu een stukje verder in de tijd. In 1814, dus na de bevrijding van de Fransen, werden de Provinciale Staten weer ingesteld. Voor Friesland werd een apart reglement opgesteld voor wat de verkiezingen betrof, aangezien men graag wenste terug te keren naar de prerevolutionaire situatie. In elk van de dertig grietenijen werden twee vertegenwoordigers gekozen, waarbij één van adellijke afkomst moest wezen, en de andere een eigenerfde.[177] Verder kozen de eilanden twee afgevaardigden, die zowel tot de adel als de eigenerfden mochten behoren. Ook leverden de elf steden 22 vertegenwoordigers, echter met een verschil met vroeger. Nu deed de grootte van de steden er wel toe; niet langer leverden alle steden twee leden. De manier van stem-

---

[176] Jacques Kuiper, *Een revolutie ontrafeld,* 140, 359.

[177] A.P. van Nienes, S. de Haan, *Inventaris van de archieven van het provinciaal bestuur van Friesland 1813-1922* (Leeuwarden 1995), 33.

men in de grietenijen was evenwel veranderd. Mochten vroeger alleen de bezitters van landerijen met stemrecht stemmen, nu was het zo dat stemmen bepaald werd door de belastingen die door de stemmer werden betaald. Voor elke dertig gulden te betalen belasting kreeg men recht op een stem. Dit hield in dat rijke niet-boeren in de dorpen ook zeggenschap kregen in de samenstelling van de Provinciale Staten.

Er is evenwel een enorm verschil tussen de Provinciale Staten van Friesland en de voormalige Friese Staten. Waren vóór de revolutie de Friese Staten soeverein, dus de uiteindelijke beslissers, in de nieuwe constellatie waren zij ondergeschikt aan wat op landelijk niveau bepaald werd. Nederland was een centralistisch bestuurd land geworden, met een koning als soevereine vorst aan het hoofd. Het land werd bestuurd door Willem I, die daarbij gesteund werd door zijn directe adviseurs en uitvoerders. Alleen zaken van aanmerkelijk minder belang werden naar de provincies gedelegeerd. En zelfs daar had hij ook nog een gouverneur benoemd die zijn belangen goed in de gaten hield.

Maar al met al waren de vertegenwoordigers van de eigen-erfden weer degenen die bij de provinciale staten goed waren voor eenderde van de stemmen. Net als voorheen.

Een belangrijke functie in het politieke systeem was dat van gedeputeerde. In het college van gedeputeerden, dat uit negen leden bestond, waren de drie plattelandskwartieren ieder met twee personen vertegenwoordigd, leden van de Staten, waarvan per kwartier één van adel was en de ander tot de eigenerfden behoorde. Het stedenkwartier was met drie personen vertegenwoordigd.

De gedeputeerde staten bestonden van 1787 tot 1795 uit de volgende personen. De eerste zetel van Oostergo werd van 12 februari 1785 tot 12 februari 1788 bezet door de edele J.L.D. van Burmania.[178] Hij werd opgevold door Johan Caspar Bergsma, die in 1791 weer werd opgevolgd door Daniel de Blocq van Haersma. In 1794 nam Petrus Adrianus Bergsma zijn plaats in. De tweede zetel van Oostergo werd in 1785 bezet door Martinus van Scheltinga, in 1788 door Eduard Marius Beyma, die in 1789 voortijdig werd afgelost door de edele A. van Harinxma thoe Sloten. In 1791 werd Cornelis van Scheltinga benoemd, die in 1794 werd opgevold door de edele F.J.I.J. Heringa van Eysinga. De beide zetels van Westergo werden in die periode bezet door edelen. E.S.G. Juckema van Burmania Rengers bezette de eerste zetel vanaf 1770, terwijl de tweede zetel vanaf 1779 bezet was door Wilco baron thoe Schwartzenberg, en in 1788 werd overgenomen door Wilco H.T. Camstra baron thoe Schwartzenberg. De eerste zetel van Zevenwouden werd in 1785 ingenomen door David Livius de Kempenaer, die werd opgevolgd door Regneris L.A. de Kempenaer. In 1788 werd de edele F.J.J. van Eysinga benoemd, die in 1794 werd opgevolgd door Edo Alma van Idema. De tweede zetel werd vanaf 1782 bezet door Reinhard baron van Lynden. In 1791 kwam Willem Anne van Haren op deze plaats; in 1794 werd hij opgevolgd door Martinus van Scheltinga.

Opvallend in deze opsomming is weer de duidelijke aanwezigheid van de families van Scheltinga, Bergsma en De Kempenaer. Ook namen als De Blocq van Haersma en Van Idema zijn geen onbekenden in de wereld der eigenerfden.[179]

---

[178] De standaard datum voor de benoeming van nieuwe leden was voor Oostergo 12 februari, voor Westergo en Zevenwouden 12 mei De zittingsduur van de afzonderlijke leden was voor Oostergo drie jaar en voor de andere kwartieren onduidelijk. Meestal bleven hier de leden van de adel langere tijd zitten.

[179] Voor een opsomming van de eigenerfden is bijlage 3.3 toegevoegd, waarin de gegevens over de laatste honderd jaar

Als we de aanwezigheid van de eigenerfden afkomstig uit de drie plattelandskwartieren in de Gedeputeerde Staten gedurende de laatste honderd jaar voor de revolutie bekijken, dan blijkt dat deze groep in totaal 224 van de mogelijke 600 zeteljaren heeft bezet. In de bijlagen is een lijst opgenomen (bijlage 3.3) van de eigenerfden die als gedeputeerde zitting hebben gehad in dit college. Onder een zeteljaar versta ik het bezet houden van een zetel gedurende een periode van een jaar; in de praktijk zijn het aantal zeteljaren dus het product van het aantal zetels en het aantal jaren. Aangezien de adel dus het restant van 376 zeteljaren voor zijn rekening nam, waren de eigenerfden enigszins ondervertegenwoordigd. We moeten er rekening mee houden dat de gedeputeerden een vertegenwoordiging zijn uit de Staten van Friesland, waar het regel was dat de eigenerfden in principe even sterk vertegenwoordigd hoorden te zijn als de adel. Wat hiervan de oorzaak is, is mij niet geheel duidelijk. Ik houd het er echter op dat de leden van de adel zich minder bezig hielden met de dagelijkse gang van hun ondernemingen dan de grote boeren, of het zich financieel beter konden veroorloven de kosten en de hiervoor benodigde tijd beschikbaar te stellen. Vergeleken met de Staten van Friesland, die slechts enkele weken per jaar bijeen kwam, vergde het lidmaatschap van de Gedeputeerde Staten een veel grotere aanwezigheid, en als gevolg hiervan een woning in Leeuwarden.

Bezien we de lijst in de bijlagen waarin de leden van de laatste honderd jaar voor de revolutie zijn samengevat,[180] dan komt de familie Lycklama à Nijeholt hierin voor met zeven personen, en negen zittingsperiodes, waarvan sommige in plaats van drie jaar een lengte

---

zijn gedestilleerd uit een geschrift van M.H.H. Engels, *Naamlijst van Gedeputeerde Staten van Friesland 1577-1795,* uitgebracht door de Fryske Akademy in Leeuwarden in 1989.

[180] M.H.H. Engels, *Naamlijst van Gedeputeerde Staten van Friesland 1577-1795,* (Leeuwarden 1979).

hebben van zes, zeven en acht jaar. Totaal hebben zij in die honderd jaren 41 jaar een zetel bezet. Dat is bijna net zoveel als de familie Van Haersma, die met negen personen, in vijftien zittingsperiodes in totaal 43 jaar een zetel bezet hielden. Als derde grote valt de familie Van Scheltinga op, met vijf personen, twaalf zittingsperiodes en 32 jaren op het pluche. Als vierde in grootte volgt de familie Van Sminia met vier personen, acht zittingsperiodes en 24 jaren in de gedeputeerde staten.

Verder in de lijst komen de families Van Glinstra met 14, Bergsma met 13, Van Andringa en Bouricius met 9, Van Burum en Van Wyckel met 6, Van Goslinga en Van der Waeyen met 5, Van Idema met 4 en De Kempenaer, De Schepper en De Wendt met 3 zeteljaren. Als hekkensluiter fungeert Eduard Marius van Beyma met een enkel zittingsjaar.

Bij het bestuderen van de lijst blijkt verder dat de vier belangrijkste bijdragers in de lijst vrijwel de gehele periode van honderd jaar actief zijn geweest als gedeputeerde. De familie Van Glinstra daarentegen heeft, net zoals de families Van Andringa, Van Wyckel en Bouricius zijn vertegenwoordigende activiteiten vooral ontplooid in de eerste helft van de honderdjarige periode. Van de geringere bijdragers zijn alleen Eduard van Beyma en Edo van Idema actief geweest tegen het eind van die periode; de rest is er rond het midden van de periode mee gestopt. De conclusie kan worden getrokken dat uiteindelijk alleen de families met meer macht en rijkdom het zich konden veroorloven om iemand uit hun midden als gedeputeerde voor te dragen en te leveren; de inkomsten uit dit ambt waren niet gering, maar de kosten waren aanzienlijk; men moest in verband met de lange reistijden wel over een woning in Leeuwarden beschikken. Reizen ging in die tijd, als men comfortabel wilde reizen, meestal per trekschuit. Wegen om met de koets te gaan waren er meestal niet.

Als we de gehele lijst van Engels er bij nemen, dan komen een paar dingen duidelijk naar voren. Gedurende de gehele periode vanaf 1577 tot 1695 zijn de families Andringa, Boelens, Frankena en Fockens regelmatig actief geweest in de Gedeputeerde Staten, zij het niet voor lange periodes. Verder valt op dat in de periode vanaf 1635 tot 1660 een aantal nieuwe spelers verschijnen, namelijk de families Van Baerdt (1635), Lycklama (1638), Van Haersma (1644), Glinstra (1656), Bouricius (1659) en Scheltinga (1661). Als we de familie Van Sminia rekenen als een voortzetting van de familie Van Baerdt, dan blijkt uit de voorgaande gegevens dat de 'groten' onder de eigenerfden, Van Haersma, Lycklama à Nijeholt, Van Scheltinga en (Baerdt) van Sminia, hun positie hebben verkregen rond het einde van de tachtigjarige oorlog, en die tot het einde, in de revolutieperiode, hebben weten te handhaven. De andere families zijn in een vroeger stadium via de vrouwelijke lijnen opgenomen binnen de grotere en machtiger families. Verder blijkt uit de volledige lijst dat, vooral in de beginperiode, veel gedeputeerden maar één- of tweemaal zitting hebben genomen.

Men zou verwachten dat functies als gedeputeerde of grietman gezien zouden moeten worden als een bijna volledige dagtaak naast de bezigheden die het beheren van één of meerdere boerenbedrijven met zich meebrengt. Maar niets schijnt minder waar te wezen. Bijna alle leden van de eigenerfde families die zich hadden opgewerkt tot grietman hadden het lidmaatschap van de Gedeputeerde Staten er bij. Men moest dus tegenwoordig zijn in zijn eigen woonplaats op de state, in de hoofdplaats van de grietenij voor het uitvoeren van de bezigheden als grietman, en in Leeuwarden als gedeputeerde. Niet alle werkzaamheden konden worden verricht door een substituut. Met het aanwezig moeten zijn in zoveel plaatsen, en de gebrekkige communicatie van die tijd - alles ging per koerier - moet het òf een druk bestaan zijn geweest, òf die functies legden zo weinig beslag op de tijd, dat combineren hiervan geen probleem opleverde. Naast het weinig snelle verkeer in die tijd was het ook nog een probleem om bestemmingen te bereiken. Een paard mag dan wel snel zijn voor een jong persoon, voor een koets heb je toch nog wel een soort weg nodig, en die waren weinig aanwezig in Friesland. De meest comfortabele manier van reizen was nog altijd de trekschuit, waarvan de snelheid nogal laag was, al bestonden er wel sneldiensten met overstapplaatsen, waardoor soms grotere afstanden tussen belangrijke plaatsen konden worden afgelegd. Dit gold evenwel niet voor de kleinere plaatsen ver weg in de provincie.[181] Er was dus een groot verlies aan tijd bij dit soort dubbele ambten, ook al was er een zeer uitgebreid net van beurtvaartdiensten aanwezig.[182]

Op 19 februari 1795 werd op de eerste zittingsdag van de Provisionele Representanten de Commissie van Gedeputeerden ingesteld om de taken van de oude Gedeputeerde Staten over te nemen.[183] Deze commissie bestond aanvankelijk uit vijf personen, waaronder A.J. van Glinstra, die echter nooit zitting heeft genomen. Na een paar uitbreidingen werd het aantal leden op 29 juni uitgebreid tot negen, het oude aantal van de vroegere Gedeputeerde Staten. Na een paar wijzigingen werd ook J.P. van Hylckama op 8 oktober hierin benoemd. Op 26 januari 1796 werden na onlusten een aantal leden gevangen gezet; slechts drie bleven over, waaronder Van Hylckama. Wel werden nog enige nieuwe leden aangewezen. In februari waren er weer wat ongeregeldheden, en moesten een aantal van de leden van de commissie

---

[181] J. de Vries, 'Barges and capitalism. Passenger transportation in the Dutch economy 1632-1839', in: *AAG Bijdragen* 21 (1978), 33-398.

[182] J.A. Faber, *Drie eeuwen Friesland,* 292.

[183] P. Nieuwland, A. Pietersma en O. Kuipers, *Inventaris van de archieven van de gewestelijke bestuursinstellingen van Friesland 1795-1813 (1815); deel I 1795-1807* (Leeuwarden 1998), 220-221.

vluchten. Een klein aantal, waaronder weer Van Hylckama, hield zich tijdelijk wat afzijdig, zodat zij later weer aanwezig konden zijn in de nieuwe commissie. Grote namen uit de oude stand der eigenerfden kwamen niet voor, evenmin als van de adel.

Op 4 juni 1802 werd bij besluit van het Staatsbewind het Departementaal Bestuur van Friesland ingesteld.[184] Op 21 juni werden de twaalf leden van dit Bestuur geïnstalleerd, waaronder Daniël de Blocq van Haersma, Johan Petrus van Hylckama, Tinco Martinus Lycklama à Nijeholt en Cornelis van Scheltinga.[185] Na een paar mutaties trad op 1 november 1802 ook Petrus Adrianus Bergsma toe tot dit college. De oude garde was weer terug. Pas op 1 augustus 1805 kwamen er weer mutaties. Het aantal leden teruggebracht tot vijf. Het teveel van de leden verdween van het toneel, waaronder Lycklama à Nijeholt, die op 1 april 1805 werd benoemd tot drost van het 12de district en werd opgevolgd door Willem Livius van Sminia.[186] Om één en ander eenvoudiger weer te geven is de volgende tabel 3.3 toegevoegd. Hieruit blijkt dat Van Hylckama en Van Sminia in 1807 de enige overgebleven leden van de groep eigenerfden zijn.

Naam	Periode
Daniel de Blocq van Haersma	21-06-1802 – 25-10-1802
Johan Petrus van Hylckama	21-06-1802 - 1807
Tinco Martinus Lycklama ä Nijeholt	21-06-1802 – 01-04-1806
Cornelis van Scheltinga	21-06-1802 – 01-08-1805
Petrus Adrianus Bergsma	01-11-1802 – 01-08-1805
Willem Livius van Sminia	01-04-1806 - 1807

Tabel 3.3: Eigenerfde leden van het Departementaal bestuur van Friesland (1802-1807)

[184] Ibidem, 236.
[185] Ibidem, 237.
[186] Ibidem, 238.

Op 1 oktober 1802 werden door het Departementaal Bestuur veertien districten ingesteld met aan het hoofd een drost. Op 20 oktober werden de drosten benoemd, waaronder Daniël de Blocq van Haersma, Hector Livius van Haersma, Marcus van Heloma, Antoon A. van Andringa de Kempenaer, Jetze van Sminia en Arent Johan van Glinstra. Ook werden enkele leden uit de adel benoemd.[187] Na zeven jaar leek het alsof er helemaal geen revolutie was geweest. De eigenerfden, die ook vroeger al bestuurder waren, waren nu zelfs oververtegenwoordigd. Maar er moet wel worden gerealiseerd dat hun invloed, om maar niet te spreken van macht, in een gecentraliseerd bestuurssysteem aanmerkelijk minder was dan in een nagenoeg autonoom systeem zoals dat voor de revoluties bestond. Hun nieuwe functies lagen meer op het uitvoerend dan op het wetgevend niveau.

Tijdens de periode van de inlijving bij Frankrijk werd Friesland op provinciaal niveau, wat nu departementaal werd genoemd, bestuurd door de prefect, die bijgestaan werd door de Raad van de prefectuur. Deze raad had geen grote invloed. Het meeste werd in Parijs beslist. Tot deze uit vier man bestaande raad behoorden onder andere Hector van Sminia, Johannes Jacobus Bergsma en Johan Petrus van Hylckama,[188] een sterke vertegenwoordiging uit de eigenerfden.[189] In december 1813 werden de raden door de nieuwe soevereine vorst uit hun functie ontheven. Van Sminia werd tijdelijk belast met de werkzaamheden van de voormalige prefect Verstolk, die bij de intocht van de Russische bevrijders zijn

---

[187] Ibidem, 240-241.

[188] P. Nieuwland, A. Pietersma en O. Kuipers, *Inventaris van de archieven van de gewestelijke bestuursinstellingen van Friesland 1795-1813 (1815); deel II 1807-1813 (1815)* (Leeuwarden 1998), 369.

[189] Ibidem, 368.

functie had neergelegd. Als commissaris-generaal werd door de Soevereine Vorst op 2 december E.H. Bergsma benoemd; op 10 december werden beiden geïnstalleerd. Deze keer waren de topfuncties geheel in handen van de eigenerfden.

3.4 Als leden der Staten Generaal en de Raad van State

Praktisch vanaf het begin van de Republiek der Verenigde Provinciën is het gewest Friesland lid geweest van deze unie. Zoals natuurlijk te verwachten valt, dienden er dan ook gedelegeerden naar de gemeenschappelijke organen te worden afgevaardigd. Deze organen waren de Staten Generaal en de Raad van State. De vier kwartieren, Oostergo, Westergo, Zevenwouden en de Steden, besloten op 20 april 1592 elk een persoon te nomineren, uit welk viertal de stadhouder en Gedeputeerde Staten er twee naar de Staten Generaal en twee naar de Raad van State zouden afvaardigen.[190] De afgevaardigden ontvingen een "gagie van 1500 ponden jaarlyksch" (resolutie dd. 13-4-1594). Op 28 februari 1601 werd besloten de zittingstermijn niet langer te laten duren dan drie jaren.[191] De verdeling van twee afgevaardigden van Oostergo en Steden in de Raad van State en twee van Westergo en Zevenwouden in de Staten Generaal werd gemaakt op 16 februari 1604 voor de eerste drie jaren, terwijl de volgende drie jaren dit omgekeerd zou worden. Ook kwamen al in een vroeg stadium buitengewoon afgevaardigden (extra-ordinaris) voor. Het lijkt erop dat voor het ambt van afgevaardigde ter Staten

[190] M.H.H. Engels, *Naamlijst van Gedeputeerde Staten van Friesland: 1577-1795* (Leeuwarden 1979).

[191] G.F. baron thoe Schwartzenberg en Hohenlansberg, *Groot placaat en charterboek van Vriesland, Vierde deel* (Leeuwarden 1782), 1118, punt XVIII.

Generaal sedert 1598 een driejaarlijkse toerbeurt bestond.

Op 20 juli 1637 werd in Friesland als regel bepaald dat er vier in plaats van twee gecommitteerden ter Staten Generaal zouden worden afgevaardigd. Eén en ander werd geregeld in almanaks. Dit zijn tabellen met afspraken omtrent de roulatie van ambten, ingesteld om te voorkomen dat deze goede vertegenwoordigende ambten ten prooi zouden vallen aan kuiperijen. Als alles ver van te voren al geregeld is, wordt het erg moeilijk om in een sfeer van achterkamertjes tot verdeling van functies te komen. Dit risico werd in een vroeg stadium al onderkend. De oudst bekende almanak is die van Zevenwouden uit 1635.[192] De verdubbeling van het aantal afgevaardigden dateert al van 1634,[193] mogelijk is de almanak van Zevenwouden uit 1635 hiervan het gevolg. De almanak van Zevenwouden (1635, 1638 enz.) heeft waarschijnlijk model gestaan voor die van Oostergo en Westergo om met ingang van mei 1638 het ambt van afgevaardigde ter Staten Generaal ook onder hun grietenijen om de drie jaar te laten rouleren. De steden hielden 1637 als wisseljaar aan.

Als we een lijst van namen van leden van de Staten Generaal bekijken, dan is het eerste wat opvalt het aantal adellijke personen dat van dit college deel uitmaakte.[194] Zo is bijvoorbeeld Karel van Roorda van 1584 tot 1592 één van de afgevaardigden. Andere namen die opvallen zijn Cammingha, Martena, Aylva, Schwartzenberg en Burmania, allen behorende tot de Friese

---

[192] G.F. baron thoe Schwartzenberg en Hohenlansberg, *Groot placaat en charterboek van Vriesland, vyfde deel* (Leeuwarden 1793), 368-369, 24 maart 1635.

[193] Ibidem, 432.

[194] M.H.H. Engels, *Naamlijst van Friese afgevaardigden ter Staten Generaal 1577-1636 en in de Raad van State 1588-1636,* (Leeuwarden 1989).

adel. Tussen deze namen valt de eigenerfde familienaam Lycklama à Nijeholt direct op. Vanaf 1601 tot 1634 is er meestal wel iemand van deze familie afgevaardigd. Maar leden van de Lycklama familie waren niet de enige eigenerfden die in deze lijst voorkomen, ook de naam Van Beyma komt voor. Maar er kan wel gesteld worden dat het aantal leden dat tot de adel behoort het aantal van de eigenerfden verre overtreft.

Ook in de Raad van State komen zowel Friese adellijke als ook eigenerfden voor. Weer natuurlijk de naam van Lycklama à Nijeholt. Als we de periode van 1601 tot 1636 bezien, dan is er altijd een Lycklama of lid geweest van de Staten Generaal of van de Raad van State.

Net als in de vorige alinea gaan we ook hier weer bekijken wie in de laatste honderd jaar voor de revolutie van 1795 als eigen-erfden zitting hebben gehad in de Staten-Generaal als vertegenwoordigers van Friesland.[195] Hiertoe is bijlage 3.4 toegevoegd. Als we deze bijlage bekijken dan vallen weer een aantal families op. De familie Van Scheltinga is met vijf personen, die in totaal zestien jaren zitting hebben gehad, de meest prominente van de rij. Drie van hen zijn ook gedeputeerde geweest, terwijl ze tegelijkertijd ook nog dienst deden als grietman. Een andere grote bijdrager was de familie Lycklama à Nijeholt, zoals eerder al opgemerkt. In de genoemde periode hadden zij vier leden als afgevaardigde naar de Staten-Generaal, met in totaal zeventien jaren zitting. Allen zijn ze ook gedeputeerde geweest, waarvan Livius Suffridus de kroon spande door tegelijkertijd ook nog grietman te wezen. Twee anderen van de familie waren ook grietman tijdens hun lidmaatschap van de Staten-Generaal. De familie Van Sminia was ook goed vertegenwoordigd met vier mensen, met in totaal evenwel slechts elf zittingsjaren. Frederik

---

[195] M.H.H. Engels, *Naamlijst van Friese afgevaardigden ter Staten Generaal van 1637 tot 1795* (Leeuwarden 1989).

spande hier de kroon met afwisselende lidmaatschappen van de Friese Staten en de Staten-Generaal, die hij tezamen uitoefende met het grietmanschap. De andere familieleden waren bescheidener, en werden pas na afloop van het lidmaatschap van de Staten-Generaal lid van de Friese Staten. De familie Van Glinstra heeft in de honderdjarige periode twee leden geleverd, die samen goed waren voor 23 jaar lidmaatschap, wat zich allemaal afspeelde in het eerste derde deel van de eeuw. Wel hebben ze in de eeuw daarvoor nog twee leden geleverd vanaf 1661. Deze periode valt samen met de periode dat zij lid van de Staten van Friesland waren; zij hebben dus een vrij korte bloeiperiode gehad van ongeveer 1660 tot 1730.

Een andere familie met ongeveer hetzelfde aantal zittingsjaren was dat van de familie De Kempenaer. Zij leverden drie leden met 24 jaren gedurende praktisch de gehele eeuw. Twee van hen waren in die periode ook nog grietman. Ook de leden van de familie Van Wyckel, die hoofdzakelijk in de eerste zestig jaar van de genoemde periode actief waren, combineerden hun activiteiten van grietman met die van Kamerlid. Wel moet gezegd worden dat zij beiden maar een enkel jaar zitting hebben genomen. Jacobus van der Waeyen, die gedurende vijf periodes in totaal 21 jaar lid was van de Staten-Generaal wisselde dit af met zijn lidmaatschap van de Gedeputeerde Staten, terwijl hij al die tijd tevens grietman was. Regnerus van Andringa, die vier jaar zitting had in de Staten-Generaal, wisselde dit ook af met zijn zitting in de Gedeputeerde Staten; ook was hij al die tijd grietman. Ook Sicco van Goslinga, Hans van Haersma en Petrus Bergsma deden wisselend dienst in beide functies, terwijl Hector Glinstra naast beide baantjes er nog het grietmanschap op na hield.

In de vorige alinea heb ik gesteld dat de werkzaamheden van grietman en gedeputeerde waarschijnlijk niet al te veel werk met zich meebracht en dit wordt nog opvallender als het ook nog voor velen mogelijk was het lidmaatschap van de Staten-Generaal er bij uit te oefenen. En voor dit lidmaatschap was hun aanwezigheid in Den Haag vereist. Het was beslist geen sinecure om met de slechte verbindingen van die tijd een reis van Friesland naar Den Haag te maken. De heren waren toch wel enkele dagen onderweg, en hetzelfde geldt waarschijnlijk ook voor de postdienst, al was dit natuurlijk wel in mindere mate.

Gezien de verhouding tussen de aantallen eigenerfden en edelen die zitting hadden in de Staten-Generaal moet voorzichtig geconcludeerd worden dat de leden van de adel meer gelegenheid tot een verblijf in Den Haag hadden, en waarschijnlijk meer tijd hiertoe tot hun beschikking hadden dan de eigenerfden (en ook de niet-adellijke notabelen uit de steden). Bestudering van de lijst van Engels geeft tevens de indruk dat de leden der adel over het algemeen slechts zeer kort zitting namen en zich vaak lieten vervangen door anderen. Dit behoorde namelijk ook tot de mogelijkheden.

Toen in 1795 de revolutie plaats vond moesten ook de leden van de Staten-Generaal het veld ruimen.

3.5 Als leden van de rechterlijke macht in Friesland

In Friesland zijn in de loop der jaren vele eigenerfden betrokken bij de rechtspraak. Zoals bekend zijn de grietmannen allemaal rechter in hun eigen ambtsgebied. Het hoogste rechtscollege in Friesland werd gevormd door het Hof van Friesland, waarvan de leden benoemd werden uit de vier kwartieren van Friesland. Zowel de drie plattelandkwartieren als het stedenkwartier benoemden elk drie leden, die voor de rest van hun leven zitting konden hebben in dit Hof. M.H.H. Engels heeft van de personen die hierin zitting hadden een lijst opgemaakt,[196] waarvan ik alleen die eigenerfden heb geselecteerd die vanaf 1695 zitting hebben gehad in dit college. Opvallend in deze lijst is het slecht vertegenwoordigd zijn van adellijke personen. Zo hebben tegenover zesendertig eigenerfden maar acht leden van de adel zitting genomen in dit college. Mogelijk was aan dit werk te veel arbeid verbonden, of was de status van dit werk niet hoog genoeg voor hen. Dit geldt trouwens ook voor andere functies.

Wel vallen in deze lijst, bijlage 3.5.1, weer een bepaalde groep namen op, zoals Van Haersma, Van Sminia, Lycklama à Nijeholt, Van Vierssen, Van Scheltinga en De Kempenaer. Dit zijn de namen van de families die in bijna alle organen zijn terug te vinden. Verder komen we ook weer tegen de namen van Van Boelens, Bouricius en Van Wyckel. Nieuwe namen in deze lijst zijn Hamerster, Van Humalda, Idsinga en Knock. Opvallend is evenwel dat slechts weinigen de functie van raadsheer bij het Hof van Friesland hebben gecombineerd met dat van grietman. De enige namen die hier een dubbelfunctie hadden komen voor in de families van Van Scheltinga, Lycklama à Nijeholt en Aebinge van Humalda. Mogelijk zagen de meesten hierin wel een iets te grote verstrengeling van belangen. Of misschien was de hoeveelheid werk dat hieraan verbonden was iets teveel van het goede.

Een andere groep van rechters waarbij de eigenerfden sterk betrokken waren, waren de dorpsrechters. Elk dorp beschikte over een dergelijke functionaris. Deze had buiten zijn rechtsprekende taken ook de functie van toezichthouder op de verkiezingen in zijn dorp, zoals we in het vorige hoofdstuk hebben gezien. Ook voor deze functie bestond er onder de adel weinig be-

---

[196] M.H.H. Engels, *Hof van Friesland: Raadsheren 1578-1795: Franeker Academie: Curatoren 1586-1795: naamlijsten* (Leeuwarden 1984).

hoefte om zich hiervoor in te zetten. Het was dus duidelijk weer het terrein van de eigenerfden.

Maar er is nog een andere groep mensen betrokken bij de rechtspraak. Het grootste deel van deze mensen zijn de advocaten, waarvan velen ook dienst hebben gedaan als rechter of griffier bij de lagere rechtbanken. De belangrijkste bron voor de namen van de betrokkenen is de lijst opgemaakt door M.H.H. Engels.[197] (zie bijlage 3.5.2). In de inleiding van deze lijst wordt onder andere het volgende vermeld:
"Deze naamlijst is gebaseerd op drie handschriften in de Provinciale Bibliotheek van Friesland (nu Tresoar). In de eerste plaats is de alfabetische lijst van advocaten (1577-1805) gebruikt die zich op doorschoten bladen bevindt voor en tussen de gedrukte Naamrol der Edele Mogende Heeren Raden 's Hoffs van Friesland, Leeuwarden 1742.[198] *In de tweede plaats is gebruik gemaakt van de chronologische Naamlijst van al de advocaten, ingeschreven in de matricula van het oude Hof van Friesland en bij opvolging van de tableaux van de voormalige Regtbanken van eersten aanleg en die van het Provinciaal Geregtshof, van den jare 1577 tot 1850.*[199] *Het derde handschrift waaruit geput is, draagt de signatuur 6142 Hs.*[200] *In deze convoluut bevindt zich een chronologische lijst van Namen van de Heeren Advocaten voor den Hove van Friesland. Deze naamlijst beslaat de jaren 1578-1779. "De meeste advocaten waren doctor in de rechten, enkele tientallen magister*

---

197 M.H.H. Engels, *Advocaten bij het (Provinciaal Gerechts)hof van Friesland; Chronologische en alfabetische naamlijst 1577-1849* (Leeuwarden 1995).
198 Tresoar, signatuur van de verzamelband: Hs 391 f.
199 Tresoar, signatuur Hs 1481.
200 Tresoar, signatuur Hs 6142.

(Mr.);[201] *bij sommigen is in het originele matrikel geen titel vermeld. 11 november 1995."*

Uit de verzamellijst komt het volgende naar voren. Over de periode van 1577 tot en met 1794, dus tot de revolutie, zijn in totaal 1081 personen toegelaten in de advocatuur van het Hof van Friesland. Een telling van adellijke namen levert in totaal 49 personen op. Hieruit kan wel als conclusie getrokken worden dat met 4,5% van het aantal advocaten deze functie voor de adel onaantrekkelijk was. De rest is voor het merendeel afkomstig van het platteland, vooral van de eigenerfde boeren, en uit gegoede burgers van de steden. Deze laatste groep is duidelijk in de meerderheid.

Van het merendeel van de advocaten is in de lijst niet aangegeven wat hun achtergrond is. Wel is het aandeel van burgemeesters en secretarissen van de steden groot, wat speciaal geldt voor Leeuwarden. Dit is natuurlijk verklaarbaar. Het Hof van Friesland zetelde in Leeuwarden. Uit de groep der eigenerfden komen nu de minder grote boeren aan bod; in deze stijgingsberoepen hebben zij een kans. Het ligt voor de hand dat advocaten, die voor hun leven toegelaten werden, en vaak weer opgevolgd werden door één van hun zonen, zich dicht bij hun werkplek vestigden. Dat zij daardoor van het platteland naar Leeuwarden verhuisden is niet zo onlogisch. Alleen vertroebelt dit het zicht op hun afkomst een beetje. Een lid van een boerenfamilie wordt dan een stedeling.

---

[201] Hier gaat Engels in de fout. De doctors- en de meesterstitel waren gelijkwaardig. Opvallend is dat na ongeveer 1600 alle advocaten de doctorstitel droegen, terwijl deze met ingang van 1811 (de Franse periode) compleet wijzigde in de meesterstitel.
W.Th.M. Frijhoff, *La société Néerlandaise et ses gradués, 1575-1814 : une recherche sérielle sur le statut des intellectuels* (Amsterdam 1981), 43.

In de lijst komt bij 121 personen de toevoeging grietman of secretaris van een grietenij voor. Deze groep, allemaal eigenerfde boeren, is dus aanmerkelijk groter dan die van de adel. Het is duidelijk dat de leden van de adel die een grietmansfunctie uitoefenden dit wel als voldoende bijdrage aan de gemeenschap beschouwden; aan deze functie was automatisch de benoeming als lid van de Friese Staten verbonden. En dit was wel een aantrekkelijke functie, in het centrum van de macht en met maar weinig tijd nodig om die uit te oefenen. Er moest wel voldoende tijd overblijven om hun leven als edele te leven. Er zat waarschijnlijk niet voldoende statusverhoging in het behalen van een meesters- of doctorstitel in de rechtswetenschappen, een opleiding die wel nodig was om een als advocaat te kunnen worden toegelaten, maar die niet nodig was voor de door hen begeerde functies. Er zou teveel tijd in geïnvesteerd moeten worden, terwijl ze al genoeg aanzien bezaten. Dit gold kennelijk niet voor de eigenerfden.

3.6 Als secretarissen van de grietenijen

Binnen de grietenijen was na de grietman de secretaris de belangrijkste man in het dagelijkse bestuur. Het woord secretaris kan hier nog het beste worden omschreven met de juiste vertaling van het woord: geheimschrijver. Secretarissen waren de steun en toeverlaat van de grietmannen. Zij waren, waarschijnlijk beter dan de grietman, op de hoogte van de gebeurtenissen binnen de grietenij, zij verzorgden de administratie, en zij waren medeverantwoordelijk voor de uitvoering van sommige taken van de grietman, zoals we in de op perkament geschreven oorkonde in hoofdstuk 4, alinea 4.3, kunnen zien. In deze oorkonde wordt aangegeven voor welke gedeelten van de uitvoering van zijn taken de grietman, in dit geval Hobbe van Baerdt, de toestemming en hulp van zijn secretaris nodig heeft. In het onderhavige geval was de secretaris van de grietenij Haskerland een lid van de familie Van Hylckama.

Als we de lijst van secretarissen vanaf 1695 uit bijlage 3.6.1 bekijken, dan valt alweer op dat ook hier de bekende namen uit de grietmansfamilies een behoorlijk aandeel van deze lijst uitmaken. Adellijke namen komen vrijwel niet voor, en voor het geval zij deel uitmaakten van de groep van secretarissen, behoorden zij niet tot de aanzienlijken. Velen van de hier genoemde secretarissen blijken zonen van de grietmannen te zijn; zo te zien leerden zij het vak van hun vader. De direct in het oog springende namen zijn weer die van de families Bergsma, Van Haersma, Van Glinstra, Van Sminia, Lycklama à Nijeholt, Van Heloma en Van Scheltinga, dezelfde groep namen als die van de grietmannen, statenleden, gedeputeerden en raadsheren. Maar ook zien we nu nog een andere groep naar voren komen, die van het tweede garnituur, de groep van degenen die het niveau van de groten niet bereikt hebben door een gebrek aan stemmen en macht. Toch was deze groep nog machtig genoeg om aardig mee te kunnen spelen. Tot deze groep behoorden families als Wiarda, Van Wyckel, Albarda, Halbetsma, Van Beyma, Reiding, Nauta, Deketh, Galtema en Meekhof. Zij hebben nog een redelijk aantal mensen als secretaris in de buurt van de macht kunnen brengen. Zo hebben drie leden van de familie Albarda gedurende de periode van 1742 tot 1811, met slechts een onderbreking van twee jaar, deze functie bekleed in Ferwerderadeel. Van 1735 tot 1796 hebben vijf leden van de familie Van Haersma hetzelfde gedaan in Achtkarspelen, met de aantekening dat van 1712 tot 1795 drie Van Haersma's grietman in dezelfde grietenij; een grote machtconcentratie dus binnen één familie. In Tietjerksteradeel deed zich een soortgelijke situatie voor. Van 1686 tot 1752 waren vier leden van de Van Glinstra-clan grietman, terwijl van 1698 tot 1769 nogmaals vier leden van die familie dienst deden als secretaris; dus ook weer zo'n machtsconcentratie.

Het bontst werd het echter in Opsterland gemaakt. Van 1680 tot 1777 was hier de familie Lycklama à Nijeholt met vijf leden onafgebroken als secretaris actief geweest, terwijl zij van 1693 tot 1782 met drie personen, wederom onafgebroken, het grietmanschap bezetten. Hier was de macht van de familie Lycklama à Nijeholt dus wel erg groot over een periode van bijna een eeuw. Maar dat kan wel gemakkelijk verklaard worden; de familie was dé grote ontwikkelaar van het veengebied van Schoterland, en zij bezaten een belangrijk deel van het gebied.

Uit de gegevens in bijlage 3.6.1 blijkt ook dat tijdens de periode van de revoluties de meeste secretarissen gewoon zijn blijven zitten. Er was zo te zien geen actie vanuit de patriotten en revolutionairen om, in tegenstelling tot de grietmannen, deze mensen van hun functies te ontheffen. Sommigen van de vóór 1795 aangestelde secretarissen, zoals de in 1763 in Menaldumadeel benoemde Johannes Mebius en de in 1753 in Hennaarderadeel benoemde Jacobus van der Kolk, hebben nog na 1800 dienst gedaan. Wel is het opvallend dat in het tijdvak 1795/96 nogal wat wisselingen hebben plaatsgevonden. Sommigen van de toen benoemde nieuwelingen bleven aan tot in de Franse tijd; er is dus nog wel sprake van continuïteit, de dienstdoende secretarissen werden niet tezamen en tegelijkertijd aan de dijk gezet. Waarschijnlijk zagen de nieuwe bewindvoerders meer voordelen in het handhaven van de ervaren oude garde dan het onmiddellijk verwijderen van hen.

Na het weer onafhankelijk worden van Nederland werden op 22 juni 1816 bij koninklijk besluit nieuwe secretarissen aangesteld.[202] Zie voor de namen van hen bijlage 3.6.1. Een drietal van hen komt ook nog voor op de lijst van vóór 1800, waar zij tot 1811/12 nog

---

[202] Tresoar/Archief 11, nr. 6653, *Koninklijk besluit benoeming grietmannen,* 22 juni 1816.

dienst deden. Een aantal is nog familie van de vóór 1795 zittende secretarissen. Maar namen van de 'grote' families komen niet meer voor, de Lycklama's, Bergsma's, Van Haersma's, Van Glinstra's, Van Scheltinga's en Van Sminia's zijn verdwenen. Slechts een enkele 'grotere' naam komt nog voor, die van Van Vierssen. Het woord 'secretaris' was na 1815 vermoedelijk minder met 'macht' geassocieerd; aangenomen mag worden dat competentie belangrijker wordt.

Met het vervallen van de privileges van de eigenerfden in 1795, waardoor zij niet meer de enigen, samen met de adel, waren met stemrecht, werd het aantal stemgerechtigden aanmerkelijk vergroot. Als gevolg hiervan kwamen ook andere groepen mensen in aanmerking om gekozen te worden, terwijl ook de benoemingen door anderen dan de eigenerfden en edelen werden geregeld. Met het wegvallen van hun macht kwamen op het platteland ook andere burgers in aanmerking om posities in te nemen. Vooral belangrijk waren de doopsgezinden, die in het verleden over veel geld en maar weinig invloed beschikten, voor de uitbreiding van het aantal kandidaten voor de betere functies.

3.7 Samenvatting

Sinds eeuwen was het bestuur in Friesland voor driekwart in handen van een beperkte groep van grootgrondbezitters. Deze groep bestond uit de adel, afstammelingen van de middeleeuwse hoofdelingen, de aanvoerders van de oude dorpen, en de eigenerfden, een groep boeren die al eeuwen en meestal door vererving de beschikking hadden gekregen over aanzienlijke hoeveelheden geprivilegieerd land. Deze studie gaat over de laatste groep.

De bovengenoemde groepen hadden de beschikking over ongeveer 10.000 stemmen, verdeeld over drie kwartieren en dertig grietenijen. Via een apart systeem van kiezen, waarbij de stemmers in de kleinere dorpen een relatief grote inbreng hadden, werden de functies binnen Friesland verdeeld. Hierbij wordt even buiten beschouwing gelaten dat er nog een vierde kwartier bestond, dat der steden. In elke grietenij werd een grietman benoemd, aanvankelijk voor slechts één jaar, maar later voor het leven. Dit had te maken met het feit dat voor elke stem die een eigenerfde bezat, er een jaar dienst als grietman beschikbaar was. Oorspronkelijk bezat iedere eigenerfde, en ook edele, slechts één stem. Maar op de duur werden door vererving en verkoop door de rijkeren onder hen veel meer landgoederen verzameld, met het gevolg dat zij langer mochten dienen als grietman. Op een gegeven moment werden de verzamelingen van stemgerechtigde boerderijen zo groot, dat de beperkingen betreffende het aantal jaren werden opgeheven. Vanaf dat moment werd iedere grietman voor het leven benoemd. De functie van grietman was het hoogste ambt wat een man in Friesland kon bereiken.

De belangrijkste functie viel toe aan het college van volmachten die zitting hadden in de Staten van Friesland. Dit college kwam aanvankelijk eenmaal per jaar voor een vrij uitgebreide periode bijeen om belangrijke beslissingen te nemen. Tevens werd volgens een van te voren vastgesteld schema uit deze Statenleden een college van Gedeputeerde Staten aangewezen, dat verantwoordelijk was voor de dagelijkse gang van zaken. Zij opereerden als een soort van minister. Verder werd ook een ander college, het Mindergetal uit hun midden benoemd. Deze groep was verantwoordelijk voor de voorbereiding van de activiteiten van de Staten van Friesland. Uit het college van de Staten werden ook de afgevaardigden naar de Staten-Generaal en de Raad van State aangewezen.

Ook werden door de leden van de Staten van Friesland de leden van het Hof van Friesland aangewezen, alsmede de advocaten. Verder werden benoemingen geregeld voor de grietenijsecretarissen en de andere functionarissen op provinciaal als landelijk niveau, zoals leden van de Admiraliteit.

Uit het voorgaande blijkt wel dat die mannen die over stemdragende eigendommen beschikten, een enorme invloed hadden omtrent beslissingen en benoemingen op allerlei terrein. Hun macht was dan ook groot. Het is evenwel opvallend dat de leden van de adel weinig interesse hadden in functies die veel tijd vergden, maar die hun aanzien weinig tot niet vergrootten.

Opvallend maar wel logisch was dat de groep der edelen de meeste macht bezat in de oudere gebieden van Friesland, terwijl in de jongere gebieden, die door vervening en landaanwinning waren verkregen, de eigenerfde boeren de machtigste groep vormden. Zo ontstonden er naast de edelen, die een langzaam uitstervende groep vormden, een groep zeer grote eigenerfde grondeigenaren, waartoe de families Lycklama ä Nijeholt, Van Glinstra, Van Vierssen, Van Andringa, Bergsma, Van Haersma, Van Scheltinga en De Kempenaer behoorden. De meeste van deze families hadden hun fortuin opgebouwd in het zuiden en zuidoosten van de provincie. Een aantal van hen, en ook families als Van Heloma en Van Hylckama, waren door vererving in het bezit gekomen van landerijen, waaronder ook die aanvankelijk toebehoorden aan uitstervende en uitgestorven adellijke families. Deze rijke eigenerfde families hielden er een aristocratische levensstijl op na, terwijl hun zonen aan universiteiten studeerden. Een belangrijk deel van hen was opgeleid als jurist. Dit betekende dat deze groep die betrokken was bij het bestuur in Friesland hiertoe wel was opgeleid.

Het is opvallend dat de afgevaardigden van de eigenerfden, in tegenstelling van die van de adel, de gehele periode van het begin van de revolutie tot het Koninkrijk der Nederlanden zonder uitzondering actief zijn gebleven in het vervullen van bestuurlijke functies in Friesland. Geen enkele van de 'grote' families heeft zich teruggetrokken, iets wat bij de adel wel gebeurde. Daar stelde niemand, met uitzondering van Sicco Douwe van Aylva, Horatius Allardus Hiddema van Knijff en Assuerus Vegelin van Claerbergen, edelen die vanaf het begin van de omwenteling als representant zitting hebben gehad in de Friese volksvertegenwoordiging, zich beschikbaar om hun taken voort te zetten. Pas in 1806, toen de Prins van Oranje de adel toestemming gaf om zich weer met politiek en bestuur in te laten, namen ook de meeste leden van de adel weer deel aan het openbare leven. De toestand was weer als voorheen.

Vanzelfsprekend komt de vraag naar boven, waarom al deze eigenerfden gewoon doorgingen met hun bestuurlijk werk alsof er geen veranderingen hadden plaatsgevonden. Waren ze zo op zichzelf en hun positie gericht, en kon het hun werkelijk geen verschil maken wie of wat de overheid was. Het maakte kennelijk geen verschil of dit nu de Republiek der Verenigde Nederlanden was, met hun relatief grote vrijheid, de Bataafse Republiek met zijn unitaristische bestuur, het Koninkrijk Holland met zijn Napoleontische stroman, het Franse Keizerrijk of het nieuwe Koninkrijk der Nederlanden onder een koning. Het is moeilijk voor te stellen dat een uitzonderlijk sterke drang naar macht hun drijfveer was. Was moet meer een gevoel van continuïteit en publiek belang geweest zijn. Er bestaat ook nog de mogelijkheid dat zij, koste wat koste, hun best wilden blijven doen om Friesland in stand te houden.

Er bestond vóór en tijdens de patriottentijd in Friesland nog niet een echte politieke cultuur. Zo verschenen er in die periode buiten Holland en Utrecht maar heel weinig politieke publicaties.[203] Toch begon steeds sterker het besef door te dringen dat de macht aan

---

[203] N.C.F. van Sas, *De metamorfose van Nederland; Van oude orde naar moderniteit, 1750-1900* (Amsterdam 2004), 203.

het volk behoorde.[204] Dit idee is ook bij de bestuurders van Friesland doorgedrongen, waardoor de inhoud van het begrip ‘macht’ toch aan betekenis voor hen inboette. Deze nieuwe betekenis van macht is voor de opvolgers van de oude patriciërs ook de maatstaf geworden voor hun verdere manier van leven.

In de volgende hoofdstukken zullen we proberen voor de beantwoording van deze vragen enige aanwijzingen te vinden.

We moeten evenwel niet vergeten dat de inhoud van de diverse functies door de latere machthebbers steeds verder werden uitgehold. Waren de leden van de Friese Staten soevereine machthebbers, als leden van de Provinciale Staten in het Koninkrijk der Nederlanden waren zij zo goed als alle invloed kwijt. Hetzelfde geldt voor de functie van grietman, eertijds een zelfstandige en invloedrijke bezigheid. De grietman was na de terugkeer van Oranje niet veel meer dan een uitvoerder van opdrachten die hem van hogerhand verstrekt werden. Hetzelfde geldt voor meerdere functies. Van beslisser zijn zij uitvoerder van van boven opgelegde taken geworden. Dus mocht het lijken alsof het gros van de eigenerfden zich hebben weten te handhaven, dan moeten we er wel rekening mee houden dat de inhoud van hun werk drastisch is gedevalueerd.

---

[204] Met ‘het volk’ werd wel het enigszins gegoede deel van de bevolking bedoeld.

Hoofdstuk 4

Carrières van de eigenerfde boeren (competenties)

In hoofdstuk 2 hebben we gezien dat de geschiedenis van Friesland voor een belangrijk deel bestaat uit een streven naar onafhankelijkheid van vorsten en andere personen die hun wil aan het volk willen opleggen. Dit streven naar vrijheid is een belangrijk gegeven om de inzet van de bij het bestuur betrokken personen te begrijpen. In hoofdstuk 3 hebben we vooral die mensen opgespoord die bij dit bestuur betrokken waren, en wel speciaal het niet-adellijke deel hiervan, dus de eigenerfden.

In dit hoofdstuk komen de carrières van een beperkt aantal grietmannen en andere hoge functionarissen afkomstig uit de stand der eigenerfde boeren aan bod over de periode van ongeveer 1780 tot 1820. In het voorgaande hoofdstuk is het duidelijk geworden dat een beperkt aantal families een belangrijk deel van de mensen leverden die namens de eigenerfden deelnamen aan het bestuur en de rechtspraak in Friesland. Namen die sterk naar voren kwamen waren Lycklama à Nijeholt, Van Sminia, Bergsma, Van Scheltinga, Van Haer-sma, Van Glinstra en De Kempenaer, en in iets mindere mate Van Andringa, Van Vierssen en Van Hylckama. Het verloop van de carrières binnen deze families zullen het onderwerp van onderzoek zijn voor dit hoofdstuk. Ook zal aandacht worden besteed aan hun voorgeslacht, dat zo belangrijk is geweest voor de opbouw van hun positie en financiële toestand.

Kenmerkend voor deze personen is het feit dat zij zich wisten te ontwikkelen in die gebieden waar de adel zich betrekkelijk weinig op de voorgrond heeft weten te plaatsen, waardoor leden van de stand der eigenerfde boeren grotere mogelijkheden kregen. Dat zij vaak wel afkomstig waren uit die gebieden waar de adel zeer invloedrijk was, deed kennelijk niets ter zake; zij migreerden gewoon naar gebieden waar expansie voor hen mogelijk was.

In de na dit hoofdstuk volgende delen wordt ingegaan op specifieke eigenschappen van deze groep mensen, zoals familieverbanden, onderlinge afhankelijkheid en welk idee zij van zichzelf hadden.

4.1 De familie Lycklama à Nijeholt

Eén van de meest vooraanstaande families van de stand der eigenerfde boeren, zo niet de belangrijkste, was de familie Lycklama à Nijeholt. Als stamvader van de familie geldt Lyckele Eables, geboren in 1485 en overleden in 1538. Hij is dus 53 jaar oud geworden. Hij werd in 1514 door de hertog van Saksen aangesteld als grietman van Stellingwerf. In die tijd waren de Stellingwerven nog niet opgedeeld in twee grietenijen. In 1517 kreeg hij ook tot 1521 het grietmanschap over Schoterland erbij. In 1533 heeft hij zijn functie voor Weststellingwerf overgedragen aan zijn zoon Lubbert Lyckles, die geboren was in 1505 en overleed in 1558. Deze is dus, net als zijn vader, ook 53 jaar oud geworden.

De Franeker historicus en jurist Pierius Winsemius (1586-1644) noemde Lyckele Eables, de stamvader van de familie Lycklama à Nijeholt, “een treffelyck ghequalificeert man, soo van gheslachte als goederen”. Hij vermeldt van hem, dat hij “uyt het gheslachte van Steenwyck” stamde. Verder zegt deze dat hij op Friesburg bij het dorp Nijeholt (Nijeholtpade) woonde en dat dit geslacht zich naar dit dorp, à Nijeholt, vernoemd heeft. J. Leemburg meldt dat de ‘Saxischen Grietman'[205] Lyckle Eblens door de Saksische vorst benoemd werd met het recht van opvolging in de halve grietenij van Stellingwerf en in het gehele van Schooterland, als beloning voor zijn getrouwheid.[206] Deze gift werd in 1524 bevestigd door keizer Karel V.[207] Karel V wilde zelfs het grietmansambt in geheel Stellingwerf erfelijk maken en Lyckle in de adelstand verheffen. Deze wees dit echter af met de mededeling 'Deugd allinne makket wiere adel'.[208] Hij wilde dus geen titel van de Keizer ontvangen, en waarschijnlijk dus niet ondergeschikt worden.

In de eerste helft van de 17e eeuw ontstond uit het patronym Lyckles de achternaam Lycklama, terwijl de toevoeging *à Nijeholt* als herinnering aan het langdurig verblijf van dit geslacht te Nijeholtpade eveneens uit deze tijd dateert.

Even voor de algemene duidelijkheid iets anders. In Friesland eindigen veel namen op -ma, zoals Hylkema, Harinxsma, etcetera. Dat -ma betekent vaak 'zoon van' of ′afstammeling van′. Dus Lycklama betekent 'zoon/afstammeling van Lyckle', in dit geval van Lyckle Eables, die van 1517 tot 1521 grietman van Stel-

---

[205] Benoemd door de Saksische hertog Albrecht van Saksen, die van 1498 tot 1524 heerser was over Friesland.

[206] J. Leemburg, *Tegenwoordige Staat van Friesland, deel 3,* (ca. 1775), p.600.

[207] Keizer Karel V heeft in 1524 door aankoop de 'rechten' op Friesland verworven.

[208] Fries voor 'Alleen deugd maakt ware adel'. In latere jaren deed zich een soortgelijk geval voor. De leden van de familie Eysinga, die het predikaat jonkheer voerden, wezen het voorstel van Koning Willem I af om verheven te worden tot baron. Zij stelden het meer op prijs om een Friese jonker, vrij van vorstengunst, te zijn dan een door de koning benoemde baron, wat hun de status van ondergeschikte aan een ander, in dit geval de koning, te zijn. Is in beide gevallen het gevoel van een 'vrije Fries' te zijn belangrijker dan aanzien, met ondergeschiktheid aan een ander?

lingwerf was.[209] De komst van de Lycklama's - grietmannen, grondeigenaren en verveners - is voor het cultuurpatroon van het noordelijke gedeelte van Wolvega van grote betekenis geweest. Mede door hen kwamen in de zestiende eeuw de verveningen en de bosbouw pas goed tot ontwikkeling.[210]

In of ongeveer 1626 laten ze aan de oostkant van het dorp de Lycklamastins bouwen. Voor de afvoer van de turf en het hout bestond er behoefte aan waterwegen. Daarom lieten de Lycklama's een vaart graven vanuit de Tjonger door het veengebied via Nijeholtwolde naar Wolvega. De naam hiervan is gemakkelijk te raden: Lycklamavaart.

Lyckle Eables had in totaal negen kinderen bij zijn vrouw Johanna, met wie hij in 1505 getrouwd was, zes zonen en drie dochters. Van deze zes zonen is de in 1505 geboren Lubbert Lyckles van 1533 tot 1559 grietman geweest in Weststellingwerf. De in 1520 geboren mr. Meyne Lyckles was raadsheer van Friesland. Het ziet er naar uit dat de familie vanaf het begin duidelijk aanwezig was bij het bestuur en de rechtspraak in Friesland.

Als we in de diverse lijsten naar de familienaam Lycklama à Nijeholt kijken dan komt deze wel erg vaak voor met de toevoeging 'grietman'. In Weststellingwerf komt hij na de eerdergenoemde personen nog driemaal voor (ook nog twee maal zonder de toevoeging *à Nijeholt*), in Ooststellingwerf acht maal. In Opsterland zien we de naam drie maal, in Utingeradeel vier maal, en in

---

[209] De naam van de plaats Nijeholt betekent 'Nieuwe hout', oftewel de nieuwe bossen. Dus de familienaam Lycklama à Nijeholt betekent letterlijk 'zoon/nageslacht van Lyckle uit de nieuwe bossen'. Hiermee worden hoogstwaarschijnlijk de bossen bedoeld die door de diverse familieleden zijn aangelegd. Ook bestaat er een tak Lycklama à Wyckel, die, zoals de toevoeging aan de naam aangeeft, uit Wyckel afkomstig is.

[210] Fokke van Lute, uit: *Her en der deur et oolde Wolvega.*

Lemsterland nog een enkele maal. Dit is een nagenoeg aaneengesloten gebied in het zuidoosten van Friesland, het gebied waar zij intensief bezig zijn geweest om de veengronden tot ontwikkeling te brengen. Verder hebben zeven leden van de familie, Meyne Lyckles niet meegerekend, naast hun functie van grietman of hoogleraar, nog die van raadsheer bij het Hof van Friesland bekleed. In Opsterland heeft de familie een aaneengesloten periode van 1693 tot 1782 de grietmannen geleverd, in Utingeradeel van 1752 tot 1795, in Ooststellingwerf van 1610 tot 1790, met alleen een paar kleine onderbrekingen van in totaal negen jaar. In Weststellingwerf hebben ze een aantal korte periodes die functie vervuld tot 1639. De al in de vroege jaren aanwezige betrokkenheid heeft zich dus in de verdere eeuwen voortgezet. Er kan dus wel gesproken worden van een juridisch en bestuurlijk geschoolde familie.

Veel geld hebben leden van de familie geïnvesteerd in de ontwikkeling van de veengebieden in het uiterste zuidoosten van Friesland. Door de aankoop van slechte gronden, waarop wel een dikke laag veen aanwezig was, hebben zij veel terreinen verworven. Na afgraven van de turf, die via de Schoterlandse Compagnonsvaart werd afgevoerd, werd de kwaliteit van de grond verbeterd. Veel van het vermogen van de Lycklama's bestond dan ook uit dergelijke gronden. In het jaar 1700 stonden er een kleine 280 beschrijvingen van landerijen in de floreenkohiers op naam van Augustinus Lycklama à Nijeholt, grietman van Opsterland, waarvan het overgrote deel in de zuidoosthoek van de provincie.[211]

Leden van de familie Lycklama à Nijeholt hebben tijdens de revolutietijd, vooral de latere periode, deelgenomen aan het bestuur van Friesland. Zo was Tinco Martinus Lycklama à Nijeholt op 21 juni 1802

---

[211] Gegevens gedestilleerd uit de database HISGIS van de Fryske Akademy te Leeuwarden.

geïnstalleerd als lid van het Departementaal Bestuur van Friesland, waarvan onder andere ook Johan Petrus van Hylckama deel uitmaakte.[212] Op 1 april 1806 werd hij vervangen door Willem Livius van Sminia, toen hij werd aangesteld als drost van het 12e district (de grietenijen Tietjerksteradeel, Idaarderadeel en Leeuwarderadeel), als opvolger van Jetze van Sminia. Lycklama woonde op Andringa-State te Oldeboorn.[213] Onder het nieuwe bestuur trad ook (weer) een Gedeputeerd Bestuur op, bestaande uit drie personen, waaronder Lycklama à Nijeholt. Na zijn benoeming tot drost werd hij vervangen door Van Hylckama.[214] Opvallend is dat in dit kleine groepje mensen dat centraal in het bestuur van Friesland aanwezig is, de namen van Lycklama à Nijeholt, Van Sminia en Van Hylckama prominent aanwezig zijn.

Bij de benoemingen van bestuurders en hoge ambtenaren in maart 1806 werd een lid van een afwijkende tak van de familie Lycklama à Nijeholt benoemd tot onderinspecteur over de middelen te lande in het ressort Workum. Dit was Willem Lycklama à Nijeholt, een lid van de zogenaamde Bolswarder tak van de familie.[215] Deze Willem was een fervent patriot, die in 1787 na de revolutiepoging van 1787 het land moest ontvluchten. Hij vestigde zich als vluchteling in St. Omaars in Noordwest Frankrijk, waar hij van na juni 1787 moest leven van een bedeling van 110 livres, of *f* 52,40 per maand. Voor juni 1787 was dit nog 20 livres (*f* 9,50) per week, of *f* 41,- per maand. Zijn inkomen als lid van de vroedschap in Bolsward en als apotheker

---

212 P. Nieuwland, A. Pietersma, O. Kuipers, *Inventaris van de archieven van de gewestelijke bestuursinstellingen van Friesland 1795-1813 (1815); deel 1 1795-1807* (Leeuwarden 1998), 237.

213 G.A. Wumkes, *Stads- en dorpskroniek van Friesland.*

214 P. Nieuwland e.a., *Inventaris Deel I,* 238.

215 P. Nieuwland e.a., *Inventaris Deel II*, 351.

werd geschat op 2000 livres (*f* 950,-) per jaar, terwijl zijn geschatte schade als gevolg van de omwenteling in 1787 ongeveer 12000 livres (*f* 57.000,-) was.[216] Leden van deze tak hebben zich over de wereld verspreid.[217] Sommigen van hen zijn naar Nederlands Indië vertrokken, andere zijn naar Nijmegen verhuisd. Eén van hen heeft daar nog als chirurg gewerkt. Zo heeft de in Wommels geboren medisch doctor Jacob Egbert Lycklama à Nijeholt (1742-1810) nog gefungeerd als schepen van de stad IJsselstein. Een ander lid van de Bolswarder familie, Petrus Lycklama à Nijeholt (1842-1913), is na een carrière als zeeofficier als burgemeester werkzaam geweest van Franeker, Leeuwarderadeel, Leeuwarden en Rotterdam, waarna hij benoemd werd tot Commissaris der Koningin der Provincie Overijssel; ook geen geringe carrière te noemen.

Na de bevrijding van de Fransen werd Augustinus Georg Lycklama à Nijeholt bij Koninklijk Besluit van 22 juni 1816 op 19 juli 1816 benoemd en beëdigd als grietman van Utingeradeel. Bij het begin van de revolutie in 1795 was Tinco Martinus van Lycklama nog grietman van deze grietenij geweest; de familie had op deze wijze zijn oude, en enige, plaats weer terug gekregen. In dit opzicht waren zij er niet op vooruit- of achteruitgegaan.

Op 20 december 1817 was het een grote dag voor de familie. Die dag werd Tinco Martinus door Koning Willem I bij Koninklijk Besluit nr. 65 in de adelstand verheven.[218] Deze verheffing was een onderdeel van de adelsverheffing van voormalige regenten-

---

[216] Joost Rosendaal, *Bataven! Nederlandse vluchtelingen in Frankrijk 1787-1795 (Bijlage op Cd-rom)* (z.p. 2003), 2641.
[217] Tresoar, 332-17, *Familie archief Lycklama à Nijeholt, Bolsward,* nr.3.
[218] Nationaal Archief, Den Haag/Kabinet des Konings 1816-1840/2.02.01, 6135 nr.1, *Naamlijsten adel,* 20 december 1817.

families, hetgeen betekende dat het verleden van de familie enorm werd gewaardeerd, en dat het aanzien van de familie zeer gestegen was. Gesteld kan dus wel worden dat de gedragingen tijdens Bataafse en Franse periodes niet tegen hen werd gebruikt; waarschijnlijk was de verzoeningspolitiek van de koning hierbij een belangrijke stimulans.

In 1917 is de adellijke tak van de familie Lycklama à Nijeholt uitgestorven. Evenwel zijn er nog vele leden van de andere takken actief, zowel in als buiten Nederland. Ze zijn vertegenwoordigd in alle mogelijk denkbare beroepsgroepen, van simpele beroepen en ambachten tot geleerden, zoals de aan de Leidse universiteit verbonden uroloog prof.dr. A.A.B. Lycklama à Nijeholt.

4.2 *De families Van Scheltinga* [219]

Even vooraf, de samenstelling van de familie Van Scheltinga vertoont een paar eigenaardigheden. Om te beginnen bestaat deze familie uit een aantal takken, waarvan de belangrijkste zijn, Van Scheltinga, Coehoorn van Scheltinga, De Blocq van Scheltinga en Runia. Verder bestaan er nog een aantal families met de naam (Van) Scheltinga die op geen enkele manier verbonden zijn met de te onderzoeken familie. Deze familie heeft zich wijd vertakt, en heeft in allerlei plaatsen in Friesland gewoond. De plaats waar zij het eerste naar voren kwamen was Harlingen. Een tak van de familie vestigde zich in Harich en Wyckel in Gaasterland. Deze tak is uitgestorven. Een belangrijke tak vestigde zich in Buitenpost in de grietenij Achtkarspelen en in Twijzel in Kollumerland, en in Grouw en Oosterwierum in Idaarderadeel. Na het herstel van de Oranjes vestigden

[219] W. Wijnaendts van Resandt, *Geschiedenis en Genealogie van het geslacht Van Scheltinga van ± 1530 tot 1939* (s.l. 1939), 12.

de belangrijkste tak, die in de adelstand werd verheven, zich in Heerenveen, Oudeschoot en Oranjewoud in Schoterland. Na de periode van de restauratie van Oranje is de familie uitgewaaierd over de gehele wereld.

Als eerste van de families Van Scheltinga wordt Simon Hendricks genoemd, die in Harlingen koopman en brouwer was. Hij is gestorven voor april 1538. Buiten zijn brouwerij bezat hij ook landerijen in de omgeving van Harlingen.[220] Van verdere voorouders is niets bekend, hoewel natuurlijk aangenomen mag worden dat zijn vader Hendrick heette. Een belangrijke reden voor het ontbreken van deze gegevens is het niet meer bestaan van de archieven van Harlingen uit deze tijd.[221] De naam Van Scheltinga voor deze familie is ontstaan doordat zij in het bezit waren gekomen van een sathe in Engelum, vlak boven Leeuwarden, die de naam van Scheltinga droeg. Deze sathe moet afkomstig zijn van een veel oudere adellijke, uitgestorven familie Scheltinga uit de Middeleeuwen.[222] De oude adellijke familie verbleef destijds in Minnertsga, een plaats waarmee de te onderzoeken familie geen enkele binding heeft. Deze familienaam is door de eerste bekenden van deze familie echter nooit gebruikt; pas toen de leden van de familie belangrijker werden, en er meer mensen bestonden met dezelfde naam, werd de familienaam pas daadwerkelijk gebruikt. Simon Hendriks, had een zoon Dirck Simons,[223] die van 1500 tot 1539 leefde. Deze was ge-

---

[220] Yme Kuiper en Johan Frieswijk (red.), *Twee eeuwen Friese adel 1814-2000; van landadel naar historisch instituut* (Heerenveen 2000) 56.

[221] W. Wijnaendts van Resandt, *Van Scheltinga*), 21.

[222] Ibidem, 8.

[223] Dirck had als tweede zoon nog vijf broers en twee zusters. Zijn oudere broer Jan had, behalve een dochter nog drie zonen, die allen met de familienaam Runia leefden. De Van Scheltinga's en de Runia's zijn dus afstammelingen in mannelijke lijn van dezelfde voorvader, Simon Hendricx.

huwd met Rinck Lieuwes.[224] Hun zoon Lieuwe Dircks van Scheltinga (1530-1591), aan zijn naam te zien de tweede van het echtpaar,[225] wordt beschouwd als de stamvader van de Van Scheltinga's. De voornaam Lieuwe, vooral in zijn verlatiniseerde variant Livius, zal een veel voorkomende naam in de familie worden. Zijn zoon Dirck Lieuwes van Scheltinga (1560-1628) had twee zonen, Livius (Lieuwe) Dircks (1589-1650) en Johannes Dirks (1590-1654). Deze laatste had weer een zoon, dr. Johannes van Scheltinga (1632-1669), die gehuwd was met Maria van Haersma. De oudste van de twee, Livius, was gehuwd met Anna Daniels de Blocq. Zij was verantwoordelijk voor de toevoeging *de Blocq* aan de familienaam in latere jaren.

Vanaf nu worden de betrekkingen en de naamgeving binnen de familie een beetje moeilijker. Livius (Lieuwe) had twee zonen, waarvan de jongste ook weer Livius (1632-1670) heette; hij ging de geschiedenis in als Livius van Scheltinga Sr. De oudste zoon was Daniel de Blocq (1621-1703), die voor de bekende naam Daniel de Blocq van Scheltinga zorgde.[226] Beide broers waren gehuwd met twee zusters, dochters van Cornelis Kinnema. Livius trouwde met Wisckje en Daniel met Martha. Doordat hun vader Cornelis heette, was het nu mogelijk om binnen twee verschillende takken van de familie van Scheltinga de namen Livius en Cornelis door te geven. Alles wordt nog ingewikkelder als ook de

---

[224] Met de naam Lieuwe kwam de verlatijnste naam Livius in de familie. Veel leden van de familie dragen deze naam.

[225] De tweede zoon uit een huwelijk kreeg traditioneel de namen van zijn grootvader van moederskant.

[226] Hier doet zich de vreemde situatie voor dat *de Blocq* als een toenaam gebruikt wordt. Deze naam *de Blocq* wordt dan ook niet aan zijn nageslacht doorgegeven. Alleen in combinatie met de voornaam *Daniel* werd hij de volgende generaties gebruikt. Later werd *de Blocq* wel aan de familienaam toegevoegd.

zonen van Livius Sr., Livius Jr. (1655-1699) en Martinus (1656-1726) ook weer met twee zusters trouwen, dochters van Gajus Broersma.

De leden van de verschillende takken van de familie Van Scheltinga hebben zich op een vrij stabiele wijze gevestigd in verschillende delen van Friesland. Dit is, naast de grote omvang van de familie, mijn belangrijkste reden geweest om de stamboom van de Van Scheltinga's op te delen in kleinere gedeelten die overeenstemmen met het gebied waarin zij woonden en werkzaam waren.

Het begin van de familie Van Scheltinga heb ik kort weergegeven in Tabel 4.2.1. in Bijlage 4. In de top van deze tabel is alleen de hoofdlijn van de familie weergegeven en is niet ingegaan op de afstammelingen van Simon Hendricx die niet tot de lijn van Dirck Simons behoren.[227]

In deze tabel zijn niet de afstammelingen van Daniel de Blocq van Scheltinga opgenomen; hierin komen alleen die takken voor die na enige generaties in de mannelijke lijn zijn uitgestorven. De tak van Daniel wordt verder uitgewerkt in Tabel 4.2.3, ook in Bijlage 4.

Tot ongeveer 1650 was de meest voorkomende verblijfplaats van de leden van de familie verplaatst van Harlingen naar Leeuwarden. Zij waren niet in de zuivere betekenis van het woord een boerenfamilie. Zij kunnen beter gezien worden als kooplui die een groot bezit in landerijen hadden weten op te bouwen, zodat zij van de opbrengsten hiervan royaal konden leven en een positie in bestuur en rechtspraak opbouwen. Met hun grote betrokkenheid in de grietenijen ontwikkelden zij

---

[227] De gegevens omtrent de stamboom van de familie Van Scheltinga zijn onder andere ontleend aan W. Wijnaendts van Resandt, *Geschiedenis en Genealogie van het geslacht Van Scheltinga,* aangevuld met gegevens uit de doop-, ondertrouw-, huwelijks- en begraafboeken van de diverse kerkelijke en wereldlijke overheden.

zich steeds meer tot een dynastie van hoge grietenij-functionarissen, rechtsgeleerden, bestuurders en vertegenwoordigers in diverse overheidslichamen. De in Tabel 4.2.1 genoemde Dirck Lieuwes van Scheltinga had onder andere nog een tweede zoon, Johannes Dircks, wiens afstamming volgt in Tabel 4.2.2.

Figuur 4.2.1

Gevelsteen aangebracht boven de zuidelijke ingang van de kerk te Harich, ter herinnering aan Johannes van Scheltinga. Duidelijk is te zien dat de rode rozen zijn weggehakt; deze zijn later vervangen door een zwarte contourtekening.

Foto: K. de Groot

Deze tak van de familie vestigde zich in Gaasterland, in het dorp Harich. In dit dorp is de grietman dr. Johannes van Scheltinga (1632-1669) in 1663 de herbouwer van het jaar daarvoor door een storm verwoeste kerk. In de 12ᵉ-eeuwse toren is een gedenksteen (met het familiewapen van de Van Scheltinga's) ingemetseld waarop dit vermeld staat. Tijdens de Bataafs-Franse tijd is het familiewapen uit de gedenksteen gebikt; nu is alleen een zwart geschilderde contour aanwezig waar eerst de rode rozen van het wapen stonden.

Johannes van Scheltinga (1632-1669) had slechts één kind, een dochter, Catharina (1663-1724),[228] die in 1684 trouwde met Douwe Sirtema van Grovestins (1652-1690, gesneuveld) en in 1694 trouwde met Schelto van Heemstra (1665-1733), waarbij ze vijf kinderen kreeg. Zowel Douwe Sirtema van Grovestins als Schelto van Heemstra behoorde tot de oude Friese adel. Johannes' oudere broer Dirck Theodorus van Scheltinga (1621-1671) had twee zonen, die beiden ongehuwd zijn gestorven, en een dochter, Magdalena (1661-1683), die in 1678 op 16-jarige leeftijd trouwde met de beroemde vestingbouwer Menno baron van Coehoorn (1641-1704). Voor Menno van Coehoorn was dit wel een erg aantrekkelijk huwelijk, want Magdalena was, afgezien van haar nicht Catharina, in 1678 nog het enig overgebleven lid van de familietak die zich in Gaasterland had gevestigd, en die ook binnen de Friese adel huwde met Schelto baron van Heemstra. Magdalena nam een aanzienlijk vermogen mee in haar huwelijk. Hieronder bevond zich een stuk grond in Wyckel, dat Menno in staat stelde om een state te bouwen.

De belangrijkste tak van de familie, voor wat betreft het aantal leden, vertakkingen en succesvolle carrières, bestaat uit Daniel de Blocq van Scheltinga (1621-1703) en zijn nakomelingen. Deze groep mensen heeft gezorgd voor een enorm aantal officiële benoemingen en verkiezingen, met als ultieme beloning het verheffen in de adelstand van enkele van zijn leden. Vanwege de omvang en complexiteit van het nageslacht van Daniel

---

[228] Eén van haar grootmoeders van vaderskant droeg ook de naam van Catharina van Scheltinga (1619-1653). Zij was een dochter van Livius Dircks van Scheltinga (1588-1650) en Anna de Blocq (1593-1666). Dergelijke huwelijken met bloedverwanten kwamen wel vaker voor.

de Blocq wordt ook deze weergegeven in verschillende tabellen.

De familie Van Scheltinga was, zoals eerder gemeld, zeer vermogend. In 1700 was Daniel de Blocq van Scheltinga (1621-1704) de rijkste inwoner van Friesland.[229] In april 1796 stond zijn kleinzoon Cornelis (1743-1812), oud-grietman van Idaarderadeel, in de lijsten van de 83 1/3 penning met een geschat fiscaal vermogen van *f* 521.000,-.[230] In 1812, het jaar van zijn overlijden, werd zijn vermogen geschat op *f* 569.655,-.[231] Zowaar geen kleinigheid, speciaal als we rekening houden met de tijd. In zestien jaar tijd, gedurende de rumoerige jaren, was zijn vermogen toch nog met een kleine vijftigduizend gulden toegenomen.

Het vermogen van Martinus van Scheltinga (1736-1799), ex-grietman van Schoterland, en afstammeling van Cornelis' broer Martinus (1666-1742), werd in 1796 geschat op *f* 250.000,-.[232] Bij zijn overlijden in 1799 liet hij onder andere vastgoed na in de grietenijen Leeuwarderadeel, Ferwerderadeel, Kollumerland Achtkarspelen, Smallingerland, Menaldumadeel, Wymbritseradeel, Het Bildt en Utingeradeel. De totale waarde van 13 'zathen en landen', vaak grote boerderijen, werd door de taxateurs vastgesteld op *f*140.000,-.[233] Het vermogen van zijn kleinzoon Hans Willem de Blocq van Scheltinga (1802-1864), aanvankelijk grietman, later burgemeester van Schoterland, werd bij zijn over-

---

[229] Yme Kuiper en Johan Frieswijk (red.), *Twee eeuwen Friese adel,* 58.

[230] Yme Kuiper, *Adel in Friesland 1780-1880,* (Groningen 1993), 454.

[231] Ibidem, 462.

[232] Ibidem, 454.

[233] Tresoar, EVC, 323-01, inv.nr. 400, *Taxatierapport van de nalatenschap van Cornelis van Scheltinga, opgemaakt door Jan Andries, Albert Tjeerds en Fokke Wytzes,* 18 december 1799.

lijden geschat op ongeveer *f* 800.000,-,[234] Hier kan zeker ook gesproken worden van een enorme toename. Ook zijn oom Cornelis (1718-1775) was niet onbemiddeld; deze liet bij zijn dood een erfenis na van *f*379.420,-.[235]

Een belangrijke vraag is, wat heeft de familie Van Scheltinga zo belangrijk en vermogend gemaakt. Als we naar de huwelijken kijken, lijkt het er wel op dat er door de verschillende leden van de familie Van Scheltinga doelbewust is gekozen voor partners uit vermogende families. De meest in het oog springende familienaam is die van de Van Haersma's, één van de rijkste families in Friesland. Twee leden van deze familie stonden in de lijst voor de 83 1/3 penning in 1796 genoteerd voor een vermogen van *f* 763.000,-.[236] Verder komen familienamen voor als Van Tiara, Lycklama à Nijeholt, de adellijken Van Heemstra en Van Eysinga, die in 1796 in de boeken staan voor een half miljoen, en de bijna uitgestorven Van Vierssen. Uit hun relaties met adellijke families blijkt ook dat verbindingen met de Van Scheltinga's door hen niet als een slechte toestand werd beschouwd.

In het jaar 1700 stonden er 365 beschrijvingen van landerijen in de diverse floreenkohiers op naam van leden van de familie Van Scheltinga, verspreid over vrijwel de gehele provincie.[237] Van de meeste stukken land zijn zij de enige eigenaar; ook komen er stukken voor met gedeelde eigendomsrechten, met onder andere de families Van Haren, Van Haersma, Van Aylva en verschillende minder interessante families.

---

[234] Yme Kuiper, *Adel in Friesland*, 462.

[235] Tresoar, EVC, 323-01, inv.nr. 399, *Erfenis en boedelscheiding Cornelis van Scheltinga.*

[236] Yme Kuiper, *Adel in Friesland*, 454.

[237] Gegevens gedestilleerd uit de database HISGIS van de Fryske Akademy te Leeuwarden.

Een belangrijke factor bij het verhogen van de waarde van hun vermogen, en dus die van hun landerijen, was de slechte economische positie waarin de landbouw na ongeveer 1665 kwam te verkeren. Door de druk op de prijzen en vooral de stijging van de kosten, voornamelijk door verhoging van de belastingen en dijklasten, werden veel eigenerfde boeren, in het bijzonder de kleinere, gedwongen om hun land te verkopen.[238] Door de gedwongen verkoop waren de opbrengsten ook relatief lager dan wanneer er vrij gehandeld had kunnen worden. Families als de Van Scheltinga's hebben ongetwijfeld geprofiteerd van dit aanbod van goedkopere grond en landerijen.

Op het moment dat de Fransen in 1795 Friesland binnentrokken, waren drie Van Scheltinga's grietman in diverse grietenijen. De oudste van hen, Martinus van Scheltinga (1736-1799) bestuurde Schoterland van 1777 tot 1795; Cornelis van Scheltinga (1743-1812) was grietman van Idaarderadeel van 1763 tot 1795. Beiden hebben de Bataafs-Franse periode niet overleefd. De derde, ook een Martinus van Scheltinga (1744-1820), was grietman van Kollumerland van 1775 tot 1795. Alle drie waren zeer ervaren bestuurders en alle drie werden ze in 1795 door het nieuwe bewind afgezet.

Met de Bataafse Republiek hebben zij weinig bemoeienis gehad.[239] In de diverse benoemingsbesluiten

---

[238] J.A. Faber, *Drie eeuwen Friesland; economische en sociale ontwikkelingen van 1500 tot 1800* (Leeuwarden 1972), 219.

[239] De enige Van Scheltinga die actief geweest is tijdens deze periode was Johannes Roelofs van Scheltinga (1771-1821), een katholieke koopman van aanzien, die vanaf 25 oktober 1796 tot 1813 onafgebroken bestuurder, raadslid en nederrechter van Weststellingwerf is geweest. Hij wist alle zuiveringen te overleven. Hij was geen directe familie van de in dit hoofdstuk bestudeerde Van Scheltinga's, maar wel afkomstig uit dezelfde stam. Zie Jacques Kuiper, *Een revolutie ontrafeld,* 490, 614.

komen zij niet voor. Ze hebben zich hoofdzakelijk beziggehouden met het bijeenhouden van hun bezittingen.

Tijdens de Franse periode waren verschillende leden van de familie Van Scheltinga ook weer betrokken bij het bestuur in Friesland. Menno Coehoorn van Scheltinga (1778-1820) werd op 8 mei 1807 benoemd tot drost van het veertiende district. In de samenstelling van het daaraan voorgaande bestuur kwam hij als zodanig niet voor. Daniël de Blocq van Scheltinga (1767-1816) werd in 1811 maire van Mildam (in Schoterland).[240] Op 21 juni 1802 werd Cornelis van Scheltinga (1743-1812) benoemd als lid van het Departementaal bestuur van Friesland, dat van 1802 tot 1807 actief was. [241] In 1811 werd ook hij benoemd tot maire in Idaarderadeel.[242] Opvallend is evenwel dat tijdens de periode van 1795 tot 1802 er geen activiteit van de leden van de familie Van Scheltinga is terug te vinden in de diverse verslagen. Zij hebben zich in de roerige periode zo te zien afzijdig gehouden. Op het moment dat alles weer enigszins genormaliseerd werd namen zij hun posities weer in, alleen nog niet in de top van de hiërarchie, maar in de lagere regionen.

Hun geringe binding met de revolutie en de niet al te sterke binding met het Franse bewind hebben hun geen windeieren gelegd. Toen in 1816, enige tijd na de bevrijding van de Fransen, Koning Willem I de nieuwe grietmannen benoemde, waren onder hen drie leden van de familie Van Scheltinga. Daniël de Blocq van Scheltinga (1767-1816) werd met ingang van 19 juli benoemd tot grietman van Aengwirden. Hij heeft deze functie

---

[240] Tresoar, BRF, 3518, *Benoemingen tot maire,* 19 februari 1811.

[241] P. Nieuwland, A. Pietersma en O. Kuipers, *Inventaris van de archieven van de gewestelijke bestuursinstellingen van Friesland 1795-1813 (1815),* (Leeuwarden 1998) 237.

[242] Tresoar, BRF, 3518.

maar kort kunnen uitoefenen; hij overleed op 26 oktober van hetzelfde jaar.

Zijn broer Menno Coehoorn van Scheltinga (1778-1820) werd op dezelfde dag geïnstalleerd als grietman van Schoterland. Ook hij heeft deze positie niet lang bekleed; hij stierf in 1820. Wel werd hij in 1816 nog door de koning in de adelstand verheven; zijn zoon Martinus Coehoorn van Scheltinga werd in 1825 op 21-jarige leeftijd in de Ridderschap van Friesland opgenomen. Deze adellijke tak van de familie is in 1879 met de dood van Martinus' zuster Wisckje Coehoorn van Scheltinga uitgestorven.

De derde Van Scheltinga die op 19 juli 1816 tot grietman werd benoemd was Frans Julius Johan van Scheltinga (1749-1831), een zoon van Cornelis van Scheltinga. Hij werd benoemd tot grietman van Kollumerland. Ook hij heeft deze functie maar kort bekleed; in 1818 stopte hij er al mee. Bij zijn overlijden in 1831 liet Frans Julius Johan van Scheltinga een vermogen na van *f* 359.213,- aan zijn enige zuster Cecilia Johanna van Scheltinga, weduwe van Bouricius.[243]

In aantal geleverde grietmannen zowel vóór als na de Bataafs-Franse tijd kan wel gesteld worden dat op dit front de familie Van Scheltinga geen enkele schade geleden heeft. Met onder koning Willem I nog steeds een aantal van drie van deze bestuurders is hun invloed in het bestuur op grietenijniveau constant gebleven. Hun belangrijkste thuisbases Schoterland en Kollumerland zijn behouden gebleven. Financieel zijn ze er evenwel op vooruitgegaan; de individuele grote vermogens zijn nog aanzienlijk vergroot.

Een vraag die nog resteert, is de volgende: hoe is het met hun aanzien gegaan. In het begin van de revolutieperiode hebben ze wel enige schade geleden. Een belangrijke reden van de revoluties was de wens van

[243] Tresoar, EVC, 323-01, inv.nr. 410, *Akte van Boedelscheiding F.J.J. van Scheltinga.*

een deel van de bevolking om met de oude structuren af te rekenen. En hiertoe behoorde ook het systeem van de verkiezing en benoeming van de grietmannen. Hun activiteiten werden lang niet door iedereen gewaardeerd. Het was dus te verwachten dat ook tegen een aantal van hen actie zou worden ondernomen, al was het maar symbolisch en postuum. Zo werd van de gedenksteen boven de deur van de kerk in Harich het wapen van de Van Scheltinga's, twee rode rozen op een wit veld, weggebeiteld. Bij onderhoudswerkzaamheden is dit wapen nu weer ingeschilderd, zij het alleen in zwart. Dit was niet de eerste en enige maal dat 'gewone' mensen aanstoot namen aan de heersende families. Al eerder, in de periode van 1732 tot 1748, slaagden de Van Scheltinga's erin om de voortgang van de afgraving van de Schoterlandse Compagnonsvaart bij Jubbega te blokkeren. Dit resulteerde destijds in een enorme toename van de armoede in dat gebied. Uiteindelijk is het volk er in 1748 in geslaagd het verzet van de Van Scheltinga's te breken, waardoor het verdere graven van de noodzakelijke vaart doorgang kon vinden. Vaak waren de regenfamilies niet geliefd bij het gewone volk.

Er is iets waar wel rekening mee moet worden gehouden bij de waardering van het ambt van grietman. Aanvankelijk werd de grietman gekozen door de stemgerechtigden binnen de grietenij; in 1748 trok de stadhouder het benoemingsrecht van de grietmannen door instelling van het *Reglement Reformatoir* naar zich toe. Wel behielden de stemgerechtigden nog het recht om een aanbeveling te doen via het voorstellen van een drietal kandidaten waaruit de stadhouder dan moest kiezen. Evenwel in de nieuwe situatie, in het Koninkrijk der Nederlanden, heeft de koning het recht om de grietmannen zonder voorafgaande kandidaatstelling door stemgerechtigden te benoemen. De functie van grietman is dus nu een gewoon ambt geworden waarover buiten de koning niemand iets in te brengen heeft. De enige mogelijkheid om hierop invloed uit te oefenen is nu de voorspraak van de gouverneur van het gewest of vertrouwelingen uit de omgeving van de koning. Gezien vanuit dit perspectief is de functie van grietman redelijk gedegradeerd. Verder was hij nu slechts een bestuurder geworden. Zijn belangrijkste functie van rechter was ook verdwenen. Van een beslisser in vroegere tijden was hij nu een uitvoerder geworden van regels die van bovenaf opgelegd werden. Dit kan niet anders ervaren worden als een grote uitholling van de functie. Uiteraard beperkt deze degradatie zich niet alleen tot de grietmannen uit de Van Scheltinga familie; deze geldt ook voor de andere families, zowel de adellijke als de niet-adellijke.

In 1879 stierf de adellijke tak Coehoorn van Scheltinga uit. Maar in 1900 werd Hans Willem de Blocq van Scheltinga (1836-1906) in de adelstand verheven. Twee jaar later mocht hij zijn familienaam veranderen in 'de Blocq van Scheltinga';[244] voor die tijd was de toevoeging *de Blocq* meer gebruikt als een aanvulling op de voornamen, maar nu was hij dus officieel een deel van de achternaam geworden.

De familie De Blocq van Scheltinga heeft in het tweede kwart van de negentiende eeuw het landhuis 'Oranjewoud' laten bouwen in Oranjewoud bij Heerenveen, op een terrein dat voorheen deel had uitgemaakt van het stadhouderlijk bezit. Na de dood van Hans Willem ging het landgoed via diens dochter Maria, die gehuwd was met Adrien Juste graaf van Limburg Stirum, na hun (kinderloze) dood over op een buiten Friesland wonende achterneef jhr. Martinus de Blocq van Scheltinga (1900-1961), die er in 1942 ging wonen.[245] In 1953 heeft deze het landgoed wegens de hoge kosten van de hand gedaan.[246]

---

[244] Yme Kuiper en Johan Frieswijk, *Twee eeuwen Friese adel*, 56.

[245] Ibidem, 62.

[246] Ibidem, 63.

Veel leden van de familie Van Scheltinga hebben op aanzienlijke landgoederen gewoond. Verder hadden ze vele landerijen in bezit. Toch kan van hen niet gezegd worden dat dit een typische boerenfamilie was. Van afkomst waren zij handelaren, en dus niet erg met de grond waarop zij leefden vergroeid. Daar zij over veel pachtboerderijen beschikten moet wel aangenomen worden dat zij een grote bemoeienis met het boerenleven hebben gehad. Hun betrokkenheid bij diverse verveningen, en ook hun tegenstand tegen andere verveners, plaatst hun meer in de groep van landspeculanten, een professie die zij vaak met succes hebben uitgeoefend.

Naast de geadelde tak van de familie De Blocq van Scheltinga bestaan er nog vele andere takken van de Van Scheltinga's. Zij zijn over de gehele wereld uitgezworven en hebben allemaal op hun eigen wijze carrières opgebouwd, sommige in aanzienlijke functies, andere in gewone alledaagse baantjes.[247] Daniel Epeus de Blocq van Scheltinga (geboren 1884), zoon van Leonardus Epeus de Blocq van Scheltinga, kwam ter wereld in Paramaribo en verhuisde later naar Edmonton in Canada, waar hij in 1911 in het huwelijk trad.[248]

De indruk kan ontstaan dat de familie Van Scheltinga alleen maar aanzienlijke personen heeft voortgebracht; dit is echter niet het geval. Een Daniel de Blocq van Scheltinga (1849-1894), uit ditzelfde geslacht, werd aanvankelijk brievenbesteller in Balk, en vertrok hij in 1881 met zijn gezin naar Amsterdam.[249] Zijn broer, Tjeerd van Scheltinga (1850-1911), zocht het in dezelfde richting; hij was posthouder te Heeg vanaf 1875 tot zijn overlijden.

4.3 De families Van Sminia

[247] Ibidem,63.
[248] W. Wijnaendts van Resandt, *Van Scheltinga,* 121.
[249] Ibidem, 119.

Toen tegen het einde van 1813 de Franse troepen na de definitieve nederlaag van Napoleon in oktober tijdens de Volkerenslag bij Leipzig het Nederlandse grondgebied begonnen te verlaten, dreigde er een machtsvacuum te ontstaan. De prefect van Friesland, baron J.G. Verstolk, had zijn ambt neergelegd. Om te voorkomen dat in Friesland een grote chaos zou ontstaan na het wegvallen van het bestuur, nam Hector van Sminia het gezag in het departement over, en behoedde op deze manier Friesland voor een mogelijk groot onheil.

Wie was nu deze Hector van Sminia. Hij werd in 1763 geboren en had als ouders Hobbe Baerdt van Sminia en Louise van Glinstra. Hij was gehuwd met Wiskje van Haersma. Hij was de kleinzoon van de beroemde Jetze van Sminia, die van 1728 tot 1771 het belangrijke ambt van Staats-Secretaris vervulde;[250] Hector was advocaat, lid der Staten van Friesland, doch zag zich bij de omwenteling van 1795 met de overige leden van zijn aanzienlijke familie, waaronder de grietman van Tietjerksteradeel, zijn vader Hobbe Baerdt van Sminia, buiten alle staatsbetrekkingen gesloten, en leefde sedert ambteloos in Leeuwarden. Rekening houdend met zijn bekwaamheden werd hij echter in 1803, tijdens de periode van de Bataafse Republiek, weer in het Provinciaal bestuur geroepen als lid van de Rekenkamer, en in 1807, tijdens het bewind van de in 1806 benoemde Koning Lodewijk Napoleon, als Raad van Financiën. Op 15 mei 1807 werd hij benoemd tot Assessor van den Landdrost Regnerus Livius van Andringa de Kempenaer, tezamen met J.J. Bergsma, P. Fontein, J.P. van

---

[250] *Handelingen der jaarlijksche algemeene vergadering van de Nederlandsche Letterkunde te Leiden,* Jaarboek van de Maatschappij der Nederlandse Letterkunde (Leiden 1859), 151-152.

Hylckama en D.G. Manger[251], en in 1811, onder het Franse bewind, als Raad van Prefectuur. Zijn broer Jetze van Sminia werd in 1807 benoemd tot drost van het vijfde district.[252] Dezelfde Jetze van Sminia was van 1781 tot 1796 secretaris van Tietjerksteradeel, als opvolger van Aulus van Sminia, broer van Hobbe Baerdt, en dus zijn oom, die van 1769 tot 1781 dit ambt bekleedde.

In november 1813, na het vertrek van de Fransen bleef Hector van Sminia, zoals eerder gemeld, het ambt van prefect waarnemen als hoofd van het Provinciaal bestuur. Zijn doel was de omwenteling met orde en gezag te bevorderen. Na verloop van enige dagen werd hij door de Prins van Oranje, samen met Mr. E.H. Bergsma benoemd werd tot Commissaris-Generaal met als opdracht de organisatie van het Departement Friesland, met de machtiging om provisioneel de administratie over dit gewest uit te oefenen. Beide staatslieden bewezen als zodanig in die gevaarlijke en onrustige dagen tot april 1814 aan het vaderland belangrijke diensten. Hector van Sminia mocht deze op een eervolle wijze erkend zien, doordat Koning Willem I hem tot de adelstand verhief, hem de Ridderorde van den Nederlandschen Leeuw toekende en hem op 19 juli 1816 tot grietman van Idaarderadeel benoemde,[253] terwijl hij bij de instelling van de Staten Generaal tot lid der tweede kamer werd verkozen. Slechts kort had hij echter genot

---

[251] P. Nieuwland, A. Pietersma en O. Kuipers, *Inventaris van de archieven van de gewestelijke bestuursinstellingen van Friesland 1795-1813 (1815),* (Leeuwarden 1998) 285.
Tresoar/BRF, inv.nr. 828, *benoemingsdecreet,* 8 mei 1807, nr. 40.

[252] Tresoar, 8/3012

[253] Tresoar, 326 Familiearchief van Schwartzenberg thoe Hohenlansberg, nr. 778/6 *Proces-verbaal van de beëdiging van grietmannen,* 19 juli 1816.
Tresoar, 11, Provinciaal Bestuur 1813-1922, 6653, nr. 279, *Benoemingen bestuur Grietenijen,* 22 juni 1816.

van al deze blijken van onderscheiding, omdat hij reeds op 31 oktober 1816 op 53-jarige leeftijd in Leeuwarden overleed. Zijn broer Willem Livius van Sminia werd op de zelfde dag, 19 juli 1816, benoemd tot grietman van Tietjerksteradeel; deze overleed op 16 november 1822. Diens zoon jhr. Hobbe Baerdt van Sminia (1797-1858) werd in 1825 benoemd in de Ridderschap van Friesland. [254] Hobbe, grietman van Tietjerksteradeel, stond bekend om zijn grote historische belangstelling. Hij publiceerde op het gebied van de Friese historie, onder andere de *Nieuwe naamlijst van grietmannen van de vroegste tijden af tot het jaar 1795.*[255]

Tot de familiegroep van de Van Sminia's wil ik ook de familie Van Baerdt rekenen, aangezien zij een belangrijk aandeel tot de uiteindelijke familie met de naam Baerdt van Sminia hebben geleverd.

De stamreeks van de familie Van Sminia begint met de ei-generfde boer Frans Hillebrants van Sminia, die in 1581 overleed op het landgoed Groot Sminiastate in Ferwerd,[256] ook wel bekend als Sminge sate. Zijn geboortedatum is onbekend. Ook is de afkomst van zijn vader Hillebrand niet terug te vinden. Frans had één zoon, Jetze Fransz, en een dochter. Jetze en zijn echtgenote Jeltje Hessels van Aysma hadden ook maar een enkele zoon, Hessel Jetzes. Hessel, die geboren werd in 1588, had op zijn beurt twee zonen, Jetze, geboren in 1625, en Frederik, die in 1721 ongehuwd is gestorven, na vanaf 1689 grietman van Utingeradeel te zijn ge-

---

[254] Yme Kuiper, Johan Frieswijk, *Twee eeuwen Friese adel,* 128. Tevens werd jonkheer Daniël de Blocq van Haersma van Sminia in de Ridderschap van Friesland benoemd.

[255] Van dit boekwerk werd door de auteur van dit onderzoek gretig gebruik gemaakt.

[256] Yme Kuiper en Johan Frieswijk (red.), *Twee eeuwen,* 128.

weest.[257] De zoon Jetze van Sminia, die van 1669 tot 1678 grietman was van Gaasterland, trouwde op 22 mei 1653 met Anna Maria van Baerdt, de dochter van de in tabel 4.3.2 genoemde Hobbe (Dirks) van Baerdt en Apollonia van Vierssen. Een opvallend verschijnsel bij de familie Van Sminia was dat de leden van de familie weinig betrokken waren bij het lokale bestuur, ondanks het feit dat zij wel als grootgrondbezitter konden worden aangemerkt. Zo beschikte Fockje van Sminia, halfzuster van Jetze en dochter van Fock van Buma, reeds voor haar huwelijk in 1643 met Philip Ernst Vegelin van Claerbergen, over 45 stemmen in elf grietenijen en eenentwintig dorpen; zij was de grootste stemmenbezitter in Friesland. De adellijke familie Vegelin van Claerbergen was één van de rijkste families in Friesland.

Pas na zijn huwelijk met Anna Maria van Baerdt werd Jetze van Sminia in 1669 grietman van Gaasterland. Daarna volgden andere Van Sminia's, zoals Frederik van Sminia, die in 1689 grietman werd van Utingeradeel, Idzard van Sminia, die in 1706 en Tjalling Aedo van Sminia, die in 1754 grietman van Hennaarderadeel werden. Uit deze opsomming blijkt wel dat het samengaan van de families Van Sminia en Van Baerdt een groot aantal grietmannen heeft opgeleverd, maar met de aantekening dat dit pas geschiedde nadat de familie Van Sminia zich verbonden had met de familie Van Baerdt. Ook opvallend is dat de familie Van Sminia een zeer kwetsbare familie was. De opvolging in mannelijke lijn was erg fragiel, omdat er steeds maar een enkele zoon aanwezig was. Bij de familie Van Baerdt was dit heel anders; de gezinnen waren steeds kinderrijk. Na het samengaan van de beide families werd de traditie van Van Baerdt overgenomen. Er kwamen nu veel meer nakomelingen die de naam Van Sminia droegen.

---

[257] Gegevens afkomstig uit genealogie.buwalda.nl, htm#110907.

Hoe de familie Van Sminia in hoofdlijnen in elkaar stak heb ik geprobeerd duidelijk te maken in Tabel 4.3.1 in bijlage 4, waar de hoofdlijn naar het einde van de periode van het onderzoek wordt gevormd door die personen die niet ingesprongen vermeld worden. Enkele zijtakken van andere zonen staan tussen haakjes.

Op 5 juli 1767 overleed Tjalling Ædo van Sminia, waarmee de tak van de Sminia's die over Hennaarderadeel heersten uitstierven. In de kerk van Wommels is een achttal zogenaamde rouwkasten van deze familie opgehangen ter nagedachtenis aan deze familie.[258]

Als we even naar de meest voorkomende voornamen binnen de familie kijken, dan vallen vooral de namen Hobbe, Jetze en Hector op. Deze namen zijn allen afkomstig uit verschillende families. Zo is de naam Hobbe ingebracht via de familie Van Baerdt, Jetze is afkomstig van de familie Van Sminia, terwijl de naam Hector uit de familie Van Glinstra stamt.

De belangrijkste woonplaats van de familie Van Sminia was het grote landgoed 'De Klinze' in Oudkerk. Tot dit landgoed behoorde ook een gestoelte in de kerk van Oudkerk. Ze behoorden dus duidelijk tot de top van de plaatselijke gemeenschap. Het is eenvoudiger te zeggen dat zij de top waren.

Van de hoofdtak van de familie gaan we nu even na wat de inbreng van de familie van Baerdt in dit geheel is. De familie Van Baerdt heeft van 1601 tot 1669 in de grietenij Haskerland drie grietmannen geleverd. De eerste van hen was Dirck van Baerdt, die in 1615 overleed. Hij werd opgevolgd door Hobbe van Baerdt. Van de benoeming van Hobbe tot grietman is

---

[258] In de 17^e^ en 18^e^ eeuw hadden aanzienlijke families de gewoonte om bij het overlijden van hun dierbaren een rouwkast te laten maken. Van de 2000 rouwkasten zijn er nog ongeveer 140 overgebleven, waarvan acht in de Jacobikerk in Wommels.

een proclamatie van 2 oktober 1615 op perkament bewaard gebleven, waarvan de volledige tekst in bijlage 4.1 is bijgevoegd.[259]

Figuur 4.3.1

Rouwkast van Tjalling Ædo van Sminiaii in de kerk van Wommels. De tekst hierop is als volgt: Hoog Edele Gestrenge Heer, de Heer Tjalling Ædo van Sminia, in leven Grietman over Hennaarderadeel, En Gecommitteerde Staat ten Landdagen etc. etc.Aelatis 51 jaaren, 3 weeken en 4 daagen. Obiit den 5de *Julius, Anno 1767.*

Foto: K. de Groot

In deze proclamatie wordt de benoeming van Hobbe van Baerdt gemeld. Tevens wordt aangegeven wat zijn bevoegdheden en beperkingen zijn. Verder wordt duidelijk gemaakt dat voor bepaalde bezigheden de toestemming van de secretaris benodigd is. Dit geeft wel aan dat de grietman niet de onbeperkte heerser is in zijn grietenij, en dat hij wel degelijk rekenschap dient af te geven van zijn acties. Verder zijn een aantal financiële zaken geregeld.

De in de deze proclamatie genoemde Hobbe van Baert heeft op 22 juni 1640 weer een toezegging ontvangen van Regnerus van Andringa om zijn zoon Egbert als zijn opvolger benoemd te krijgen als hij meewerkt aan de benoeming van Van Andringa tot grietman van Utingeradeel. Deze toezegging is bijgevoegd in

---

259 Tresoar, familiearchief Eysinga/Vegelin van Claerbergen (EVC), nr 176, charternummer 6633, 2oktober 1615.

bijlage 5.1.[260] Hier volgt in het kort de inhoud van die op 22 juni 1640 op schrift gestelde afspraak.

Regnerus van Andringa verzoekt Hobbe van Baerdt om diens steun voor zijn benoeming tot grietman van Utingeradeel. In ruil hiervoor zegt hij toe dat hij in de toekomst Hobbes zoon Egbert zal steunen wanneer deze een benoeming tot grietman probeert te verwerven.

Figuur 4.3.21

Gevelsteen boven de westelijke Kerkingang van de kerk te Joure. Deze kerk is in 1644 na een brand herbouwd door Hobbe van Baerdt, die hier grietman was.

Foto: K. de Groot

Uit deze beide teksten blijkt ook weer dat een naam niet altijd gelijk werd gespeld; een vaste naamvoering bestond nog niet. Verder blijkt uit beide stukken dat de keuze voor het grietmanschap wordt bepaald door de Gedeputeerde Staten van Friesland, waar gekozen wordt uit een drietal kandidaten. Verder blijkt er uit dat zittende en mogelijk toekomstige grietmannen onderlinge overeenkomsten sluiten om hun kandidaten benoemd te krijgen. De in het stuk van 22 juni 1640 genoemde Egbert van Baert is tien jaar later, in 1650, ook werkelijk benoemd tot grietman van Haskerland.

De verschillende leden van de familie Van Baerdt bewoonden in de 17ᵉ eeuw het landgoed Heremastate in Joure. Deze state wordt is nu nog in gebruik als

---

260 Tresoar, EVC, inv.nr. 167, 22 juni 1640.

onderdeel van het gemeentehuis van de gemeente Haskerland.

De dochter van Hobbe van Baerdt, Anna Maria van Baerdt, huwt op 22 mei 1653 met Jetze van Sminia. Dit heeft tot gevolg dat de families Van Baerdt en Sminia met elkaar worden verbonden. Dit blijkt duidelijk uit de akte van boedelscheiding die na het overlijden van Hobbe van Baerdt, bij zijn leven oud-grietman van Haskerland en gedeputeerde van de Friese Staten, in 1655 is opgemaakt.[261] Als erfgenamen treden op Dirck van Baerdt, grietman van Weststellingwerf en curator van de Franeker Universiteit, Egbert van Baerdt, grietman van Haskerland en gedeputeerde, en Anna Maria van Baerdt, huisvrouw van Jetzo van Sminia, Raad Ordinaris bij het Hof van Friesland. Jetzo van Sminia heeft het stuk samen met zijn echtgenote ondertekend. Met de acceptatie van Van Sminia binnen de familie Van Baerdt is een verzwagering, bijna een verbroedering, van beide families opgetreden.

Al in veel vroegere tijden was de familie van Baerdt verbonden met enige andere invloedrijke families. Tiete Folperts, geboren rond 1500, en landeigenaar/boer op Baarderburen bij Arum, en de eerste die de familienaam Baerdt gebruikte, was gehuwd met Duedt Syuerts Aesgama, een dochter van Syuert (Sjoerd) Aesgama en Duedt Offkes Dotinga. Beide families, Aesgama en Dotinga, waren invloedrijke en machtige families in de omgeving van Franeker en Dronrijp, waar zich ook de Aesgama-state en de Dotinga-state bevonden. Vanaf Tiete Folperts Baerdt komen we via Syuert Tietes Baerdt en mr. Hobbe Sjoerds Baerdt, secretaris van Franekeradeel van 1569 tot 1580, terecht bij de eerder genoemde Dirck Hobbes van Baerdt, de grietman van Haskerland vanaf 1601. Deze Dirck was gehuwd met

---

[261] Tresoar, EVC, inv.nr. 167, *Akte van boedelscheiding nalatenschap Hobbe van Baerdt,* 1 november 1655.

Maria Egberts van Clant, uit een invloedrijk geslacht uit de omgeving van Heerenveen. Oorspronkelijk komt dit geslacht uit de provincie Groningen, waarna een tak zich vestigde in Kollumerland, waar zij een tweetal grietmannen leverden, Klaas van Clant van 1552 tot 1557, en Sikke van Clant van 1579 tot 1584. Zie tabel 4.3.2.

De enige tak van de familie Van Sminia, die later werd verbonden met de familie Van Baerdt, vertoont wat naamgeving betreft een paar typische eigenaardigheden. Aanvankelijk wordt als familienaam nog de combinatie van beide namen gebruikt, Baerdt van Sminia. Echter na een paar generaties wordt deze combinatie alleen nog maar gebruikt als de voornaam van de persoon Hobbe is; alle anderen, dus ook broers en zusters, worden met alleen de achternaam Van Sminia genoemd. In de praktijk lijkt het erop dat de toevoeging Baerdt meer gebruikt wordt als een tweede voornaam dan als een deel van de familienaam. Later, in 1877, werd de naam Baerdt definitief aan de familienaam toegevoegd.[262]

Van deze familie zijn in de periode van 1569 tot ongeveer 1860 van de rechte lijn van de eerste Hobbe Baerdt tot de laatste in de te bestuderen periode rond 1850 zeven personen lid geweest van Gedeputeerde Staten van Friesland, één was lid van de Staten-Generaal, en zeven zijn grietman geweest. De laatste grietmannen uit de familie waren Willem Livius van Sminia, die door Koning Willem I in 1816 tot deze functie was benoemd. Niet alleen werd hij benoemd tot grietman van Tietjerksteradeel, ook zijn broer Hector van Sminia viel bij de koning in de smaak. Hector werd benoemd tot grietman van Idaarderadeel. Tevens werd hij door de koning in de adelstand verheven. Negen jaar

---

[262] Yme Kuiper, Johan Frieswijk (red),), *Twee eeuwen Friese adel 1814-2000; van landadel naar historisch instituut* (Heerenveen 2000), 130.

later werd deze opname in de adelstand gevolgd door de verheffing van Daniël de Blocq van Haersma van Sminia en Hobbe Baerdt van Sminia tot jonkheer.[263] Er kan wel gesteld worden dat deze familie de 'Franse' periode meer dan glansrijk heeft overleefd.

Ook deze familie, waartoe dus ook de familie Van Baerdt gerekend kan worden, was verzwagerd met een aantal rijke Friese families, waaronder de adellijke geslachten Aebinge van Humalda, Van Coehoorn en Van Eysinga, en niet te vergeten de familie Vegelin van Claerbergen, en de eigenerfde families Van Vierssen, Van Haersma en Van Glinstra.

Van 1601 tot 1669 leverde de familie Van Baerdt drie grietmannen voor de grietenij Haskerland. Verder leverde de familie Van Viersen, die met de familie Van Baerdt verzwagerd was, van 1669 tot 1689 twee grietmannen. In de daarop volgende periode van 1689 tot 1750 waren vier leden van de familie Vegelin van Claerbergen grietman van Haskerland. Opvallend was dat in deze periode er ook altijd een secretaris uit de familie Van Hylckama aanwezig was.[264] Een ander opvallend feit is dat van 1521 tot 1544 en van 1551 tot 1580 de familie Van Hoytema drie grietmannen in Haskerland heeft geleverd. Aangezien de Van Hylckama's en de Van Hoytema's aan elkaar verzwagerd waren, is hier binnen deze families een behoorlijke machtconcentratie aanwezig geweest. Beide families, van Baerdt/van Viersen/Vegelin van Claerbergen en van Hylckama/van Hoytema, moeten dus op een zakelijke manier wel goed bevriend met elkaar zijn geweest, aangezien de grietman wel een groot aandeel in de benoeming van de secretaris

---

[263] Ibidem, 128.

[264] De familie Van Hylckama heeft de secretarissen voor de grietenij Haskerland geleverd gedurende de gehele periode van 1582 tot 1776, dus bijna twee eeuwen.

had.[265] Gezien de eerder gemelde proclamatie in bijlage 4.2 van 2 oktober 1615 was de grietman voor een aantal tot zijn functie behorende bezigheden afhankelijk van de secretaris. Op meerdere stukken die door een grietman Van Baerdt zijn ondertekend, komt ook de handtekening van een Van Hylckama voor.

Als we de lijst van grietmannen van Haskerland nog eens bekijken, dan valt op dat de volgende namen hierin dominant zijn: Hoytema, een familie die door huwelijk verbonden is met de Hylckama's, Van Hylckama, Van Baerdt, en de aan hen gelieerde familie Van Vierssen. Vanaf 1689 komt het grietmanschap in handen van de adellijke familie Vegelin van Claerbergen, die, zoals eerder gezien, ook verzwagerd is aan de familie Van Baerdt. Over de periode 1521 tot 1750 zijn dus in feite leden van twee familiegroepen de bestuurders van deze grietenij.

Uit de voorgaande alinea's blijkt wel de grote macht van de families Van Baerdt en Van Sminia. Deze macht is hoogstwaarschijnlijk gebaseerd op het grote vermogen dat de familie in de loop der tijden heeft weten te verzamelen. Rond 1700 staan in de floreenkohiers 115 percelen land op naam van leden van de familie Van Sminia.[266] De meeste van deze eigendommen bevinden zich in het westelijk deel van Friesland, ten zuiden van de lijn Harlingen-Leeuwarden, en ten westen van Sneek. Zij behoren toe aan een redelijk aantal verschillende leden van de familie.

Op de lijsten van 1796 betreffende de 83 1/3 penning komen we een aantal leden van de familie tegen.[267] De oud-grietman van Tietjerksteradeel Hobbe

---

[265] Luuc Kooijmans, *Vriendschap en de kunst van het overleven in de zeventiende en achttiende eeuw* (Amsterdam 1997).
[266] Gegevens gedestilleerd uit de database HISGIS van de Fryske Akademy te Leeuwarden.
[267] Yme Kuiper, *Adel in Friesland 1780-1880,* (Groningen 1993), 454.

Baerdt van Sminia (1730-1813) wordt in de lijsten vermeld met een totaalvermogen van *f* 190.000,-. Zijn broer Arent Jan van Sminia (-1820), raadsheer bij het Hof van Friesland en secretaris van de Staten van Friesland, komt in de lijsten voor met *f* 237.000,-. Dat is samen een aardig vermogen.

Yme Kuiper meldt dat het vermogen van Willem Livius van Sminia, grietman van Tietjerksteradeel, in 1822 voor de volle honderd procent bestond uit onroerende goederen.[268] Rond 1700 beschikte de familie over 124 percelen land, waarvan de meeste in het gebied ten zuiden van de lijn Leeuwarden-Harlingen.

In 1681 werd door de eerste Hobbe Baerdt van Sminia een groot landgoed, De Klinze, voor 9.648 goudguldens gekocht van een failliete edelman Hessel van Aysma, een achterneef van Hobbe.[269] Dit landgoed was gelegen in Oudkerk, in een streek ten noordoosten van Leeuwarden, een zeer geliefde woonomgeving voor mensen die wel over wat geld beschikten. De grootte van De Klinze bedroeg 698 pondemaat, ongeveer 230 hectare, dus aanmerkelijk meer dan twee vierkante kilometer. Dit mag echt wel als een zeer groot landgoed worden beschouwd. Op De Klinze leefden de Sminia's als echte landedellieden.

De Van Sminia's waren, vooral in de periode rond de eeuwwisseling van 1900 zeer betrokken bij de gebeurtenissen in Friesland. Hobbe Baerdt van Sminia was bestuurslid van de Vereniging De Friese Elf Steden.[270] Hij was lid en beschermheer van een voetbalvereniging in Leeuwarden. Verder was hij zeer geëngageerd op het gebied van de paardenfokkerij en stam-

---

[268] Ibidem, 460.

[269] Yme Kuiper, Johan Frieswijk, *Twee eeuwen Friese adel,* 130.

[270] Hobbe was een fervente schaatsliefhebber, die in veel internationale wedstrijden had gereden, en ook veel medailles in regionale wedstrijden had veroverd.

boekvee, duidelijk een agrarische interesse. Hij was voorzitter van het Friesch Paardenstamboek en bestuurslid van de Nederlandse Harddraverij- en Renvereniging.[271] Zijn zoon Wilco is zelfs met Friese hengsten opgetreden in het circus Sarasani. De Van Sminia's stonden duidelijk tussen de gewone mensen, al hielden zij er wel een luxueuze levensstijl op na.

4.4 De familie Van Hylckama

Op 15 oktober 1789 wordt aan kapitein bij het Staatse leger Johan Petrus van Hylckama, vlak voor zijn veertigste verjaardag, door Willem van Oranje eervol ontslag verleend.[272] Dit gebeurt na een dienstverband van ruim 19 jaar, beginnend in januari 1770, wanneer hij door Willem van Oranje op 20-jarige leeftijd aangesteld wordt als vaandrig bij het regiment van Saxen Gotha.[273] In april 1775 wordt hij door Willem van Oranje bevorderd tot kapitein en vrijgesteld van actieve dienst; hij mag als kapitein een andere positie zoeken.[274] Dat doet

---

[271] Yme Kuiper en Johan Frieswijk, *Twee eeuwen Friese adel,* 132.

[272] Tresoar/332-05, nr. 38/23, *Stukken betreffende de militaire loopbaan van Johan Petrus van Hylckama als vaandrig en kapitein, 1770-1789,* 15 oktober 1789.

[273] Tresoar/332-05, nr. 38/4, *idem,* 27 juni 1770.

[274] Tresoar/332-05, nr. 38/11, *idem,* 29 april 1775.
Het was in die tijd mogelijk om, behalve in het Staatse leger, te dienen in één van de andere regimenten die door buitenlandse legeraanvoerders (kolonels) op de been waren gebracht, met in dit geval Duitse soldaten, die als huurtroepen aan de Prins van Oranje werden verhuurd. Het Regiment van Saxen Gotha was een onderdeel van het leger van Friedrich, prins van Saksen-Gotha, hertog van Saksen, Gulik, Kleef en Berg. Voor de benoeming van officieren binnen dit regiment was klaarblijkelijk toestemming van de Prins van Oranje noodzakelijk. In 1795 werd het regiment in het Bataafse leger opgenomen. De Engelse prins Albert, echtgenoot van konin-

hij dan ook. Op 22 augustus 1776 treedt hij in dienst van het Staatse leger.[275]

Johan van Hylckama was de tweede zoon van Tinco Andringa van Hylckama. Zijn oudere broer Epeus overleed in 1789. Mogelijk heeft het ontslag van Johan uit de militaire dienst te maken met dit overlijden van zijn broer. Hij was nu de aangewezen persoon om de familiebezittingen te beheren. Het was in de kringen van de elite niet ongebruikelijk dat de oudste zoon zich ging bezighouden met de bezittingen van de familie, terwijl de tweede zoon een carrière ging opbouwen in de militaire dienst. Een dergelijk dienstverband kon blijkens het verleende ontslag waarschijnlijk snel beëindigd worden als er dringende redenen konden worden aangevoerd. Evenwel is het ook niet onmogelijk dat hij de dienst verlaten had omdat hij zich meer aangetrokken voelde tot de patriottische ideeën.

Johan was op het moment van het overlijden van zijn broer de enig in Friesland overgeblevene van de familie. Een ander kind, een zusje, was reeds als baby overleden. Als gevolg hiervan was hij de enig overblijvende, en dus de enige erfgenaam, van het stemdragende familiebezit. Gezien de bezittingen die hij had in 1800 moet Johan beslist een niet onbemiddeld

---

gin Victoria, en de Belgische koning Leopold behoorden tot het huis Saksen-Gotha(-Coburg).

Tijdens de periode van militaire diens van Van Hylckama waren er in de Republiek 20 buitenlandse regimenten aanwezig, 3 Schotse, 6 Zwitserse, 5 Franse, 2 Belgische (Waals) en 4 Duitse. (Zie H. Ringoir, *De Nederlandse Infanterie* (Bussum 1967)) De meeste van deze troepen zijn later opgegaan in het reguliere Nederlandse leger. Maar voor een beroepsmilitair met een officiersrang waren er voldoende mogelijkheden om emplooi te vinden. De bekende uitdrukking ‘Geen geld, dan ook geen Zwitsers’ houdt verband met deze aanwezigheid van buitenlandse troepen. De Staatse troepen bestonden slechts uit 4 regimenten.

[275] Tresoar/332-05, nr. 38/14, *idem,* 22 augustus 1776.

man zijn geweest.[276] Op 29 december 1792 werd door zijn echtgenote, in de stukken genoemd Vrouwe Titia van Hylckama geboren Nauta, namens de echtelieden een *f* 13.000,- kostende buitenplaats, Beuckenswijk, gekocht in Sondel.[277] Deze aangenaam gelegen buitenplaats werd in de akte omschreven als Heerenhuisinge, hovingen, tuinen, plantagien, zomerhuis, koetshuis, stallingen met een woning, een moestuin achter de dorpskerk en, om het belang van deze aanschaf goed te laten zien, een besloten bank in de kerk. Met deze koop behoorden zij meteen tot de dorpsnotabelen.[278]

In de periodes van 1777 tot 1780, van 1782 tot 1786 en in 1788 was Johan volmacht in de Staten van Friesland als eigenerfde voor Ferwerderadeel.[279] In

---

[276] Tresoar, 332-05, nr. 83, *Taxatierapporten van onroerende goederen, eigendom van Epeus en/of Johan Petrus van Hylckama, 1778/1784; met akte van scheiding van de in 1778 getaxeerde goederen, behalve stemhebbende goederen, tussen beide eigenaren, 1778.*
Tresoar, 332/05, nr. 87, *Lijsten van onroerende goederen in Gaasterland, eigendom van Johan Petrus van Hylckama; met vermelding van waarde en grootte van de goederen,)ca. 1800'.*

[277] Tresoar, 332/05, nr. 84-4, *Stukken betreffende de koop door Titia Nauta van Anthonij Adriaan van der Marck te Amsterdam, van de buitenplaats 'Beuckenswijk' te Sondel, nr. 18 in het floreencohier, en landerijen aldaar, nrs. 29, 52 en 131 in het floreencohier, en te Sloten, nr. 67 in het floreencohier,* 1792.

[278] Het buitenverblijf bestond uit de volgende delen; 2 woonhuizen met erven, groot 1300 en 360 m², een boomgaard van 1690 m², een tuin van 6630 m², een plezierbos van 11140 m², 6 percelen weiland van 26090, 20980, 28220, 18480, 22510 en 26660 m², een laan van 2220 m² en tenslotte een moestuin van 2210 m². In totaal een oppervlak van 16,6 ha of 44,85 pondemaat.

[279] Paulus Brood en Pieter Nieuwland, *Homines Novi: de eerste volksvertegenwoordigers van 1795* (Amsterdam 1993) 197.

1793 werd hij benoemd tot volmacht in de Staten uit de stand der eigenerfden voor Idaarderadeel.[280]

Op het eerste gezicht lijkt het vreemd dat hij al deze keren gekozen is in gebieden waar hij oorspronkelijk niet vandaan kwam. Om een verklaring hiervoor te vinden moeten we terug in de familiegeschiedenis. Zijn grootvader Epeus van Hylckama trad op 3 november 1709 in Sloten in het huwelijk met Cecilia Roorda van Velsen, afkomstig uit Grouw, een plaats in de grietenij Idaarderadeel.[281] Zij was de dochter van Benedictus van Velsen en de tot de adel behorende Sophia Andries van Roorda. Op 6 juli 1606 trad ene Andries van Roorda, aan de naam (en woonplaats) te zien een voorvader van Sophia, in het huwelijk met Anna Epes van Juckema,[282] de dochter van de edelman Epe van Juckema, die van 1605 tot 1607 Friesland vertegenwoordigde in de Staten-Generaal in Den Haag, en van 1607 tot 1608 lid was van de Raad van State.[283] De familie Van Juckema is vrij kort hierna uitgestorven. De naam van Epe is ook weer terug te vinden in die van Epeus, een gelatiniseerde versie hiervan.

In 1670 trad kapitein Andreas Roorda van Velsen uit Grouw in het huwelijk met Nolkjen van Heloma uit Heerenveen[284]. Aangezien het aantal mensen met de namen Roorda van Velsen gering is, ligt het voor de hand om aan te nemen dat hier een familierelatie be-

---

[280] Tresoar, 332-05, *Stukken van persoonlijke aard van de familie Van Hylckama; inleiding.*

[281] Tresoar, *Trouwregister Herv. Gemeente Sloten*, 1709. DTB nr. 615, 1594-1811.

[282] Tresoar, *Trouwregister Herv .Gemeente Leeuwarden,* 1606. DTB nr. 969, 1603-1811.

[283] M.H.H. Engels, *Naamlijst van Friese afgevaardigden ter Staten Generaal 1577-1636 en in de Raad van State 1588-1636* (1989-2002). Afgeleid van: Tresoar, familiearchieven Eysinga/Vegelin van Claerbergen, inv.nr. 323, nr. 600.

[284] Tresoar, *Trouwregister Herv. Gemeente Heerenveen,* 1670. DTB nr. 597, 1642-1673.

staat. Nu waren de Van Velsen's niet onbemiddeld, de familie Roorda behoorde tot de oude Friese adel, terwijl de familie Van Heloma ook als een oud adellijk geslacht gold. Verder onderzoek geeft aan dat er na de hier genoemde personen geen leden van de familie Van Velsen meer hebben bestaan. Deze naam is na 1709 niet meer genoemd in huwelijksregisters, terwijl hij ook niet voorkomt in de quotisatie van 1749. De familie Van Velsen is zo te zien uitgestorven. Hier heeft hoogstwaarschijnlijk een redelijke accumulatie van familiebezit plaatsgevonden van de Juckema's, Roorda's, de Heloma's en de Van Velsen, wat voor een deel terechtgekomen is bij de familie Van Hylckama. Hierbij waren ook stemdragende landerijen, die Johan Petrus in staat stelden zich verkiesbaar te stellen voor Idaarderadeel. Eén en ander wordt bevestigd door een paar zinnen uit een beschrijving van Roorda State in Grouw:

'*Roorda, voorm. state, prov. Friesland, kw. Oostergoo, griet. Idaarderadeel, arr. en 5 u. Z. van Leeuwarden, kant. en 1 ½ u. O. van Rauwerd, 20 min. N. W. van Grouw, waartoe zij behoorde.*

Het was van ouds een schoone huizing en hof, op welke Abraham en Karel Roorda, vroeger Grietmannen van Idaarderadeel, hun gewoon verblijf plagten te hebben.

De daartoe behoord hebbende gronden, beslaande eene oppervlakte van 26 bund. 40 v. r., worden thans bezeten door den Heer B. A. van Hylckama, woonachtig te Sondel.'[285]

---

[285] A.J. van der Aa, *Aardrijkskundig woordenboek der Nederlanden, Zesde deel I-K* (Gorinchem 1845), Idaarderadeel). (Staten en Stinsen) Grouw. (beschikbaar op internet: home.planet.nl/palst004/vanderAA/ Idaarderadeel.html)
Wat de oppervlakte van het bezit betreft, 26 bunder is ongeveer 70 pondemaat. Voor een stemdragend bezit was op zijn minst 30 pondemaat nodig.

In een akte van boedelscheiding van 15 september 1838 wordt deze Roorda State omschreven als 'Groot en Klein Roorda en Minia', dat in gebruik is bij Rintje Tjerks de Jong, en gewaardeerd op *f* 11.357,40.[286] Deze state was in 1700 eigendom van de eerder genoemde Nolkjen van Heloma.[287] Genoemde heer B.A. van Hylckama was Bavius Anthonius van Hylckama, de oudste zoon van Johan Petrus. Johan Petrus overleed in 1816, terwijl Bavius in 1849 stierf. Als oudste zoon is hij de bezitter geworden van de stemdragende bezittingen; deze zijn ook bij vorige verdelingen van de goederen niet gesplitst. Het is erg aannemelijk dat hier sprake was van een fideï-commis. De aangehaalde tekst hierboven moet uit de periode van 1816 tot 1849 afkomstig zijn.

Ernst (van Harinxsma) van Donia, grietman van Leeuwarderadeel, trouwde op 12 oktober 1628 in Hallum met Doedje van Roorda.[288] Beiden waren afkomstig uit Hallum in de grietenij Ferwerderadeel. De familie Van Donia komt ook na dit huwelijk niet meer voor in de diverse bestanden, inclusief de quotisatie van 1749; zij lijken met Ernst van Donia dan ook uitgestorven te zijn. De belangrijkste bezitting, Goslinga State, is bij de familie Van Burmania terechtgekomen. Via Doedje van Roorda moet een ander deel van het vermogen, speciaal een stemdragende boerderij, overgegaan zijn naar de ook uitgestorven familie Van Velsen, zodat een deel van deze bezittingen uiteindelijk bij de familie Van Hylckama is terechtgekomen. En dit verklaart dan de ver-

---

[286] Tresoar/332-05, nr. 78. *Stukken betreffende het beheer, de afwikkeling en de scheiding van de nalatenschap van Johan Petrus van Hylckama en zijn echtgenote Titia Nauta, 1826-1844,* 15 september 1838.

[287] Floreenkohier 1700 Grouw FC27.

[288] Tresoar, *Trouwregister Herv. Gemeente Hallum,* 1628. DTB nr. 235, 1617-1699.

kiezing van Johan Petrus van Hylckama tot volmacht namens de grietenij Ferwerderadeel.

Onderzoek in de floreenkohiers[289] bracht ook nog een ander perceel grond aan het licht. In het dorp Brantgum in de grietenij Westdongeradeel bevond zich in 1700 een perceel ter grootte van 50 pondemaat, met hierop een groot huis. Het behoorde aan Ulbe baron van Aylva. Deze bezittingen zijn in 1832 eigendom van de erfgenamen van Hylckama, die volgens het kadaster woonachtig zijn in Oldeberkoop. De eigenaar, of de vertegenwoordiger hiervan, kan dus niemand anders zijn dan Tinco Andringa van Hylckama; deze woonde in Oldeberkoop.

De voorvader Janus van Hylckama was getrouwd met Idske van Andringa, een dochter van een burgemeester van Sloten. Via haar is ook een deel van het vermogen van de familie Van Andringa bij de Hylckama's terechtgekomen. In een brief van 19 september 1769 schrijft Johannes Vegelin van Claerbergen aan de curator van de overleden Tinco Andringa van Hylckama over de 'wijd uitgestrekte landerijen' van deze Hylckama;[290] hierbij moet dus wel een aandeel van de Van Andringa's hebben behoord. Verder was Johannes Petrus van Hylckama gehuwd met Titia Rinia van Nauta, een dochter van een burgemeester van Dokkum. Dit huwelijk bracht ook vermogens van de families Nauta en Rinia in de richting van de Hylckama´s.

---

[289] Floreeninformatie van Friesland is te vinden op het Internet in HISGIS; dit is het Historisch Geologisch informatiesysteem, dat door prof.dr. Hans Mol van de Fryske Akademy in Leeuwarden is opgezet, en dat floreen- en kadastrale informatie bevat omtrent landerijen in Friesland over een lange periode in het verleden.

[290] Tresoar, EVC, 323-01, inv.nr. 958, *Brief van J. Vegelin van Claerbergen aan curator van de nalatenschap van T.A. van Hylckama,* 19 september 1769.

Johan Petrus van Hylckama werd op 16 september 1786 lid van de Fraterniteit te Leeuwarden, dus ruim voor het begin van de ongeregeldheden en revoluties. Hij was dus al een erkende patriot toen Willem V nog officieel het bestuur over het land leidde vóór de gebeurtenissen die leidden tot diens vlucht naar Nijmegen. Toen in 1787 door het ingrijpen van de koning van Pruisen het gezag van Willem weer hersteld was, werd de jacht op de patriotten geopend. Velen moesten de vlucht nemen naar het buitenland. Van Hylckama is in Leeuwarden gebleven. In 1788 werd hij zelfs weer als volmacht voor de Landdag gekozen. Hij moet er dus wel in geslaagd zijn om een laag profiel te laten zien voor wat zijn politieke voorkeur betreft. En tot 1789 was hij nog als kapitein in dienst van het Staatse leger. Hij was dus tegelijkertijd in dienst van de Oranjes en actief als patriot in de Leeuwarder Fraterniteit, wat betekende dat hij tegen de Oranjes was. Dit kan mijns inziens alleen als je erin slaagt om jezelf niet te uitdrukkelijk zichtbaar te maken. Het lijkt er op dat hij in werkelijkheid al zijn mogelijkheden open hield. Dan kon hij er gebruik van maken als de kansen zich zouden voordoen. Het was een tamelijk riskante periode voor iemand die zich met de politiek bezig hield. Door deze handelswijze had hij zijn risico's wel aanmerkelijk ingeperkt, indien hij er in zou slagen onopgemerkt te blijven. En dat is hem zo te zien aardig gelukt. Zijn inzet en toewijding aan de patriottische zaak is dan ook in 1795 aanvankelijk in twijfel getrokken, maar hij heeft deze aanval op zijn integriteit weten te pareren. Het kan bijna niet anders dan dat hij wel een heel erg slimme jongen is geweest.

In 1793 werd hij als volmacht van de eigenerfden uit de grietenij Idaarderadeel gekozen in de Friese Staten. Ook dit is een wat vreemde manier van doen. Als patriot moest hij wel tegen de oude vormen van bestuur zijn geweest, althans officieel, maar hij bleef er nog wel onderdeel van uitmaken. De bedoeling van de beoogde revolutie was het omverwerpen of wijzigen van het huidige bestel om dit te vervangen door een moderner systeem, waarin het volk een grotere inbreng zou hebben. De macht van de eigenerfden zou in het ideale geval worden overgedragen aan het volk, terwijl hijzelf een vertegenwoordiger van de eigenerfden bleef. Ook hier is weer sprake van een dubbele en dubieuze houding.

Vrijwel direct na de overname van het bestuur door het patriottische *Comité Revolutionair Provinciaal* (C.R.P.) op 7 februari 1795, geïnitieerd door Daam Fockema, Eduard Marius van Beyma en Thomas Joha, en geleid door Herman Borgink, werd Van Hylckama op 19 februari benoemd tot provisioneel representant in dit orgaan. Op dezelfde dag werd hij ook nog benoemd tot afgevaardigde ter vergadering van de Staten-Generaal. De heren Fockema, Van Beyma en Joha waren er in geslaagd om met het aantrekken van een aantal gematigde patriotten te voorkomen dat de radicale leden de macht zouden grijpen. Op deze manier was er nog enige continuïteit in het bestuur aanwezig.[291] Op 27 februari machtigden Joha en Van Beyma als leiders van het nieuwe bestuur *Van Hylckama*, Pieter Fontein en Watze Ruitinga schriftelijk om namen de Provisionele Representanten de Franse troepen op te sporen en dezen welkom te heten in Friesland. Verder zouden zij zorgen voor voldoende levensmiddelen voor deze troepen.[292] Johan Petrus van Hylckama werd dus gezien als een betrouwbaar en kundig onderhandelaar, die in staat was de belangen van Friesland zowel met de Fransen als met het landelijke bestuur te vertegenwoordigen. Op 18 maart werd hij benoemd tot lid van het 'Committé tot de Algemeene zaaken van het Bondgenootschap te Lande', een comité dat de Raad van State verving. Dit 21 leden

---

[291] Jacques Kuiper, *Een revolutie ontrafeld,* 29-31.

[292] Tresoar/332-05, nr. 41, *Akte waarbij Hylckama, Fontein en Ruitinga worden gemachtigd de Franse troepen te verwelkomen en hun verblijf te regelen*, 1795.

tellende comité was verantwoordelijk voor onder andere de landsverdediging. Met al zijn voorzichtigheid had hij een toppositie binnen het Nederlandse bestuur weten te bereiken.

Op 15 en 16 juni 1795 werden er in Friesland voor de eerste maal sinds de revolutie verkiezingen gehouden. Het aantal stemgerechtigden bestond voor deze stemming uit 35.000 mannen van 20 jaar en ouder. Het aantal was aanmerkelijk hoger dan voor de revolutie gebruikelijk was. Voor de radicale oppositie was dit aantal om begrijpelijke redenen veel te hoog.[293] Er werd niemand, behalve dan de afgezette regenten, om politieke redenen geweerd. Op 23 juni werd bekend dat ook Van Hylckama tot representant was gekozen, en wel voor Gaasterland. Op 3 juli kwam het bericht dat hij zijn positie in Den Haag zou opgeven en weer naar Friesland zou terugkeren, waar hij op 27 juli werd geïnstalleerd. Op 25 augustus werd hij lid van de Commissie tot de Generaliteitszaken en op 8 oktober van de Commissie van Gedeputeerden.[294] Ook de periode van de beginnende democratie had hij niet alleen overleefd, maar hij had weer een positie vooraan in het bestuur weten te bemachtigen.

Direct na de aanvang van 1796 was het erg onrustig in Leeuwarden. Radicale groeperingen hadden op dit moment de macht in de stad. Op 30 december 1795 was in Den Haag een nieuw reglement voor de Nationale Vergadering openbaar gemaakt. Tegelijkertijd maakten de Friese representanten hun nieuwe reglement bekend ter vervanging van de lokale besturen.[295] De Leeuwarder stadsbestuurders weigerden echter op 8 januari dit stuk openbaar te maken. Op 12 januari 1796 werd de municipaliteit in feite buitenspel gezet, gearresteerd en naar

[293] Jacques Kuiper, *Een revolutie ontrafeld*, 71.
[294] Paulus Brood, *Homines Novi*, 197.
[295] Jacques Kuiper, *Een revolutie ontrafeld*, 118.

het Blokhuis, de gevangenis, overgebracht. Een burgercomité werd gevormd om de zaken waar te nemen. Interessant is de volgende verklaring die zij opstelden:
"De commissie waarnemende de zaaken van het collegie, het Schriftelijke Instrument heeden avond aan haar op last der Municipaliteit van Leeuwarden overgebracht, geëxamineerd hebbende, verklaart niet te penetreren de reedenen welke gedagte Municipaliteit, indien zij zich onschuldig houd, gepermoveerd hebben tot het vragen ener verzekering waar voor eenieders onschuldig gedrag en de ongekreukte regtvaardigheid der commissie hem ten genoegsamen waarborgen strekken moet, en tot welke bevreesdheid bij de Municipaliteit ontreesen van de zijde deeser commissie nimmer enige aanleiding gegeeven is of gegeeven worden kan alleen aan zulken die zich schuldig gevoelen of maken, en in verwachting dat de Municipaliteit dit niet zal doen kan zij van haare veiligheid en corps en voor ieder individueel lid verzeekerd zijn, en de conferentien van deezen avond evenals volmaakt veilig bijwonen actum den 12de janrij 1796 's avonds te half zeeven uur."[296]

Dit epistel was geparafeerd door J.P. Hijlkama als voorzitter en, ter ordonnantie van de commissie, door E.M. van Beijma ondertekend. Uit de ondertekening blijkt dat Johan Petrus van Hylckama een belangrijk aandeel in deze gematigde greep naar de macht heeft gehad. Hij was dus nu actief in de locale politiek van Leeuwarden, nu de meest invloedrijke plaats in Friesland. Vanuit Leeuwarden werd niet alleen de stad zelf bestuurd, maar was de invloed en macht van de locale machthebbers ook maatgevend. En Van Hylckama had in deze macht een belangrijke positie verworven.

---

[296] Tresoar, BRF, 201 nr. 3, *Stukken betreffende de arrestatie en vervanging van een aantal leden van de Municipaliteit van Leeuwarden,* 12 januari 1796.

In december 1798 werd het Departementaal Bestuur van de Eems, in de praktijk gedeeltelijk de opvolger van de oude Gedeputeerde Staten van Friesland ingesteld en de zeven leden hiervan werden op 30 maart 1799 beëdigd.[297] Het Departement van de Eems bestond uit een deel van het oude Friesland en een deel van Groningen; de hoofdstad van dit departement was Leeuwarden. Het zuidelijk deel van Friesland was ingedeeld in het Departement van de monden van de IJssel. In 1800 was Van Hylckama lid van het administratief bestuur.

Op 21 juni 1802 werd het Departementaal bestuur van Friesland ingesteld.[298] Tot dit bestuur behoorden onder andere Daniel de Block van Haersma, *Johan Petrus van Hylckama,* Tinco Martinus Lycklama à Nijeholt en Cornelis van Scheltinga. Op 30 juli 1802 werd Van Hylckama lid van de Commissie tot de Kerken en Scholen, een commissie uit het Departementaal Bestuur.[299] Deze functie heeft hij tot 1805 vervuld.

Op 22 mei 1805 vertrok uit Leeuwarden een commissie uit het departementaal bestuur, bestaande uit de heren M. Ypeij, T.M. Lycklama à Nijeholt, P. Fontein, *J.P. van Hylckama* en de secretaris P. Wierdsma ter complimentering van de raadspensionaris Schimmelpenninck.[300] Ook nu was Van Hylckama weer een persoon van aanzien, die belangrijk genoeg werd geacht om Friesland te vertegenwoordigen.

In 1806 werd Nederland boven de rivieren onder de naam *Koninkrijk Holland* een zogenaamd onafhankelijk koninkrijk, waar Napoleon zijn broer Lodewijk Napoleon als koning installeerde. Het was Napole-

---

[297] Tresoar, BRF, 642, *Installatie van de leden van het Departementaal Bestuur van de Eems,* 30 maart 1799.

[298] Tresoar, BRF, 829, *Register van besluiten van het Departementaal Bestuur van Friesland,* 21 juni 1802.

[299] Tresoar, BRF, 912, *Commissie tot de Kerken en Scholen,* 30 juli 1802.

[300] G.A. Wumkes, *Stads- en dorpskroniek van Friesland.*

ons bedoeling dat deze nieuwe koning volledig aan zijn leiband zou lopen. Dit is voor Napoleon helaas niet gebeurd. Lodewijk Napoleon had zich ten doel gesteld om de belangen van de Nederlandse bevolking voorop te stellen, waardoor hij regelmatig in conflict kwam met zijn machtige broer. Deze probeerde dan ook om het voor de verse koning zo moeilijk mogelijk te maken, wat uiteindelijk resulteerde in zijn vrijwillig ontslag, waarbij hij zijn bevoegdheden overdroeg aan zijn zoon. Napoleon reageerde hierop met de inlijving van Nederland bij Frankrijk.

Op 8 mei 1807 werd een decreet uitgevaardigd waarbij een groep assessoren werd benoemd. Deze assessoren waren een soort bijzitter, (juridisch) adviseurs van de landdrost, en te beschouwen als Gedeputeerden van de Provinciale Staten. Als landdrost, de hoogste gezagdrager in het departement Friesland werd R.L. van Andringa de Kempenaar benoemd. Als assessoren werden aangewezen J.J. Bergsma, Pieter Fontein, D.G. Manger, H. van Sminia, P. Wiersma, en, zoals te verwachten viel, Johan Petrus van Hylckama. Van Hylckama trad op 26 juni in functie. Weer was hij er in geslaagd om adviseur van de hoogste magistraat in Friesland te worden.

In de nieuwe organisatie kwamen weer een aantal bekende figuren voor die al in voorgaande periodes bij het bestuur betrokken waren, zoals T.M Lycklama à Nijeholt, die benoemd werd tot kwartierdrost van het eerste kwartier, Heerenveen. Tot drosten van de diverse districten werden ook weer leden van bekende families benoemd, zoals S. van Haersma, H.L. van Haersma, P.A. Bergsma, J. van Sminia, M.C. van Scheltinga, A.A. van Andringa de Kempenaar, terwijl ook de oude patriot J.L. Huber een dergelijke benoeming kreeg. Bij de onderinspecteurs over de middelen te lande werd onder andere W. Lycklama à Nijeholt aangewezen. Nog meer oude bekenden, waarvan ik de namen niet noem, zijn teruggekomen op belangrijke posities. De oude garde had zich aardig hersteld van de woelige revolutiejaren, al waren zij wel aangevuld met enige nieuwe mensen uit de revolutietijd.

Van 1812 tot 1814 was Van Hylckama lid van raad van de prefectuur, een groep adviseurs van de door Napoleon aangestelde prefect; een dergelijke functie is ongeveer te vergelijken met die van een secretaris-generaal op departementaal niveau. Na de bevrijding van de Fransen werd hij in 1814 lid van de raad van commissarissen. In 1815 werd hij lid van de Provinciale Staten van Friesland. In 1816 werd hij door koning Willem I benoemd tot Grietman van Gaasterland. Deze benoeming ging in op 19 juli 1816.[301] Hij heeft maar kort van deze aanstelling kunnen genieten; reeds op 28 oktober 1816 overleed hij op 67-jarige leeftijd in zijn woonplaats Sondel, op zijn landgoed Beuckenswijk.

Tot zijn nageslacht behoorden onder andere drie zoons. Deze drie zoons zijn ongehuwd gestorven. Als gevolg hiervan kan worden gesteld dat de historisch meest belangrijke en invloedrijke tak van de familie is uitgestorven. Toch zijn er nog vele leden van deze familie, andere afstammelingen van broers (en zusters)[302] van de vroegere generaties, in leven. Zij schrijven hun familienaam ook op andere wijzen, zoals Hijlkema, Hylkema, Hilkema, Helkema, al of niet met 'ck', een 'e' vervangen door een 'a' en met of zonder het voorvoegsel

---

[301] Tresoar, Archief 11, nr. 6653, *Koninklijk besluit benoeming grietmannen,* 22 juni 1816.

Tresoar, 326, Familiearchief van Schwartzenberg thoe Hohenlansberg, nr. 778.6, *Proces-verbaal van de beëdiging van grietmannen,* 19 juli 1816.

[302] In het verleden zijn familienamen vaak ook overgegaan in de vrouwelijke lijn.

'van'. Deze uitgebreide familie heeft zich over geheel Nederland, en daarbuiten, verspreid.[303]

4.5 De familie Van Andringa de Kempenaer

Zoals wel vaker voorkomt bij dubbele namen zijn bij deze familie ook twee geslachten betrokken, de familie van Andringa, een oud Fries geslacht dat een redelijk aantal grietmannen en andere belangrijke personen heeft voortgebracht, en de uit Brabant afkomstige familie De Kempenaer.

De eerste keer dat door jhr. Hobbe Baerdt van Sminia melding wordt gemaakt van een Andringa is Jorrit Ruurds Anderinga, die van 1438 tot 1468 grietman was van Idaarderadeel.[304] Zijn zoon Tjaard Jorrits Andringa was grietman in Utingeradeel van 1453 tot 1509. Deze werd weer opgevolgd door een familielid Tjaard (1509-1512) die ook van 1509 tot 1525 grietman was van Ængwirden. Van 1545 tot 1546 en van 1546 tot 1550 wordt Utingeradeel bestuurd door Jorrit en Gabbe van Andringa. Van 1601 tot 1613 en van 1613 tot 1619 treffen we Jelle en Tinco van Andringa aan, en van 1640 tot 1670 en van 1670 tot 1683 Regnerus en Labbertus; deze laatste vier waren in een vader-op-zoon verhouding afstammelingen van een Tinco van Andringa. Ook in Lemsterland waren de Andringa's vertegenwoordigd. Van 1666 tot 1689 was er ene Tinco van

[303] Tot de familie Van Hylckama behoren ook families die de achternamen Hiemstra en Heemstra hebben aangenomen. Dergelijke veranderingen, en ook de spellingsvariaties, ontstonden omdat de meeste mensen nauwelijks gebruik maakten van een familienaam; een patronymicum was veel eenvoudiger. Alleen wanneer dit verwarring kon geven met soortgelijke namen buiten de familie werd een familienaam gebruikt.

[304] H. Baerdt van Sminia, *Nieuwe naamlijst van Grietmannen; van de vroegste tijden tot het jaar 1795; met enige geschiedkundige aanteekeningen* (Leeuwarden 1837).

Andringa, die gehuwd was met een dochter van Daniel de Blocq van Scheltinga, grietman. Regnerus (1674-1754) die van 1693 tot 1741 grietman was, overleed ongehuwd, waarmee de familie Van Andringa uitstierf.[305] In vrouwelijke lijn bleef de familie evenwel bestaan. Daniel Livius de Kempenaer, grietman in Lemsterland van 1752 tot 1778, was de jongste zoon van Dancker de Kempenaer en Romelia van Andringa. [306] Met Regnerus Livius van Andringa de Kempenaer, grietman van1772 tot 1795, worden de namen Andringa en De Kempenaer samengevoegd, en ontstaat een nieuwe familie.

Dancker de Kempenaer (1668-1746) is voor het onderzoek de eerste belangrijke persoon van deze familie, die aanvankelijk uit Brussel en Brabant afkomstig was, en zich later in Amsterdam vestigde, als handelaren in laken, en later specerijen. [307] In 1694 trouwde hij in Lemmer met Romelia van Andringa, die als moeder een Van Scheltinga had. Met dit huwelijk waren dus de families De Kempenaer, Van Andringa en Van Scheltinga bijeengebracht. Zij kregen een aantal kinderen, waaronder Hendrik (1709-1788) en Daniel Livius, die van 1752 tot 1772 grietman van Lemsterland was. Hij werd opgevolgd in deze functie door Regnerus Livius van Andringa de Kempenaer (1752-1813), een zoon van Hendrik de Kempenaer. Hij bekleedde die functie van 1772 tot 1795, toen hij door het nieuwe Bataafse bewind

---

[305] Regnerus van Andringa ligt begraven in de kerk van Oldeboorn, de plaats waar de familie een grote state bezat, en die door hen als hun thuishaven werd beschouwd.

[306] Janus van Hylckama (1628-1681) trouwde met een dochter van de Burgemeester van Sloten, Tinco van Andringa, waardoor de naamcombinatie Tinco Andringa bij de familie Van Hylckama ook meerdere malen voorkomt. Beide families waren dus verzwagerd.

[307] Yme Kuiper, Johan Frieswijk, *Twee eeuwen Friese adel,* 105.

ontslagen werd. Hij was degene die de naam Van Andringa aan de familienaam toevoegde.

De lijst van functies die Regnerus Livius van Andringa de Kempenaer buiten het grietmanschap heeft bekleed is enorm.

- lid Raad van State voor de Provincie Friesland, van 1772-1773
- lid Staten van Friesland, van 1773 tot 1795
- lid Mindergetal van Friesland, van 1773 tot 1776
- lid Admiraliteit van Amsterdam voor Friesland, van 1779 tot 1781
- lid Mindergetal van Friesland, van 1782 tot 1783
- gedeputeerde ter Staten-Generaal voor Friesland, in 1787
- lid Gedeputeerde Staten van Friesland, in 1788
- lid Mindergetal van Friesland, van 1789 tot 1791
- lid Rekenkamer voor Friesland, van 1791 tot 1795
- lid Wetgevend Lichaam dept. Friesland, van 1801 tot 1805
- lid Wetgevend Lichaam dept. Friesland, van 1805 tot 1806
- lid Staatsraad in buitengewone dienst, van 1806 tot 1809
- lid Wetgevend Lichaam dept. Friesland, van 1806 tot 1807
- landdrost van Friesland, van 1807 tot 1811
- prefect dept. Boven-IJssel, van 1811 tot 1813[308]

Deze lijst mag zeker indrukwekkend worden genoemd. Er mag ongetwijfeld verondersteld worden dat hij een ervaren en bekwaam bestuurder moet zijn geweest. Voor zijn bezigheden is hij meerdere malen onderschei-

---

[308] A.M. Elias en P.C.M Schoelvinck, *Volksrepresentanten en wetgevers. De politieke elite in de Bataafs-Franse tijd 1796-1810,* (Amsterdam 1991)

den; zo was hij Commandeur in de Orde van de Unie,[309] Commandeur in de Orde van de Reünie, en Ridder in het legioen van Eer, een door Napoleon ingestelde Franse onderscheiding. Een gewaardeerd persoon dus.

Bijzonder interessant is dat hij een gezegelde brief schreef aan de Raad van het Zegel van de titels,[310] waarin hij verzocht om als baron d'Empire in de adelstand verheven te worden.[311] In deze brief geeft hij een opsomming van zijn verdienste voor het rijk en zijn goede daden in het verleden, vooral van de periode sinds de introductie van de grondwet van 1801. Op 22 oktober 1801 werd hij door het Staatsbewind opgeroepen om zich op 2 november te melden als lid van het Wetgevend Lichaam der Bataafse Republiek.[312] Verder geeft hij een opsomming van de adellijke families waarmee hij gelieerd is, waaronder Burmania, Schwartzenberg,[313] Rengers, Du Tour en anderen. Verder wees hij op het feit dat in de eeuwen van de Republiek niet het gebruik bestond om belangrijke staatslieden als be-

---

[309] Tresoar, Familiearchief Van Andringa de Kempenaer, 329-02, inv.nr. 38. In deze door Koning Lodewijk op 14 februari 1807 ingestelde orde is bij decreet van 16 februari van dat jaar Regnerus Livius benoemd tot Ridder Commandeur, zoals vermeld in het per 4 juni 1809 ondertekende perkament. Hem werd bevolen bij alle gelegenheden gebruik te maken van deze titel. Het geheel was ondertekend, in piepkleine letters, door Lodewijk.

[310] Conseil du Sceau des titres.

[311] Tresoar, 329-02, inv.nr. 43. Deze brief is ongedateerd, maar uit de inhoud is op te maken dat hij in de Franse periode is geschreven. De inhoud is bedoeld voor de keizer, terwijl Regnerus Livius van Andringa de Kempenaer ook verwijst naar zijn decoratie van het Legioen van Eer.

[312] Tresoar, 329-02, inv.nr. 22, *Oproep deelname Wetgevend Lichaam,* 22 oktober 1801.

[313] Regnerus Livius was getrouwd met Tjallinga Aurelia Wilhelmina Camstra, dochter van Wilco Holdinga Tjalling Camstra, baron thoe Schwartzenberg en Hohenlansberg.

loning in de adelstand te verheffen, iets waartoe nu wel de mogelijkheid bestond. Ook was hij zo vrij om te wijzen op zijn niet gering vermogen, waarmee hij in staat zou zijn op passende wijze als edele te leven; hij was dan ook niet bepaald arm te noemen.

Zijn financiële situatie kan het best duidelijk worden gemaakt aan de hand van enige officiële stukken. Op 12 augustus 1704 vond er een gedeeltelijke afwikkeling plaats van de nalatenschap van Tinco van Andringa en zijn vrouw Ericia van Scheltinga, een dochter van Daniel de Blocq van Scheltinga.[314] Het betreft hier alleen onroerende goederen, meestal landerijen met of zonder boerderij. De totaal geschatte waarde van de goederen was ruim 66.000 gulden. Omdat er vier erfgenamen waren, Regnerus van Andringa, Livius D. van Andringa, vertegenwoordigd door M. van Scheltinga, en Lycklama à Nijeholt en De Kempenaer, die namens anderen optraden. De landerijen werden verdeeld in vier kavels, welke via een loting verdeeld en toegewezen werden. Ieder kreeg ruim 16.000 gulden, waarbij kleine verschillen verrekend werden. Dit waren aardige bedragen, gezien het feit dat een redelijk grote boerderij ongeveer 4000 tot 4500 gulden waard was.

Op 8 juni 1827 vond er een taxatie plaats naar aanleiding van het overlijden op 2 oktober 1826 van jhr. Hendrik Daniel Livius van Andringa de Kempenaer, de minderjarige zoon van wijlen Regnerus Livius van Andringa de Kempenaer.[315] In deze akte wordt een bedrag van *f* 331.500,-als waarde van een deel van zijn bezittingen in een bepaald gebied opgegeven. Er zijn ook

---

[314] Tresoar, 329-02, inv.nr. 263, *Afwikkeling boedelscheiding,* 12 augustus 1704.

[315] Tresoar, 329-02, inv.nr. 290, *Acte van Tauxatie,* 8 juni 1827.
Regnerus Livius van Andringa de Kempenaer was in 1813 op natuurlijke wijze overleden tijdens de gevechten rond Arnhem.

nog een paar taxaties geweest betreffende landerijen in andere gebieden. De totale waarde van de onroerende goederen werd getaxeerd op *f* 428.770,-, welke in dit geval ook weer werden verdeeld in vier kavels van gemiddeld ruim 104.000 gulden per stuk.[316] Ook deze keer was er weer sprake van een niet onaanzienlijke waarde. Bij deze verdeling werd nog niet rekening gehouden met aanwezige geldmiddelen en waardepapieren.

Een belangrijke gebeurtenis voor de familie Van Andringa de Kempenaer was, gezien de hiervoor gemelde mislukte poging om in de adelstand te geraken, was de verheffing in de adelstand in 1816 door Koning Willem I van Regnerus Livius' zoon Antoon Anne van Andringa de Kempenaer. Deze was eerder in 1816 al benoemd tot grietman van Lemsterland. Hij werd later Tweede-Kamerlid, terwijl zijn zoon jhr. Tjaard A.M.A. van Andringa de Kempenaer lid werd van de Eerste Kamer. De familie is hier duidelijk van de lokale politiek overgestapt naar de landelijke politiek.

Wel kan gesteld worden dat de periode van de Bataafse Republiek, het Koninkrijk Holland en de inlijving bij Frankrijk de belangen van de familie Van Andringa de Kempenaer niet geschaad heeft. Het lijkt er echt wel op dat hun activiteiten in deze periode aanzienlijk bijgedragen heeft aan het succes van de familie.

4.6 De familie Van Haersma

Over de familie Van Haersma wil ik kort wezen. Zij waren, net als een deel van de andere besproken families, eigenerfden. Wat bijzonder was aan deze familie dat zij afkomstig waren uit Smallingerland, met Achtkarspelen niet behorend tot de rijkere omgevingen van Friesland. Ik volsta met slechts een opsomming van de

---

[316] De rest ging op aan de door de taxateurs gemaakte beloningen en kosten.

Haersma's die in deze grietenijen hun bestuurlijke functies uitoefenden.

In 1625 werd in Smallingerland, de grietenij rond het huidige Drachten, Arent van Haersma benoemd tot grietman. Hij werd in 1637 opgevolgd door Aulus Arent van Haersma, die op zijn beurt weer in 1660 het stokje overdroeg aan Arent Aulus van Haersma. Het begint nu enigszins saai te worden. Zijn opvolger in 1694 was Aulus Arent van Haersma, die weer in 1715 werd opgevolgd door, wie anders, Arent Aulus van Haersma. De Van Haersma's geven hier wel de indruk een bijzonder saaie familie te zijn. Echter wijst dit steeds herhalen van de namen op het feit dat nooit de oudste zoon vroegtijdig is overleden. Een sterke familie dus. Hierna komt er een beetje variatie in de namen. In 1723 werd Livius van Haersma grietman, die in 1770 werd opgevold door Hector Livius van Haersma; deze werd in 1795 als gevolg van de revolutie van zijn functie ontheven. We vinden Hector Livius terug in 1811 als maire van de gemeente Smallingerland.[317]

Ook van de aanwezigheid van de familie in Achtkarspelen gaat weinig nieuws uit wat betreft de namen. In 1688 werd Eelco van Haersma er grietman, in 1712 opgevolgd door Arent van Haersma, en in 1740 door Aulus van Haersma. In 1764 treffen we een nieuwe naamcombinatie aan, namelijk Daniel de Blocq van Haersma, die tot zijn afzetting in 1795 het grietmansambt bekleedde.

De Van Haersma's hebben onafgebroken grietmannen geleverd in Smallingerland vanaf 1625, en in Achtkarspelen vanaf 1688. Er mag dus wel gesproken worden van een duidelijke familieheerschappij. Verder

---

[317] Tresoar, BRF, 3669, *Naamlijst van kandidaten voor de functie van maire binnen de volgende gemeenten,* februari 1811.
Tresoar, BRF, 3518, *Benoemingen tot maire,* 19 februari 1811.

heeft in Oostdongeradeel Hans Hendrik van Haersma van 1744 tot 1757 het ambt van grietman bekleed.

Hector Livius van Haersma was behalve lid van de Staten van Friesland ook lid van de Gedeputeerde Staten. Hij startte in deze functie op 12 februari 1782, de dag dat in de Friese Staten het bestaan van de Verenigde Staten van Noord-Amerika werd erkend, met het advies aan de Staten-Generaal om dit standpunt over te nemen en tot erkenning van de Verenigde Staten over te gaan, wat op 22 april 1822 werkelijk gebeurde.[318] In Achtkarspelen treffen we van 1788 tot 1796 een secretaris aan met de naam Sybrand van Haersma, een broer van Arent Aulus van Haersma. Ook in de Staten-Generaal vinden we de naam van een (of twee) Van Haersma's, namelijk Hans Hendrick van Haersma, die in 1746 zitting had namens Oostergo, en van 1784 tot 1788 namens de steden. Ook hebben een aantal Van Haersma's de functie vervuld van raadsheer aan het Hof van Friesland, te weten Hector Livius van 1694 tot 1720, Arent Aulus van 1720 tot 1737, en een andere Arent Aulus van 1774 tot 1795.

Over de periode 1795 tot juni 1802 komen we de naam Van Haersma niet tegen in de officiële stukken. Kennelijk was niemand van hen betrokken bij het vrij heftige verloop van de revoluties.

In 1802 verandert de situatie. In een stuk van 21 juni 1802 komen we in een besluit van het Departemen-

---

[318] Frederich Edler, *The Dutch Republic and the American Revolution.*

Over de houding van de Friezen werd als gevolg van hun initiatief hoog opgegeven in een artikel van H.A. van Coenen Torchiana. Hij schrijft dat de Friezen, door de eeuwen bekend als de meest democratische en angstvrije leden van de Nederlandse gemeenschap, recht gedaan hadden aan hun reputatie. Verder noemt hij Friesland de ultrademocratische provincie in de Nederlanden, wier instellingen model hebben gestaan bij de inrichting van Massachusetts en Connecticut.

taal Bestuur van Friesland als één van de nieuwe leden Daniel de Blocq van Haersma tegen;[319] hij was dus ook actief binnen de Bataafse Republiek. Op 20 oktober 1802 werd hij benoemd tot drost van het tweede district in Friesland,[320] terwijl Hector Livius van Haersma werd benoemd tot drost van het derde district; de lijn omhoog was dus weer aanwezig. Tezamen beheerden zij nu de zes grietenijen rondom hun oude standplaatsen. Op 15 mei 1807 trad een nieuwe organisatie in werking; nu werden Sijbrand en Hector Livius benoemd tot drost.

Op 19 juli 1816 werden Sijbrand van Haersma, de oud-secretaris van Achtkarspelen, bij Koninklijk Besluit van 22 juni 1816 beëdigd als grietman van Achtkarspelen en Hector Livius Haersma van Vierssen als grietman van Smallingerland.[321]

In het kort kan gezegd worden dat de familie Van Haersma de 'Franse' periode heeft overleefd. Hadden zij vóór die periode het gezag over de grietenijen Achtkarspelen en Smallingerland, in 1816 was dit weer het geval. In de revolutieperiode hebben de leden van de familie zich enigszins op de achtergrond gehouden; maar zodra de toestand weer stabiel begon te worden stonden zij weer vooraan om hun plaatsen in te nemen. Door Koning Willem I is deze houding kennelijk geapprecieerd, omdat hij ze bij zijn nieuwe bewind weer in zijn organisatie op nam.

---

[319] Tresoar, BRF, 829, *Register van besluiten van het Departementaal Bestuur van Friesland,* 21 juni 1802.

[320] P. Nieuwland, A. Pietersma, O. Kuipers, *Inventaris van de archieven van de gewestelijke bestuursinstellingen van Friesland 1795-1813 (1815); deel 1 1795-1807* (Leeuwarden 1998), 237.
Het tweede district bestond uit de grietenijen/gemeentes Dantumadeel, Kollumerland en Achtkarspelen, het derde uit Smallingerland, Opsterland en Ooststellingwerf.

[321] Tresoar, 11, Provinciaal Bestuur 1813-1922, 6653, nr. 279, *Benoemingen bestuur Grietenijen,* 22 juni 1816.

4.7 *De familie Bergsma*

De familie Bergsma is aanvankelijk niet zo bekend in Friesland. Slechts in twee grietenijen wist een lid van de familie tot het ambt van grietman door te dringen. In Dantumadeel was Petrus Adrianus Bergsma grietman van 1782 tot 1795, en Johan Caspar Bergsma was van 1785 tot 1795 grietman van Franekeradeel.

Petrus Adrianus was in 1775 lid van de Staten-Generaal en van 1776 tot 1795, met een onderbreking, voor Oostergo lid van de Gedeputeerde Staten van Friesland. Tevens was hij advocaat aan het Hof van Friesland. Zijn vader, Adrianus Bergsma, was van 1743 tot 1780, met onderbrekingen, lid van de Staten-Generaal. In totaal zijn negen personen met de familienaam Bergsma advocaat geweest bij het Hof.

Johan Caspar was van 1782 tot 1795 met een onderbreking lid geweest van de Gedeputeerde Staten voor Oostergo. Vóór hem was ene Wilhelmus Bergsma van 1761 tot 1764 lid geweest van Gedeputeerde Staten. De Bergsma's waren dus wel ervaren bestuurders.

Uit deze korte opsomming is wel op te maken dat de familie Bergsma in wezen laatkomers waren in de Friese politiek. Zij zijn van oorsprong dan ook geen 'boeren', maar meer een familie die haar vermogen in het voormalige Nederlands Indië had vergaard, en met dit vermogen landerijen in Friesland had gekocht.

Op 1 november 1802 werd Petrus Adrianus Bergsma benoemd tot lid van het Departementaal Bestuur van Friesland. [322] Op 2 juli 1805 komen we P.A.

---

[322] P. Nieuwland, A. Pietersma, O. Kuipers, *Inventaris van de archieven van de gewestelijke bestuursinstellingen van Friesland 1795-1813 (1815); deel 1 1795-1807* (Leeuwarden 1998), 237.
Het tweede district bestond uit de grietenijen/gemeentes Dantumadeel, Kollumerland en Achtkarspelen, het derde uit Smallingerland, Opsterland en Ooststellingwerf.

Bergsma weer tegen als lid van de Commissie van financiën, tezamen met T.M. Lycklama à Nijeholt.[323] Hier nam hij de plaats in van de in 1802 benoemde Bernhardus Buma. Op 1 augustus 1805 verdween hij door een reorganisatie uit het Bestuur.

Op 15 mei 1807 werd Jacobus Johannes Bergsma benoemd tot Assessor bij het Departementaal Bestuur.[324] Petrus Adrianus Bergsma werd bij die gelegenheid benoemd tot drost van het vierde district. Johannes Casparis Bergsma werd benoemd tot onderinspecteur over de middelen te lande, ressort Dokkum. Zo te zien waren alle Bergsma's druk betrokken bij het bestuur van Friesland.

Op 19 februari 1811 worden Johannes Casparus Bergsma, zoon van Petrus Adrianus, en Petrus Adrianus Bergsma benoemd tot maires van de gemeenten Oostdongeradeel en Dantumadeel. [325] Op 22 juni 1816 werden tot grietman van Oostdongeradeel en Dantumadeel benoemd Johannes Casparis Bergsma en Jacobus Johannes Bergsma. [326] Ook de familie Bergsma is, ondanks hun deelname aan het revolutionaire bestuur, de moeilijke periode glansrijk doorgekomen.

4.8 De families die uit het bestuur 'verdwenen' zijn.

Mogelijk heeft een aantal families de overgang van het *Ancien regime* naar de nieuwe bestuursvormen niet

---

[323] Tresoar, BRF, 912.

[324] Tresoar, BRF, 828, *Benoemingsdecreet,* 8 mei 1807.

[325] Tresoar, BRF, 3669, *Naamlijst van kandidaten voor de functie van maire binnen de volgende gemeenten,* februari 1811.
Tresoar, BRF, 3518, *Benoemingen tot maire,* 19 februari 1811.

[326] Tresoar, 11, Provinciaal Bestuur 1813-1922, 6653, nr. 279, *Benoemingen bestuur Grietenijen,* 22 juni 1816.

overleefd, in de zin dat hun leden niet meer onderdeel van het bestuur vormden. Helaas, of misschien wel gelukkig, heb ik geen families kunnen vinden die in de periode vóór de revolutie (1795) nog wel actief waren binnen het bestuur van Friesland, en die na 1813 niet meer op de voorgrond traden. Dit gegeven wekt de indruk dat gedurende deze periode niet opvallend veel leden van de onderzochte groep afscheid heeft genomen, laat staan heeft moeten nemen, van het politieke leven in Friesland. Dit wijst enigszins in de richting dat er eigenlijk politiek gezien geen verliezers binnen de groep van grote eigenerfden waren.

In de zomer van 1799 was er een interessante communicatie tussen jonkheer Idzert Aebinga van Humalda en Willem Erfprins van Orange, de latere Koning Willem I. Beiden waren als gevolg van de revolutie uitgeweken naar Duitsland, Humalda naar Leer in Oost-Friesland, de prins naar Lingen, ook niet ver van de Nederlandse grens.

Op 9 augustus 1799 vraagt de prins aan Humalda om gegevens over Friese bestuurders.[327] Hij wil weten wie er op 1 januari van dat jaar in Friesland optraden als Gedeputeerde, lid van de Rekenkamer of het Hof van Friesland. Hij wil verder weten wie van hen na de opstand aangebleven of benoemd zijn in het onwettig bestuur, ofwel enige verklaring hebben gegeven omtrent dit bestuur. Verder verzoekt de prins aan Humalda om de inhoud van dit schrijven voor zich te houden. Deze brief diende als geheim te beschouwd te worden.[328]

De bedoeling van deze brief wordt duidelijk uit

---

[327] Tresoar, EVC, 323-01, inv.nr. 333, *Verzoek om informatie betreffende vooraanstaande Friese bestuurders in 1795*, 9 augustus 1799.

[328] Idzert Aebinga van Humalda wordt door Willem I als eerste gouverneur van Friesland benoemd; hij kan als een vertrouweling van de koning worden beschouwd.

de uitgebreide correspondentie die daarop volgt.[329] Op 25 augustus schrijft de prins dat er uitgewerkte plannen bestaan voor een invasie van het Engelse leger in Den Helder.[330] Verder zou de prins met een leger het land bij Boertange binnenvallen. Deze inval heeft echter nooit plaatsgevonden. Hij wil op deze manier in het bezit komen van de noordelijke gewesten. De bedoeling van dit alles was dat de bevolking in opstand zou komen en zich zou bevrijden van de patriotten en de Fransen. Op 29 augustus schrijft de prins dat de invasie werkelijk heeft plaatsgevonden.[331] Combineren we de inhoud van deze brieven, dan kan de enige conclusie zijn dat de prins wil weten welke Friese bestuurders gearresteerd dienen te worden zodra hij met behulp van Oranjegezinde groepen het stadhouderlijk gezag heeft weten te herstellen. Op 11 oktober van dat jaar vond ook een incident plaats van Engelse troepen bij Lemmer. Gelukkig voor het Fransgezinde bestuur waren beide operaties niet succesvol, mede door de onverschillige houding van de inwoners van het land. De bevolking was duidelijk meer Fransgezind dan Oranjegezind. Een leger onder generaal Daendels wist de invallers in Noord-Holland te verslaan. Op 19 november scheepten de laatste Engelse troepen zich in voor de terugtocht. Ook kregen de patriottische bestuurders op deze wijze uitstel, en dus later afstel, van hun arrestatie. Zij zouden van

---

[329] Tussen 13 augustus en 29 augustus 1799 schrijft de prins nog vijf brieven aan Humalda, op 13 augustus, 23 augustus, 25 augustus en tweemaal op 29 augustus; deze brieven bevinden zich in Tresoar, EVC, 323-01, inv.nr. 333.

[330] Tresoar, EVC, 323-01, inv.nr. 333, *Invasieplannen,* 25 augustus 1799.
Aan deze invasie namen ook Russen deel; in totaal was de invasiemacht ongeveer 32000 man sterk.

[331] Tresoar, EVC, 323-01, inv.nr. 333, *Invasie,* 29 augustus 1799.
De landing van de Engelsen, versterkt met Russische eenheden, heeft op 27 augustus 1799 plaatsgevonden.

hun houding evenwel geen nadelige gevolgen ondervinden, mede door de behoefte van de latere koning om geen acties meer tegen hen te ondernemen. Hij had hun nodig.

Als voorlopige conclusie van dit hoofdstuk kan wel gelden dat de activiteiten van de Friese bestuurders gedurende de revolutieperiode hen door het bewind van Koning Willem I niet zijn aangerekend. Ik durf zelfs te veronderstellen dat de ervaring en kennis die door de onderzochte groep in deze periode is opgedaan, voor hem van grote waarde bleken te zijn. In ieder geval is hun gebrek aan loyaliteit aan de Oranjefamilie niet tegen hen gebruikt. Mogelijk achtte hij hun loyaliteit tegenover het gewest Friesland van grotere importantie.[332] Uit de voorgaande alinea blijkt evenwel dat de koning in zijn tijd als erfprins er anders over heeft gedacht. En dat dit andere denken wel gevolgen zou hebben gehad voor de betrokken bestuurders, die het republikeinse gedachtegoed aanhingen. Hij moet wel het idee hebben gehad dat wanneer hij koning wenste te worden van en over alle Nederlanders, hij rekening diende te houden met mensen die er republikeinse ideeën op nahielden, en misschien er bij zijn aantreden als koning er nog steeds op nahielden. Hij kon zich waarschijnlijk niet veroorloven om een scheiding tussen de diverse bevolkingsgroepen te creëren, met als mogelijk gevolg weer onlusten en het opnieuw beginnen van een ronde van revoluties. Met het risico dat de Oranjes voorgoed van het toneel zouden verdwijnen.

Wat ook de reden van dit vertrouwen mag zijn, men is er in ieder geval wel in geslaagd om het Friese grondgebied intact over te dragen aan de volgende generaties.

---

[332] Koning Willem I beschouwde zichzelf, als rechtstreekse afstammeling van de Friese Nassau's ook vaak als een (koppige) Fries.

Bij het aantreden van Koning Willem I veranderde er veel in de inrichting van de Nederlanden. Werd er aanvankelijk misschien gedacht dat de situatie van voor de revoluties zou worden hersteld, de toestand werd nu geheel anders. Van Lodewijk Napoleon nam hij de waardigheden en rituelen van het koningschap over. Van Napoleon kopieerde hij de centralistische wijze van besturen. Er werd een (volks)vertegenwoordiging ingesteld die niet door het volk gekozen werd. Eerlijk gezegd waren alle democratische verworvenheden uit de tijd van de revoluties geheel teruggedraaid. Nederland was nu een monarchie geworden in de zin van het woord zelf. De volksvertegenwoordigers werden door de koning voor het leven benoemd.

Ook in Friesland had de instelling van de monarchie grote gevolgen. Hadden de Friezen voordien nog, zij het in beperkte mate wat betreft het aantal kiezers en te kiezen personen, enige invloed op hun Provinciale Staten, nu werd ook dit een college van door de koning aangewezen personen. Hetzelfde gold voor de grietmannen. Ook zij werden aangewezen. En met dit aanwijzen, in plaats van kiezen, verdween ook de democratie uit Friesland. Deze democratie was er in het verleden wel niet voor iedereen, maar het was wel een vorm van democratie, vooral als we de wijze van benoemen van (volks)vertegenwoordigers in de ons omliggende landen in ogenschouw nemen. Van vrije mensen zonder landsheer waren de vertegenwoordigers gedegradeerd tot onderdanen van een vorst. Zeggenschap over hun eigen bestemming hadden zij totaal verloren.

In het volgende hoofdstuk zal worden onderzocht in hoeverre patronage en verzwagering bijgedragen heeft tot het succes van de onderzochte families.

Hoofdstuk 5

Patronage en familierelaties bij de eigenerfden (externe netwerken)

In dit hoofdstuk worden hoofdzakelijk de relaties van grietmannen en andere functionarissen afkomstig uit de stand der eigenerfden besproken. Yme Kuiper heeft in zijn boek *Adel in Friesland 1780-1880*[333] voor de adel dit onderwerp behandeld, zodat dit op deze plaats voor mij niet meer nodig is. Uiteraard worden relaties tussen eigenerfde boeren en de adel wel nader onderzocht vanwege de betrokkenheid van die boeren in deze situatie.

Tussen de eigenerfden onderling kunnen verschillende vormen van onderlinge afhankelijkheid bestaan. De meest voor de hand liggende is die van directe familieleden, zoals vaders en zonen, broers onderling en aangetrouwde familieleden binnen de context van het gezin. Een andere vorm van onderlinge afhankelijkheid is die van verzwagerde families, families die door huwelijken aan elkaar zijn verbonden, zonder dat gesproken kan worden van directe bloedverwanten. Verder bestaat er nog de mogelijkheid van afspraken tussen leden van verschillende families die geen onderlinge banden hebben, maar die door verschillende oorzaken wel op voet van gelijkwaardigheid met elkaar te staan. Tenslotte bestaat er de mogelijkheid van een ongelijkwaardige verhouding, waarbij één persoon ten opzichte van de andere een ondergeschikte rol speelt, in welke vorm dit ook moge zijn. In dit laatste geval spreken we van patronage. In de andere gevallen kan het meer een

[333] Y. Kuiper, *Adel in Friesland 1780-1880* (Groningen 1993).

logische kwestie van familieverplichtingen en vriendendiensten genoemd worden.

Patronage is het verschijnsel waarbij in een ongelijkwaardige verhouding de ene partij, de patroon, in staat is gunsten te verlenen aan de andere partij, de cliënt. Patronage is de toegang tot inkomsten, ambten, privileges, aanzien of protectie, die door een patroon aan zijn cliënt worden verstrekt.[334] De verhouding tussen patroon en cliënt is in principe langdurig, vrijwillig en informeel. Er worden over het algemeen geen afspraken gemaakt over wat de één van de ander kan verwachten, en wat er tegenover staat. Patroon-cliënt-verhoudingen kunnen in principe in alle lagen van de bevolking voorkomen, maar zijn wel het meest logisch in omgevingen waar zij voor de betrokkenen het meeste profijt opleveren.

Over wat patronage precies is bestaan nog verschillen van mening. Sommigen zijn van oordeel dat er tussen familieleden geen patronage kan bestaan vanwege het ontbreken van een ongelijkwaardige verhouding. Ook geeft het begrip vriendschap veel verwarring als het gaat om patronage. Bij vriendschap is sprake van een gelijkwaardige verhouding. In een dergelijk geval is dus de definitie van patronage nauwelijks nog toe te passen. Toch zal waarschijnlijk deze vorm in Friesland wel degelijk voorgekomen zijn. Sommige auteurs zijn van mening dat vroegmoderne vriendschapsrelaties van patroon-cliënt-relaties moeten worden onderscheiden, omdat de vereiste ongelijkheid in de verhouding bij vrienden minder duidelijk aanwezig zou zijn.[335]

---

[334] J. Pollmann, 'Dienst en wederdienst', in: *Het ancien regime 2; Europa in de vroeg-moderne tijd, 1450-1800* (Heerlen 1991), 51-74.

[335] E.H. Waterbolk, 'Vrienden: dankbare en ondankbare', in: *Rond Viglius van Aytta. Enige brieven van zijn hand en enige opstellen* (Leeuwarden 1980) blz. 59-69.

Als iemand macht wilde bezitten was het noodzakelijk dat hij over een aantal mensen kon beschikken waarop hij kon vertrouwen. Dit kon hij bereiken door als patroon gunsten te verlenen aan anderen, zijn cliënten. Omgekeerd was het voor iemand die hogerop wenste te komen, noodzakelijk, of op zijn minst wenselijk, dat hij over kennissen op hogere posities kon beschikken. Alleen als cliënt van een patroon had hij een goede kans om te bereiken wat hij wilde. Beiden, zowel de patroon als de cliënt, hadden elkaar nodig om hun doel te bereiken. Ook kon een patroon optreden als makelaar voor een cliënt die behoefte had aan bepaalde gunsten die zijn patroon hem niet kon verlenen. Evenwel bestond de mogelijkheid dat de patroon weer cliënt was bij een andere patroon, waardoor hij in staat was gunsten voor zijn eigen cliënt te verwerven, met als belangrijkste effect dat hij meer macht over zijn eigen cliënt verkreeg.

Patronage speelt – in één of andere vorm – een belangrijke rol in alle politieke systemen. Ook in het Nederland van vandaag zijn vormen van patronage aan te treffen. De 'kruiwagen' is nog steeds populair. In het vroegmoderne Europa was de rol van patronage echter zo groot dat het als een wezenlijk kenmerk van het staatsbestel van het ancien régime moet worden beschouwd. Dit betekent dat patronage ook in Friesland voorgekomen moet zijn. En inderdaad heeft dit ook in Friesland bestaan. Alleen moet er een onderscheid gemaakt worden tussen patronage in de steden en patronage op het platteland. In de steden was de invloed van de stadhouder op de benoemingen van bestuurders groot, terwijl die op het platteland in veel mindere mate voorkwam.[336] Veel van de plattelandselite leefde nog met de

[336] Geert H. Janssen, *Creaturen van de macht: Patronage bij Willem Frederik van Nassau (1613-1664)* (Amsterdam 2005), 42.

gedachte van soevereiniteit en de 'Friese vrijheid', en daarin paste geen stadhouderlijke instelling.[337]

Een ander onderwerp dat de aandacht verdient is het begrip *vriendschap*. Dit moet niet verward worden met het huidige begrip, wat een emotionele relatie inhoudt. In vroegere jaren was het meer de aanduiding van een sociale verplichting tot wederzijdse dienstverlening, zo schrijft Geert Janssen.[338] Ook Luuc Kooijmans schrijft in soortgelijke bewoordingen. [339] Verder komt hij tot de conclusie dat, door het ontbreken van een staat die zijn inwoners enige bescherming kon bieden tegen sociale problemen, dat de beste vrienden behoren tot de kring van de familie. Alleen familieleden zijn in staat zonder directe inlossing van de op die manier ontstane 'schuld' hulp en assistentie te verlenen; deze 'schuld' zal mogelijk pas over een lange periode tot een aflossing komen, zoals onderdak en verzorging van een ouder aan het einde van zijn of haar leven. Deze vorm van vriendschap blijkt zo wel strategisch een belangrijk instrument te zijn voor families om te kunnen overleven. En aangezien de machtige groep eigenerfden, waarover dit onderzoek handelt, bijna beschouwd kan worden als één grote familie, moet deze 'vriendschap' wel bijgedragen hebben tot de overlevingsmogelijkheden van de individuele leden van deze groep.

Op 26 mei 1748 ontstond in Harlingen een pachtersoproer, zo schrijft Hotzo Spanninga, dat naar andere plaatsen oversloeg, het zogenaamde Doelistenoproer.[340] Veel mensen van het gewone volk hadden bezwaren tegen de macht van de regenten en het verhu-

---

[337] Ibidem, 87.

[338] Ibidem, 74-75.

[339] Luuc Kooijmans, *Vriendschap en de kunst van het overleven in de zeventiende en achttiende eeuw* (Amsterdam 1997) 326-329.

[340] Joh. Frieswijk, e.a. (red.), *Geschiedenis van Friesland 1750-1995* (Amsterdam/Meppel 1998), 25.

ren van de pacht. Het volk steunde de nieuwe stadhouder met Oranjegezinde leuzen en eiste een grotere macht voor Willem IV. Als reactie hierop werd een 'Reglement Reformatoir' opgesteld, wat door de Staten van Friesland werd goedgekeurd, ook al waren zij het niet eens met de inhoud. Dit reglement vergrootte de macht van de stadhouder ten koste van de regenten. Als reactie hierop waren de grietmannen later dan ook niet erg Oranjegezind, beter gezegd min of meer anti-Oranje.

Zoals verwacht kan worden is in moderne gecentraliseerde staten met een geformaliseerde bestuursstructuur en een 'neutrale' bureaucratie de ruimte voor informele en persoonlijke patroon-cliënt-relaties beperkt. Het is echter een misvatting te denken dat in een staat met een sterk centraal staatsgezag geen patronage voorkomt. Het is evenwel nog niet mogelijk om een algemeen geldende theorie aan te geven over de rol die patronage binnen de evolutie van de staat speelt.

In de periode van 22 tot en met 24 mei 1986 was er in Utrecht een wetenschappelijk congres met als titel *'Balans en Perspectief'*, waar onder andere Hotso Spanninga een bijdrage leverde: *'Patronagepraktijken in Friesland in de 17de en 18de eeuw'*. Aangezien Spanninga een expert is op het gebied van patronage in Friesland, lijkt het mij voor de hand liggend dat ik van zijn analyse gebruik maak als basis voor mijn betoog.[341]

Kenmerkend voor de verhouding tussen patroon en cliënt is "een persoonlijke, asymmetrische relatie, waarbij de patroon, die toegang heeft tot bepaalde schaarse goederen, bescherming, materiële steun of een carrière biedt, en de cliënt eerbetoon, volgzaamheid, (politieke) steun en diensten verschuldigd is. Het is dus

[341] Hotso Spanninga, *Patronagepraktijken in Friesland in de 17de en 18de eeuw,* Congres 'Balans en perspectief' (Utrecht 22-24 mei 1986).

de relatie van een meerdere tegenover een mindere, primair gebaseerd op beide partijen verwachte voordelen".[342]

Relevant is te weten hoe kortweg de macht in Friesland in de praktijk was verdeeld. Gedeeltelijk is dit al uitgelegd in hoofdstuk 2. In de Friese Statenvergadering (Landdag) waren de stemmen verdeeld over vier kwartieren, te weten één stadskwartier en drie plattelandskwartieren.[343] Op het platteland werd het stemrecht uitgeoefend door de stemgerechtigde grondeigenaren, die gezamenlijk over ruim 10.000 stemmen beschikten in de 3 kwartieren, dertig grietenijen en 341 dorpen. Oorspronkelijk werden alleen boerderijen met een oppervlak van 120 pondemaat stemdragend, maar in de loop der jaren is dit verminderd tot 30 pondemaat. Dit had te maken met de hoeveelheid grond die nodig was om een boerenfamilie een goed inkomen te garanderen. Door de verbeterde methoden in landbouw en veeteelt werd de benodigde grond steeds kleiner. Evenwel vergrootte het aantal stemmen niet evenredig met het aantal boerderijen. Alleen het stuk land waarop de oorspronkelijke boerderij stond behield zijn stemrecht. In de praktijk was het dus mogelijk om met een klein stukje grond het stemrecht uit te oefenen. Met een uitgekiend aan- en verkoopbeleid was het dus mogelijk om met 120 pondemaat grond nu vier stemmen te hebben in plaats van één. In een dorp was de meerderheid van stemmen, in een grietenij de meerderheid van dorpen, in een plattelandskwartier de meerderheid van grietenijen, en in de Staten de meerderheid van kwartieren beslissend.[344] Het was dus mogelijk, gebruikmakend van de waarde van de

---

[342] Ibidem, 3.Dit citaat uit Spanninga's verhaal is gebaseerd op A. Blok, 'Variations in patronage' in: *Sociologische Gids* 16 (1969) 366-378, J. Boissevain, 'Patrons as brokers', *Ibidem* 379-386.
[343] Ibidem, 3.
[344] Ibidem, 4.

stemmen, om met een juiste verdeling van de stemmen over de verschillende dorpen een relatief grote macht te veroveren. Daarbij was de inbreng van alle dorpen gelijk, met als gevolg dat de kleinste dorpen relatief de grootste macht bezaten. Om een theoretisch voorbeeld te geven: gemiddeld bestond een grietenij uit elf dorpen, die gezamenlijk ongeveer 300 stemmen bezaten. We verdelen deze elf dorpen in zes kleine met ieder negen stemmen, drie middelgrote met ieder twintig stemmen, en twee grote met ieder negentig stemmen. Aangezien het bij beslissingen niet om de grootte van de dorpen gaat, maar om het aantal, is het duidelijk dat de zes kleine dorpen, waar voor een meerderheid van stemmen slechts vijf stemmen nodig zijn, met een totaal van dertig van de aanwezige 300 stemmen de gehele grietenij bestuurd kan worden. Door stemgerechtigde landerijen in de kleine dorpjes te verwerven kon iemand zijn macht dus aanmerkelijk vergroten. Aanwas van de bezittingen gebeurde door aankoop, en wat veel belangrijker was, erfenissen uit andere families, die door huwelijk met de eigen familie verbonden waren. Verder waren vele families ook nog eens met elkaar verzwagerd, waardoor, naast het eigen vermogen aan landerijen, ook die van verdere familieleden, die niet genoeg bezittingen hadden om zelfstandig invloed uit te oefenen, het stemmenaantal wel vergroot kon worden, mogelijk in ruil voor een aantrekkelijk en winstgevend baantje. Dus toch nog een mogelijkheid van patronage binnen 'gelijkwaardige' personen.

Een aantal grietmannen bezat in de 18de eeuw de meerderheid van stemmen in de meerderheid van (de vaak kleine) dorpen, waardoor erfelijke grietmansdynastieën mogelijk werden.[345] Als rechter en bestuurder was de grietman, die aanvankelijk niet, maar later wel voor het leven benoemd werd, een belangrijke figuur in de Friese politiek. Vanaf het begin van de 17de eeuw was

[345] Ibidem, 4.

het gebruikelijk dat de grietman als één van de twee volmachten van de grietenij naar de Landdag werd afgevaardigd. Dit gold zowel voor de adellijke als de niet-adellijke grietmannen. Op deze manier kregen grietmannen toegang tot de Statenvergadering, de plaats waar over veel benoemingen en ambten werd beslist. Als lid van zowel de wetgevende als uitvoerende macht kon hij op diverse niveaus een clientèle opbouwen en verder uitbouwen.

In de loop der jaren is het aantal stemmen per stemmer drastisch veranderd. Was in 1640 het aantal stemmers met een bezit van 5 tot 10 stemmen nog talrijk, in 1758 was het merendeel der stemmen in handen van een steeds kleiner wordende groep machtigen, die soms over 50 tot wel 250 stemmen beschikten.[346] Op deze manier ontstond een monopolisering van het stemrecht. In steeds meer grietenijen kreeg één regent of regentenfamilie de meerderheid van stemmen in de meerderheid van dorpen. Dit veranderde het verschijnsel patronage in die zin, dat onder deze omstandigheden de grietman, of zijn familie, niet meer afhankelijk waren van de wederdiensten van de cliënten, en dus meer aandacht besteed kon worden aan vrienden en verdere familieleden. Verwantschap en vriendenrelaties werden op deze manier een steeds belangrijker machtsbasis. Verwierf een eigenerfde door vererving of aankoop van stemdragende landerijen de meerderheid van de benodigde stemmen in een grietenij, dan was hij niet meer afhankelijk van het gedrag en de gunsten van anderen, zelfs niet van andere leden van de familie; er was dan een zuivere monopoliepositie bereikt. Ook was het mogelijk dat een familie, bestaande uit meerdere eigenerfden, zich kon beroepen op een meerderheid van de stemmen in de kleine dorpen en zo de volledige macht aan zich wist te trekken, waardoor een soortgelijke situatie als de voorgaande ontstond, echter met een klein

[346] Ibidem, 4.

verschil: binnen de familie moest men wel rekening met elkaar houden. In beide gevallen was het voor de grietman mogelijk om zijn invloed aan te wenden bij de benoeming van zijn cliënten, die evenwel weinig mogelijkheden hadden om een tegenprestatie te leveren. Pas als de voordracht voor een grietmansambt, door een gebrek aan hoogwaardige stemmen, gevaar liep was het nuttig om de beschikking te hebben over een aantal stemhebbende mensen, die bij eventuele sollicitatie naar een ander goedbetaald ambt belang hadden bij de steun van de grietman of andere volmacht.

Rond 1758 waren er vijf grietenijen waar de macht in handen was van een enkele persoon: Gaasterland, Lemsterland Haskerland, Doniawerstal en Dantumadeel.[347] Alleen in Lemsterland was een eigenerfde, Daniel Livius de Kempenaer, de machthebber; de andere vier grietenijen waren in handen van de adel. Een aantal grietenijen was in handen van een enkele familie: Achtkarspelen (van Haersma), Opsterland (Lycklama à Nijeholt), Weststellingwerf, Hemelumer Oldephaert, Wonseradeel en Hennaarderadeel (van Sminia).[348]

Zowel op grietenij- als op Landdagniveau ontstond er elk jaar een strijd om de stemmen. Wie veel belangrijke stemmen in de grietenij, en veel volmachten in de Landdag achter zich wist te verzamelen, kon in

---

[347] J. Frieswijk e.a. (red.), *Frieslands verleden verkend; Problemen, methoden en onderzoek met betrekking tot de Friese geschiedenis na 1750,* (Leeuwarden 1987), 132.

[348] Hotso Spanninga schrijft hierover in *Frieslands verleden verkend* (p.124): In 1748 trad het Reglement Reformatoir in werking. Werden daarvoor de namen van een drietal kandidaten aan de Landdag voorgelegd, die dan een keuze konden maken die dan door de stadhouder werd bekrachtigd, na die tijd was ook de keuze aan de stadhouder. Dit werd gedaan om de macht van de regenten te beteugelen. Ook kreeg de stadhouder het recht tot het benoemen van de hoogste perpetuele ambtenaren. Deze nieuwe maatregelen werkten ook in het voordeel van het orangistische patronagestelsel.

een ambt benoemd worden. Dit zoeken van posities en het onderhandelen over ambten maakte dat de Landdag soms maanden kon duren.[349] Over de Landdag van 1601, een tijdstip dat eigenlijk ver buiten de periode van het onderzoek ligt, werd door Van Reyd het volgende geschreven:

"D'Officien werden echter uytgedeylt, met gebedelde, ghecofte ende geruylde stemmen, het was tijtkortinge om aan te zien wat konsten, practiquen, subtiele streecken, ende dwersdrijvingen hier onder liepen, bijnamen wanneer de stemmen staken".[350]

5.1 Een bijzonder geval: de Oranjes

Het zou logisch zijn te verwachten dat vele eigenerfden cliënten zouden zijn bij de stadhouders Willem IV en Willem V. In werkelijkheid wilden zij echter weinig met hem te maken hebben. Ze vonden het uiterst vervelend dat Willem IV, die uit Friesland afkomstig was, Holland als het belangrijkste gewest van de Unie beschouwde, terwijl zij aanvankelijk verwachtten dat Willem meer naar 'het platteland' van Friesland zou luisteren. Het platteland van Friesland, en de steden van Holland, hadden vroeger al heel weinig feitelijke invloed ondervonden van de stadhouder, omdat deze in de keuzes van de bestuurders in deze subgewesten, nauwelijks enige formele invloed had, en als gevolg hiervan geen 'eigen' mensen had geïnfiltreerd in de benoemingsbevoegde instanties, zoals de zogenoemde 'premiers' in de Friese steden. Alleen in Het Bildt had de (Friese) stadhouder in het verleden benoemingsbevoegdheden. Verder ontbraken op het Friese platteland en in de Hollandse steden geheel de plaatselijke informanten en woord-

---

[349]Hotso Spanninga, *Patronagepraktijken in Friesland*, 5.
[350] E. van Reyd, *Historie der Nederlantscher Oorlogen begin ende voortganck tot den jaere 1601* (Arnhem, 1633), 739.

voerders van de stadhouder, de zogenaamde luitenant-stadhouders.[351]

Een belangrijk persoon die de verwijdering van de Friese regenten en de Oranjes verder bewerkstelligde was de hertog van Brunswijk. Hij fungeerde als voogd en mentor van de nog zeer jonge Willem V. Ook bij diens volwassenheid bleef hij de 'functie' van mentor uitoefenen; Willem V was erg zwak in zijn optreden, en de hertog van Brunswijk wist hier handig misbruik van te maken. Veel van de scheidsrechterlijke uitspraken in een aantal geschillen met de jonge stadhouder vielen bij de Friese aristocratie niet in goede aarde. Ze stoorden zich daarbij niet zozeer aan de inhoud van de uitspraken, die soms zelfs in hun voordeel uitwerkten, als wel aan de manier waarop de beslissingen tot stand waren gekomen.[352] Een deel van de Statenleden was van mening dat hun eerste dienaar te eigenmachtig en op grond van betwiste rechten was opgetreden. Brunswijk was volgens hen de oorzaak van het slechte optreden van de prins; voor hem bestond dan ook een diepe minachting bij de Friezen. En deze gevoelens waren wederzijds.

Als gevolg van dit onderlinge wantrouwen ontstond er in Friesland bij de plattelandsaristocratie een steeds groter anti-Oranjegevoel. Dit had mede tot gevolg dat de Patriotten in Friesland steeds meer invloed kregen. Zij domineerden tot ongeveer 1785 de gang van zaken.[353] Een mogelijk gevolg van deze dominantie, en van de vervolgingen en verbanningen van een aantal

---

[351] A.J.C.M. Gabriëls, *De heren als dienaren en de dienaar als heer; Het stadhouderlijk stelsel in de tweede helft van de achttiende eeuw* ('s Gravenhage 1990), 271.
M.A.M. Franken, *Dienaar van Oranje: Andries Schimmelpenninck van der Oije 1705-1776: een politieke en bestuurlijke levensbeschrijving van een Gelderse luitenant-stadhouder* (Zutphen 2002).

[352] Ibidem, 272.

[353] Ibidem, 403.

vooraanstaande eigenerfden,[354] is hoogstwaarschijnlijk dat bij de omwenteling van 1795 een vrij groot aantal van de eigenerfde regenten redelijk snel bij het nieuwe bestuur betrokken raakte.

Tijdens de periode van 1795 tot 1813 was er om logische redenen geen sprake van een mogelijkheid tot zoiets als patronage door de Oranjes. Zij waren gewoon niet aanwezig.

Na 1813 is er sprake van een geheel nieuwe situatie. Er is nu een vorst in Nederland, en de Friese eigenerfden, en natuurlijk ook de leden van de Friese adel, zijn onderdanen geworden. Voor de Staten van Friesland worden de leden nog wel gekozen door de ingezetenen van de grietenijen die over een bepaald vermogen beschikken en een jaarlijks bedrag van dertig gulden aan belastingen betalen. Maar de grietmannen worden nu door de Koning aangewezen en benoemd, waarschijnlijk op voordracht van de Gouverneur van Friesland. Op 19 september 1814 komen de nieuwe leden van de Staten van Friesland voor de eerste maal bijeen. Er wordt een eed c.q. belofte afgelegd waarin plechtig wordt vastgelegd dat zij geen giften of geschenken, in welke vorm dan ook, aan een ander hebben gegeven of beloofd, en dat ook niet zullen doen, alles volgens de inhoud van het plakkaat van de Staten-Generaal van 10 december 1715.[355]

Een dergelijke eed zweren ook de grietmannen. Ook zij zullen geen geschenken geven, en wat nieuw is, zij zullen ook geen geschenken en andere inkomsten uit hun ambt verwerven dan hetgeen hen volgens de wetten

---

[354] Ook een aantel edelen moest vanwege hun patriottische sympathieën de wijk nemen naar het buitenland.

[355] Tresoar, Provinciaal Bestuur 1813-1922 (toegang 11), inv.nr. 1, *Resolutieboek der Edele Groot-Achtbare Heeren Staten van Vriesland over den jare 1814,* Notulen van de eerste bijeenkomst op 19 september 1814.

en reglementen toekomt.[356] Zij zullen geen buitenwettelijke profijten uit hun functie zien te verkrijgen.

Natuurlijk hebben zowel de leden van de Staten als de grietmannen in het verleden ook wel een dergelijke eed afgelegd, maar aangezien zij de hoogste in functie waren zal er wel eens een oogje dicht zijn geknepen. De leden van de Staten waren soeverein, en dus de hoogste gezagdragers in Friesland, terwijl ook de macht van de grietmannen vrijwel onbeperkt was, zolang ze maar rekening hielden met de assessoren en bijzitters. Maar nu hadden de Staten en de grietman iemand boven zich, namelijk de koning, die in Friesland vertegenwoordigd werd door de gouverneur, jhr. J Æbinga van Humalda, die hun de eed had afgenomen.

Deze eden en beloften zullen het de leden van de Staten, zowel als de grietmannen, formeel vrijwel onmogelijk hebben gemaakt zich als cliënten van de koning te gedragen. Verder was het helemaal onmogelijk om zich als patroon voor anderen op te werpen; zij hadden immers nauwelijks nog macht. Hun eigen benoemingen gingen praktisch buiten henzelf om. Van praktisch soevereine personen waren ze nu ondergeschikten geworden.

In het verleden is het natuurlijk wel mogelijk geweest, als gevolg van hun persoonlijke macht, om via onoorbare praktijken iets te bereiken. Of hiervan gebruik is gemaakt bij benoemingen is echter niet waarschijnlijk; er was een grote controle onderling. Bij moeilijkheden bij stemmingen, zoals het niet duidelijk zijn wie in een bepaalde stemmingsronde voldoende stemmen heeft binnengehaald, volgde vaak een lange procedure van bewijzen en contrabewijzen om de geldigheid van iemands claim op de overwinning vast te stellen.

---

[356] Tresoar, 11, inv.nr. 2, *Resolutieboek der Edele Groot-Achtbare Heeren Staten van Vriesland over den jare 1815*, Eed van de grietman, 3 juli 1815.

Onenigheden omtrent benoemingen van grietmannen en volmachten zijn regelmatig voorgekomen, zoals in 1752 bij de benoeming van de grietman van Tietjerksteradeel, in 1755 bij de benoeming van een volmacht voor Ferwerderadeel, in 1758 bij de benoeming van de grietman van Franekeradeel, in 1762 voor Oost-Dongeradeel, in 1769 voor West-Dongeradeel, in 1772 voor Tietjerksteradeel, in 1785 voor Franekeradeel en in 1788 voor West-Dongeradeel.

In 1752 bestond er onenigheid over de telling van het aantal uitgebrachte stemmen in de dorpen van Tietjerksteradeel. De grietman Hendrik Willem van Glinstra was overleden, en er diende een nieuwe gekozen te worden. In deze onenigheid stonden een aantal heren lijnrecht tegenover elkaar, wat uitmondde in een verslag aan de Staten van Friesland.[357] Dit werd weer gevolgd door een nieuwe deductie,[358] waarna Van Heemstra een deductie schreef.[359] Hierna verscheen nog

---

[357] *Adres aan de E.M. heeren Staten van Friesland, in zake van H .W. van Altena, H.H. van Wyckel en H.B. van Sminia, deducenten en F.J. van Hiemstra, H. van Glinstra en H.W. van Altena, deduceerden ten andere zyde, over het stemmen tot nominatie van een drietal voor de benoeming van een Grietman in Tietjerksteradeel* (s.l. 1752).

[358] *Deductie of kort vertoog voor de Heeren F.J. van Hiemstra en H. van Glinstra voor hun zelfs, ende wegens de heere H.W. van Altena, alsoo in die qualit, deducenten ter eenre, contra de heeren H.W. van Altena, H.H. van Wyckel, en Hobbo Baard van Sminia, deducenten ter anderen zijden, over de quaestie der meerderheid van stemmen tot het vacante grietmans ampt en Landdag van en uyt de Grietenye van Tietjerksteradeel* (s.n. 1752).

[359] F.J. Hiemstra, *Deductie van Jr. F.J. van Hiemstra c.s. deducenten contra Jr. C. van Coehoorn c.s., deduceerden over de verkiezing tot volmacht van Tietjerksteradeel ten landsdage* (s.n. 1752).

een laatste stuk[360] Het resultaat van al dit geschrijf en gededuceer was dat H.W. van Altena in 1752 werd benoemd tot grietman van Tietjerksteradeel.

Processen met als resultaat ontzetting uit het ambt van grietman heb ik niet kunnen vinden. Volgens M.W. van Boven konden grietmannen, en ook andere rechters, slechts uit hun ambt ontzet worden indien er sprake was van ambtsmisdragingen.[361] Hij kon in zijn proefschrift niet aantonen dat dergelijke maatregelen ook inderdaad zijn toegepast. Wel zijn er in de loop der jaren diverse grietmannen uit hun functie gezet, maar dit was altijd op politieke gronden. Zo zijn er tijdens de periode van het Saksische bewind in 1498 een aantal grietmannen ontslagen omdat zij tegen dit nieuwe bestuur waren. Verder werd grietman Jelle Hylckama van Haskerland in 1551 ontslagen omdat hij de eed van trouw aan Karel V niet wilde afleggen. Een andere golf van ontslagen was in 1795, toe het Bataafse bewind alle grietmannen naar huis stuurde, omdat het grietmanschap niet paste in de nieuwe patriottische structuur. Het ziet er wel naar uit dat de grietmannen zich gedurende de eeuwen van hun aanwezigheid op het gebied van de rechtspraak uitstekend hebben gedragen. Trouwens nergens in de Republiek was de rechtspraak zo 'rechtvaardig' door de aanwezigheid van het Hof van Friesland, dat over een grote hoeveelheid jurisprudentie beschikte. Willekeur was

---

[360] *Edele Mogende Heeren: tusschen de Heeren Henricus Wiardus van Altena, Hans Hendrik van Wyckel, en Hobbo Baard van Sminia, deducenten, ende de Heeren Feyo Johannes van Hiemstra, Hector van Glinstra en Henricus Wiardus van Altena, in dezen deduceerden ten anderen zyden: verschil zijnde over de meerderheid van Stemmen tot de nominatie van het driegetal, uit welke het vacante grietmans ampt van Tietherksteradeel sal moeten worden vervult* ... (s.l. 1752).

[361] M.W. van Boven, *De rechterlijke instellingen ter discussie. De geschiedenis van de wetgeving op de rechterlijke organisatie in de periode 1795-1811* (Nijmegen 1990).

daardoor praktisch uitgesloten. Verder waren veel grietmannen uit de stand der eigenerfden juridisch geschoold, dit in tegenstelling tot die der edelen, die meenden dat hun adelspapieren van grotere waarde waren dan een bul van een universiteit. Wel moet gezegd worden dat onder de edelen ook veel leden waren met een universitaire achtergrond, veelal verkregen in het buitenland tezamen met een grote reis ter vermeerdering van hun ontwikkeling. Bij de secretarissen was het aantal geschoolden nog groter dan bij de eigenerfde grietmannen. Verder konden grietmannen nog hulp inroepen van leden van het Hof van Friesland.

5.2 Onderlinge gelijkwaardigheid

Behalve de asymmetrische patronageverhoudingen waren er dus ook nog symmetrische verhoudingen tussen de gekozenen onderling nodig om de doelen te bereiken. Het is wel duidelijk dat deze wijze van handelen veel tijd vergde, wat ook door de afgevaardigden werd onderkend. Hiervoor werd in het begin van de 17de eeuw in Zevenwouden een systeem ontwikkeld, waarbij de op het kwartier vallende ambten van te voren verdeeld en geregeld werden door middel van de zogenaamde almanak. Dit werkte blijkbaar zo goed, dat ook de andere plattelandskwartieren, Oostergo en Westergo, hier aan het eind van de 17de eeuw toe overgingen. Zodoende waren de onderhandelingen en onderlinge afspraken omtrent het verdelen van de ambten, een bezigheid die toch wel als enigszins oneervol werd ervaren, niet meer nodig, en kon de vergadering doen wat ze was verondersteld te doen. Het gevolg van deze afspraken was wel dat de grietmannen zich nu met de opbouw van een stemmenmonopolie in de eigen grietenij konden bezighouden.[362] Was de monopolisering in een grietenij nog

---

[362] Het was gebruikelijk dat de stemgerechtigde eigenaars van een grietenij een drietal kozen, waaruit de Gedeputeerde Sta-

niet tot stand gekomen, dan werden met een zekere regelmaat wel onderling afspraken gemaakt over de benoeming van grietmannen. Als voorbeeld hiervan heeft Spanninga de volgende afspraak in zijn stuk opgenomen:[363]

"Alsoo ick Rinse van Andringa,[364] tegenwoordich in de derde stemmen van het vacerende grietmanschap van Utingeradeel door gelieven vande ingesetenen ben geraekt ende daeromme geerne tottet verschreven ampt soude zijn gepromoveert, tot welken eijnde ick nootsakelijk van doen hebbe het faveur ende de stemminge vande Heere Hobbe van Baert mede Gedeputeerde Staat van Vrieslant [365], sonder wiens gunste ick tottet verschr. Ampt niet kan geraken. Soo ist dat wy Rinse van Andringa ende Sake Teijens secretaris van Opsterlant tot recompens van dese grote gunst ende faveur hebben aangenomen ende belooft sulx doende door crachte deses zijn Edele ende zijn Edele vrienden altoos wederomme alle gunsten ende faveur te bethonen ende met niemant inde Wolden eenige correspondentie te houden sonder zijn Edele ende zijn Edele soone de grietman Dirck van Baert wil ende kennisse, ende sullen mede in specie gehouden zijn geduijrende onse regieringe - ende comparitie - ten Landsdage alle Raetheerschappen die mogen komen te vaceren daartoe te promoveren die gene die emant der gemelte heeren Baert ons daar toe sullen recommanderen, alsmede indien hierna mochte gebeuren dat des meergemelten Heeren Baert jongste soone Egbert Baert inde derde stemme van de Grietenije mochte geraken ende emant van ons beyden alsdan in het College der Heeren Gedeputeerden mochte sitten soo beloven wy den voornoemden Egbert Baert voor soo veel in ons is tot Griet-

---

ten in overleg met de stadhouder de nieuwe grietman benoemde; met ingang van 1748 was deze keuze geheel aan de stadhouder.

363 Hotso Spanninga, *Patronagepraktijken,* 4,5.

364 Ook bekend als Regnerus van Andringa.

365 En grietman van Haskerland.

man te promoveren / Dat bevestigen van 't gene voorschreven is hebben wy desen met onsse handen vertekend / den 22 junij 1640.
(Getekend door) S. Teijens 1640 (en) R. Andringa 1640.[366]

Dit stuk was ondertekend door Regnerus van Andringa, kandidaat voor de functie van grietman in Utingeradeel, en Sake Teijens, secretaris van Opsterland. Sake Teijens trad kennelijk op als getuige bij de opstelling van dit stuk; hij was trouwens ook de schrijver van het stuk. Een handtekening van de tegenpartij, Hobbe van Baerdt, is op deze overeenkomst niet aanwezig, zodat de indruk bestaat dat van de kant van Van Baerdt geen enkele verplichting bestaat tot het nakomen van het geschrevene, dat Van Andringa hier toch wel enigszins optreedt als de afhankelijke in de verbintenis, en dat hij erop vertrouwt dat Van Baerdt rekening met zijn verzoek zal houden. In dit geval lijkt het erop dat Van Andringa zich aandient als beschermeling van Van Baerdt. Dus toch nog wel een vorm van patronage, ondanks dat zij beiden tot dezelfde groep mensen behoorden.

Wat zegt deze overeenkomst ons? Allereerst dat een aantal personen, in dit geval Regnerus van Andringa en Hobbe van Baert, een toch wel enigszins eenzijdige verbintenis sluiten om te zorgen dat zowel Van Andringa op dit moment, als de zoon van Hobbe, Egbert van Baert in de toekomst, hun kansen vergroten om het prestigieuze ambt van grietman te kunnen bekleden. Men zou verwachten dat dit geregeld zou worden in een onderlinge, mondelinge toezegging. Volgens hedendaagse normen zou zo'n herenakkoord alleen maar een afspraak moeten zijn, en geen contract. Een voor de hand liggende gedachte is dat op papier geregelde afspraken

---

366 Tresoar, familiearchief Van Eysinga-Vegelin van Claerbergen (EVC), inv.nr. 167, *Overeenkomst Van Andringa en Van Baerdt,* 20 juni 1640.

strikter genomen moeten worden. Bestond er dan de angst dat een mondelinge afspraak niet nagekomen zou kunnen worden? We moeten rekening houden met de mogelijkheid dat in dit geval Regnerus van Andringa zou komen te overlijden voordat er een grietmansplaats voor Egbert van Baert vrijkomt. Indien in een dergelijk geval de nabestaanden van Van Andringa niet op de hoogte van de afspraak zouden zijn geweest, kan altijd op dit geschreven document teruggegrepen kunnen worden. Een heel ander verhaal is dat een dergelijke afspraak aan papier toevertrouwd werd, en ook nog ondertekend. Volgens tegenwoordige normen zou een dergelijke afspraak als corruptie kunnen worden aangeduid. Het lijkt er op dat een dergelijk gevoel in de zeventiende eeuw niet bestond, of dat het in ieder geval niet als een onacceptabele manier van handelen gold.

Toch vind ik het verwonderlijk dat dergelijke afspraken aan het papier werden toevertrouwd, aangezien dit document het bewijs is van een tegen de normale regels van verkiezingen en benoemingen ingaande bedoeling. Op één of andere manier was een dergelijke, mogelijk onwettige[367], handeling verworden tot een gemeengoed, waarover niemand nog bedenkingen had. En een dergelijk stuk werd nog meeondertekend door een getuige, in dit geval de secretaris van een andere grietenij. Dit is duidelijk een verbintenis met consequenties. Dergelijke overeenkomsten werden wel vaker gesloten tussen Gedeputeerden en grietmannen die zich wilden laten opvolgen door een familielid. Ook in dit geval werd de verbintenis nagekomen; Egbert van Baerdt werd in 1650 benoemd tot grietman van Haskerland, als opvolger van zijn vader Hobbe. Hij bleef dit tot 1669.

---

[367] De mogelijkheid van onwettigheid is gering, omdat het stuk mede is ondertekend door Sake Teijens, secretaris van Opsterland.

Eén ding is echter wel duidelijk. Dergelijke afspraken kunnen moeilijk als zuivere patronage worden gezien, omdat hier niet de bij patronage vereiste asymmetrische verhoudingen voorkomen; dit zijn meer vriendschappelijke afspraken van mensen uit hetzelfde milieu, en waarin onderlinge vriendendiensten worden verleend. Wel bestaan er patroon-cliënt verhoudingen op het vlak van de benoemingen van de perpetuele ambten, zoals die van raadsheren en secretarissen van Staten, Gedeputeerde Staten, Admiraliteit en dergelijke.[368] Toch komt ook nog het tegengestelde voor. Veel hoge ambtenaren bezaten zoveel stemmen in niet-gemonopoliseerde grietenijen, dat zij zich ook weer als patroon voor de zittende grietmannen konden opstellen. Deze ambtenaren namen, zonder zelf naar de Landdag afgevaardigd te kunnen worden, toch nog deel aan de benoemingsmacht over de ambten. Er moet niet vergeten worden dat ook een belangrijk deel van deze ambtenaren, net als de grietmannen en andere volmachten, behoorde tot de groep van de grote eigenerfden.

Een ander interessant stuk is een overeenkomst van februari 1668 tussen enkele heren om elkaar te helpen bij het verkrijgen van belangrijke functies.[369]

Verklaren wij ondergetekenden Gedeputeerde Staten van Vrieslant van wege de platte landen gedurende onse tijt in't selve Collegie sittende met elkanderen verdragen tesijn en weesen tot onderhoudinge van goede correspondentie ten besten van 't gemeen; om de Grietenien in Oostergoo en de Grietenien in Westergoo (het Bildt daer onder begrepen[370]) van gelijcken komende te

---

[368] Hotso Spanninga, *Patronagepraktijken,* 6.

[369] Tresoar, EVC, 323-01, inv.nr. 167, *Overeenkomst tussen Burmania, Van Nijsten, Amama, Van Baerdt en Lycklama à Nijeholt,* februari 1668.

[370] De keuze van de grietmannen in het Bildt was traditioneel voorbehouden aan de stadhouder.

vaceren te confereren tot contentement van de Heeren van Westergoo; en de Grietenien in de Wolden vervallende tot contentement van die van dat quartier: Belovende elckanderer als personen van ere en trouwe het effect van dien niet alleen te helpen presteren maar oock in alle andere saecken in vertroude en oprechte vruntschap te sullen leven, en met onse en onse vrunden particuliere stemmen so veel doenlijk te assisteren, in kennisse onse landen.
Actum den Febr: 1668.
Verteeckent L. à Burmania, B. van Nijsten, Jan Amama, Egbert van Baerdt, L. Lycklama à Nijeholt.

Uit dit stuk blijkt duidelijk dat diverse heren, waarvan er twee, Burmania en Amama, tot de adel behoorden, onderlinge afspraken maakten met het doel om voor hen bevredigende invullingen te creëren voor vrijkomende posten in de grietenijen. Dit doen zij onder de naam van mannen van eer, en alles ten behoeve van het land.

Dit is niet het enige stuk in zijn soort. Op 20 mei 1669 sloten de heren B. van Nijsten, Egbert van Baerdt en L. Lycklama à Nijeholt weer een dergelijke overeenkomst.[371] Aangezien de ondertekenaars van dit stuk ook voorkomen op de overeenkomst van februari 1668, lijkt het erop dat een aantal heren zich om één of andere persoonlijke reden uit de oorspronkelijke overeenkomst hebben teruggetrokken.[372]

Wel is duidelijk dat het de gewoonte was om met elkaar afspraken te maken met de bedoeling er zelf zo goed mogelijk uit te komen. Contracten konden ken-

---

[371] Tresoar, EVC, 323-01, inv.nr. 167, *Overeenkomst Van Nijsten, Van Baerdt en Lycklama à Nijeholt,* 20 mei 1669.
[372] Laes van Burmania werd in 1670 benoemd tot grietman van Idaarderadeel, als opvolger van de in hetzelfde jaar overleden Carel van Roorda. Jan van Amama is op 11 februari 1678 te Sloten overleden; Tresoar, DTB, nr. 613, *Gemeente Sloten, register van overledenen 1635-1811.*

nelijk gemakkelijk worden gewijzigd als iemand zich er niet meer in kon vinden.

Toen in 1748 met het Reglement Reformatoir de stadhouder de bevoegdheid tot de benoeming van grietmannen tot zich had getrokken ontstond er een geheel nieuwe situatie. Voor de grotere eigenerfden was het om benoemd te worden wel gunstig en voordelig om met de stadhouder, die nu de mogelijkheid had gekregen om gunsten te verlenen, een goede relatie op te bouwen. Ook tijdens het Koninkrijk Holland onder Lodewijk Napoleon, en later ook onder Napoleon, was het van groot belang om bij de vorsten en hun vertegenwoordigers een goede naam op te bouwen. En onder Koning Willem I was het natuurlijk niet anders. Hij had de macht als vorst naar zich toegehaald. Voor de eigenerfden, die aanvankelijk als vrije mensen hun bezit konden laten spreken, moet dit wel een hele verandering zijn geweest, afhankelijk te zijn geworden van anderen.

5.3 Ongelijkwaardige verhoudingen

Op 16 december 1810, dus na de inlijving in het Franse Keizerrijk van Napoleon, ontving de landdrost van Friesland, de eigenerfde Regnerus Livius van Andringa de Kempenaer[373] een brief van F.G.A.B. van Lijnden, met verzoek om steun voor een benoeming in een vacature bij de Universiteit van Franeker.[374] Nu is de schrijver van deze brief beter bekend als mr. Frans Godard Ayzo Boelens baron van Lynden (1781-1828), wonend

---

[373] Regnerus Livius van Andringa de Kempenaer was in 1804 lid van het Wetgevend Lichaam van de Bataafse Republiek, en onder koning Lodewijk Napoleon van 1807 tot 1811 landdrost van Friesland. Van 1811 tot zijn overlijden in 1813 was hij prefect van het departement Boven-IJssel.

[374] Tresoar, BRF, inv.nr. 3476, *Brief van F.G.A.B. van Lynden aan R.L. van Andringa de Kempenaer,* 16 december 1810.

te Beetsterzwaag. Dat hij zo verlegen zit om een baantje lijkt zeer vreemd, aangezien zijn vader, Reinhard baron van Lynden (1742-1819), ook uit Beetsterzwaag, en van 1782 tot 1795 grietman van Opsterland, in 1796 bekend stond als de rijkste man van Friesland,[375] met een geschat vermogen van ongeveer *f* 708.000,--. De familie was dus niet als arm te kwalificeren. Verder was deze vader van 1789 tot 1795 één van de curatoren van de Franeker universiteit. Bij de omwenteling in 1795 moest hij als edele het veld ruimen uit alle openbare functies.[376] Voor Frans moet het verkrijgen van een baantje bij die Universiteit, en ik neem aan dat hij een baan als curator op het oog had, een vorm van genoegdoening zijn geweest. Toch moest een edele bij een eigenerfde vragen om hulp bij het verkrijgen van een baantje. Het ongelijkwaardige in de verhouding was hier duidelijk een kwestie van macht en invloed, niet van vermogen en afkomst.[377]

Genoemde brief behandelt kort een aantal onderwerpen. Als eerste onderwerp schrijft Frans Boelens van Lynden over een declaratie; in het tweede geeft hij zijn blijdschap weer dat er enige hoop bestaat op het behoud van de sinds 1795 bedreigde Universiteit. Hij herinnert De Kempenaer eraan dat hij een nominatie voor een functie bij deze universiteit heeft ingestuurd, en roept vervolgens zijn 'veelvermogende invloed' aan

---

[375] Yme Kuiper, *Adel in Friesland,* 454.

[376] Eén van de nieuwe curatoren van de Franeker Universiteit was de bekende Eise Eisinga, wolkammer en bouwer van het Planetarium in Franeker. Hij was in 1787 als gevolg van de mislukte revolutie uitgeweken naar Steinfurt in Duitsland. Hij keerde terug naar Friesland, werd gearresteerd en voor vijf jaar verbannen, waarna hij weer terugkwam. Hij oefende het ambt van curator uit van 1797 tot 1802.

[377] R.L. Andringa de Kempenaer komt op dezelfde lijst voor met een geschat vermogen van *f* 267.000,00, maar met de toevoeging 'suspect', wat inhield dat de opgave mogelijk niet klopte.

om samen 'met ons tot vermeerdering van de steeds toenemende bloei van onze universiteit' werkzaam te wezen. De brief eindigt met nog een herinnering voor een aanbeveling, en de gebruikelijke plichtplegingen. Aangezien de vrij korte brief (de tekst is maar veertien regels groot) over verschillende onderwerpen handelt, de toonzetting tamelijk licht is, en het aanroeren van het eigenlijke onderwerp, de sollicitatie, nogal als terloops overkomt, lijkt me dit een goed voorbeeld van een verzoek van Frans van Lynden aan De Kempenaer om hem als beschermeling te aanvaarden.

Een aardige bijkomstigheid was dat een zoon van Regnerus Livius, mr. Antoon Anne van Andringa de Kempenaer, en mr. Frans Godard Ayzo Boelens baron van Lynden beiden op 15 oktober 1814 werden benoemd tot Gedeputeerde, de eerste als eigenerfde (tot 31 oktober 1815) en de tweede als edele (tot 1 oktober 1816), dus politiek gezien als nagenoeg gelijken.

Op 2 oktober 1808 ontvangt de landdrost R.L. van Andringa de Kempenaer een brief van een voor mij onbekende schrijver;[378] alleen een handtekening is aanwezig, en die is onleesbaar. De schrijver maakt de landdrost erop attent dat de schoolopziener van het zesde district is overleden, en er dus een vacature voor deze functie bestaat. Hij had al meerdere mensen om steun verzocht, waaronder J. van Burmania Rengers, sinds 20 januari 1808 burgemeester van Leeuwarden. Hiervan heeft hij zo te zien geen hulp gekregen. Hij schrijft zeer geschikt te zijn voor deze functie; hij kent zijn talen. Hij 'bidt onderdanig' dat de heer De Kempenaer zijn vrijheid tot dit schrijven wil verschonen, en verzoekt hem zijn zozeer gewenste protectie zal geven.

---

[378] Tresoar, BRF, inv.nr. 3476, nr. 75, *Brief aan R.L. van Andringa de Kempenaer met verzoek om protectie bij een sollicitatie,* 2 oktober 1808.

Hier is duidelijk sprake van een schrijver die graag als mogelijke cliënt van de landdrost door het leven wil gaan. De brief is soms tamelijk vrijpostig, maar vooral aan het eind zeer onderdanig; maar onderdanigheid komt vaker voor in brieven waarin iemand een ander lastigvalt met een verzoek.

Dergelijke verzoeken om protectie zullen wel vaker bij mensen met enige invloed binnengekomen zijn. De vraag blijft echter of de verzoekers in staat zijn iets te leveren waaraan de aangeschrevene behoefte heeft.

5.4 Grietmannen als cliënt

Een belangrijke vraag die hier gesteld kan worden is de volgende: zijn er in een omgeving waar de hoogste macht traditioneel is toebedeeld aan de vertegenwoordigers van de adel en de eigenerfden mensen te vinden die aan de grietmannen, of potentiële grietmannen, gunsten kunnen verlenen vanuit een standpunt van hogergeplaatste. Dit lijkt mij zeer moeilijk. Wel had de stadhouder van Friesland sinds 1748 de macht om grietmannen te benoemen, maar hij was hierbij wel gebonden aan de voordrachten die uit de diverse grietenijen afkomstig waren. Wel waren voor benoemingen in andere functies, onder andere de ambten bij de Admiraliteit, de Staten-Generaal en de Hoge Raad vaak voordrachten nodig, waarbij wel toezeggingen werden gedaan om deze banen inderdaad te verkrijgen. Deze banen waren zo aantrekkelijk omdat hier het echte geld viel te verdienen.

Hierbij moeten we wel rekening houden met het verschijnsel dat afspraken vaak niet op papier werden gezet, maar meer thuis hoorden in het circuit dat populair gezegd ook wel achterkamertjespolitiek wordt genoemd. Dergelijke afspraken werden dan ook meer in de privé-sfeer gemaakt dan via officiële kanalen, al zullen er voor definitieve benoemingen wel verzoeken of voorstellen tot deze benoemingen moeten hebben plaatsgevonden.

5.5 Leden der Friese Staten als cliënt

Voor leden van de Friese Staten, de volmachten, geldt in principe hetzelfde als voor grietmannen. Zij vormen het hoogste gezag in Friesland en ze worden vanuit de grietenijen gekozen, met alleen het verschil dat de grietman praktisch automatisch lid van de Staten is. Op de benoemingen kan door de stadhouder geen enkele invloed worden uitgeoefend. Wel kunnen onderlinge afspraken worden gemaakt om iemand naar voren te schuiven, maar dit is dan weer op basis van een vorm van gelijkheid.

5.6 De leden der Friese staten en hun cliënten

Omdat de volmachten op de Landdag van de Friese Staten het recht tot benoeming van alle mogelijke ambten bezitten, kan gevoeglijk worden aangenomen dat in deze omgeving een grote mate van lobbyen aanwezig moet zijn geweest. Tot de te vergeven ambten behoorden die van Lid van de Admiraliteit, Lid der Staten-Generaal en Raad van State in Den Haag, het Hof van Friesland, grietenijsecretarissen en diverse vertegenwoordigende functies in alle mogelijke instellingen. Veel van deze baantjes werden vervuld door de volmachten zelf en jongere broers en jongere zonen van zittende volmachten. Het ligt voor de hand dat de betrokken volmachten hiervoor steun probeerden te vinden bij hun collega's. Aangezien deze mannen elkaar op regelmatige tijden wisten te ontmoeten, en zij vaak vrienden of familie van elkaar waren, lijkt het logisch dat veel van deze aanstellingen ontstonden als gevolg van niet op papier gezette afspraken, de op dit moment zo vaak genoemde achterkamertjespolitiek.

5.7 Het verdwijnen van patronage

In de periode van de Bataafs-Franse tijd was de macht van de destijds heersende klasse danig geslonken. Al direct bij het invoeren van 'algemene' verkiezingen in 1795 werden de eigenerfden en de edelen alle voorrechten op bestuursfuncties ontnomen. Ook burgers die eerder geen enkele invloed op de benoemingen hadden, zoals katholieken en doopsgezinden, kregen nu stemrecht, en mochten ook gekozen worden in alle mogelijke functies, ook in de kiescommissies van de dorpen. Als gevolg hiervan werden de voormalige machtigen danig in hun mogelijkheden tot het verwerven van invloed beperkt. Dit moet ongetwijfeld gepaard zijn gegaan met vermindering van hun waarde voor relaties die voorheen van hen afhankelijk waren, en waarmee zij mogelijk een patroon-cliënt relatie onderhielden. Ook na 1795 waren de wisselingen van de personen die aan de macht waren zo veelvuldig en onvoorspelbaar, dat het ook in deze periode moeilijk moet zijn geweest om vruchtbare relaties op te bouwen.

Bij de overgang van de Franse overheersing naar het begin van het Koninkrijk der Nederlanden kregen we te maken met een typische overgangssituatie. Het bestuur van Friesland werd tijdelijk in handen gelegd van twee Commissarissen Generaal, de heren Mr. Ennius Harmen Bergsma (1755-1828), die van 1 maart 1811 tot 4 december 1813 raadsheer was bij het Keizerlijk Hof van Holland en vanaf 1 december 1813 bij het Hoog Gerechtshof, en Mr. Hector van Sminia (1763-1816), lid van de Raad van Préfecture van Friesland Zij werden op 2 december 1813 door de nieuwe vorst Willem I geïnstalleerd en dienden in deze functie tot 29 april 1814. Direct na hun benoeming kwamen de eerste brieven met verzoeken om protectie en banen binnen.[379] Van honorering van deze verzoeken is geen spoor te bekennen.

Figuur 5.6.1

Gevelsteen aangebracht boven de westelijke ingang van de kerktoren te Oldeboorn. Hierop zijn de wapens te zien van de families Van Scheltinga, Van Andringa en Lycklama à Nijeholt.

Foto: K. de Groot

Met de overgang naar het systeem waarbij een Oranjevorst de teugels in handen kreeg, deden zich weer enige mogelijkheden voor om relaties op te bouwen, maar in deze situatie waren de eigenerfden niet meer in een positie om een cliëntenkring op te bouwen. Het nut hiertoe was niet langer aanwezig; zij waren niet meer afhankelijk van verkiezingen en benoemingen door standgeno-

---

[379] Tresoar, Provinciaal Bestuur Friesland 1813-1922, toegang 11, nr. 9487, inv.nr. 6 (8 december 1813), zonder nummer (10 december 1813), nr. 2 (december 1813), nr. 14 (17 december 1813) en nr. 15 (december 1813).

ten. Nu werden bestuurders aangewezen door de vorst. Verder werd hun macht ingeperkt door de aanwezigheid van raden, op wier benoeming zij geen invloed hadden.

In deze raden waren mensen aanwezig die in de gemeentes als zeer belangrijk werden aangemerkt, maar die van een bestuurlijk aanmerkelijk lager niveau, zowel in middelen als ervaring, waren. Zien we bijvoorbeeld naar de samenstelling van de gemeenteraad van Oldeboorn in 1815,[380] dan ontdekken we hierin geen van de illustere namen uit het verleden, zoals Van Scheltinga, Lycklama à Nijeholt en Van Andringa, families die voorheen in Oldeboorn woonachtig waren, en wier wapenschilden boven de westelijke ingang van de plaatselijke kerk zijn aangebracht. In plaats hiervan zijn de namen van de gemeenteraadsleden nu die van gewone boeren en burgers, veelal plaatselijke handelaren, ambachtslieden, dominees en andere beroepsbeoefenaren. Zij worden wel weer tot een nieuwe elite gerekend, en vaak zijn ook zij niet geheel onbemiddeld.

Op 14 december 1815 stuurde de Schout van Oldeboorn, Klaas Hessels Hesling, een lijst van de twaalf meest aanzienlijke en gegoede ingezetenen van die gemeente naar de Gouverneur van de Provincie Vriesland.[381] Op deze lijst komen behalve hemzelf nog elf personen voor, allen raadsleden. Het lijkt er dus op dat de raad samengesteld is uit tenminste elf personen

---

[380] De lokale bestuursindeling was zodanig gewijzigd dat er nu op plaatselijk niveau bestuurd werd, en niet meer op het niveau van de grietenijen. Wel waren in die periode de gemeenten van een geringere omvang dan de vroegere grietenijen. Vreemd genoeg is de gemeentelijke indeling van 1815 ook nu nog terug te vinden in de grondregistratie van eigendommen bij het Kadaster.

[381] Tresoar, 11, inv.nr. 9341, nr. 158, *Lijst van de twaalf meest aanzienlijke en gegoede ingezetenen van Oldeboorn,* 14 december 1815.

die tot de meest belangrijke en gegoede ingezetenen worden gerekend. Er is dus al weer een nieuwe toplaag ontstaan. Mogelijk moet worden aangenomen dat de rijkste inwoners ook de meest betrouwbare en onafhankelijke waren, een groep die niet afhankelijk is van anderen, en die ook moeilijk om te kopen valt.

Een deel van deze lijst, om precies te zijn zes personen, wordt aangeduid als reeds aanwezige raadsleden, waaronder een 'kleinere' eigenerfde boer Hylke Sjoukes Hijlkema.[382]

Dat de kans dat Willem I bij zijn benoemingen van personen, die in aanmerking kwamen voor verheffing in de adelstand, willekeurig te werk kon gaan klein was, is wel duidelijk als we in aanmerking nemen dat de koning voor deze verheffingen duidelijke richtlijnen had opgesteld die door de Hoge Raad van Adel nauwkeurig gevolgd werden. Bij deze verheffingen ging de koning pragmatisch te werk. Hij wilde een adel die zoveel mogelijk overeen kwam met de heersende elite in de onder zijn bewind staande verenigde landen. Zijn voorkeur ging uit naar personen die een leidende positie hadden bezet, óók die heerschappen die in de Franse tijd in de

---

[382] Deze Hijlkema is geen directe familie van de familie Van Hylckama. In een ver verleden hebben zij evenwel gemeenschappelijke voorouders. Wel is Hylke Sjoukes Hijlkema een rechtstreekse voorvader van de auteur. In zijn genealogie van de het geslacht Heemstra - Hylkema (genealogie 1303, *Vijf eeuwen geslacht Heemstra - Hylkema*) stelt Julius Heemstra op pagina's 5, 25 en 26 dat alle personen met de namen Hylckama, Hylcama, Hylkama Hijlkema Hielkema Hylkema, Hiemstra en Heemstra hun oorsprong bij dezelfde voorouders hebben. De naam Hylcama komt al in de vijftiende eeuw voor in Gaasterland. Door verschillende leden van de familie is de geslachtsnaam niet altijd gebruikt; zij werd mogelijk alleen gevoerd als dat een onderscheid met andere families opleverde bij gelijke voornamen en patroniemen. Zie verder bijlage 1.2.

regering hadden gezeten en in een aantal gevallen door Napoleon geadeld waren.[383]

Gezien het feit dat hij voor de verheffing gebruik maakte van door hemzelf opgestelde regels, en dat een formele instantie, in dit geval de Hoge Raad van Adel, bij dit proces betrokken was, kan wel gesteld worden dat in deze gevallen weinig kans bestond dat er tussen koning en de in de adelstand verhevenen enige vorm van een patroon-cliënt relatie zou kunnen bestaan. Toch is de onderlinge verhouding tussen de koning en de kandidaat-edele wel degelijk asymmetrisch, wat normaal gesproken een voorwaarde voor patronage is. De door de koning geselecteerde personen waren niet uitgesproken persoonlijke vrienden van hem, mogelijk zelfs niet Oranjegezind gedurende de gehele Bataafs-Franse periode. Toch heeft hij hen verkozen omdat zij het land trouw waren gebleven in de moeilijke tijd, terwijl zij een enorme schat aan kennis hadden opgedaan voor het besturen van een centraal bestuurd land, met moderne opvattingen. Deze ervaring kon hij niet ongebruikt laten verdwijnen. Hijzelf had immers ook een centraal gestuurde staat in gedachten. En voor deze nieuwe staat had hij een groep mensen nodig, die hij tot de adel kon rekenen, voor het vervullen van de benodigde functies. Als edele, wat de koning dus was, moest hij kunnen vertrouwen op een cordon van lagere edelen, waarvan een deel zijn status aan hem te danken had. Ook de koning had 'klapvee' nodig voor zijn applaus. Dus mogelijk toch nog een zwakke vorm van patronage.

---

[383] J. Aalbers en M. Prak (red.), *De bloem der natie; adel en patriciaat in de Noordelijke Nederlanden,* (Meppel 1987), p. 146.
O. Schutte, 'Het beleid tijdens het Koninkrijk der Nederlanden ten aanzien van de door Napoleon verleende titels', in: *Liber Amicorum Jhr.Mr. C.C. van Valkenburg* ('s Gravenhage 1985), p. 310-332.

5.8 *Familierelaties en verzwagering binnen de 'grote' eigenerfden*

Een verschijnsel dat ook bij de benoeming van personen in vrijgekomen ambten veel ingang had gevonden was het verdelen van posten onder familieleden. Veel van de families van de eigenerfde patriciërs waren door bloedbanden aan elkaar verbonden. Verder bestond er ook nog een situatie waarbij de verbinding met andere families niet door bloedbanden, maar door huwelijk tot stand was gekomen, de verzwagering. Huwelijken van zonen uit een geslacht van eigenerfden met dochters uit een ander geslacht waren zo algemeen, dat bijna gezegd kan worden dat binnen deze groep mensen iedereen familie van elkaar was.

Een sprekend voorbeeld van die onderlinge verwevenheid van families is de volgende combinatie. Daniel de Blocq van Scheltinga (1621-1703) had een aantal kinderen, waaronder Cornelis (1655-1732); deze was gehuwd met Houckje van Haersma. Diens zoon Arent Cornelis (1715-1761) was gehuwd met Jetske van Vierssen. Een zuster van Cornelis, Anna van Scheltinga (1653-1676) was gehuwd met Johannes van Velsen, zoon van Benedictus van Velsen en Sophia Andries van Roorda.[384] In hoofdstuk 4 komen ook deze laatste twee namen voor, namelijk als voorouders van Johan Petrus van Hylckama. Epeus van Hylckama (1665-1733), de grootvader van Johan, trouwde op 3 november 1709 met Cecilia Roorda van Velsen, een dochter van de eerder genoemde Benedictus van Velsen en Sophia Andries van Roorda. Beide families, Van Scheltinga en Van Hylckama, zijn in het verleden via hun gemeenschappelijke voorvader Andries van Roorda verwanten van el-

---

[384] W. Wijnands van Resandt, *Geschiedenis en genealogie van het geslacht Van Scheltinga van ± 1530 tot 1939* (s.l. 1939), 42-44.

kaar. In tabel 5.7.1 in bijlage 5.7 is één en ander verduidelijkt.

Nu bezat een broer van Andries van Roorda, Carel, in Idaarderadeel twee landerijen, Friesma State bij Idaard en Groot Roorda State bij Grou. Deze states liggen vlak bij elkaar. Deze states zijn na Carel's overlijden geërfd door zijn zuster Sophia Andries van Roorda, die gehuwd was met Benedictus van Velsen. Friesma State is na het uitsterven van de familie Van Velsen overgegaan naar Cornelis van Scheltinga (1655-1732),[385] terwijl Groot Roorda State in het bezit is gekomen van de familie Van Hylckama. In 1763 werd Cornelis van Scheltinga (1743-1812) benoemd tot grietman van Idaarderadeel. Hij was gehuwd met Aurelia Aletta van Haersma, en zoon van Arent Cornelis en Jetske Wiskia van Vierssen, kleinzoon van de eerder genoemde Cornelis. Verder werd in 1793 Johan Petrus van Hylckama gekozen tot volmacht namens Idaarderadeel. Deze grietenij had dus gedurende de periode van 1793 tot 1795 twee volmachten uit de stand der eigenerfden, waarvan er één als edele fungeerde.

Verder is nog interessant dat de 'stamvader' van de familie Van Hylckama, Janus Pieters van Hylckama (1628-1681) was gehuwd met Idske Tincos van Andringa (1643-1701), dochter van Tinco van Andringa (1606-1673), burgemeester van Sloten. Tinco van Andringa had onder andere een familielid met weer de naam Tinco van Andringa (1643-1689), zoon van Regnerus van Andringa en Dedtcke Lycklama à Nijeholt; deze laatstgenoemde Tinco was in 1669 gehuwd met Eritia van Scheltinga (1646-1691), de oudste dochter van Daniël

[385] Na het overlijden van Cornelis van Scheltinga (1743-1812) is Friesma State geërfd door Cornelis Bergsma. In 1728 had Cornelis van Scheltinga een fideï-commis laten opstellen waarbij werd bepaald dat vererving zou plaatsvinden aan de oudste nazaat met de voornamen Cornelis of Cornelia. Ook de familie Bergsma was dus verbonden aan de Van Scheltinga's.

de Blocq van Scheltinga (1621-1704). Hun dochter Romelia van Andringa (1672-1743) huwde in 1694 met Dancker de Kempenaer. Dit betekent dat ook de families Van Hylckama en Andringa de Kempenaer via de twee genoemde Tinco's van Andringa gemeenschappelijke voorouders hebben, en dus bloedverwanten zijn. Ook is de familie Lycklama à Nijeholt aan hen gerelateerd. De bloedverwantschap is gedemonstreerd in tabel 5.7.2 in bijlage 5.7.

Om een overzicht te geven van de huwelijken tussen leden van de meest bekende in deze studie genoemde families is in tabel 5.7.3 in bijlage 5.7 een opsomming van een aantal van deze verbintenissen. Deze lijst is niet compleet, maar hij geeft wel een voorlopige indruk van de verwevenheid van die families. In de lijst zijn de mannelijke partners eerst genoemd, gevolgd door hun echtgenotes.

Zo zijn in totaal door de familie Van Scheltinga driemaal verbintenissen aangegaan met de familie Van Sminia, elf maal met de familie Van Haersma, Van Vierssen zeven maal, Lycklama à Nijeholt vier maal, Van Bouricius vier maal, Van Glinstra tweemaal en ook met Van Andringa tweemaal.[386] Voor de andere families gelden ook hoge waarden, al is het wel opvallend dat de familie Van Scheltinga wel het vaakst voorkomt in deze (niet complete) lijst. Deze familie is een belangrijke schakel in de verbondenheid van de verschillende families.

Het was de gewoonte van veel van de genoemde families om in het winterseizoen naar Leeuwarden te verhuizen. Velen van hen bezaten in die stad een woning, omdat zij vaak voor staatsaangelegenheden daar dienden te verschijnen. Zo werden de belangrijkste zittingsdagen van de Staten van Friesland gehouden in februari. Aan-

---

[386] W. Wijnaendts van Resandt, *Van Scheltinga,* 10.

gezien het platteland gedurende de winter een zeer onprettige omgeving was om de winter door te brengen, en Leeuwarden in de 17e tot de 19e eeuw een prettige plaats was om te verblijven, vestigden de betrokken families zich dicht bij de plaatsen waar de vergaderingen plaatsvonden. Ook waren de verbindingen tussen de woonplaatsen en de hoofdstad vooral in de winter tamelijk onbegaanbaar. Dit had tot gevolg dat er gedurende de winter veel feestjes in intieme kring plaatsvonden, waarbij veel van de gasten behoorden tot leden van de zelfde groep families. Deze feestjes waren een prachtige gelegenheid voor jonge mensen om elkaar te ontmoeten, en voor de ouderen om de familiebanden aan te halen. En uiteraard om politiek en strategieën betreffende vermogensvorming te bespreken. Aangezien bijna iedereen familie van elkaar was, soms toch nog op een redelijke afstand, zal er heel wat geroddeld worden over verwanten die niet aanwezig waren. Veel van de bij deze feestjes aanwezigen moeten zich van elkaars relaties bewust zijn geweest, ook al kenden zij sommige personen niet. Deze families bezaten echter familiewapens, waardoor zij hun afkomst en relaties konden nagaan.[387]

Het zo nauw met elkaar verbonden zijn had ook wel enige nadelen. Bij een overlijden in de familie konden er ook problemen ontstaan over de verdeling van de erfenis, vooral als een tak van een familie uitstierf. Omdat het de gewoonte was dat ook vrouwen volwaardig in de nalatenschap deelden, waren ook vaak leden van andere, aangetrouwde, families belanghebbende in die nalatenschap, vooral als een vrouwelijke erfgenaam al was overleden, en de familie van haar echtgenoot tot de

---

[387] Het bespreken van familierelaties en kennissen was in Friesland tot voor enige decennia bij de gewone burgers, en vooral op het platteland en in de dorpen, nog een geliefd tijdverdrijf tijdens familiebijeenkomsten. Hierbij werden niet aanwezige mensen met hun naam, en vooral hun toenaam, uitvoerig besproken.

erven werd gerekend. Zo werden na het overlijden van de Welgeboren Juffer Titia van Sminia, die in Wommels woonde en de laatste overgeblevene was van de familie Van Sminia in Wommels, al haar goederen verdeeld over vijf familieleden van haar moeder, de in 1733 overleden jonkvrouw Tjallinga Ædonia van Eysinga. Al de aan haar toebehoord hebbende bezittingen uit de familie Van Sminia vielen toe aan twee familieleden met de naam Van Eysinga en aan drie met de naam Aebinga van Humalda.[388] Al dit vermogen van de eigenerfdenfamilie Van Sminia ging naar leden van de adel.

Gesteld kan worden dat de netwerken die tussen de diverse leden van de eigenerfde families bestonden een enorme bijdrage hebben geleverd aan de instandhouding van hun aandeel in het bestuur van Friesland gedurende de periode van de revoluties en de beginperiode van het Koninkrijk der Nederlanden. Deze netwerken zijn een belangrijk strategisch hulpmiddel geweest om hun invloed, voor zover dat door de gewijzigde omstandigheden in hun vermogen lag en zolang dat mogelijk was, te consolideren.

5.9 Relaties en verzwagering met andere boeren

Buiten de grote eigenerfde boeren bestonden er nog een aantal groepen van boeren die ook aandacht verdienen. Zo bestond er nog een grote groep eigenerfde boeren die niet of weinig geïnteresseerd waren in delen in de macht of het bestuur van Friesland en haar instituties. Deze boeren vonden het waarschijnlijk belangrijker om hun tijd in het beheren van hun boerenbedrijf te steken en de

---

[388] Tresoar, 323-01, Familiearchief Eysinga/Vegelin van Claerbergen, (oud nr. 437, nieuw nr. 2252), *Scheidinge en Deelinge van de vastigheden, nagelaten bij de Welgeboren Juffer Titia van Sminia,* 3 april 1803.

daarvoor nodige dagelijkse werkzaamheden te verrichten. Onder hen komen namen voor als Wiarda, Van Broersma, Van Kinnema en Buwalda. Dergelijke families hebben wel echtgenotes geleverd aan de meer bekende grote families. Omdat ook zij over stemrecht beschikten, en soms als massa kleine stemmen konden bepalen wie de meerderheid van stemmen kreeg bij verkiezingen, kan er gevoeglijk van worden uitgegaan dat er tussen deze boeren en de grote eigenerfden toch een relatie moet hebben bestaan van wederzijdse afhankelijkheid, en waarschijnlijk ook van wederzijds vertrouwen.

Zo zijn bij de familie Van Scheltinga huwelijken gesloten met dochters van Van Broersma, Van Kinnema en Wiarda. Bij de Sminia's komt een huwelijk voor met een dochter van Gerrolsma.

Verder werden door de 'grote' eigenerfden boerderijen verhuurd aan pachters. Vaak waren dit grote boerderijen, afkomstig uit erfenissen van aangetrouwde families, die door het ontbreken van een mannelijke nakomeling werden verhuurd aan boeren die geen eigen bezit hadden, en als meiers het beheer voerden over deze bedrijven. In de periode voor de grote hervormingen hadden zij geen stemrecht. Dit was immers voorbehouden aan de eigenaren. Maar toen in 1795 het voorkeurstemrecht was vervangen door een algemeen stemrecht, kregen deze boeren ook de mogelijkheid om hun invloed te laten gelden. Het is aannemelijk dat zij, ingeval er een bestuurder moest worden gekozen, zij de voorkeur gaven aan iemand die zij goed kenden, en waarvan zij tot op zekere hoogte afhankelijk waren voor de uitoefening van hun bedrijf. De van hun voorrechten ontheven eigenerfden werden zo ook nog enigszins afhankelijk van hun huurders. Er is in dit geval dus ook weer sprake van een wederzijdse afhankelijkheid.

5.10 Familierelaties en verzwagering met de adel

Ook met de adel zijn door de eigenerfden verbintenissen aangegaan. Ondanks het gangbare idee dat de adel alleen binnen de eigen kring zijn toekomstige echtgenoten en echtgenotes zochten, is dit idee niet helemaal juist. Zo is door huwelijk de familie Van Hylckama, zoals al eerder gemeld, verbonden aan het adellijke geslacht Van Roorda, wat blijkt uit hun bezit door vererving van de landgoederen Groot en Klein Roorda State. Ook de familie Bergsma was via vererving als eigenaar van Friesma State, een oude Roorda-bezitting, verbonden met de familie Van Roorda, evenals leden van de familie Van Scheltinga, die ook door vererving eigenaar zijn geweest van deze State. Om een indruk te geven dat vermenging van adel met eigenerfden niet een ongewoon verschijnsel was, is in tabel 5.7.4 in bijlage 5.7 een nogal saai en droog lijstje van dergelijke huwelijken opgenomen, waarbij aangetekend wordt dat deze opsomming niet volledig hoeft te zijn. In deze opsomming is geen verschil gemaakt tussen mannen en vrouwen van de eigenerfde afkomst en die der edelen. De leden der eigenerfde stand staan aan het begin van de regels, de adellijke echtelieden staan ingesprongen.

Het is wel duidelijk dat dergelijke huwelijken niet zeldzaam waren, en ook dat zij niet een verschijnsel zijn dat pas in latere jaren voorkwam. Dit soort verbintenissen bestond al meer dan een eeuw eerder dan de periode waarover deze studie gaat.

Ook moet niet uit het oog verloren worden dat sommige eigenerfden buren waren van adellijke lieden, zoals de bewoners van 'De Klinze' in Oudkerk, het landgoed van de Sminia's dat in 1681 door Hobbe Baert van Sminia was gekocht en dat tot 1966 in hun bezit bleef. Pal naast hun landgoed lag Heemstrastate, het grote landgoed van de baronnen Van Heemstra, een oud adellijk geslacht, dat vele generaties op die plaats in

Oenkerk heeft gewoond. Beide families moeten elkaar goed gekend hebben; zij waren immers buren gedurende eeuwen.

Deze verwevenheid van adellijke en niet-adellijke families had ook weer tot gevolg dat de grotere eigenerfde families, en dat zijn de hier bestudeerde eigenerfden ongeveer allemaal, hun netwerken konden uitbouwen binnen een groep die toch de reputatie had tamelijk hermetisch te zijn. Tezamen met de netwerken binnen de eigenerfden konden zij dus rekenen op een grote groep invloedrijke personen, die aan hen de kans en de mogelijkheden gaf om zich ook in moeilijke periodes te handhaven.

Dat er tussen leden van de adel en de gewone boeren bij sommige gelegenheden weinig animositeit bestond, vooral na de revolutieperiode, wordt gedemonstreerd met de gezamenlijke aankoop van een landgoed met logement 'De Oude Schouw' en veerdienst te Akkrum[389] in 1869 door zeven leden van de familie Hylkema,[390] (op afstand familie van de Van Hylckama's), en jhr. Valerius Lodewijk Vegelin van Claerbergen voor de prijs van *f* 4101,-.[391] Om het geheel beheersbaar te maken werd een maatschap opgericht om het logement en

---

[389] Dit logement staat nu nog steeds bekend onder de naam 'Landgoed de Oude Schouw'. Het is oorspronkelijk opgebouwd in de middeleeuwen en is de belangrijkste schakel in de verbinding tussen Leeuwarden en de rest van Nederland, reden waarom de stad Leeuwarden vroeger een belangrijk aandeel in de aanleg en exploitatie van het geheel.

[390] Kerst Bonnes Hylkema, als eerste genoemd in de koopakte, is een rechtstreekse voorouder van de auteur. Andere kopers waren een broer, zonen en aangetrouwde leden van de familie, en die bekend stonden als boeren. Hoewel hij niet tot de grote eigenerfden behoorde, was hij, net als de vaker genoemde Van Hylckama's een afstammeling van de 16^{e} eeuwse Hylckama's. Hij was dus een eigenerfde boer.

[391] Tresoar, *Notariële archieven*, 26, inv.nr. 1040, 27 december 1869.

veer te exploiteren.[392] Uit deze overeenkomst blijkt duidelijk dat tijdens het Koninkrijk der Nederlanden de nog altijd veronderstelde afstand tussen boeren en adel niet onoverkomelijk groot was. Als zakenpartners zagen zij elkaar wel als gelijkwaardig.

De bij het landgoed behorende veerdienst maakte gebruik van twee schouwen, een kleine voor enkele personen tegelijk, en een grote voor grotere hoeveelheden mensen. De grote schouw mat 12,8 meter lang, 3,2 meter breed en had een diepgang van 50 centimeter. Deze schouw kon in één overtocht 125 man infanterie, of 16 man cavalerie, inclusief paarden, overzetten, zoals gebeurde op 18 februari 1831.[393] Ook konden drie à vier rijtuigen tegelijkertijd worden overgezet.

5.11 Conclusies

Patronage heeft in Friesland zeker plaatsgevonden. Met de stadhouders bestond onder de eigenerfden nauwelijks enige relatie. De beschermelingen van de stadhouder waren hoofdzakelijk adellijke personen die buiten Friesland woonden. De eigenerfden maakten deel uit van het soevereine bestuur van Friesland, en de stadhouder was als 'werknemer' hiervan geen onderdeel. Tussen de 'grote' eigenerfden bestond een grote mate van gelijkheid, die mede werd veroorzaakt door een belangrijke mate van verzwagering. Familieleden van de eigenerfden hebben wel geprofiteerd van de mogelijkheden die hun ouders en hun familie tot hun beschikking hadden.
Uit de voorgaande delen 5.7, 5.8 en 5.9 kan worden opgemaakt dat er tussen de adel en de eigenerfden geen onoverkomelijke barricades en hindernissen bestonden. Zij huwden onderling reeds vanaf ongeveer 1660. Vanaf

---

[392] Tresoar, *Notariële archieven,* 26, inv.nr. 1041, 5 maart 1870.

[393] H.G. Cannegieter, *Grootvaders Glorie; het verhaal van de tiendaagsche veldtocht* (Haarlem 1930).

dat moment begonnen ook de vermogens, vooral landerijen, in elkaar over te vloeien. Zij werden tot op bepaalde hoogte dan ook afhankelijk van elkaar. Verscheidene landgoederen bevonden zich in nog niet verdeelde boedels, die bij overlijden aan leden van de verschillende standen werden vererfd. Vaak zijn stemmen die bij bepaalde goederen behoren in dergelijke gevallen door vele mensen gedeeld. Hier was samenwerking bij verkiezingen dus een vereiste. Huwelijken tussen zowel mannelijke als vrouwelijke leden van de beide standen kwamen voor; van de in de voorgaande alinea gemelde veertig huwelijken is de verhouding nagenoeg gelijk, negentien tegen eenentwintig.

Het ligt voor de hand om aan te nemen dat met een dergelijke vermenging van beide groepen er wel sprake moet zijn geweest van onderlinge samenwerking. Deze samenwerking werd groter naarmate de verbindingen tussen de families hechter werden, wat in de loop der jaren dan ook gebeurde. Baronnen hadden eigenerfden als grootvader, en natuurlijk ook omgekeerd. Toen na de val van Napoleon, en de komst van het Koninkrijk, nog een aantal eigenerfden in de adelstand werd verheven, was de vermenging helemaal compleet. Een dergelijk groot blok van familie en vrienden moet een enorme steun zijn geweest om door de moeilijke tijden heen te komen en zich te kunnen handhaven.

Hoofdstuk 6

Samenhang der carrierès der eigenerfden [gemeenschap]

In dit hoofdstuk wordt de samenhang tussen de carrières van grietmannen en andere functionarissen afkomstig uit de stand der eigenerfden aan een nader onderzoek onderworpen. Aangezien in dit hoofdstuk veel opsommingen van personen voorkomen ligt het voor de hand dat het wel als erg saai kan worden ervaren.

Voor het begin van de belangrijkst periode van dit onderzoek, dus vóór de tijd van de revoluties, was nagenoeg driekwart van de 'gekozen' banen in Friesland in handen van de adel en de stand der eigenerfde boeren. Beide groeperingen hadden door hun grondbezit het belangrijkste deel van het stemrecht op het platteland verworven. Kenmerkend voor deze stemhebbende groeperingen was dat zij voor het uitoefenen van hun bestuurlijke functies wel lid moesten zijn van de gereformeerde kerk. Voor doopsgezinde en katholieke boerenwas er geen kans op toegang tot deze functies. Dit was ook van toepassing op de adel. Wel hadden de doopsgezinden nog stemrecht, terwijl de katholieken dit helemaal niet hadden.

Bij het tot stand komen van de Bataafse Republiek werd dit alles anders. Er werd onder andere bepaald dat het zich actief gedragen als edele niet meer toegestaan was. Reeds op 31 januari 1795, enkele dagen na de Franse inval en de overgang naar het nieuwe bewind, werd in een verklaring van de Rechten van de Mens en van de Burger bepaald dat een ieder verzekerd moest zijn van de vrijheid van godsdienst,[394] zodat ook doopsgezinden, katholieken en andere gezindten stemrecht kregen. Op 20 februari 1795 proclameerden de nieuwe gematigde machthebbers in Friesland, onder voorbehoud, algehele vrijheid van godsdienstoefening.[395] Deze vrijheid mocht zeker niet worden misbruikt ten koste van vaderlandse belangen of ter verbreiding van andere revolutionaire beginselen. Dit sloeg vooral op de katholieken, die zich vaak ontpopten als bijzonder strijdbare revolutionairen. Voor de houding van de gereformeerden bestond geen angst; deze groep was voorzichtig genoeg. Ook groep van de doopsgezinden behoorden meer tot de gematigde patriotten, zodat ook van hun kant geen problemen werden verwacht.

Verder werd het stemrecht niet langer gekoppeld aan grondbezit, zodat ook 'gewone' stervelingen mee konden stemmen. Wel werd er nog een eis gesteld betreffende de inkomens van de stemgerechtigden. Als gevolg hiervan werd het aantal stemgerechtigden aanzienlijk uitgebreid. Bezaten de edelen en eigenerfden voor de revolutie in de plattelandsgebieden nog ongeveer 10.000 stemmen, ongelijk verdeeld over een aanzienlijk kleiner aantal stemmende personen,[396] tijdens de eerste vier maanden in de voorbereidingsperiode voor de verkiezingen op 16 juni 1795 werd bepaald dat bijna alle mannen van twintig jaar en ouder in aanmer-

---

[394] *Staatsregeling voor het Bataafsche volk 1798; de eerste grondwet van Nederland* (inleiding Joost Rosendaal), (z.pl. 2005), 15,16.

[395] Jacques Kuiper, *Een revolutie ontrafeld; Politiek in Friesland 1795-1798,* (Franeker 2002), 139.

[396] Op de Landdag van 1788 hadden de volmachten gezamenlijk zo'n 28% van alle stemmen in Friesland in bezit, dus ongeveer 2.800 stemmen. Driekwart hiervan (2100 stemmen) kwam voor rekening van de 24 grietmannen die op de Landdag vertegenwoordigd waren, dus ongeveer 90 stemmen per persoon. Zie: Joh. Frieswijk, e.a.(red.), *Geschiedenis van Friesland 1750-1995,* (Amsterdam/Meppel 1998), 21.

king kwamen om te stemmen. Er was evenwel een uitzondering gemaakt voor inwonende huisknechten, gealimenteerden, vreemdelingen en misdadigers.[397] Het totale aantal stemgerechtigden voor geheel Friesland kwam zo op 35.000.[398] De bevolking van Friesland bestond in 1795 uit 158.000 zielen[399] terwijl deze in 1807 uit 175.600 zielen bestond,[400] zodat in 1795 ruim 22% van de bevolking aan de verkiezingen konden deelnemen. Als we de grootte van een gemiddeld gezin op ongeveer 4,5 personen stellen, en daarbij de uitgesloten groepen niet meetellen, dan lijkt dit dus een goede vertegenwoordiging van het gehele volk. Het aandeel persoonlijke stemmen van de eigenerfden is dus aanmerkelijk teruggevallen. Tijdens de plaatselijke verkiezingen werden via loting het aantal kiezers nog eens gehalveerd.[401]

In januari 1795 werden onder andere de volgende eigenerfden als provisionele representanten aangewezen:

- Mr. Hector Livius van Altena;
- Dr. Coert Lambertus van Beyma;
- Dr. Arent Johan van Glinstra;
- Hans Hendrik van Haersma;
- Tjaard van Heloma;
- Mr. Johannes Lambertus Huber;

---

[397] P. Brood, P. Nieuwland en L. Zoodsma, *Homines Novi,* 150.

[398] Jacques Kuiper, *Een revolutie ontrafeld,* 71.

[399] W.Th.M. Frijhoff, *La société Néerlandaise et ses gradués, 1575-1814,* (Amsterdam 1981), 209.

[400] M. Staverman O.F.M., *Buitenkerkelijkheid in Friesland,* (Assen 1954), 27. Yme Kuiper schrijft dat de burger Dirk Klaazes in 1796 klaagt over de verkleining van de invloed van Friesland in het gehele Nederland. Hij noemt een aantal inwoners van Friesland van 150.000 in zijn klacht. Zie: Joh. Frieswijk e.a. (red.), *Geschiedenis van Friesland 1750-1995,* 112.

[401] P. Brood e.a., *Homines Novi,* 150.

- Johan Petrus van Hylckama;
- Martinus Bouricius van Idema.

Aangezien zij tot de eerste groep door de patriottische uitvoerders van de revolutie aangewezen personen behoorden kan wel gesteld worden dat zij tot de patriotten gerekend moeten worden, en dus als tegenstanders van het oude regime en Oranje behoorden. Na de verkiezingen van 16 juni 1795 werden de volgende personen gekozen als representant:
- Mr. Hector Livius van Altena;
- Eduard Marius van Beyma;
- Mr. Ayso van Boelens;
- Tjaard van Heloma;
- Mr. Johannes Lambertus Huber;
- Johan Petrus van Hylckama;
- Horatius Allard Hiddema van Knijff;
- Dr. Oene van Teyens.

Zowel bij de groep van de provisionele representanten als bij de gekozen representanten hebben de eigenerfden zich wat aantal betreft goed weten te vertegenwoordigen. Maar een vertegenwoordiging van ongeveer 50% zoals in het verleden is nu geen sprake meer; de invloed van de eigenerfden is dus aanzienlijk gedaald. Verder zijn de grote namen in deze groepen iets minder vertegenwoordigd. Opvallend is de aanwezigheid van J.P. van Hylckama in beide lijsten. Hij was eerder volmacht ten Landdage als eigenerfde van 1777 tot 1780, van 1782 tot 1786 en in 1788 voor de grietenij Ferwerderadeel en van 1793 tot 1795 volmacht voor Idaarderadeel. Als patriot was hij tegen het oude systeem, waarvan hijzelf ook deel heeft uitgemaakt. Iets dergelijks geldt ook voor A.J. van Glinstra, die behalve volmacht ook burgemeester van Franeker en grietman van Haskerland is geweest. C.L. van Beyma, A. van Boelens en H.A. Hiddema van Knijff zijn in 1787 betrokken geweest bij de opstand tegen Willem V, waardoor zij het land hebben moeten ontvluchten.

Van de beide groepen vertegenwoordigers, in totaal 107 personen, vaak aangeduid als de *Homines Novi*, waren 79 (74%) hervormd, 20 (19%) doopsgezind, 6 (5,6%) rooms-katholiek en 2 (2%) remonstrants. Bij de totale Friese bevolking waren deze groepen vertegenwoordigd met resp. 81%, 8%, 10% en 0,015%, zodat zowel de doopsgezinden als de remonstrantse groeperingen wel enigszins oververtegenwoordigd genoemd kunnen worden.

Een maatregel die veel invloed op een eventuele verkiezing had was dat Oranjegezinde personen van hun rechten vervallen werden verklaard. Op 11 maart 1796 was een decreet uitgevaardigd waarbij een ieder zich moest onderwerpen aan een strenge loyaliteitsverklaring. Hierin verklaarden zij hun instemming met de nieuwe orde en hun weerzin tegen elke vorm van 'Stadhouderlijk, Aristocratisch en Eenhoofdig Bestuur'.[402] Dit beperkte natuurlijk het aantal stemgerechtigden weer enigszins. Duizenden, en dan vooral Oranjegezinden, verloren hun stemrecht[403]. Op een later tijdstip, na de unitaristische staatsgreep van 22 januari 1798,[404] werden ook federaal ingestelde kiezers, een groot deel van de kiezers, van de lijsten geschrapt, zodat alleen unionisten en mensen zonder uitgesproken politieke overtuiging overbleven. Als gevolg van al deze maatregelen van uitsluiting van de tegenstanders werd de samenstelling van het kiezerspubliek aanmerkelijk gewijzigd. Vooral onder de nieuwe doopsgezinde en katholieke kiezers bevonden zich velen die de nieuwe staatsvorm van harte steunden. Daarbij stelden de Friese katholieken, als reactie op hun eeuwenlange onderdrukking, zich vaak zeer fanatiek op. Medio maart 1798 telde Friesland als gevolg van diverse uitsluitingen nog

---

402 Jacques Kuiper, *Een revolutie ontrafeld*, 154.
403 Ibidem, 136.
404 Ibidem, 420.

maar 8.066 stemgerechtigden.[405] Een ieder die niet als een radicale unionist bekend stond was door het samenstel van de beperkende maatregelen van zijn stemrecht vervallen verklaard.

Uit het voorgaande kan worden afgeleid dat het aandeel van de eigenerfde boeren, over het algemeen federalisten, in het totaal aanmerkelijk teruggelopen was. Beschikten de grote eigenerfden aanvankelijk gemiddeld over ongeveer 90 stemmen, nu was dat aantal per persoon teruggebracht tot slechts één. Verder werd door de diverse maatregelen het aantal stemmers nog verder beperkt.

Een ander verschijnsel was de politieke opkomst van de stedelijke bevolking. Aanvankelijk hadden de stedelingen weinig macht, omdat in de steden de gereformeerde locale elite altijd haar zaken goed wist te regelen. Met het op het toneel verschijnen van een grote groep kapitaalkrachtige doopsgezinde zakenmensen, en een groot aantal eenvoudige katholieke ambachtslieden, arbeiders en soldaten werd de macht meer naar de steden getrokken. Hier was ook het merendeel van de patriottische milities ontstaan, vooral uit deze groeperingen. En het waren vooral de milities, waarvan de leden over het algemeen tot de iets beter gesitueerden behoorden, die in de beginperiode van de verandering een grote invloed hadden. Wapens zijn van nature altijd sprekender dan argumenten.

Een bijzondere situatie in de verspreiding van de katholieken over Friesland was dat zij zich vooral bevonden in plaatsen die aan de grenzen van de diverse grietenijen lagen. Daar waren dorpen, vaak grotere, als Wirdum, Oosterwierum en andere plaatsen even buiten Leeuwarden, en de Zuidwesthoek, die een aanzienlijke katholieke bevolking hadden. Ook kenden steden als Leeuwarden, Bolsward, Sneek, Workum en Dokkum een vrij grote katholieke gemeenschap. Dezen woonden

---

[405] Ibidem, 454.

vaak in grote groepen bij elkaar, de parochies. In de steden was gemiddeld 17% van de bevolking katholiek, op het platteland 7%.[406] Kenmerkend was ook dat de plaatsen met een religieus gemengde bevolking meestal van grotere omvang waren.[407] Opvallend was dat de nieuwe leden van de Leeuwarder Volkssociëteit vooral van katholieke afkomst waren, ongeveer een kwart van hen. Dit waren vooral kleine neringdoenden, gezellen, arbeiders en vooral oud-militairen, mensen die het toch niet allemaal erg breed hadden.[408]

De macht in Friesland was dus van het platteland verschoven naar de steden, met als belangrijkste centrum hiervan de hoofdstad Leeuwarden. Hier was ook de grootste patriottische sociëteit, de aan de Nieuwestad gelegen 'De Fraterniteit'. Het ligt dus voor de hand dat naar verhouding de invloed van de eigenerfde boeren, en in nog sterkere mate die van de adel, danig verkleind was. We moeten niet vergeten dat één van de belangrijkste doelstellingen van de omwenteling van 1795 was het aan de kant zetten van de oude bestuursstructuur, waarvan de grietmannen, zowel zij die uit de adel afkomstig waren als de eigenerfden, ongeveer als het symbool golden. Als gevolg hiervan zou men kunnen verwachten worden dat veel van de eigenerfden die oorspronkelijk bij het bestuur betrokken waren, in de nieuwe politieke context hun macht zouden verliezen. Vreemd genoeg is dit laatste niet het geval geweest. Onder de eigenerfden bevonden zich er vrij veel die niet oranjegezind, maar vaak zelfs nog patriottisch en revolutionair waren. Dit lijkt vooral vreemd omdat veel van de nieuwe opvattingen weinig goeds konden voorspellen voor de patriciërs.

6.1 De oude toestand

[406] Ibidem, 143.
[407] Ibidem, 144.
[408] Ibidem, 146.

Vóór de periode van de revoluties, tot 1795, waren de volgende belangrijke en bekende eigenerfden benoemd tot grietman in hun grietenijen:

- Mr. Albert ten Broeke Hoekstra (Westdongeradeel, 1794),
- Mr. Martinus van Scheltinga (Kollumerland, benoemd in 1775),
- Daniel de Blocq van Haersma (Achtkarspelen, sinds 1764),
- Mr. Petrus Adrianus Bergsma (Dantumadeel, 1782),
- Hobbe Baerdt van Sminia (Tietjerksteradeel, 1772),
- Mr. Hector Livius van Haersma (Smallingerland, 1770),
- Cornelis van Scheltinga (Idaarderadeel, 1763),
- Arent Johan van Glinstra (Haskerland, 1790),
- Dr. Martinus van Scheltinga (Schoterland, 1777),
- Regnerus Livius van Andringa de Kempenaer (Lemsterland, 1772),
- Tinco Martinus Lycklama à Nijeholt (Utingeradeel, 1790),
- Carel Adriaan Blom (Oost Stellingwerf, 1790).

Al deze functionarissen werden bij de aanvang van het revolutionaire bewind van hun posten ontheven.[409]

In een lijst van Gedeputeerde staten van Friesland komen we vanaf 1787 een aantal bekende namen van eigenerfden tegen, waarvan een aantal tevens grietman was:

- Mr. Martinus van Scheltinga (grietman Schoterland),
- David Livius de Kempenaer,
- Mr. Johan Caspar Bergsma,
- Mr. Daniel de Blocq van Haersma (grietman Achtkarspelen),
- Mr. Petrus Adrianus Bergsma (grietman Dantumadeel),
- Mr. Eduard Marius Beyma, broer van Coert Lambertus van Beyma (voor meer informatie zie Coert Lambertus van Beyma in de volgende lijst),
- Cornelis van Scheltinga (grietman Idaarderadeel),
- Regnerus Livius Andringa de Kempenaer (grietman Lem-

---

[409] H. Baert van Sminia, *Nieuwe naamlijst van grietmannen van de vroegste tijden af tot het jaar 1795, met enige geschiedkundige aantekeningen* (Leeuwarden 1837).

sterland).

Ook onder de grietenijsecretarissen uit de periode voorafgaande aan de revoluties vinden we een aantal mensen afkomstig uit de grote families der eigenerfden, namelijk:
- Mr. Coert Lambertus van Beyma (1753-1820, secretaris van Westdongeradeel), broer van Eduard Marius Beyma, zoon van Julius Matthijs van Beyma, secretaris bij de Admiraliteit van Harlingen, en jkvr. Fokel Helena van Burmania. Aangezien zijn moeder van adel was moeten de Van Beyma's wel een aanzienlijke familie zijn geweest. De oudste zoon van Coert Lambertus, die in 1821 de familienaam veranderde in Van Beyma thoe Kingma, werd in 1842 in de adelstand verheven;[410]
- Sybrand van Haersma (Achtkarspelen), zoon van mr. Daniel de Blocq van Haersma, grietman van Achtkarspelen;
- Mr. Johan Caspar Bergsma (Dantumadeel), vooraanstaand patriot en broer van Petrus Adrianus Bergsma, grietman van Dantumadeel;[411]
- Mr. Willem Cornelis Bergsma (Dantumadeel), zoon van Petrus Adrianus Bergsma, grietman van Dantumadeel;[412]
- Aulus van Sminia (Tietjerksteradeel), overleden 1781, broer van Hobbe Baerdt van Sminia II, grietman van Tietjerksteradeel, daarvoor grietman van Aengwirden;
- Mr. Jetze van Sminia (Tietjerksteradeel),[413] vanaf 1781, zoon van Hobbe Baerdt van Sminia II, grietman van Tietjerksteradeel.

---

410 Yme Kuiper en Johan Frieswijk, *Twee eeuwen Friese adel,* 80.
411 Tresoar, DTB 187, 1730-1772, *Doopregister Hervormde gemeente Dokkum,* 1746.
412 Tresoar, DTB 164, 1697-1812, *Doopregister Hervormde gemeente Dantumawoude, Drie-sum en Wouterswoude,* 1770.

Uit bovenstaande opsomming blijkt wel dat verschillende grietmannen er wel degelijk voor zorgden dat van hen afhankelijke familieleden een voorsprong hadden in het verkrijgen van functies als secretaris van een grietenij. Op deze manier werd wel de kennis van de oudere grietman overgedragen aan de vaak wel jongere secretaris. En deze welopgeleide secretaris was in de toekomst weer een goede kandidaat voor het verkrijgen van een grietmanschap.

Verder moeten we natuurlijk Johan Petrus van Hylckama niet vergeten. Deze komt niet voor in de voorgaande lijsten, maar evenals zijn broer Epeus was hij wel lid van de Provinciale Staten van Friesland. Johan Petrus was pas in 1793 als volmacht voor Idaarderadeel in de Friese Staten benoemd als opvolger van zijn oudere broer Epeus. Tot 1789 was hij van beroep militair met de rang van kapitein. In totaal bestaan de voorgaande drie groepen dus uit 22 personen, waarvan 12 grietmannen.

6.2 De nieuwe toestand

Tijdens de periode van 1795 tot 1813 waren velen van hen nog steeds actief betrokken bij het bestuur van Friesland. De ervaring en kennis, opgedaan in de voorgaande jaren, is dus niet verloren gegaan. Ook voor die gevallen waarbij een oude grietman is opgevolgd door jongere familieleden is deze kennis en ervaring doorgegeven. De zonen waren immers voorbestemd en opgeleid om in de voetsporen van de vaders te treden. Het is niet zo dat de zonen tijdens afwezigheid van de vader diens functie als substituut vervulden; bij afwezigheid van de grietman werd deze eerder vervangen door een

[413] E.M. van Burmania, *Naamlijst der heeren grietslieden en secretarissen in Vriesland,* 1785. (Met aanvullingen uit andere archieven van Tresoar).

grietman uit een naburige grietenij. Bij overlijden van de grietman werd weer een nieuwe benoemd. Wel moeten we rekening houden met het feit dat het gebruikelijk was dat de oudste zoon in het huis van zijn ouders leefde, en ook volledig van hen afhankelijk was. Tijdens de dagelijkse maaltijden zullen ongetwijfeld alle mogelijke zaken de revue zijn gepasseerd, zoals bij elke maaltijd. En er werd alle tijd genomen om die te nuttigen. Het is altijd de gewoonte geweest onder een goed maal gebeurtenissen te vertellen en zo kennis over te dragen. Voor de zoon is het dagelijkse leven een vorm van studie, na zijn academische opleiding.

De aanwezigheid van een groot aantal deskundige hoge functionarissen moet voor de nieuwe koning Willem I dan ook een grote reserve aan kundige mensen zijn geweest, waaruit hij gretig bestuurders en ambtenaren voor zijn nieuwe bewind rekruteerde.

Bij Koninklijk Besluit van 22 juni 1816 werden de volgende 19 eigenerfden benoemd tot grietman in de diverse gemeenten.[414] Op 19 juli 1816 werden zij door de gouverneur van Friesland beëdigd.[415]

- Mr. Albert ten Broeke Hoekstra (Westdongeradeel),
- Mr. Frans Julius Johan van Scheltinga (Kollumerland),
- Mr. Daniel de Blocq van Scheltinga (Ængwirden),
- Jacobus Johannes Bergsma (Dantumadeel),
- Mr. Hector van Sminia (Idaarderadeel),
- Mr. Willem Livius van Sminia (Tietjerksteradeel),
- Mr. Hector Livius Haersma van Vierssen (Smallingerland),
- Mr. Anton Anne van Andringa de Kempenaer (Lemsterland),
- Mr. Augustinus Georg Lycklama à Nijeholt (U-

[414] Tresoar/Archief 11, nr. 6653, *Koninklijk besluit benoeming grietmannen,* 22 juni 1816.

[415] Tresoar/326 Familiearchief van Schwartzenberg thoe Hohenlandsberg, nr. 778.6 *Proces-verbaal van de beëdiging van grietmannen,* 19 juli 1816.

tingeradeel),
- Mr. Sijbrand van Haersma (Achtkarspelen),
- Mr, Menno Coehoorn van Scheltinga (Schoterland).

Deze namen, althans die van de families, kwamen ook al voor op de lijst van de 1795 ontslagenen. Om één en ander duidelijker tot zijn recht te laten komen volgt een lijst van de hier genoemde grietenijen met de grietmannen in de oude en de nieuwe situatie, en hun onderlinge relaties.

Westdongeradeel:
Was mr. Albert ten Broeke Hoekstra, is dezelfde gebleven.

Kollumerland;
Mr. Martinus van Scheltinga (1744-1820) is opgevolgd door zijn
broer mr. Frans Julius Johan van Scheltinga (1749-1831).

Dantumadeel:
Mr. Petrus Adrianus Bergsma is opgevolgd door zijn zoon Jacobus Johannes Bergsma (1771-1854).[416]

Tietjerksteradeel:
Hobbe Baerdt van Sminia (1730-1813) is hier opgevolgd door zijn zoon mr. Willem Livius van Sminia (1769-1822); (zijn oudere zoon mr. Hector van Sminia (1763-1816) werd grietman van Idaarderadeel).

Smallingerland:
Hector Livius van Haersma werd opgevolgd door zijn kleinzoon mr. Hector Livius Haersma van Vierssen.[417]

---

[416] Tresoar, DTB 164, 1697-1812, *Geboorteregister Hervormde gemeente Dantumawoude, Driesum en Wouterswoude,* 1772.

[417] Tresoar, DTB 627, 1708-1811, *Doopregister Hervormde gemeente Oudega, Nijega en Opeinde,* 1763, en DTB 628, 1704-1811, *Huwelijksregister hervormde gemeente Oudega, Nijega en Opeinde,* 1789.

De tussenliggende schakel, mr. Martinus van Vierssen, gepromoveerd op Romeins en hedendaags recht, was raadsheer aan het Hof van Friesland, en later president van de rechtbank van eerste aanleg te Leeuwarden.[418]

Lemsterland:

Regnerus Livius van Andringa de Kempenaer kreeg als opvolger zijn zoon mr. Anton Anne van Andringa de Kempenaer.[419]

Utingeradeel:

Tinco Martinus Lycklama à Nijeholt werd opgevolgd door zijn zoon Augustinus Georg Lycklama à Nijeholt.[420]

Schoterland:

Dr. Martinus van Scheltinga (1736-1799) werd opgevolgd door zijn zoon mr. Menno Coehoorn van Scheltinga (1778-1820).

Achtkarspelen:

Mr. Daniel de Blocq van Haersma werd opgevolgd door zijn zoon mr. Sybrand van Haersma.[421]

Idaarderadeel:

Hier ging de grietenij over van Cornelis van Scheltinga naar Hector van Sminia, een zoon van Hobbe Baerdt van Sminia en broer van de nieuwe grietman van Tietjerksteradeel, Willem Livius van Sminia. Het verlies van deze grietenij voor de familie Van Scheltinga werd veroorzaakt door het in 1812 kinderloos

---

418 Biografisch Archief van het Parlementair Documentatie Centrum (PDC) van de Universiteit Leiden, *Mr. M. van Vierssen.*

419 PDC, *Jhr.Mr. A.A. van Andringa de Kempenaer.*

420 Tresoar, DTB 951, 1793-1798, *Doopregister Hervormde gemeente Leeuwarden,* 1794.

421 PDC, *S. van* Haersma; en R.S. Wegener Sleeswijk en L. Oldersma, *Rechterlijk Friesland 1811-1999; Naamlijst leden rechterlijke macht, leden openbaar ministerie en griffiers* (Hilversum 1999), 114.

overlijden van Cornelis van Scheltinga.[422] In 1728 heeft een voorvader van hem, ook een Cornelis van Scheltinga, zijn bezittingen in Idaard, het grote

landgoed Friesma State, omgezet in een fideï-commis, met de bepaling dat het alleen geërfd kon worden door de oudste nazaat met de naam Cornelis; en in 1812 was dit Cornelis Bergsma.

Verder kwamen we nog de volgende nieuwe grietman tegen die ook nog familiebanden had met die van het 'oude' regime:

Mr. Johannes Casparus Bergsma (Oostdongeradeel), zoon van mr. Petrus Adrianus Bergsma, tot 1795 grietman van Dantumadeel.[423]

Nieuw was Johan Petrus van Hijlckama (Gaasterland) als grietman; echter had zijn familie al generaties lang secretarissen geleverd.

Verder waren nieuw de volgende eigenerfden:
- Mr. Eduard Marius van Beijma (Franekeradeel), voormalig gedeputeerde.
- Mr. Bernardus Buma (Baarderadeel), oud-burgemeester van Leeuwarden.
- Mr. Johannes Lambertus Huber (Het Bildt),[424]
- Mr. Jan Albert Willinge (Oost Stellingwerf).[425]
- Christiaan Westenberg (Ferwerderadeel).
- Daniel Bonifacius van der Haer (Hemelumer Oldephaert).

---

[422] Zijn zoon Cornelis Arent van Scheltinga was in 1808 ongehuwd overleden.
[423] PDC, *Mr. J.C. Bergsma.*
[424] R.S. Wegener Sleeswijk en L. Oldersma, *Rechterlijk Friesland 1811-1999*, 134.
[425] Ibidem, 252.

Deze lijst toont duidelijk aan dat de oude regentengroep volkomen intact is gebleven. Alle oude families zijn teruggekeerd, meestal in de vorm van nageslacht. Verder is de groep uitgebreid met een zevental nieuwelingen. Van de 'nieuwelingen' was Daniel Bonifacius van der Haer vanaf 1783 één van de vier burgemeesters van de stad Workum, en van 1788 tot 1793 gedeputeerde namens de steden voor Workum. Zijn vader, Johan Willem van der Haer was van 1745 tot 1765 ook reeds grietman van Hemelumer Oldephaert, waar hij Daniel van der Haer opvolgde. Hij kan dus ook nog wel tot de oude garde gerekend worden.

Een iets ander geval was mr. Jan Albert Willinge. Hoewel geboren in Oldeberkoop, was hij geen Fries van afkomst. Zijn ouders zijn afkomstig uit Drente. Jan Albert was gehuwd met Taatje Wigeri,[426] dochter van Elias Wigeri, professor in de rechtswetenschap aan de universiteit van Franeker en Procureur Generaal bij het Hof van Friesland.[427] De familie Wigeri was rijk aan grondbezit. De naam Wigeri komt meer dan vijftig maal voor op het stemcohier van 1728. Zij bezaten dus meer dan vijftig stemdragende eigendommen geheel of gedeeltelijk. Omstreeks 1830 stonden veel van die eigendommen op naam van Taatje Wigeri, de echtgenote van Jan Albert Willinge.

6.3 De overgang van de oude naar de nieuwe toestand

Van de 12 'oorspronkelijke' grietmannen is er een teruggekomen, drie (Cornelis van Scheltinga (Idaarderadeel), Arent Jan van Glinstra (Haskerland) en Carel Adriaan Blom (Ooststellingwerf) zijn uit de lijst ver-

---

[426] Tresoar, DTB 999, 1783-1789, *Trouwregister Hervormde gemeente Leeuwarden,* 6 januari 1784.

[427] J. Wierda, 'Oude Stellingwerfse families' artikelen in: *Heerenveense Koerier,* 11-09-1946.

dwenen en acht zijn vervangen door directe familieleden. Verder zijn nog een aantal verdere familieleden (mr. Daniel de Blocq van Scheltinga (Ængwirden), mr. Hector van Sminia (Idaarderadeel) en mr. Johannes Casparus Bergsma (Oostdongeradeel)) naar voren gekomen, evenals een zevental (mr. Eduard Marius van Beyma, mr. Bernardus Buma, mr. Johannes Lambertus Huber, mr. Jan Albert Willinge, Christiaan Westenberg, Daniel Bonifacius van der Haer van Campens Nieuwland, en natuurlijk Johan Petrus van Hylckama) uit andere hoge functies. Het aantal grietmannen uit de groep der eigenerfden is in 1816 opgelopen tot negentien. Al met al kan gezegd worden dat, en niet vergetend dat tussen de datums aan het begin en het eind van de periode een kleine twintig jaren verstreken zijn, van de eigenerfden als groep het overgrote deel deze periode succesvol overleefd heeft, ja zelfs nog enig terrein op de adel heeft weten te veroveren.

Om het nader te specificeren, overlevenden van de periode zijn de volgende vijf personen. Van hen is slechts één teruggekeerd in zijn oorspronkelijke positie. De andere vier zijn niet teruggekeerd, deels door de hoge ouderdom van de betrokkenen. Zij zijn vervangen door naaste familieleden, twee door hun zoon, één door een broer en tenslotte één door een kleinzoon.

- Mr. Albert ten Broeke Hoekstra, die weer actief is geworden in de nieuwe situatie.
- Mr Martinus van Scheltinga (Kollumerland, 1744-1820) is in de nieuwe situatie niet benoemd; in zijn plaats werd zijn broer Frans Julius Johan van Scheltinga aangesteld.
- Mr. Petrus Adrianus Bergsma (Dantumadeel, 1743-1824) werd ook niet opnieuw benoemd; in zijn plaats kwam zijn zoon Jacobus Johannes.
- Hector Livius van Haersma (Smallingerland) overleed

pas in 1820 op een leeftijd van 82 jaar.[428] In zijn plaats werd zijn kleinzoon Hector Livius Haersma van Vierssen benoemd.
- Tinco Martinus Lycklama à Nijeholt (Utingeradeel, 1766-1844) werd niet opnieuw aangesteld, maar opgevolgd door zijn zoon mr. Augustinus Georg Lycklama à Nijeholt. Op 29 maart 1814 werd Tinco Martinus benoemd tot lid van de Staten-Generaal. In 1817 werd hij in de adelstand verheven.

Overleden zijn de volgende vier personen; alle vier zijn opgevolgd door één van hun zonen:
- Daniel de Blocq van Haersma (Achtkarspelen), hij is in 1814 op 82-jarige leeftijd overleden;[429] in zijn plaats kwam zijn zoon Sybrand van Haersma.
- Hobbe Baerdt van Sminia (Tietjerksteradeel), die in 1813 overleed. In zijn plaats werd zijn zoon Willem Livius van Sminia benoemd.
- Regnerus Livius van Andringa de Kempenaer (Lemsterland) overleed in 1813. Hij werd opgevolgd door zijn zoon mr. Anton Anne van Andringa de Kempenaer.[430]
- Dr. Martinus van Scheltinga (Schoterland) overleed in 1799. Zijn opvolger werd zijn zoon Menno Coehoorn van Scheltinga.

---

[428] Tresoar, Overlijdensakte Smallingerland, 1820, blad nr. 2.
[429] Tresoar, Overlijdensakte Achtkarspelen (mairie Buitenpost), 1814, blad nr. 7.
[430] Tresoar, DTB 948, 1777-1783, *Doopregister Hervormde gemeente Leeuwarden,* 3 december 1777. N.B. Op de akte staat abusievelijk als naam van de vader vermeld Regnerus L. Andringa de Ket; de naam van de moeder is gelijk aan die in het huwelijksregister, waarin ze op 6 juni 1774 in Leeuwarden is gehuwd met Regnerus Livius Andringa de Kempenaar. Op de attestatie van Lemsterland staat zijn naam geschreven als Kempenaer.

Uit deze opgaven blijkt duidelijk dat het grietmanschap zeer sterk zowel familie- als plaatsgebonden is. Ook van de nieuwe 'aanwinsten' behoorden drie tot de reeds lang zittende families.

Evenwel zijn ook een aantal van de oorspronkelijk eigenerfden opgenomen in de adelstand. Hun aantal werd hierdoor weer iets terugbracht (op het moment van hun installatie tot grietman slechts één persoon) in vergelijking met het aantal dat door de edelen is geleverd. Zowel op de lijst van nieuwe grietmannen van 19 juli 1816 als bij het Koninklijk besluit van 22 juli 1816 werd van de eigenerfden alleen Hector van Sminia als jonkheer aangeduid.[431] Hij was eerder dat jaar in de adelstand verheven. Na hun benoeming tot grietman zijn ook Anton Anne van Andringa de Kempenaer en Menno Coehoorn van Scheltinga in 1816 in de adelstand opgenomen. In 1817 viel Tinco Martinus Lycklama à Nijeholt (20-12-1817)[432] en in 1818 Daniel de Blocq van Scheltinga dezelfde eer te beurt. Als we Hector van Sminia niet meer meerekenen als eigenerfde, dan is het aantal eigenerfden in de nieuwe situatie, dus ten tijde van hun benoeming, veranderd in achttien; toch nog een goede vooruitgang vergeleken met 1795.

Maar voor de heren die opgenomen zijn in de adelstand geldt zeker dat het een vooruitgang in hun positie, en vooral status, betreft.

6.4 Familie- en vriendschapsrelaties

---

[431] Tresoar, 326, Familiearchief van Schwartzenberg thoe Hohenlansberg, nr. 778.6, *Proces-verbaal van de beëdiging van grietmannen,* 19 juli 1816; en Tresoar, 11, Provinciaal Bestuur 1813-1922, nr. 6653, *Koninklijk besluit benoeming grietmannen*, 22 juni 1816.

[432] Rijksarchief Den Haag, Kabinet des Konings 1816-1840, toegang 2.02.01/ 6135 nr.65, *Verheffing van T.M. Lycklama à Nijeholt in de adelstand*, 20 december 1817.

Een belangrijke reden voor een samenhang tussen de carrières van de leden van de belangrijkste families in dit onderzoek kan worden omschreven met het begrip vriendschap. Luuc Kooijmans stelt dat vriendschap in de vroegmoderne betekenis hoofdzakelijk sloeg op wederkerigheidsrelaties in de familieverhoudingen. Geert Janssen heeft het begrip vriendschap uitgebreid met de houding tussen mensen die elkaar zeer goed kennen van hun werkzaamheden, zoals het lid zijn van een rechtscollege.[433] Ook tussen studenten van een jaargroep onderling kwamen vriendschappen voor. Vooral de leden van deze groep hielden zich bezig met het verschijnsel 'album amicorum', een blanco boekje waarin schriftelijke blijken van vriendschap en wederzijdse verbondenheid werden opgetekend.

In voorbije jaren, en dat geldt ook voor de periode van dit onderzoek, bestonden er nog geen voldoende sociale voorzieningen. Wel waren er voorzieningen voor de armen, vanaf 1780 ook voor de katholieke armen, in de vorm van een bedeling, die echter niet uitging van de behoeften van de bedeelden, maar van de financiële mogelijkheden van de plaatselijke armvoogdijen.[434] Ook bestonden er voorzieningen voor wezen, in de vorm van weeshuizen. Mensen die niet konden of wilden leven van de bedeling waren in moeilijke tijden aangewezen op andere mensen. Zij moesten erop kunnen vertrouwen dat dezen hen zouden ondersteunen in geval de nood aan de man, of vrouw of kinderen,

---

433 Geert H. Janssen, *Creaturen van de macht: patronage bij Willem Frederik van Nassau (1613-1664),* (Amsterdam 2005).

434 Joke Spaans, *Armenzorg in Friesland 1500-1800: Publieke zorg en particuliere liefdadigheid in zes Friese steden: Leeuwarden, Bolsward, Franeker, Sneek, Dokkum en Harlingen,* (Hilversum 1997), 278-293.

kwam.[435] Geleidelijk werd de verantwoordelijkheid na adviezen van het Hof van Friesland verschoven van de plaats van inwoning naar het maatschappelijk verband waartoe een arme behoorde, zoals familie en kerken. De meest voor de hand liggende personen waren in dit geval familieleden. Daarbij gold dat de meest nabije familieleden hierbij het belangrijkst waren, maar dat machtige verre verwanten eveneens konden worden aangesproken. Deze familierelaties werden in vroegere jaren meestal omschreven in termen van vriendschap. Ook in correspondentie werd deze term gebruikt. Maar deze vriendschap had weinig gemeen met wat wij nu onder vriendschap verstaan. Raakte iemand van de vriendenkring, om welke reden ook, aan lager wal, dan was dat een smet op het blazoen van de hele familie. Het lag dus voor de hand dat een dergelijk persoon door zijn familie voor een belangrijk deel onderhouden werd om te voorkomen dat de gehele familie de schande ondervond van die toestand. Dat had dikwijls verlies van eer tot gevolg. En eer, met het daaraan verbonden krediet, was één van de belangrijkste zaken die men kon bezitten.

Belangrijk was ook dat ieder familielid als vriend werd voorzien van een baan die het aanzien van de familie vergrootte. Aangezien er nauwelijks advertenties voor vacatures voor overheidsbaantjes bestonden, was men om een goede baan binnen de overheid te bemachtigen wel aangewezen op de hulp van particulieren.[436] Voor militaire loopbanen had men de hulp van de stadhouder nodig, dus was het raadzaam om iemand te kennen die bij de stadhouder kon bemiddelen.[437] Het-

---

[435] Luuc Kooijmans, *Vriendschap en de kunst van het overleven in de zeventiende en achttiende eeuw* (Amsterdam 1997), 40.

[436] Ibidem, 54.

[437] Marijke Bruggeman, *Nassau en de macht van Oranje: de strijd van de Friese Nassaus voor erkenning van hun rechten, 1702-1747,* (Hilversum 2007), 86.

zelfde gold ook voor baantjes waarbij de keuze van de benoeming aan de stadhouder was. Om die reden had men vrienden nodig. En die vrienden waren in hoofdzaak familieleden, bloed- en aanverwanten. Verder werden ook wel collega's, vooral de naaste, als vrienden aangeduid.

In het vorige hoofdstuk hebben we gezien dat de families waarover deze studie handelt, in veel gevallen door huwelijken nauw aan elkaar verbonden waren. Vaak waren zij zelfs op meerdere manieren met elkaar verstrengeld. Als gevolg van deze familieverhoudingen moeten de onderlinge vriendschappen, in de oude betekenis, dan ook vrij intensief zijn geweest. Het gevolg van deze verhoudingen is gemakkelijk te voorspellen. Al de beschikbare banen en baantjes die het aanzien van de families ook maar enigszins konden verhogen werden toegewezen aan die familieleden, als de familiehoofden hierover ook maar enige zeggenschap hadden. En anders was een aanbeveling tot het verkrijgen van een redelijke positie, indien de macht tot het verstrekken hiervan niet voldoende was, altijd nog een goed middel om een vriend die niet tot de directe familie behoorde, aan zich te binden. Een tegenprestatie kon dan in de toekomst zeker verwacht worden, al werd dit bij het verstrekken van een gunst aan een 'vriend' niet expliciet overeengekomen. Een verstrekte gunst van een vriend aan een ander hoorde evenwel later op één of andere manier terugbetaald te worden. Datgene wat nu als corruptie wordt gezien, werd in het verleden, toen men nog niet algemeen over vakdiploma's en andere bewijzen van kunde beschikte, in veel mindere mate gewantrouwd. Aanbevelingen van vrienden en familie, die daarmee hun eer op het spel zetten, waren de enige zekerheden die toen bestonden. Wel was bij het verlenen van gunsten tussen bevriende personen nooit geld in het geding. Dit werd ook toen al als corruptie beschouwd. Het was niet tolerabel, niet eervol, nog sterker gezegd zelfs beledigend. Het werd dus ook niet gedaan. Alles wat de eer te na kwam kon beter vermeden worden of, indien nodig, hersteld worden.

Eer was in vroegere tijden een belangrijk bezit dat met alle mogelijke middelen verdedigd moest worden. Het begrip 'eer' heeft te maken met het oude begrip 'schande'. De maatschappij was vroeger dan ook een schandecultuur, waarbij een misdrijf op zichzelf niet een probleem vormde zolang niemand het ontdekt had. De tegenwoordige maatschappij is meer een schuldcultuur, waarbij ook een niet ontdekte misdaad problemen bij de aanstichter kan veroorzaken als gevolg van de werking van het geweten. Eer had ook te maken met de manier waarop men zich in het openbaar gedroeg. Verder was eer groepsgebonden. Zo hadden bijvoorbeeld prostituees binnen de 'normale' wereld geen eer, maar binnen de groep van prostituees bestond wel weer een erecode.[438] Zijn eer kon iemand verliezen door niet goed met de eer van zijn gezin en zijn bezittingen om te gaan . Een bankroet bracht oneer en schande mee. En die schande gold dan voor de hele familie.

Tot het begin van de nieuwe tijd golden de regels betreffende de eer zeer sterk. In de omstreeks 800 in opdracht van Karel de Grote gecodificeerde *Lex Frisionum* waren zelfs de mogelijkheden van wraak en straf uitvoerig gedocumenteerd, schrijft Hans de Waardt.[439] In deze wettekst was zelfs geregeld dat familieleden van een vermoorde persoon het recht hadden om de moordenaar, of een familielid van hem, te vermoorden. Op deze manier kon een schande over de familie uitgewist worden. Verder werden in dergelijke gevallen pogingen ondernomen om de betreffende fami-

---

[438] Willem Frijhoff en Marijke Spies, *1650; Bevochten eendracht,* (Den haag 1999), 185-188.

[439] Anton Schuurman en Pieter Spierenburg (ed.), *Private Domain, Public Inquiry; families and life-styles in the Netherlands and Europe, 1550 to the present,* (Hilversum 1996), 15-30.

lies weer met elkaar te verzoenen, waarbij vaak geld overgedragen werd. Daarna werd de zaak als afgesloten beschouwd..De eer was gered. In de zeventiende eeuw waren de meeste sporen van eerwraak en vendetta jegens aanverwanten uit de maatschappij gelijdelijkaan verdwenen. Belediging, een mondelinge aantasting van de eer, was ook een strafbaar feit, dat ook voorkomt in de *Code Penal,* de strafwet die in 1811 door de Fransen in Nederland was ingevoerd.[440] Ook tegen dergelijke aantastingen van de eer diende een heer zich te beschermen door de mogelijkheden tot het uiten van beledigingen zo beperkt mogelijk te houden door het vertonen van een voortreffelijk gedrag.

Aangezien praktisch alle mensen die tot de bovenlaag van de eigenerfden behoorden op één of andere manier, vaak via meerdere verbindingen, verwant aan elkaar waren, is het logisch te veronderstellen dat deze groep machtige mannen als één blok kon opereren, wat de overlevingskansen van de afzonderlijke personen, en hun vriendenkring, aanmerkelijk vergrootte. En aangezien een redelijk aantal van hen ook familiebanden met leden van de adel had, was hier de groep van vrienden die elkaar konden bijstaan nog weer een stukje uitgebreid.

Een duidelijke manier om de afkomst uit verschillende families te laten zien was het toekennen van een familienaam als tussennaam aan verschillende van de kinderen.[441] Het was gebruikelijk om de oudste zoon

[440] Annemieke Keunen, 'Ongaarne beticht en bevlekt; Vrouwen, mannen en hun beledigin-gen voor de Correctionele Rechtbank te Amsterdam, 1811-1838', in: *Volkskundig Bulletin, P.J. Meertens-Instituut van de Koninklijke Akademie van Wetenschappen,* Jaargang 18, 1992, pag. 415-431.

[441] Toevoeging van de familienaam van de moeder aan de stamnaam, waarbij de moeders naam vóór de stamnaam wordt geplaatst, komt in geheel Nederland voor, maar deze

de namen van zijn grootvader van vaderskant te geven, zowel wat familienaam als voornaam betreft. De tweede zoon kreeg de namen van de grootvader van moederszijde, waarbij het regelmatig voorkwam dat ook diens familienaam als tussennaam werd toegevoegd. Namen als De Blocq van Scheltinga, Baerdt van Sminia, Coehoorn van Scheltinga, Andringa de Kempenaer en Andringa van Hylckama zijn dan ook geen uitzonderingen. Dergelijke dubbele achternamen, die dus aangeven dat het níét gaat om een rechtstreekse afstammeling in de mannelijke lijn, maken de drager van die naam er wel op attent dat hij eigenlijk tot twee families behoort. Bij latere generaties worden ook nog steeds die toegevoegde familienamen gebruikt, vooral in die gevallen waarin de drager van een oude voornaam de afkomst duidelijk moet maken, zoals Daniel de Blocq, Hobbe van Baerdt, Menno van Coehoorn en Tinco van Andringa. Het moet wel duidelijk voor eenieder zijn geweest dat deze naamtoevoegingen een innige verstrengeling met de andere families moesten bevorderen. Alleen al door het toevoegen van de familienaam als voornaam wordt dus reeds een stevige vriendschapsband aangeknoopt, waarop de drager zich in de toekomst, indien dat nodig of nuttig mocht blijken, kan beroepen.

Al met al betekent dit dat zolang een ieder zich hield aan de ongeschreven regels van vriendschap, en zijn verplichting hieromtrent nakwam, hij zich in een comfortabele positie bevond om zijn invloed en macht uit te breiden. Daarbij was het dus zaak dat vooral de (jongere) leden van de diverse families binnen het gareel bleven om te voorkomen dat een familie haar goede naam zou verliezen. Niet helemaal goed, of moeilijk te tolereren, gedrag werd dan ook zo snel mogelijk glad gestreken, eventueel voorzien van excuses en nederige

---

methode wordt wel het meest in Friesland gebruikt. Het is dus niet typisch Fries.

boetedoeningen. De eer, het hoogste wat men bezat, mocht niet gevaar lopen.

6.5 Juridische achtergronden van de eigenerfden

Als we de achtergronden van de eigenerfde leden van de groep van grietmannen bekijken ondervinden we enige moeilijkheden om vast te stellen wat zij werkelijk zijn. Om mee te kunnen tellen binnen de groep van grietmannen was het voor de niet-adellijke leden bijna noodzakelijk dat zij over een academische graad beschikten.[442] In de praktijk maakten zij echter in documenten weinig gebruik van hun titels. Ook in verslagen komen titels nooit voor. De mannen zijn met hun naam bekend genoeg, zodat het niet nodig is hieraan iets toe te voegen. Hetzelfde geldt overigens ook voor de adel. In stukken en verslagen worden ook toevoegingen als jonker en baron nooit genoemd. Wel wordt soms bij huwelijk, doop en overlijden een toevoeging als jonker en juffer bij de inschrijvingen in de registers vermeld. Door de afwezigheid in Friesland van een ridderschap zijn titels nooit officieel vastgelegd. Zij bestonden slechts als gevolg van een onderlinge erkenning.

Van de in 1795 twaalf ontslagen grietmannen uit de groep der eigenerfden is bij mij slechts van vijf bekend dat zij een rechtenstudie hebben gevolgd. Van hen kon zijn geen namen opgenomen in de Album Promotorum Academiae Franekensis 1591-1811, en ook niet in het equivalent van de universiteit van Groningen. Dit wil dus niet zeggen dat de zeven anderen niet een dergelijke opleiding hebben genoten. Er zijn in het verleden ook Friese studenten naar universiteiten in Duitsland en Frankrijk gegaan.

---

[442] M.W. van Boven, *De rechterlijke instellingen ter discussie. De geschiedenis van de wetgeving op de rechterlijke organisatie in de periode 1795-1811* (Nijmegen 1990).

Op de Franeker lijst komen tussen 1754 en 1804 wel de volgende namen voor uit de bekende families, met datum van promotie en faculteit:[443]

- Hector Jacob Lycklama à Nijeholt, 9-8-1754, jurist;
- Petrus Adrianus Bergsma, 20-6-1761, jurist;
- Pierius Lycklama à Nijeholt, 26-6-1762, jurist;
- Johan van Glinstra, 27-6-1764, jurist;
- Jacobus Egbertus Lycklama à Nijeholt, 4-7-1765, jurist;
- Johannes Casparis Bergsma, 23-5-1766, jurist;
- Theodorus Bergsma, 20-9-1766, jurist;
- Jacobus Egbertus Lycklama à Nijeholt, 15-3-1769, medicus;
- Petrus Adrianus Bergsma, 21-6-1773, jurist;
- Ennius Harmen Bergsma, 9-7-1779, jurist;
- Coert Lambertus van Beijma, 16-1-1780, jurist;
- Jetse H. van Sminia, 29-6-1782, jurist;
- Jan Albert Willinge, 8-7-1783, jurist;
- Willem Bernard Bergsma, 28-7-1783, jurist;
- Hector van Sminia, 21-6-1785, jurist;
- Albert ten Broeke Hoekstra, 26-6-1786, jurist;
- Daniel de Blocq van Scheltinga, 23-7-1790, jurist;
- Willem Livius van Sminia, 27-10-1790, jurist;
- Bernardus Buma, 30-5-1791, jurist;
- Hector Livius van Haersma, 28-6-1793, jurist;
- Willem Cornelis Bergsma, 17-12-1793, jurist;
- Johan Casparis Bergsma, 14-5-1805, jurist.

Opvallend is het volgens J. Bots en W. Frijhoff dat in Franeker veel Friese studenten een rechtenstudie volgen: in de periode van 1740 tot 1760 was dat bijna 44% van de studentenpopulatie, in de periode van 1770 tot

---

[443] *Nederlandse 'alba studisorum' en 'promotorum': in druk verschenen naamlijsten van Nederlandse studenten en gepromoveerden* (1 cd-rom), uitgave van Centraal Bureau voor Genealogie, 's-Gravenhage en Stichting Historic Future, Naarden (2007).

1790 is dat zelfs meer dan 55%.[444] Verder merken zij op dat in de tweede helft gaan steeds meer kinderen uit Friese dorpen te Franeker studeren. Uit het oog moet ook niet worden verloren dat veel van de studenten uit de dorpen genoteerd staan als komende uit Leeuwarden vanwege het feit dat hun vaders in verband met het uitoefenen van hun functies als gedeputeerde of raadsheer aan het Hof ook de beschikking hadden over een woning in Leeuwarden, waar een belangrijk deel van het jaar werd doorgebracht.

Op de Groninger lijst komen tussen 1773 en 1821 de volgende namen voor:

- Regnerus Carolus Blom, 12-8-1773, jurist;
- Tinco Andringa van Hylckama, 25-4-1781, jurist;
- Hanzo Henricus van Haersma, 26-2-1783, jurist;
- Martinus van Vierssen, 18-6-1785, jurist;
- Anton Anne Andringa de Kempenaer, 9-6-1798, jurist;
- Willem Livius van Vierssen, 17-6-1801, jurist;
- Bavius Anthonius van Hylckama, 1-10-1808, jurist;
- Hector Livius Haersma van Vierssen, 25-5-1811, jurist;
- Godschalk Horatius van Knijff, 13-6-1817, jurist;
- Nicolaas van Heloma, 7-6-1820, jurist;
- Hobbe Baerdt van Sminia, 19-6-1821, jurist.

Ook bij de Groninger groep komen in de lijst bijna alleen maar juristen voor. Opvallend is ook een klein aantal behorende tot de groep der edelen, en nog opvallender is dat zij allen tot de familie van Eysinga behoorden, namelijk Schelto Hessel Roorda van Eysinga (17-10-1804), Binnert Philip van Eysinga (13-5-1807), Tjalling Aedo Johan van Eysinga ((18-3-1812) en Idzert Frans van Eysinga (7-6-1817), allen juristen en zonen van jhr. Frans Julius Johan van Eysinga. In een verder verleden,

---

[444] J.A.H. Bots, W.Th.M Frijhoff, 'De studentenpopulatie van de Franeker academie: een kwantitatief onderzoek', in: *Universiteit te Franeker vol. 1585 1811,* (1985), 63.

vooral toen er in Nederland nog geen universiteiten waren, gingen veel jonge edelen wel studeren, maar dan wel in het buitenland. De meest bekende van hen was Viglius (Wigle) Aytta (van Swichum), die in 1529 promoveerde in de rechten te Leuven. Hij werd in 1537 hoogleraar in Ingolstadt en was hij was vanaf 1542 een vertrouweling en adviseur van Karel V en Philips II. Ook van de familie Van Roorda hebben verschillende in het buitenland gestudeerd.

Van de negentien in 1816 benoemden is van veertien bekend dat zij juridisch geschoold zijn. Ook hier geldt dat van de rest geen gegevens hieromtrent bij mij bekend zijn, maar dat het niet uitgesloten is dat zich onder hen meerdere juristen bevinden, mogelijk gepromoveerd aan andere universiteiten. Zo zijn Wicherius Hendricus van Haersma en Martinus Scheltinga (1736-1799) respectievelijk in 1787 en 1759 gepromoveerd in Leiden en Utrecht.

Van de grietenijsecretarissen zijn meer gegevens bekend. Van de dertig secretarissen hebben in 1795 in ieder geval twintig de meestertitel. Vreemd genoeg worden bij de bekende familienamen als Van Haersma en Van Sminia geen titels vermeld, al heeft van de familie Van Haersma in ieder geval één lid en van de familie Van Sminia tenminste vijf leden een juridische opleiding gehad waarbij zij gepromoveerd zijn.[445] Voor hen geldt waarschijnlijk dat van de werkelijk 'grote' families heel weinig gebruik gemaakt wordt van hun titels. Hun reputaties zijn waarschijnlijk belangrijk genoeg om, net als bij de adel de adellijke titels, hun (eventuele) juridische titels weg te laten. Ook valt het op dat onder de adellijke personen het percentage met een universitaire titel beduidend lager is dan bij de niet-

---

[445] E.M. van Burmania, *Naamlijst der heeren grietslieden en secretarissen in Vriesland,* 1785. (Met aanvullingen uit andere archieven van Tresoar).

adellijke personen.[446] Dit betekent waarschijnlijk dat de toevoeging van een universitaire titel aan hun adellijke titel geen enkele verhoging van hun aanzien en status geeft, en dus verspilde moeite is. De familie Bergsma valt in de beide lijsten op door het grote aantal gepromoveerden, in totaal tien personen.

Twee grietmannen hebben een totaal andere achtergrond, namelijk een militaire loopbaan. Johan Petrus van Hylckama, grietman van Gaasterland, begon zijn loopbaan op twintigjarige leeftijd bij een Duits regiment, zoals eerder gemeld in het eerste hoofdstuk van deze studie. Hij heeft negentien jaren gediend. Na vijf jaren werd hij bevorderd tot kapitein. Jacobus Johannes Bergsma, de nieuwe grietman van Dantumadeel, werd op 6 september 1780 op tienjarige met permissie van zijne Doorluchtige Hoogheid aangenomen als cadet bij de cavalerie onder majoor Floiseun bij het garnizoen te Leeuwarden. Hij was slechts vier voet, 131 centimeter, groot.[447] Hij is dus opgegroeid als militair.

Over het algemeen kan wel gezegd worden dat de belangrijkste bestuurders van een grietenij over de nodige opleidingen beschikten om hen te kwalificeren als juridisch goed geschoold, zowel in Romeins als in hedendaags recht. Bij de rechtspraak van het Hof van Friesland was het gebruikelijk dat zowel het Romeinse recht als het ‘hedendaagse’ Friese recht van toepassing was.[448] Leden van het Hof en de andere instellingen dienden dus in beide ‘rechten’ opgeleid te zijn. Zij waren zeker vakkundig.

---

[446] W.Th.M. Frijhoff, *La société Néerlandaise,* 181, 195, 196.

[447] Recrutenlijst 1-6-1781, cavalerie onder Majoor Floiseun, garnizoen te Leeuwarden.

[448] J.H.A. Lokin, C.J.H. Jansen, F. Brandsma, *Het rooms-Friese recht: de civiele rechtsprak-tijk van het Hof van Friesland in de 17e en 18e eeuw,* (Hilversum/Leeuwarden 1999), 225-226.

Voorlopig kan wel geconcludeerd worden dat hun kennis en vakmanschap in belangrijke mate moet hebben bijgedragen tot hun overleving in de roerige periode. Er waren geen betere mensen te vinden om hen bij de inrichting van het nieuwe Nederlandse bestuur te vervangen, ondanks dat een aantal vanaf het begin van de revolutionaire periode al als patriot bekend stonden. En dit ook openlijk met deelname aan het patriottische bewind uitdroegen.

6.6 De families in de latere periode van het Koninkrijk; epiloog

Hetgeen in deze alinea besproken wordt valt eigenlijk buiten het beperkte kader van de studie naar het verloop van de carrières van de behandelde families. Maar omdat het verdere verloop van hun geschiedenissen een direct gevolg is van de drastische veranderingen rondom het jaar 1814, heb ik gemeend dat de consequenties van deze veranderingen wel betrokken dienen te worden in het gehele verhaal.

Willem I had voor de samenstelling van de Staten-Generaal een redelijk groot aantal edelen nodig. Officieel kende ons land sinds de revolutie van 1795 geen adel meer; die was door de patriotten afgeschaft. De personen van de vroegere oude adel werden in 1814 weer benoemd of erkend. De Staten-Generaal bestonden in zijn visie uit drie even sterke standen, waarvan de adel er één was. Aangezien er in 1814 te weinig mensen tot de adel gerekend konden worden, was het noodzakelijk dat een groot aantal mensen verheven moesten worden. In 1814 werden ongeveer driehonderd edellieden in de verschillende Ridderschappen benoemd.[449] Tijdens de periode tussen 1815 en 1849 werden door Willem I en Willem II ruim tweehonderd personen in de adel-

---

[449] Yme Kuiper, *Adel in Friesland 1780-1880,* (Groningen 1993), 285.

stand verheven. In Friesland bestond aanvankelijk geen Ridderschap.[450] De Friese Ridderschap werd pas in 1825 opgericht en zij ging voor het eerst in 1826 als kiescollege optreden. Op dat moment bestond die Ridderschap uit 77 leden, maar de vergaderingen werden niet door alle leden bezocht. Uit de stand der Friese eigenerfden werden leden van vier geslachten in de adelstand verheven. Deze waren Van Andringa de Kempenaer in 1816, Van Sminia in 1816, Lycklama à Nijeholt in 1817 en Van Scheltinga (inclusief Coehoorn van Scheltinga en De Blocq van Scheltinga) in 1818. Zij waren dus geen edelen in die zin zoals zij in Friesland zelf tot de adel gerekend zouden worden. Zij waren Nederlandse adel van Friese afkomst. De invloed van de adel in politieke en bestuurlijke instellingen was onder Willem I niet zozeer een kwestie van afkomst, maar meer van grondbezit en commerciële rijkdom.

In 1814 werd door Willem I op 29 maart een bijeenkomst georganiseerd waarvoor zeshonderd notabelen uit het hele land werden uitgenodigd om goedkeuring te geven aan een nieuwe grondwet. Van deze groep hebben 474 mannen de uitnodiging aanvaard en zijn op de vergadering aanwezig geweest. Onder hen bijna veertig, waaronder tien edellieden, van de ruim vijftig uitgenodigden uit Friesland.[451] Voor deze vergadering werden in principe alle aanzienlijke Friese notabelen uitgenodigd, alleen met uitzondering van diegenen die gerekend konden tot die groep die in 1795 behoorden tot de meest opvallende patriotten.[452] Het ging hier niet speciaal om bij het bestuur betrokken personen als oud-

---

[450] Voor het bezitten van een ridderschap zijn ridders nodig. Personen worden door een vorst tot ridder geslagen. Maar aangezien in Friesland nooit een vorst heeft geregeerd, konden er ook geen ridders bestaan, en dus ook geen ridderschap.

[451] Yme Kuiper, *Adel in Friesland,* 278.

[452] Tresoar, Archief Provinciale Staten, inv.nr. 593, *Lijst van genodigden.*

grietmannen en oud-Statenleden. Wel golden zij als afgevaardigden van het departement Friesland. Niet uitgenodigd waren onder andere Coert Lambertus van Beyma en Johan Petrus van Hylckama, revolutionairen van het eerste uur.

Koning Willem I had een opvatting over de vorm van bestuur dat het beste kan worden omschreven als verlicht despotisme, al is niet iedereen ervan overtuigd dat dit de juiste aanduiding is.[453] De rol van de koning was allesbeheersend, ministers hadden weinig inspraak. De ministerraad, de kabinetsraad en de Raad van State waren dienstbaar aan de gezagsuitoefening van de koning.[454] Van een behoorlijk functionerende, enigszins doorzichtige overlegstructuur was geen sprake.[455] Wel moet gemeld worden dat de Staten-Generaal toch nog enige macht bezaten. Zij waren in staat eventuele wetsvoorstellen van de koning tegen te houden. Heden ten dage is deze bevoegdheid nog bij de Eerste Kamer aanwezig, dus zonder het recht van amendement. Zelfs met de dreiging van het tegenhouden konden zij nog enige invloed uitoefenen.[456] Het licht voor de hand om aan te nemen dat veel personen uit de oude Friese regentengemeenschap, die destijds de werkelijke macht bezaten, er weinig voor voelden om aan dit spel mee te doel, speciaal wanneer het gehele gebeuren zich op een grote afstand afspeelde. Zeker wanneer de resultaten van eventuele inspanningen nagenoeg nihil zouden zijn.[457]

Even terzijde: in 1848 schreef de liberaal Thorbecke een nieuwe grondwet. Dit had niet kunnen gebeu-

---

[453] N.C.F. van Sas, *De metamorfose van Nederland; Van oude orde naar moderniteit 1750-1900*, (Amsterdam 2004), 413-415.
[454] Ibidem, 416.
[455] Ibidem, 423.
[456] Ibidem, 422.
[457] Ibidem, 462.

ren als niet in andere landen van Europa, Frankrijk en Duitsland, revoluties waren uitgebroken. Ook de nieuwe koning Willem II, die van de ene op de andere dag van conservatief naar liberaal veranderde, had hierbij een grote invloed.[458]

Hoe het verder ging met de eigenerfden, inclusief diegenen die in de adelstand werden verheven, is samen te vatten in een paar woorden: afhankelijk van de individuen ging iedereen zijn eigen richting. Sommigen trokken zich na verloop van tijd geheel of gedeeltelijk terug uit de politiek en bleven in Friesland. Daar vormden zij een alom gerespecteerde laag van lokale en regionale bestuurders; zij vormden evenwel geen elite meer. Zij voelden vaak niet voor een centrale overheid die de verdeling van de politieke kansen bepaalde.[459] Er kan dus gesteld worden dat de invloed van Friese eigenerfden op de beleidsbepalende politiek zo goed als verdwenen is. De in de adelstand verheven personen kunnen niet langer tot de groep van de niet-adellijke eigenerfde patriciërs worden gerekend. Zij waren zuiver beschouwd zelfs gedegradeerd tot ondergeschikte jaknikkers van de koning. Zij die nog deel uitmaakten van de Friese Staten en de besturen van de grietenijen waren verlaagd tot uitvoerders van Koninklijke opdrachten. Kortom de trotse Friese stand van de eigen-erfden was politiek gezien van de kaart verdwenen.

Anderen, speciaal leden van de nieuwe adel, verhuisden naar de omgeving van Arnhem, de Veluwe of Nijmegen, en gingen daar rustig wonen om van hun bezittingen te genieten. Zo vestigde Jeanne van Andringa de Kempenaer zich in 1903 op een landgoed met kasteel in Wychen. Voorheen had ze veel gereisd; Leeuwarden was iets te saai voor haar. Een ander deel ging in de landelijke politiek, en verplaatste zich richting Den Haag. Maar diegenen die zich met de landelij-

---

[458] Ibidem, 477.

[459] Yme Kuiper, *Adel in Friesland,* 406.

ke politiek gingen bemoeien bleven vaak wel een duidelijke band met Friesland houden. Vooral na de invoering van de grondwet van 1848 gaf de Friese elite sterk de voorkeur aan de Friese belangen binnen de nationale politiek te verdedigen.[460]

De Van Scheltinga's bleven nog een redelijke tijd, tot 1890, betrokken bij het bestuur van Schoterland. Tot 1851 was Hans Willem van Scheltinga grietman van deze grietenij, Op 29 juni 1851 trad de nieuwe gemeentewet in werking. Voor Friesland betekende dit dat de oude grietenijen werden opgeheven en werden vervangen door gemeentes. Wel werd op uitdrukkelijk verzoek van Friezen en Limburgers een toevoeging aangebracht, waarbij de woondorpen voorlopig nog als autonome eenheden werden aangemerkt.[461] Ook de grietman verdween; hij werd vervangen door de burgemeester. Hierdoor werd Van Scheltinga burgemeester van een gemeente met weer de naam Schoterland. In deze periode kreeg hij veel te maken met de socialistische voorman Domela Nieuwenhuis. De enige van de Van Scheltinga's die nog in de landelijke politiek actief is geweest was Frans J.J. van Scheltinga (1749-1831)* van de Kollumer tak van de familie; hij was van 1820 tot 1822 lid van de Tweede Kamer, een tamelijk korte tijd.[462] De belangstelling voor de nationale politiek was in deze

---

[460] Yme Kuiper, *Adel in Friesland*, 408.

[461] Joh. Frieswijk e.a.(red), *Geschiedenis van Friesland 1750-1995,* (Amsterdam/Meppel 1998), 165.

[462] De meeste in deze alinea gebruikte informatie betreffende lidmaatschap van de Eerste en Tweede Kamers en de Ministeries is afkomstig van het 'Biografisch Archief van de PDC' op de website 'Parlement & Politiek', www.parlement.com. Ik heb de betreffende personen aangegeven met een sterretje (*) achter hun leefperiode. PDC staat voor 'Parlementair Documentatie Centrum van de Universiteit Leiden'. Het Biografisch Archief bevat gegevens over ruim 4000 personen die sinds 1796 een rol speelden, of nog spelen, in het landsbestuur.

familie dus zeer gering. De familie was het centrum van feesten en jachtpartijen in Oranjewoud. Een later familielid, jhr. Daniel de Blocq van Scheltinga, zou in de oorlog van 1940-1945 optreden als (NSB) burgemeester van Wassenaar. Dit leverde hem nadien een veroordeling tot levenslange gevangenisstraf op. In hoger beroep werd hij op 5 december 1945 veroordeeld tot twintig jaar gevangenisstraf, en verbeurdverklaring van het grootste deel van zijn vermogen. Na strafvermindering als gevolg van een gratieverzoek kwam hij in 1953 op vrije voeten. In 1958 vertrok hij naar Duitsland, waar hij in 1962 in Düsseldorf overleed.

De Van Sminia's bleven in Oudkerk op hun landgoederen. Slechts weinigen van hen hebben zich met de nationale politiek bemoeid, en dat in zeer geringe mate. De op 20 februari 1816 in de adelstand verheven jhr. Hector van Sminia (1763-1816)* was de laatste jaren van zijn leven, van 1814 tot 1816, naast grietman van Idaarderadeel, lid van de Staten-Generaal van de Verenigde Nederlanden en lid van de Tweede Kamer. Zijn zoon jhr. Hobbe Baerdt van Sminia (1797-1858)* is in 1840 ongeveer een maand lang buitengewoon lid geweest van de Tweede Kamer. Wel was hij van 1823 tot 1851 grietman, en daarna tot zijn dood in 1858 burgemeester van Tietjerksteradeel. Hij was van 1840 tot 1850 lid van de Provinciale Staten van Friesland voor de ridderschap. Hij was in 1821 gepromoveerd in het Romeins en hedendaags recht. Ook was hij lid van de Maatschappij der Nederlandsche Letterkunde; hij publiceerde veel artikelen en boeken over de Friese geschiedenis, waaronder het in 1827 verschenen *'Geschiedenis van de onlusten tussen de Schieringers en Vetkopers in Vriesland.*[463] Andere leden van de familie hielden zich meer bezig met het agrarische leven. Willem Livius van Sminia (1769-1822)*, een broer van de eerder genoemde Hector van Sminia, was in 1814 lid van de Vergade-

---

[463] PDC, *Jhr.Mr. H. Baerdt van Sminia.*

ring van Notabelen voor het Departement Friesland, en grietman van Tietjerksteradeel van 1814 tot 1822. De belangrijkste bezigheden van de latere familieleden waren het besturen van verenigingen op het gebied van de paardenfokkerij (o.a. Friesch Paardenstamboek), wedstrijdzeilen en schaatsen (o.a. De Friesche Elf Steden). Zij waren boeren in de ruimste betekenis van het woord, mensen die zich op het platteland thuis voelden, en dat bleven ze. De politiek was voor hen geen terrein meer waarvoor zij zich interesseerden.

De leden van de familie Van Andringa de Kempenaer bleven aanvankelijk ook in Friesland wonen, maar sommigen van hen, speciaal de weduwen, vestigden zich later in Den Haag en in Wychen bij Nijmegen. Jonkvrouw Adriana Wilhelmina van Andringa de Kempenaer (1858-1926) kocht in 1903 een kasteel in Wychen, dat tot die tijd aan een Belgische baron had behoord. Op Sinterklaasavond 1906 brandde dit kasteel tot de grond toe af.[464] Hierbij gingen al haar bezittingen en herinneringen verloren. Het kasteel heeft ze later weer herbouwd. De enigen die zich met de landelijke politiek hebben beziggehouden waren de op 24 november 1816 in de adelstand verheven Antoon Anne van Andringa de Kempenaer (1777-1825)*, zoon van Regnerus Livius (1752-1813)*; hij was van 1814 tot 1825 lid van de Vergadering van Notabelen en de Tweede Kamer,[465] terwijl diens zoon jhr. Tjaard Anne Marius Albert van Andringa de Kempenaer (1806-1870)* van 1850 tot 1865 lid was van de Eerste Kamer.[466] Van deze familie zijn er dus wel leden in de nationale politiek beland, zij het voor een periode die zich beperkte tot de eerste vijf-

[464] Yme Kuiper, Johan Frieswijk (red.), *Twee eeuwen Friese adel; 1814-2000,* (Heerenveen 2000), 105.
[465] Hij was van 1816 tot 1825 tevens grietman van Lemsterland.
[466] Een zoon van hem was van 1869 tot 1879 burgemeester van Ferwerderadeel.

tig jaar van het Koninkrijk. In de opgave van het *Nederlands Repertorium van Familienamen* komt de naam Andringa de Kempenaer bij de volkstelling van 1947 nog slechts sporadisch voor. In Friesland is de naam maar eenmaal genoteerd.[467] Deze familie is dus bijna uitgestorven.

De Van Hylckama's bleven tot hun uitsterven in de mannelijke lijn in 1865 op het landgoed Beuckenswijk in Sondel wonen en bemoeiden zich na 1816 niet met de landelijke politiek. Wel waren twee zonen van Johan Petrus van Hylckama, Bavius Anthonius en Tinco Andringa, in de periode 1840 tot 1845 tegelijkertijd lid van de Provinciale Staten van Friesland.

De adellijke tak van de familie Lycklama à Nijeholt stierf ook uit in de 19e eeuw. Wel hebben enkele leden zich nog beziggehouden met de landelijke politiek. De op 20 december 1817 in de adelstand verheven jhr. Tinco Martinus Lycklama à Nijeholt (1766-1844)*, zoon van Augustinus, was van 1815 tot 1831 lid van de Tweede Kamer,[468] en van 1835 tot 1844 lid van de Eerste Kamer. Diens zoon jhr. Wilco Holdinga Lycklama à Nijeholt (1801-1872)* heeft van 1845 tot 1866 zitting gehad in de Tweede Kamer, na van 1830 tot 1845 grietman te zijn geweest van Utingeradeel. Deze familie heeft dus, met een onderbreking van slechts vijf jaren nog ruim vijftig jaar meegedaan aan de nationale politiek. Uit de Bolswarder tak, een familie van artsen en apothekers, is de edelman Pieter Lycklama à Nijeholt (1842-1913)* in de periode 1868 tot 1893 burgemeester geweest van achtereenvolgens Franeker, Leeuwarderadeel, Leeuwarden en Rotterdam. Van 1893 tot 1909 was hij Commissaris van de Koningin in Overijssel. Een nog

---

[467] Gegevens beheerd door het Meertens Instituut van de KNAW.

[468] Hij was in 1814 één dag lid van de Vergadering van Notabelen voor het departement Friesland, en van 1814 tot 1815 lid van de Staten Generaal der Verenigde Nederlanden.

later levend lid van de familie is de uit de boerenwereld afkomstige geleerde prof.dr. Geertje Lycklama à Nijeholt (1938-)*, die van 1995 tot 2003 voor de Partij van de Arbeid lid was van de Eerste Kamer der Staten-Generaal, waarvan zij vanaf 1999 fractievoorzitter was.[469] Bij de volkstelling van 1947 werd voor geheel Nederland 164 maal de naam Lycklama à Nijeholt geregistreerd. [470] Van hen woonden er 98 in de provincie Friesland. In Noord-Holland woonden er in totaal 25, in Zuid-Holland 18 en in Gelderland 14. In Drenthe, Zeeland, Noord-Brabant en Limburg komen ze in het geheel niet voor. Gezien hun aantallen kan wel gezegd worden dat zij een Friese familie zijn gebleven en dat hun belangrijkste thuisbasis Friesland is. Uit de aanwezigheid van slechts vier Lycklama's in Den Haag kan wel geconcludeerd worden dat zij maar weinig betrokken zijn (geweest) bij het landsbestuur en de ambtenarij van de rijksoverheid.

Van de familie Van Haersma zijn nauwelijks sporen te vinden in de nationale politiek. Hans Hendrik van Haersma (1760-1825)* en Sybrand van Haersma (1766-1839)* zijn beide van 28 maart 1814 tot 29 maart 1814 lid geweest van de Vergadering van Notabelen, de eerste voor het departement Zuiderzee, de andere voor het departement Friesland. Momenteel is nog een lid van de familie (in de vrouwelijke lijn) actief in de vaderlandse politiek, namelijk Sybrand van Haersma Buma (1965-)*, die sinds 2002 voor het CDA in de Tweede Kamer zitting heeft.[471]

---

[469] Haar vader was landbouwer en gemeenteraadslid van Wonseradeel; beide grootvaders waren van beroep boer.

[470] Gegevens beheerd door het Meertens Instituut van de KNAW.

[471] S. van Haersma Buma behoort tot de familie Buma; de extra familienaam is via een vrouwelijke lijn van de familie Haersma toegevoegd. Overigens draagt hij dezelfde voornaam als de vóór hem genoemde Haersma, dus de familie-

Evenwel leverde de familie Bergsma, die geen enkel lid in de adel verheven zag worden, enkele interessante personen op.[472] Prof.dr. Cornelis Adriaan Bergsma werd een groot wetenschapper. Hij was arts. Tevens was hij hoogleraar scheikunde in Gent en hoogleraar wis- en natuurkunde in Utrecht. Eén van zijn zonen, Jacob Hendrik Bergsma (1838-1915)*, bracht het tot minister van koloniën van 1894 tot 1897, na een periode van juridische functies in Nederlands Indië. Zijn zwager Willem Adriaan Bergsma (1829-1901)*, zoon van Cornelis Bergsma, was als liberaal van 1871 tot 1884 lid van de Tweede Kamer. Van 1894 tot 1901 was hij lid van de Eerste Kamer. Tevens was hij van 1858 tot 1901 tevens burgemeester van Menaldumadeel. Grietmannen, en later burgemeesters, konden op verzoek absentie van hun verplichtingen in de Kamer krijgen; dit werd evenwel niet altijd gevraagd, maar wel genomen. Johannes Casparus Bergsma (1775-1818)*, zoon van Pieter Adrianus Bergsma, was in 1814 lid van de Vergadering van Notabelen, en van 1816 tot zijn dood in 1818 grietman van Oostdongeradeel. Edo Johannes Bergsma (1862-1948)*, zoon van Petrus Adrianus Bergsma, was van 1913 tot 1922 als liberaal lid van de Eerste Kamer voor de Provincie Friesland. Verder was hij van 1892 tot 1896 burgemeester van Het Bildt en van 1896 tot 1922 burgemeester van Enschede. Ook had hij tegelijkertijd met zijn burgemeesterschap van Enschede zitting in de Eerste Kamer voor Friesland.

---

band is wel duidelijk. Hij is geboren in Workum, dus van Friese afkomst.

[472] De familie Bergsma was een laatkomer in de Friese groep van eigenerfden. Leden van de familie hadden in Indië fortuin gemaakt. Bij terugkeer in Friesland werd het verdiende vermogen gebruikt om landgoederen aan te kopen, en op die manier stemrecht te verwerven. Zij waren in staat om via hun stemmenaankoop de adellijke families in hun grietenijen voorbij te streven.

Ennius Harmen Bergsma (1755-1828) werd in 1813 commissaris-generaal tot de organisatie van het departement Friesland. Wat interessanter is dat zijn dochter Titia Bergsma in 1817 de eerste westerse vrouw was die in Japan werd toegelaten. Zij was gehuwd met de koopman Jan Cock Blomhoff, die in 1816 werd benoemd tot opperhoofd van Deshima. Ondanks een verbod op de toelating van westerse vrouwen nam Blomhoff zijn echtgenote mee naar Japan.[473] Zij woonde daar voor korte tijd, ruim vijf weken, toen ze in opdracht van de shogun Deshima moest verlaten. Van haar zijn door Japanse kunstenaars vele portretten gemaakt, en zij prijkt ook op vele stukken porselein als de enige, vaak roodharige, westerse vrouw.

Als laatste twee personen die in de overgangsperiode naar het koninkrijk actief waren volgen hier Martinus van Vierssen (1764-1837)*, zoon van Livius van Vierssen, en Willem Livius van Vierssen (1778-1824)*, zoon van Hessel Jetze van Vierssen. Beiden waren van 28 maart 1814 tot 29 maart 1814 lid van de Vergadering van Notabelen voor het Departement Friesland; ook waren beiden rechter in de rechtbank van eerste aanleg in Leeuwarden, waar Martinus ook president van de rechtbank was. Na 1814 zijn beide heren, en ook hun verdere familie, niet meer actief geweest in de vaderlandse politiek.

Om weer terug te komen op een onderwerp wat in dit hoofdstuk al eerder was besproken nog een korte uitleg. Op 28 en 29 maart 1814 werd in Amsterdam in de Nieuwe Kerk door Willem I een Vergadering van Notabelen uit het gehele land bijeengeroepen. Metelerkamp spreekt van de 'Vergadering der aanzienlijken, ter goed- of afkeuring der grondwet voor de Vereenigde

[473] J. Stellingwerff, *De diepe wateren van Nagasaki. Nederlands-Japanse betrekkingen sedert de stichting van Deshima,* (Franeker 1983).

Nederlanden'.[474] Iedere provincie moest hier een grote afvaardiging naar toe sturen. Uit het hele land waren van de 600 uitgenodigden 474 notabelen gekomen, waarvan achtendertig uit Friesland.[475] Zij legden de eed op de grondwet af,[476] waarna een aantal werd benoemd in de 55 leden tellende Staten-Generaal, waarvan vijf Friezen,[477] en in diverse hoge staatsambten en colleges. Jhr. Aebinga van Humalda werd benoemd tot gouverneur van Friesland. De bedoeling van deze Vergadering van Notabelen was om de nieuwe grondwet, die door een grondwetscommissie was opgesteld, te accepteren of te verwerpen. De koning had een volksvertegenwoordiging nodig, maar dan wel samengesteld uit de elite van het land.

Uit de opsomming van gegevens omtrent hun politieke loopbanen op nationaal niveau kan wel gesteld worden dat de vroegere Friese patriciërs en hun nakomelingen na ongeveer 1820, op een paar families na, geen of heel weinig interesse hadden in deelname aan de nationale politiek. Op dit onderdeel hebben zij als groep weinig invloed overgehouden. De koning had een grote invloed op zowel het gebied van de benoemingen als op het gebied van hun macht. Omdat ook de rol en functie van de Staten van Friesland teruggelopen was kan ook hier gesteld worden dat zij nog maar weinig

---

[474] R. Metelerkamp, *De regeeringsvorm der Vereenigde Nederlanden na de verheffing van Prins Willem Frederik van Oranje-Nassau tot Souverein Vorst,* ('s-Gravenhage 1814), 68-85.

[475] Joh. Frieswijk, e.a. (red.), *Geschiedenis van Friesland,* 125.

[476] Deze grondwet werd opgesteld door een grondwetscommissie in de periode 1813 tot 1814; jhr. Idsert Aebinga van Humalda maakte deel uit van deze commissie.

[477] Drie edelen, H.W. van Aylva, S.H.R. van Eysinga en W.H. van Sytzama, en twee eigenerfden, T.M. Lycklama à Nijeholt en H. van Sminia. Deze laatsten zouden spoedig in de adelstand worden verheven.

macht hadden en dus weinig invloed konden uitoefenen. Enkelen van de oude patriciërs zijn nog grietman, en later burgemeester, van verschillende gemeenten geworden, sommigen ook buiten Friesland. Van de grote macht, die deze personen voordien hadden in een gewest met een eigen invulling van het begrip democratie, is in het nieuwe autocratische koninkrijk nauwelijks iets overgebleven.

Hoofdstuk 7

Hoe zij zichzelf en elkaar zagen [Status]

In dit hoofdstuk wordt nagegaan op welke wijze de grietmannen en andere functionarissen afkomstig uit de stand der eigenerfden zichzelf en elkaar zagen. Vonden zij zichzelf belangrijk, en hadden zij hiertoe redenen? Hoe was hun (verbeelde) verhouding met de adel? Leefden zij naar de status die zij zichzelf toekenden? Hoe zagen anderen, en dan vooral de gewone mensen, hen? Hoe wilden zij dat deze gewone mensen hen zagen. Waren deze manieren van 'zien' van waarde over de gehele periode, of waren zij aan verandering onderhevig? En heeft de periode van de revoluties en de Franse tijd hierin verandering gebracht?

7.1 Interesse om tot de Friese adel te behoren

Bij de oude Friese adel leefde een zeer gedetailleerd besef van wat diende te gebeuren om naam en afkomst zuiver te houden. Het was moeilijk te rijmen met de afkomst van een edele om beneden zijn stand te huwen. In deze omgeving was het een normale praktijk om kinderen te onterven indien zij, zonder voorafgaande toestemming van de familie, beneden hun stand zouden trouwen.[478] Zo heeft bijvoorbeeld Syds Tjaerda uit Rinsumageest, één van de meest invloedrijke Friese edelen uit de 16e eeuw, zijn dochter onterfd nadat zij zonder zijn toestemming met één van zijn knechten trouwde. Alleen de legitieme portie van de erfenis kon hij haar

[478] Yme Kuiper, *Adel in Friesland 1780-1880*, (Groningen 1993), 74.

niet onthouden. Ook in de 18e eeuw was men er nog steeds op gebrand om binnen de groep van de adel de huwelijkspartner te zoeken. Zo adviseerde bij voorbeeld Jonker Sicco van Goslinga in 1728 zijn neef Georg Wolfgang thoe Schwartzenberg en Hohenlansberg om zijn adellijke kwartieren zuiver te houden. Deze adellijke kwartieren waren de wapens van de grootouders. In een rond 1720 geschreven familiekroniek en genealogie stelde jonker Pyrrhus Wilhelmus van Sytzama dat een huwelijk met iemand van lagere stand het verlies van adellijke kwartieren betekende.[479] Juridisch had dit geen gevolgen, maar het aanzien van de persoon die het deed was binnen zijn standgenoten aardig geslonken. Zijn adeldom was niet langer onbetwist bij de rest van de adel. Na een huwelijk met zulk een persoon zouden maar liefst twee eeuwen van huwelijken met uitsluitend adellijke partners nodig zijn om de begeerde adellijke kwartieren voor zowel ouders als tot en met betovergrootouders terug te krijgen. Maar behalve over de benodigde afkomst diende de huwelijkskandidaat over voldoende vermogen te bezitten. Toch was men niet geheel ongevoelig voor het huwen met een partner uit een regenten- of patriciërsfamilie, als deze maar rijk genoeg was, een rijkdom die vooral op stemdragende landerijen sloeg. Het is zelfs gebleken dat deze laatste vorm tot op bepaalde hoogte een gewoonte was geworden.

Ook moet aandacht worden besteed aan het feit dat de leden van de Friese adel geen ridderschap hadden gevormd, en ook grote weerstand hadden tegen invoering van een leenstelsel.[480] Dit deed geweld aan hun gevoel dat zij volkomen onafhankelijk waren van een

---

[479] Ibidem, 75.

[480] R. Alma, 'Ommelander ridderschap (1498-1516)' in *Virtus: jaarboek voor adels geschiedenis, jaargang 10,* (Westervoort 2003), 47-48, 50-53, 55.

boven hen geplaatste instantie. Bij hen was de 'Friese Vrijheid' wel heel levendig aanwezig.

De leden van de Friese adel waren dus heel sterk betrokken bij hun eigen afkomst. Zo waren zij bijvoorbeeld zeer geïnteresseerd in heraldiek en het bijhouden van een familiearchief. Zij gingen prat op de ouderdom van hun geslacht. Verder bleven voornamen, zoals wel meer gebruikelijk was, generaties lang in de familie.[481] Hieraan ontleenden zij een deel van hun identiteit. Natuurlijk was het bezit van een familienaam zeer belangrijk, en hoe ouder hoe beter. Toch is het nog vaak voorgekomen dat edelen in vroegere tijden nog niet over een familienaam beschikten. Het ligt voor de hand dat iemand die niet tot de adellijke kringen behoorde, maar er wel toe zou willen behoren, zijn uiterste best deed om in deze opzichten enigszins op de adel te lijken. Zo noemden de Van Scheltinga's zich naar het middeleeuwse landgoed, Scheltinga-sathe te Engelum, of zoals deze in een sententie van 1533 'Sceltinge guod' werd genoemd. De Lycklama's deden het door hun plaats van oorsprong, Nijeholtpade, in verkorte vorm aan hun naam toe te voegen.

Dat de groep der eigenerfden over een zekere interesse beschikten om tot de adel gerekend te worden, althans daarmee gelijkgesteld te worden, blijkt uit hun brief van 14 oktober 1766, gericht aan prins Willem V.[482] Hierin maken zij de prins erop attent dat zijn vader, Willem IV, hen van een voorrecht heeft beroofd, namelijk dat een eigenerfde een edelman kan vervangen ter Landdage. Dit als gevold van de gewijzigde Reglement van Regeering, het eerste artikel, en dat op 23 december 1748

---

[481] Het vernoemingsysteem was in die tijd al overal gebruikelijk, zowel bij de adel als bij de andere bevolkingsgroepen.

[482] Tresoar, EVC, inv.nr. 819, nr. 2, *Missive van de Heeren Eygenerfde Grietslieden aan den Heere Prince Erfstadhouder,* 14 oktober 1766.

door de prins persoonlijk aan hen was overhandigd. Zij beroepen zich op het feit dat deze regeling al lang gold, 'reeds lang voor de oprichting van de Republicq', maar ook na die tijd zonder enige interruptie. Dit voorrecht was overeengekomen in het jaar 1323 tijdens een 'allerplechtigste vergadering over de Vriesche Zaaken onder de Opstalboom bij Aurich', in Oost-Friesland.[483] Tijdens deze vergadering werd vastgesteld dat edellieden en eigenerfden als gelijk gezien kunnen worden.

Dat het schrijven van deze brief effect heeft gehad mag blijken uit het feit dat de heren Cornelis van Scheltinga en Johan Petrus van Hylckama waren, de laatste volmachten voor Idaarderadeel voor de Landdag tot 1795, beiden eigenerfden waren. Wel waren beiden in het bezit van een adellijke state in Idaarderadeel. Van Scheltinga bezat Friesma State, gelegen bij Idaard, en Van Hylckama was eigenaar van Roorda State bij Grouw. Beide states waren voorheen eigendom van een gemeenschappelijke voorvader, de edelman Carel van Roorda.

Iemand die geprobeerd heeft om binnen de adel opgenomen te worden is de oorspronkelijk van buiten Friesland afkomstige Regnerus Livius van Andringa de Kempenaar, die door vererving van een aanzienlijk deel van de bezittingen van de familie Van Andringa een eigenerfde was geworden. Hij was geboren op 24 maart 1752 in 's-Hertogenbosch als zoon van de in 1709 in Harlingen geboren Hendrik van Andringa de Kempenaer.[484] Zijn grootvader was burgemeester van Har-

---

[483] De Opstalboom bij Aurich was sinds eeuwen de centrale vergaderplaats van alle delen van het grotere Friesland, waartoe ook Oost-Friesland en Noord-Friesland (tot de Deense grens) behoorden.

[484] Biografisch Archief van het Parlementair Documentatie Centrum (PDC) van de Universiteit Leiden, *R.L. van Andringa de Kempenaer.*

lingen. Van 1772 tot 1795 was hij grietman van Lemsterland. In de Bataafse periode is hij lid van het Wetgevend Lichaam geweest, en in de Bataafs-Franse tijd Landdrost van Friesland. Van februari 1811 tot 1 december 1813 was hij prefect van het departement Boven-IJssel, en woonachtig in Arnhem. Ondanks dat hij zeer actief was in de Bataafse en Franse tijd, was hij tijdens de periode van de Republiek een overtuigd orangist. Om tot de adeldom te geraken ondernam hij enige stappen.

Op een gegeven moment – de brief is niet gedateerd – schrijft Regnerus Livius van Andringa de Kempenaer een brief, gericht aan de Raad van het Zegel van de Titels[485] met een verzoek aan Zijne Keizerlijke en Koninklijke Majesteit,[486] waarin hij zeer respectvol solliciteert naar het verkrijgen van adelsbrieven.[487] Hij legt uit dat hij van een zeer oude en gedistingeerde patricische familie afkomstig is uit het Departement, vroeger provincie, van Friesland. Hij is van goede voorouders in mannelijke lijn, en vooral die met de familienaam Andringa, die sinds onheuglijke tijden zich bezighielden met het bestuur in genoemde provincie. Hij was door zijne Majesteit de Koning van Holland (Lodewijk Napoleon) tot Landdrost van het Departement Friesland en tot buitengewoon Staatsraad benoemd. Hij had van Zijne Keizerlijke Majesteit en Koning, na zijn benoeming per decreet van 13 december 1810, het recht verkregen zich Commandeur in de Orde van de Reünie te noemen, en was begiftigd met de Adelaar van het Legioen van Eer.

Hij beroept zich erop dat hij gelieerd is met een groot aantal adellijke families, waaronder Burmania,

---

[485] Conseil du Sceau des Titres.

[486] Dit moet Napoleon zijn. Hiermee wordt dus het moment van schrijven teruggebracht tot de periode van 1811 tot 1813.

[487] Tresoar, Archief 329-02, Familie Van Andringa de Kempenaer, nr. 43.

Schwartzenberg,[488] Rengers, Du Tour en vele anderen.[489] Hij is verder in het bezit van een van vaderskant afkomstig fortuin, wat hem in staat stelt om op waardige wijze de staat van een edele te voeren. Verder heeft zijn voorgeslacht belangrijke functies bekleed zowel in Friesland als in de Republiek. Verder voert hij aan, niet geheel terecht overigens, dat hij de functie van grietman heeft vervuld, een functie waarin hij zich volgens de Friese grondwet als edele mocht presenteren in de vergadering van de Staten.[490]

Na een onderbreking van 1795 tot de invoering van de grondwet van september 1801 is hij lid geweest van het Wetgevend Lichaam van de Bataafse Republiek, doorlopend tot mei 1807

Sinds onheuglijke tijden heeft zijn familie de attributen en eerbewijzen ontvangen die bij een edele horen. Verder is zij sterk verbonden met de oeroude familie Van Andringa. Hij sluit zijn brief af met een aantal voor die tijd standaard plichtplegingen richting de Keizerlijke Troon. Uit het gegeven dat hij een verzoek doet om te worden opgenomen binnen de adel, en dat hij hiertoe een verzoek richt tot een agentschap van een vorst, komt wel het idee naar voren dat hij van afkomst geen Fries is, en zich ook niet als een Fries gedraagt. Het vragen om een titel aan een vorst staat gelijk aan het

---

[488] Regnerus Livius is op 20 oktober 1800 voor de tweede maal in het huwelijk getreden, deze keer met Tjallinga Aurelia Wilhelmina Camstra barones thoe Schwartzenberg en Hohenlansberg. Hiervoor was hij gehuwd met de adellijke dame Judith Elisabeth d'Arnaud.

[489] Hiertoe behoorde ook het adellijke geslacht Alberda van Ekenstein. Zijn zoon Antonius Anne van Andringa de Kempenaer was gehuwd met jkvr. Anna Maria Catharina Alberda.

[490] Het was gebruikelijk dat indien in een grietenij niet een edele aanwezig of beschikbaar was om als volmacht op de Landdag te verschijnen, de plaats van de edele vervuld kon worden door een eigenerfde. In Lemsterland is nooit een edele gekozen als grietman door het gebrek aan edelen.

erkennen van een vorst als hogere. En dit is in het Friese denken een nauwelijks bestaanbare gang van zaken.

Wat de vele connecties met andere adellijke families in Friesland betreft, een aantal dochter uit de familie Van Andringa de Kempenaar zijn gehuwd met leden van de adel. Zij waren een rijke buit, ook al was hun afkomst op dat moment vanuit de adel gezien nog niet zo aanzienlijk.

Alles wijst er op dat deze brief nooit is verzonden. De brief verkeert in een onberispelijke staat. Hij is nooit gevouwen. Dit duidt er op dat hij nooit, zoals gebruikelijk was, tot een kleiner formaat is opgevouwen en van een lakzegel voorzien, om hem te verzenden. Opvallend aan de brief zijn een paar kleine kenmerken. Hij is geschreven op officieel gezegeld papier,[491] bijzonder netjes geschreven met behulp van (potlood) lijnen op vijf kantjes, en hij is ondertekend. Deze ondertekening, met de bijbehorende gebruikelijke strijkerijen is van een ander handschrift dan de tekst. Iemand, een vertrouweling, secretaris of notaris, heeft de brief geschreven naar de door Regnerus Livius zelf geschreven kladbrieven.[492] Wat wel belangrijk is dat in deze, niet verzonden, brief zijn gedachten en ideeën omtrent zijn plaats in de wereld duidelijk uiteengezet worden. In ieder geval was het resultaat van de brief niet zoals Regnerus Livius zich gewenst had. Hij is niet in de adelstand verheven. Hij is tijdens de belegering door de Pruisen op 3 december 1813 in zijn woonplaats Arnhem

[491] Voor de brief werden twee gezegelde vellen gebruikt, elk met een waarde van 75 centimes en met een randschrift EMP. FRAN.

[492] In de map in Tresoar waarin deze brief wordt bewaard, komen nog een aantal in klad geschreven brieven voor met vele doorhalingen en verbeteringen, die uiteindelijk tot deze brief hebben geleid. Ook uit deze kladversies is geen tijdstip te destilleren.

overleden,[493] juist in de periode toen Nederland door de geallieerden werd bevrijd. In 1816 is zijn zoon Antoon Anne van Andringa de Kempenaer wel door Koning Willem I in de adelstand verheven.

Uit deze brief blijkt heel duidelijk dat Regnerus Livius er een groot belang aan hechtte om zich tot de adel te rekenen. Elk argument dat hij maar kon vinden om dit aan te tonen gebruikte hij. Hij achtte alle voorwaarden aanwezig: afkomst, familiebanden, rijkdom en status. Hij wekte zelfs de indruk dat hij het recht bezat zichzelf als edele te beschouwen. Immers mensen van adellijke families deden dit ook. Hij was gehuwd met een barones, diverse dochters in de familie waren door leden van de adel geaccepteerd als vrouw, hetgeen inhield dat hun kinderen ook tot de adel behoorden. Gezien vanuit dit oogpunt leek hij voor zichzelf meer de enige niet-adellijke in de familie, terwijl hij over de financiën beschikte om zich als een edele te gedragen.

Iets wat zeker aandacht verdient is het volgende. Toen de adellijke familie van Eysinga bij de instelling van het koninkrijk van de koning het aanbod kreeg om van jonkheer bevorderd te worden tot baron, werd dit door hen afgewezen. Zij voelden meer voor het oude Friese, van vorstengunst vrije predikaat 'jonker' dan de titel van baron verleend door een vorst, wat hen dus een ondergeschikte van die koning zou maken.[494] Het is niet onmogelijk dat deze gedachte ook bij Regnerus Livius van Andringa de Kempenaer heeft gespeeld om zijn verzoekschrift niet in te dienen. In dat geval zou hij zich 'verlagen' tot een onderdaan van de Franse keizer, ondanks het feit dat hij een gezagsgetrouwe vriend van de keizer was. Hij moet zich vanwege zijn afkomst via de Van Andringa's wel altijd als een Fries gevoeld heb-

---

[493] Regnerus Livius van Andringa de Kempenaar was van februari 1811 tot 1 december 1813 prefect van het departement Boven-IJssel, reden waarom hij in Arnhem woonde.
[494] Yme Kuiper, *Adel in Friesland,* 3.

ben. En Friezen vroegen vorsten niet om gunsten. Toch kende Friesland wel edelen die buiten Friesland in de adelstand zijn verheven, zoals de uit Duitsland afkomstige families Schwartzenberg en Hohenlansberg, Vegelin van Claerbergen, en de in Zweden tot baron verheven Van Coehoorns. Het belangrijkste bij de Friese adel was altijd de onderlinge erkenning en de erkenning door de bevolking, dus niet wat een (vaak niet erkende) meerdere ervan vond.

Een ander geval is de poging van Johan Petrus van Hylckama. Toch heeft hij niet naar een adellijke titel gesolliciteerd. Johan Petrus van Hylckama heeft naar alle waarschijnlijkheid ook zijn best gedaan om op een adellijk persoon te lijken, althans dat is mijn indruk als ik naar zijn handelen kijk. Zo begint hij, in navolging van wat de adel al jaren deed en als eerste in de familie, met het aanleggen van een familiearchief.[495] In dit archief zijn stukken uit zijn verleden, en van zijn kinderen en verder nageslacht aanwezig. Zoals in paragraaf 7.1 al was gemeld, was het vastleggen van de geschiedenis van de familie een aangelegenheid die vooral in adellijke kringen veel voorkwam. Omstreeks 1800 heeft hij geprobeerd om een familiehistorie op papier te zetten.[496] Dit project is enigszins mislukt, omdat er voor hem een paar onduidelijkheden waren in zijn voorgeslacht in de 16^{e} eeuw.[497] Er waren nogal wat hiaten in de beginperiode.

---

[495] Tresoar, Archief 332-05, Familiearchief De Carpentier-Van Hylckama, inv.nr. 194, *Genealogische aantekeningen betreffende de familie Van Hylckama, ca. 1900.*

[496] Ibidem, nr. 183 (ca 1800).

[497] Deze gaten in de familiehistorie zijn door latere onderzoekers wel ingevuld, zoals bijvoorbeeld Julius Heemstra, Wim Pasveer, Ype Brouwer en Hein Walsveer, de laatsten van Tresoar. Zie: Julius Heemstra, *500 jaar het geslacht Heemstra-Hylckema.*

Nemen we de voorgaande gedragingen in acht, te weten het aanleggen van een familiearchief, de interesse in het voorgeslacht, en de familiewapens die, vooral wat het helmteken betreft, adellijke trekken vertonen,[498] dan lijkt de volgende conclusie voor de hand te liggen: de familie Van Hylckama had voor zichzelf het gevoel en de overtuiging dat zij niet ver van de Friese adel afstonden, en mogelijk in de toekomst tot de adel gerekend zou kunnen worden. Verder moet ook niet vergeten worden dat in de 16ᵉ eeuw enige van zijn voorvaders gehuwd waren met adellijke dames.

Een ander interessant feit is de aanwezigheid van een paar enorme stenen in de voorgevel van een boerderij met de naam Beuckenswijk. Hier heeft vroeger het slot Beuckenswijk gestaan. Dit slot was in 1792 door de echtgenote van Johan Petrus van Hylckama, Titia Rinia van Nauta, via een paar tussenpersonen aangekocht.[499] Op de linker steen, zie figuur 7.1.1, die ongeveer drie bij anderhalve meter groot is, staan vijf familiewapens afgebeeld en een tekst die aangeeft dat deze steen in 1780 is gelegd door de toen achtjarige Aletheya Aurelia van Hylckama, geboren 28 maart 1777, dochter van Johan Petrus en Titia van Nauta. In

[498] De familie Van Hylckama beschikte over drie familiewapens, waarvan één met een witte zwaan, voorzien van een gouden halsband, duidt op het recht van zwanendrift, een oud adellijk voorrecht. Een tweede wapen bestaat uit rechts een zogenaamde Friese halve adelaar, en links boven elkaar drie klaverblaadjes en drie eikels, duidend op zowel land- als bosbezit. Verder bestaat er een combinatiewapen met het vorige wapen, voorzien van het wapen met de zwaan als centrumstuk. Alle wapens hebben een zwaan als helmteken.

[499] Tresoar, 332/05, nr. 84-4, *Stukken betreffende de koop door Titia Nauta van Anthonij Adriaan van der Marck te Amsterdam, van de buitenplaats 'Beuckenswijk' te Sondel, nr. 18 in het floreencohier, en landerijen aldaar, nrs. 29, 52 en 131 in het floreencohier, en te Sloten, nr. 67 in het floreencohier,* 1792.

1780 was het slot gebouwd op de plaats waar vroeger een stins heeft gestaan. Hoewel Johan en Titia aanvankelijk niet de bewoners van het nieuwe slot werden, heeft hun dochter dus wel de eerste steen gelegd. Het huis werd gebouwd door Paulus Rombertus Nauta Beuckens, die gehuwd was met Hester Swalue. Paulus had een broer, Bavius Nauta, die gehuwd was met Tjitske Rinia, de ouders van Titia Rinia van Nauta. Verder kwamen in de lijst voorouders ook nog een gemeenschappelijk koppel voor, dr. Marius Beuckens en Gerritje Sierxsma. Op de eerste steen, de linker op de boerderij, staan de familiewapens van de voorouders, namelijk links de mannelijke wapens Beuckens en Nauta, en rechts de vrouwelijke ovale wapens Sierxma en Swalue.[500] Als vijfde wapen staat het ruitvormige 'ongehuwde vrouwen'-wapen van Van Hylckama. De vier bovenste wapens vormen dus de kwartieren van de familie Beuckens, die in 1780 het slot lieten bouwen, ter-

[500] De familie Sierxsma/van Sierksma is al bekend in de middeleeuwen. Doede Allerts Sierksma is van 1455 tot 1472 olderman in de stad Leeuwarden, en tot 1472 schepen. Van zijn nageslacht is jr. Allert van Sierksma Grietman van Leeuwarderadeel van 1563 tot 1578, van 1574 tot 1582 ook van Ferwerderadeel en van 1578 tot 1582 tevens van Het Bildt. Hij werd ontslagen uit zijn functies vanwege zijn Spaansgezinde houding. Doede van Sierksma werd in 1570 benoemd tot grietman van Oostdongeradeel. Verder zijn twee leden van de familie Sierxsma lid geweest van het Hof van Friesland. Rombertus Syrcxma was van 1593 tot 1597 lid van Gedeputeerde Staten namens de steden (Sneek). Drie leden van de familie Beuckens zijn lid geweest van het Hof van Friesland, alsmede negen van de familie Swalue en achttien van de familie Nauta. Deze familie leverde ook burgemeesters voor onder andere Leeuwarden en Dokkum. Zie: H. Baerdt van Sminia, *Nieuwe naamlijst van grietmannen*; M.H.H. Engels, *Advocaten bij het Hof van Friesland*; M.H.H. Engels, *Naamlijst Gedeputeerde Staten van Friesland 1577-1795*.

wijl het onderste wapen dat was van de oudste dochter van Johan Petrus van Hylckama.

Figuur 7.1.1

Linker gevelsteen op de in 1885 gebouwde boerderij 'Beuckenswijk' die op de plaats is gekomen van het voormalige slot 'Beuckenswijk'. Op deze steen staan de familiewapens van de families Beuckens, Nauta, Sierxma, Swalue en Van Hylckama. Uit de verhoudingen tot de gebruikte bakstenen zijn de enorme afmetingen van de steen te zien.

Foto: K. de Groot

In 1792 is dit slot dus gekocht door de echtgenote van Van Hylckama en kwam de eigenaar van het onderste wapen hier dus wonen. In 1885 is het slot afgebroken en vervangen door een boerderij. De hiervoor omschreven eerste steen is ingemetseld in de linkerzijde van de voorgevel, terwijl aan de rechterzijde een nieuwe eerste steen werd aangebracht. De nieuwe bewoner werd Allethya Aurelia de Carpentier, dochter van de eerste-steenlegster van 1780 en haar echtgenoot Hendrik Jan de Carpentier. Deze dochter heeft de rechter eerste steen aangebracht, waarop het wapen van de familie De Carpentier is afgebeeld.

Met de oorspronkelijk eerste steen werd een poging gedaan om de indruk te wekken dat de oorsprong van de familie bestond uit gevestigde families. Net als bij de adel werden ook vier kwartieren afgebeeld. Alleen in dit geval waren het niet de voorouders. Hier is dus een vrij dure poging gedaan om de schijn te wekken dat de bewoners van heel goede afkomst waren, met een suggestie van adeldom.

Ook verdient het oude middeleeuwse familiewapen van de Van Hylckama's een nader onderzoek. Op dit wapen komt als enige onderwerp een zwaan voor, met om zijn hals een gouden band. Dit duidt op het recht om zwanen te houden, de zwanendrift, en niet alleen om te jagen.[501] Nog interessanter is dat deze zwaan, evenwel zonder halsband, ook in het helmteken voorkomt, een indicatie dat voorvaders van dit geslacht in de middeleeuwen een met dit teken gevoerde helm droegen, en dus als het ware zich als een soort 'ridders' gedroegen, en dit waarschijnlijk ook waren.[502] Ook in hun wapen proberen zij zich als edelen te manifesteren.

Was bij de adel het verleden belangrijk, dit verleden was ook bekend bij de adel, het werd gekoesterd en het werd duidelijk voor iedereen vastgelegd in het voeren van familiewapens en die van hun voorgeslachten. Wel moet gezegd worden dat hierbij ook door som-

---

[501] Volgens Julius Heemstra in het boekje *Vijf eeuwen het geslacht Heemstra-Hylkema* hield Hamme Hylkema te Hemelum in 1529 zwanen.

[502] Julius Heemstra verwijst in zijn geschrift *500 jaar het geslacht Heemstra-Hylckema* naar Van Heemstra's vervolg op het Burmaniaboek naar een oude grafzerk van de Hoytema familie waarop de namen van voorouders voorkomen, naast Hylcama namelijk Hoytema, Epema, Poppinga, Reynalda, Anama en Feytsma, allemaal adellijke geslachten.

mige adellijke families een zekere fantasie niet kon worden ontzegd.[503] Bij de eigenerfden ontbraken vaak deze gegevens, maar die werden door de diverse families naar beste vermogen uitgezocht en gereconstrueerd.

Ook een derde mogelijkheid bestond, namelijk het voor de toekomst opbouwen van een verleden, zoals dit is gedaan door de leden van de familie Kingma. Deze Makkumer familie behoorde niet tot de eigenerfden, maar was wel bemiddeld en invloedrijk. Wat ze met de eigenerfden gemeen hadden was het feit dat zij de naam droegen van een oud landgoed met boerderij. In 1772 adviseerde Wilco baron thoe Schwartzenberg en Hohenlansberg, grietman van Wonseradeel, Hylke Jans (1708-1782) om de familienaam Kingma aan te nemen, aangezien hij in vrouwelijk lijn verwant was aan de familie Kingma, die zich voordien ophielden in Zweins, waar zij een landgoed bezaten.[504] Hylke Jans was een koopman, die afstamde van een schippersgeslacht dat fortuin had gemaakt in de buitenlandse handel. Hij was dus geen eigenerfde, maar er wel enigszins aan gelieerd. Verder was hij rijk, en behoorde hij tot de notabelen van Makkum.

Net als de edelen en patriciërs bouwde hij aan een dynastie, maar met dit verschil dat zijn historie in de toekomst lag. Nauwkeurig werden alle gegevens, zowel het bedrijf als zijn familie betreffende, bijgehouden en op een weinig systematische en onpersoonlijke manier verteld. Daarbij liepen zakelijke en privé gegevens vaak dwars door elkaar. Ook werden een groot aantal voorwerpen, voorzien van op de familie slaande teksten, gemaakt en bewaard. Uit alle aantekeningen komt een

[503] Rob van der Laarse, 'Virtus en distinctie: de ridders van de Republiek' in *Virtus: jaarboek voor adelsgeschiedenis, jaargang 14* (Westervoort 2007), 15.

[504] Henk Nicolai, *De Kingma-kroniek; Hoe een familiegeheugen meer dan tweehonderd en vijftig jaar intact bleef,* (Groningen 1997), 45.

grote waardering voor zijn eigen burgerlijkheid naar boven. Bij zijn overlijden werden zowel het bedrijf als de werkzaamheden aan het familiearchief overgenomen door zijn zoon Marten Hylkes Kingma (1746-1825), welke bij diens overlijden weer werden overgedragen aan zijn zoon Jan Kingma (1802-1875). Diens zoon Tjeerd Herre Kingma (1838-1930) nam het estafettestokje over. Na het scheepstransportbedrijf, de olieslagerij en het koopmanshuis werd in 1869 ook een bankbedrijf opgericht.[505] Dit bedrijf, Kingma's Bank, is later overgenomen door de ABN Bank. Na Tjeerd Herre Kingma stopt het zo langzamerhand traditioneel geworden optekenen van de familiegeschiedenis als gevolg van de veranderde omstandigheden in de wereld. De familiegeschiedenis is in hun ogen niet langer belangrijk. De Kingma's hebben hun speciale status verloren.

Om de draad van het verhaal weer op te pakken een totaal ander geval. In 1721 sterft Hobbe Baerdt van Sminia. Van dit overlijden wordt aan vele personen een bericht verstuurd, in totaal 381.[506] Op deze lijst komen we onder andere de namen tegen van de adellijke families (in willekeurige volgorde) Baron van Sytzama, Van Aysma, Van Heemstra, Sirtema van Grovestins, Van Haersolte, Van Eysinga, Plettenberg, Baron van Coehoorn, Van Nijsten, Vegelin van Claerbergen, Van Burmania, Van Haren, Van Aylva, Du Tour, Van Camstra en Harinxma. Van deze families komen meerdere leden op de lijst voor. Op één of andere manier moeten tussen de Van Sminia's en de genoemde edelen een relatie hebben bestaan die het voor de familie noodzakelijk of wenselijk maakten om ook deze edelen van het overlijden van Hobbe Baerdt van Sminia op de hoogte

---

[505] Ibidem, 175.

[506] Tresoar, 327, inv.nr. 24, *Leedcedulle geformeert bij het afsterven van de Heere old Raetsheer Hobbe Baerd van Sminia,* 1721.

te stellen. Op de lijst komen niet alleen mensen voor waarmee de overledene als raadsheer mee te maken heeft gehad, maar ook elders in het land gelegerde officieren,[507] zonen van adellijke personen, alsmede een groot aantal 'juffers', dochters uit de adel. Aan speciaal deze groepen is te zien dat de Van Sminia's ook op sociaal terrein een relatie hadden opgebouwd, die hen het gevoel moeten hebben gegeven 'er bij te horen' als een groep die dicht tegen de adel aanleunde. Een andere mogelijkheid is evenwel dat zij de adel niet hoger vonden dan zichzelf, en dus hen ook als gewone mensen beschouwden.

Belangrijk voor de erkenning van iemand, of hij nu tot de adel behoorde of een eigenerfde was, was de acceptatie van hem door zijn gelijken.[508] Dit gold waarschijnlijk het sterkst voor de eigenerfden die graag tot de adel wilden behoren. Het is altijd bij de adel de gewoonte geweest om zich zeer sterk verbonden te voelen met het verleden en het voorgeslacht. Ieder lid van deze gemeenschap heeft zich altijd de drager van familietradities gevoeld. En ieder afzonderlijk lid stond ook zelf weer aan het hoofd van zijn nageslacht. In die traditie is niet alleen de huidige drager van de familienaam belangrijkst, maar de toekomstige naamdragers.

Zo schrijft Luc Duerloo dat adellijke blazoenen een met bloed bevochten erfgoed is dat van bovenaf verleend is.[509] Zo gezien betekent dit dat door het ont-

---

[507] De meeste van hen hadden de rang van 'capitein', 'mayoor' of overste. Onder de jongeren van de groep niet-adellijken komen ook nog luitenants voor.

[508] Omdat in Friesland niet een ridderschap bestond, er waren immers geen door de Friezen erkende meerderen of vorsten die een ridderslag konden uitdelen, bleef er niets anders over dan wederzijdse erkenning.

[509] Luc Duerloo, 'Het blazoen ontsmet: Adellijke heraldiek als toe-eigening van eer en deugd, 1550-1750', in *Bijdragen en*

breken van een gunstverlenende vorst de Friese adel, afgezien van door buitenlandse vorsten geadelde personen, eigenlijk geen echte adel is, maar een groep die zichzelf alleen als zodanig heeft beschouwd en zich adellijke allures heeft aangemeten, waaronder wapenschilden. Adellijke wapenschilden zijn nauw verbonden met de destijds heersende cultuur van de eer.[510] Aangezien er ook in de periode van de Republiek geen vorstelijk staatshoofd was, konden er ook geen mensen die daartoe wel geschikt zouden zijn geweest, tot een enigszins fictieve Friese adelstand doordringen. Indien dus rijke eigenerfden, die financieel wel de staat van edelen zouden kunnen voeren, zichzelf als kandidaat voor die stand voelden, dan konden zij zich ook wel als zodanig manifesteren, met alle verschijnselen als wapenschilden, een glorieus verleden en een prominente plaats om te wonen.

Als we dit voor ogen houden, dan moet het voor een eigen-erfde mogelijk zijn geleken om in de toekomst, met een volgende generatie tot de adel te gaan behoren. Historisch gezien gedroegen de leden van de adel zich op het gebied van het zoeken van een huwelijkskandidaat voor het behouden van hun voorrechten bij voorkeur endogaam. Zij kozen hun partner binnen de adel. Met het verstrijken van de jaren liep het aantal adellijke families drastisch terug. Uit nood, maar gedeeltelijk ook uit praktische overwegingen, kwamen voor de huwbare baronnen en jonkers ook de dochters van de rijke eigenerfden in aanmerking. Velen van hen waren financieel gezien vaak interessante huwelijkskandidaten, die het verminderde familiekapitaal aardig zouden kunnen opwaarderen. Veel dochters van eige-

---

mededelingen betreffende de geschiedenis der Nederlanden (BMGN) (Utrecht 2008), deel 123-4.

[510] De Friese adel, ontstaan uit de hoofdelingen, is nauw verbonden met het vetesysteem, waarin het eergevoel een belangrijke plaats inneemt.

nerfden zijn dan ook gehuwd met leden van de adel. Dit had tot gevolg dat de ouders van deze dochters zorgden voor kleinkinderen die tot de adel gerekend werden. En als grootvader van een adellijk kleinkind kon je jezelf ook al een beetje tot de aristocratie rekenen.

Zo huwde Catharina van Scheltinga, dochter van de eigenerfde Johannes van Scheltinga (1632-1669) met Schelte Feyes baron van Heemstra. Tot hun nageslacht behoren kinderen met familienamen als Van Eysinga, Van Burmania en Vegelin van Claerbergen, allemaal van adel. Op deze manier is Johannes van Scheltinga, ondanks het feit dat hij geen zonen had, toch nog de geschiedenis ingegaan als een voorvader van enige adellijke families.

Martinus van Scheltinga (1666-1742), zoon van Daniel de Blocq van Scheltinga (1621-1703), was gehuwd met Amelia barones van Coehoorn.[511] Deze was op haar beurt een dochter van Menno baron van Coehoorn (1641-1704) en Magdalena van Scheltinga. Ook zij werden duidelijk geaccepteerd binnen de adel. Het nageslacht van Martinus droeg weer namen van families als Van Eysinga en baron van Heemstra. Hun oudste zoon droeg de namen van beide families: Menno Coehoorn van Scheltinga.

Ook het omgekeerde kwam voor. Op 3 juni 1742 huwde Cornelis van Scheltinga (1718-1775) met jonkvrouw Cecilia Johanna van Eysinga.[512] Verder trouwde Menno Coehoorn van Scheltinga (1778-1820) op 20 september 1801 met Catharina Johanna van

---

[511] Tresoar, DTB nr. 301, 1651-1771, *Trouwregister Hervormde gemeente Wijckel, 1700,* en DTB 598, 1673-1743, *Trouwregister Hervormde gemeente Heerenveen, 1700,* 19 mei 1700.

[512] Tresoar, DTB nr. 598, 1673-1743, *Trouwregister Hervormde gemeente Heerenveen, 1742,* 3 juni 1742.

Eysinga.[513] Uit deze huwelijken blijkt dat de familie Van Scheltinga over een redelijke periode tamelijk intensief verweven was met de familie Van Eysinga en in iets mindere mate met de familie Van Heemstra terwijl de naam van de familie Van Coehoorn alleen nog maar voortleeft binnen de Van Scheltinga's. De familie Van Scheltinga moet hierdoor wel een zeker aanzien hebben gekregen, zowel binnen de kringen van de adel als bij de eigenerfden.

Binnen de familie Lycklama à Nijeholt zijn in de achttiende eeuw ook een paar mannen getrouwd met vrouwen uit de adellijke familie van de baronnen Thoe Schwartzenberg en Hohenlansberg, zoals Augustinus Lycklama à Nijeholt, die op 5 december 1762 in het huwelijk trad met Susanna thoe Schwartzenberg en Hohenlansberg.[514]

Meerdere van dergelijke huwelijken tussen adellijke personen met mensen uit de kring der eigenerfden vonden plaats. Zie hiervoor weer de lijst van bijlage 5.7.4. Uit het voorgaande blijkt duidelijk dat zowel huwelijken plaatsvonden tussen mannen van adel en vrouwen uit de eigenerfden omgeving als omgekeerd. Ook geeft het aantal wel aan dat dit niet sporadisch voorkwam, wat weer betekent dat huwelijken tussen edelen en eigenerfden niet zonder meer door het verschil in afkomst belemmerd werden. De rijkere eigenerfden lijken door deze huwelijken door de adel, tot op zekere hoogte, als enigszins gelijkwaardig te worden aanvaard. Het oude idee, dat eerder bij de adel heerste omtrent het kwartierverlies, waardoor een redelijk aan-

---

[513] Tresoar, DTB nr. 608, 1746-1811, *Trouwregister Hervormde gemeente Oudeschoot Nieuweschoot Mildam Rottum Katlijk, 1801,* en DTB nr. 214, 1609-1810, *Trouwregister Hervormde gemeente Langweer Teroele Dijken Boornzwaag, 1801,* 20 september 1801.

[514] Tresoar, DTB nr. 995, 1761-1766, *Trouwregister Hervormde gemeente Leeuwarden, 1762,* 5 december 1762.

tal generaties van huwelijken met adel nodig was om weer volledig tot de adel gerekend te kunnen worden, was dus in de achttiende eeuw duidelijk aan erosie onderhevig.

Een goed voorbeeld dat het voor de adellijke families wel loonde om met leden van de eigenerfde stand in het huwelijk te treden is het huwelijk van de in Wommels wonende Idzard van Sminia, grietman van Hennaarderadeel, met jkvr. Tjallinga Adonia van Eysinga. Zij kregen slechts één (volwassen) zoon, Tjalling Aedo van Sminia. Deze kreeg op zijn beurt drie dochters, Anna Maria, Wytske en Titia. Toen deze laatste overleed was de gehele tak van de in Wommels verblijvende familie uitgestorven. Als erfgenamen van Titia van Sminia, die alle goederen die toebehoord hadden aan Tjalling Aedo van Sminia had geërfd, traden dan ook alleen maar familieleden van haar grootmoeder Tjallinga van Eysinga op. Onder vijf verre verwanten, twee Van Eysinga's en drie leden van de familie Aebinga van Humalda, werden de aanzienlijke bezittingen verdeeld.[515] Aan landerijen en boerderijen werden onder de vijf erfgenamen vierentwintig eigendommen in vijf kavels verdeeld, met een totale waarde van *f* 208.038,-. Totaal besloeg de oppervlakte van deze landerijen 1713 pondemaat, of 634 hectare. Het merendeel van deze landerijen lag binnen een straal van vijf kilometer rondom Wommels.

---

[515] Tresoar, EVC, inv.nr. 294, *Scheydinge en Deelinge van de vastigheden, nagelaten bij de Welgeboren Juffer, Titia van Sminia, woonende te Wommels, en aldaar overleden,* 3 april 1803. Als waarde werd gebruikt een taxatie van 8 juni 1798. In deze taxatie is de waarde verminderd met de opbrengst van de verhuur van deze goederen over de laatste twee jaar. De vijf erfgenamen waren Catherina Lucia van Eysinga, Frans Julius Idserd Johan Heringa van Eysinga, Idserd Aebinga van Humalda, Clara Tjallinga Aebinga van Humalda en Catharina Johanna Aebinga van Humalda.

Freule Catharina Lucia van Eysinga ontving kavel nummer één, bestaande uit:
'Zathe en Landen' onder Bayum, groot vijf en dertig pondematen (is dertien hectare), voorheen met stem nummer 2, met een waarde van *f* 5215,-;
'Zathe en landen' onder Bayum, groot 98 pm (36 ha), met stem nr. 3, met een waarde van *f* 13.353,-;
'Zathe en landen' onder Bayum, groot 76 pm (28 ha), met stem nr. 4, met een waarde van *f* 8.095,-;
'Zathe en landen' onder Bayum, groot 50 pm (18,5 ha), met stem nr. 5, met een waarde van *f* 6.269,-;
'Zathe en landen' onder Waaxens, groot 52 pm (19 ha), met stem nr. 7, met een waarde van *f* 5.000,-;
een halve 'zathe en landen' onder Hennaard, groot 87 pm (32 ha), met stemmen nrs. 6 en 7, met een waarde van *f* 7.478,-;
een halve 'zathe en landen' onder Cubaard, groot 74 pm (27 ha), met stem nr. 25, met een waarde van *f* 5.090,-;
een deel van 'zathe en landen' onder Wierum, groot 58 pm (21,5 ha), met een waarde van *f* 4.806,-.

Jonkheer Frans Julius Idserd Johan Heringa van Eysinga kreeg kavel nummer twee, bestaande uit:
'zathe en landen' onder Lutkewierum, groot 88 pm (32,5 ha), met stemmen nrs. 6, 7 en 11, met een waarde van *f* 15.870,-;
'zathe en landen' onder Lutkewierum, groot 85,5 pm (32 ha), met stem nr. 4, met een waarde van *f* 31.612,-;
vijf pondematen (2 ha) losland met schuur en dijkhuis onder Lutkewierum, met een waarde van *f* 1.150,-.

Jonkheer Idserd Aebinga van Humalda kreeg vijf Zathen en landen, waarvan drie onder Wommels, één onder Edens en één onder Wirdum, groot respectievelijk 80 pm (30 ha), 78 pm (29 ha), 77 pm (28,5 ha), 55 pm (20 ha) en 47 pm (17 ha). De waarden van deze bezittingen waren *f* 6.770,-, *f* 8.286,-, *f* 10.668,-, *f* 5.779,-

en *f* 9.177,-. De stemnummers voor deze zathen waren voorheen 16, 32, (34, 35, 36), en 4. De laatste onder Wirdum bezat geen stemrecht.

Jonkvrouw Clara Tjallinga Aebinga van Humalda ontving vier en een halve zathe en landen onder Ytens (3 maal) en Wierum, groot 79 pm (29 ha), 86 pm (32 ha), 98 pm (36ha) en 58 pm (21,5 ha). De waarden van deze goederen waren *f* 9.036, *f* 13.550,-, *f* 14.646,- en *f* 4.806,-. De stemnummers op de eerste drie waren 2, (9 en 15) en (13 en 14).

Jonkvrouw Catharina Johanna Aebinga van Humalda kreeg drie zathen en landen onder Cubaard, één onder Spannum en twee onder Tzummarum, groot 62 pm (23 ha), 40 pm (15 ha), 103 pm (38 ha), 93 pm (34 ha), 73 pm (27 ha) en 48 pm (18 ha). De waarden van deze bezittingen waren *f* 6.037,-, *f* 3.611,-, *f* 10.307,-, *f* 9.305,-, *f* 11.243,- en *f* 2.775,-. De vroegere stemnummers waren 12, 19, (30 en 31) en 5; de beide eigendommen in Tzummarum bezaten geen stemrecht.

Buiten deze landerijen was er ook nog een grote hoeveelheid zilveren voorwerpen, die getaxeerd werden op hun gewicht, en niet op de gebruikswaarde ervan.[516] Het grootste stuk was een koffiekan met een gewicht van 199 loodjes (ruim drie kilogram), met een gewogen waarde van ruim *f* 288,-.[517] Op de lijst staan verder een aantal theeketels, trekpot, stellen kandelaars, verschillende stellen lepels en vorken, schenkbladen, etc. Deze zilveren voorwerpen hadden een totaalgewicht van 2536

---

[516] Als gewichtsmaat werd bij zilver het ‘lood’ gebruikt. Een lood was 15,44 gram, in die tijd een half ons. Hier is een zekere overeenkomst met de Engelse ounce. (“de laatste loodjes wegen het zwaarst”)

[517] Tresoar, EVC, inv.nr. 294. In dit dossier komen meer lijsten voor als toevoeging op de lijst van de verdeling.

loodjes (ruim 39 kg) met verschillende gehaltes, met een totale waarde van *f* 3.708,-. Gerekend naar de waarde van zilver per begin 2012, die ruim € 700,-- per kilogram bedraagt, zou nu een waarde van € 37.300,-- aan die hoeveelheid toegekend moeten worden, dus ruim 220 maal de waarde van de taxatie van 1798. Hierbij is nog geen rekening gehouden met de waarde die de voorwerpen zouden hebben als kunstvoorwerp. En die zou vele malen hoger zijn. Tot de goederen behoorden ook gemerkte gouden voorwerpen, met een waarde van *f* 1.289,-, juwelen ter waarde van *f* 765,- en medailles (gouden en zilveren) en contant geld ter waarde van *f* 2.929,-. Verder was er nog een vrij grote hoeveelheid obligaties en meubilair aanwezig. Ook deze goederen werden in kavels verdeeld en door middel van loting verdeeld.

Uit de hoeveelheid meubilair kan wel opgemaakt worden dat de behuizing van de familie niet klein geweest is. Er werden twee huizen bewoond, één in Wommels en één in de stad, waarmee Leeuwarden bedoeld wordt. De indeling van deze huizen, en de inrichting daarvan, geeft aan dat de 'grotere' eigenerfden een royale staat voerden. Zo bestond het huis in Wommels uit een groot aantal ruimtes. Op de onderste laag was een kelderkamer, een voorhuis en een kelder. Op de woonverdieping bevonden zich een voorkamer, gang, eetkamer, een daagse kamer, een oude kamer en een provisiekamer, een slaapkamer met kabinet en een achterslaapkamer. Verder waren boven nog een meidenkamer, een knechtenkamer en een zouder (opslagplaats). Al deze kamers waren gemeubileerd. In de diverse woonkamers en de gang hingen vierentwintig schilderijen. Het huis in Leeuwarden was iets anders ingericht. Dit huis was voorzien van een zaal, een achterkamer, een slaapkamer met kabinet, een eetkamer en een spreekkamertje op woonniveau. Beneden was een keuken en een kelder, terwijl op de bovenverdieping vijf bovenkamers (gastenkamers) waren. Daarboven was nog een zolder en een zouder (klein kamertje). Bij het geheel behoorde ook nog een stal. Opvallend zijn de vijf gastenkamers, die er op duiden dat er, mogelijk regelmatig, groepen mensen op bezoek kwamen die er voor langere tijd bleven. Leeuwarden was dan ook de plaats waar tijdens de wintermaanden de plattelandsfamilies langere tijd verbleven en waar grote feesten werden gegeven.

Gedurende de achttiende eeuw leek het al vrij normaal dat huwelijken tussen de beide groeperingen werden gesloten. Dit wil zeggen dat de beter gesitueerden onder de eigenerfden een vorm van aansluiting hebben weten te vinden bij de adel. Dit geeft aardig aan hoe zij zichzelf zagen, als dicht bij de adel staande individuen. Ook voor de adel betekende dit dat zij de rijkere eigenerfden niet als een minderwaardige groep beschouwden. Door de gewone dorpsbewoner en de kleinere boeren zijn zij waarschijnlijk ook wel beschouwd als behorende tot dezelfde aristocratische groep vanwege hun manier van leven.

Deze verhoudingen deden zich voor in de periode vóór de revoluties. Toen Nederland van de Fransen bevrijd werd en het Koninkrijk der Nederlanden gestalte begon te krijgen, veranderde er wel iets aan de situatie. Omdat het aantal leden van de adel in Friesland, en trouwens ook daarbuiten, over de jaren aanzienlijk was teruggelopen, werd het door de koning nodig geacht om hun aantal aan te vullen. Dit was noodzakelijk omdat zijn idee van een volksvertegenwoordiging niet kon worden gerealiseerd zonder een aanzienlijk aantal edelen. Volgens deze opvatting was de vertegenwoordiging van Friesland verdeeld in drie in aantal gelijke standen, de adel, de eigenerfden en de steden.[518] Maar in Friesland was het aantal adellijke families als gevolg van uitsterven dermate klein dat dit moeilijkheden zou kunnen veroorzaken. Het werd dus nodig geoordeeld dit

[518] Yme Kuiper, *Adel in Friesland 1780-1880*, 282.

aantal uit te breiden. Koning Willem I verhief, zoals al eerder gemeld, als gevolg hiervan een aantal eigenerfden uit de zeer verdienstelijke families Andringa de Kempenaer, Van Sminia, Van Scheltinga en Lycklama à Nijeholt in de adelstand. De aanbevelingen voor opname in de adelstand kwamen waarschijnlijk van de opperhofmaarschalk H.W. baron van Aylva en de gouverneur van Friesland, jhr. Idsert Aebinga van Humalda.[519]

Figuur 7.1.2

Het huidige landgoed Lauswold in Beetsterzwaag, waarin nu een hotel is gevestigd. Het centrale deel was destijds de woning van de familie Lycklama à Nijeholt.

Foto: K. de Groot

---

[519] Yme Kuiper, Johan Frieswijk, *Twee eeuwen Friese adel,* 11. Van enige persoonlijke initiatieven van de betrokkenen tot verheffing in de adelstand, uitgezonderd dan de poging van Regnerus Livius van Andringa de Kempenaer in de periode van het keizerrijk, heb ik niets kunnen vinden dat hier op wijst.

Als gevolg van de opname in de adelstand van een aantal eigenerfden is ook de afstand tussen deze groepen verder verminderd. Een rechtstreekse overgang van de ene groep naar de andere was nu ook mogelijk gebleken.[520] De nieuw benoemde edelen leefden al in een redelijk luxe stijl, dus de overgang zorgde in dit opzicht voor weinig verandering. Toch was er een aanmerkelijk verschil met de mensen die al eerder tot de adel behoorden. Veel leden van oude adel hadden functies bekleed die tot het terrein van de diverse overheden behoorden. Zo was de familie Van Sytzama sterk betrokken bij het leger; zij hadden zelfs een eigen cavalerieregiment.

De familie Vegelin van Claerbergen leverde leden voor de hofhouding van de stadhouder. Maar ook velen van hen waren zeer actief in functies als grietman en als lid van de Staten van Friesland. Een aantal leden van de oude adel was, toen de hofhouding van Willem IV naar Den Haag verplaatst werd, over het algemeen sterk geïnteresseerd in leven buiten Friesland, waarbij Den Haag en de omgeving van Arnhem opvielen.[521]

De nieuwere edelen voelden zich iets sterker verbonden met Friesland. De Van Scheltinga's leefden nog tot 1906 op hun slot Oranjewoud in Oranjewoud. Deze buitenplaats was gebouwd op een terrein dat had toebehoord aan de Friese Nassau's, die daar hun zomerverblijf hadden. De familie Andringa de Kempenaer is ook lang in Friesland gebleven; de laatste stierf in 1926 op Harstastate in Hogebeintum. De familie Van Baerdt

---

[520] Omdat de ′gewone′ mensen toen geen invloed hadden op de verkiezing van de vertegenwoordigers, zoals zij trouwens nooit hadden gehad, behoorden de leden van de aristocratie, of het nu mensen van adel waren of eigenerfden, voor hen tot de zelfde schier ongenaakbare wereld.

[521] In Dieren, vlak bij Arnhem stond het inmiddels verdwenen jachtslot van de stadhouder; het is altijd goed om in diens nabijheid te kunnen zijn.

van Sminia bleef tot 1960 op het landhuis De Klinze in Oudkerk wonen. De familie Lycklama à Nijeholt leefde tot haar uitsterven in Beetsterzwaag, op het landgoed Lauswold, bekend van de kabinetsformatie van het eerste kabinet van Balkenende..

7.2 Het estafettestokje van de familie

Een belangrijke overeenkomst tussen de adel en de eigenerfden is hun behoefte om hun bezit veilig te stellen en in zo goed mogelijke staat aan het nageslacht over te dragen. Net als bij de oude adel hebben de rijke en meest voorname eigenerfden hebben zich er altijd op toegelegd om zowel het familiebezit als de familiekring zoveel als mogelijk was uit te breiden. Hierbij was de keuze van de huwelijkskandidaten van hun eigen kinderen van enorm belang. Er werd door hen altijd rekening mee gehouden dat in de toekomst het toevallen van een erfenis vergroting van het familievermogen kon veroorzaken. Dat betekent in feite dat hun belangrijkste drijfveer niet was het vergroten van hun eigen vermogen, maar dat van toekomstige generaties. Hun eigen fortuin hadden zij immers voor een belangrijk deel ook gekregen door de activiteiten van hun voorgeslacht. Dit houdt in dat voor hen niet het heden het belangrijkst was, maar de toekomst. En deze toekomst was dan weer gefundeerd op hun verleden. Voor hun gevoel waren zij slechts de estafettelopers die het stokje van het verleden aan de toekomstige generaties moesten doorgeven, en als het even mogelijk was, in een betere conditie. Ontegenzeggelijk moeten zij, net als de adel, hebben genoten van de macht die zij op een bepaald moment bezaten, maar het plezier dat zij beleefden aan de door hen doorgegeven macht van een volgende generatie moet bepaald nog groter zijn geweest.

7.3 Hoe keek de adel naar hen

Een belangrijk punt bij de eigenerfden voor hun gevoel van erkenning is natuurlijk hoe de leden van de adel over hen dachten en in hoeverre zij door de edelen als gelijken werden geaccepteerd. Uit de vele huwelijken tussen leden van eigenerfde en adellijke families blijkt wel dat de eigenerfden in ieder geval in zekere mate door de adel als acceptabele huwelijkskandidaten geaccepteerd werden. Een andere manier van erkenning was die van de persoonlijke relatie. Werden leden van de eigenerfde groep betrokken bij familieaangelegenheden van de adel? Op deze vraag kan wel geantwoord worden dat persoonlijke relaties voorkwamen.

Op 31 mei 1793 stuurde de edele W.H.T. Camstra baron thoe Schwartzenberg en Hohenlansberg een rouwbrief naar Johan Petrus van Hylckama met de mededeling dat zijn tweede zoon Watzo Julius Justus Dominicus Botnia baron thoe Schwartzenberg en Hohenlansberg, lieutenant in het Regiment Hollandsche Guardes te Paard, en Brigade-Major in de Armee van den Staat, op 23 mei in de actie bij Mouchin door een cartetsch-kogel is gesneuveld.[522] Een dergelijk bericht stuurt men niet naar iemand waar men geen goede relatie mee heeft. Van Hylckama komt bij de familie thoe Schwartzenberg dus voor op de lijst van personen die in geval van belangrijke en ingrijpende gebeurtenissen binnen de familie op de hoogte gesteld moeten worden.

Op 29 april 1782 stuurt de edele F.M. van Burmania, mede namens de grietman Ernst Frans van Aylva, ook een edele, een brief naar Arent Johannes van Sminia, waarin zij Van Sminia bedanken voor de hulp die zij hebben ontvangen bij het overlijden van mevrouw van Camstra en de afhandeling van de nalatenschap, en waarin zij ook vragen om van hen in de vriendschap van 'Uwe Hoog Edele' te recommande-

---

[522] Tresoar, archief De Carpentier-Van Hylckama, 332-05, inv.nr. 49, *Overlijdensbericht W.J.J.D. Botnia baron thoe Schwartzenberg en Hohenlansberg,* 31 mei 1793.

ren.[523] De eigenerfde Van Sminia staat dus in hoog aanzien bij tenminste een paar adellijke families.

Op 15 november 1746 stuurt de goede vriend Willem IV, Prince d'Orange Nassau, een brief aan Jetze van Sminia, grietman van Hennaarderadeel, waarin hij hem op de hoogte stelde van de geboorte van een 'gesonde en welgeschapen Dogter.[524] De aanduiding 'goede vriend' in deze brief moet hier wel duiden op een meer dan alleen maar zakelijke relatie tussen de schrijver van de brief en de geadresseerde. Jetze van Sminia stond zelfs bij de prins van Oranje in hoog aanzien.

7.4 Hoe keek de 'vreemde overheid' naar hen

Op 12 juli 1813 ging een detachement van nieuwe rekruten voor de pas opgerichte Gardes d'Honneur van keizer Napoleon op reis van Leeuwarden naar Tours om hun militaire opleiding te krijgen. De groep bestond uit zestien personen, onder hen twee edellieden, Wilco Holdinga baron thoe Schwartzenberg en Hohenlansberg, en jhr. G.G. Burmania Vegelin van Claerbergen.[525] Nu zou men verwachten dat in het Franse keizerrijk één van de aanwezige adellijk personen de leiding zou krijgen over een dergelijke expeditie. Maar dit blijkt niet het geval te zijn geweest.

---

[523] Tresoar, archief Van Sminia, 327, inv.nr. 224, *Brieven van verschillende personen aan Arent Johannes van Sminia 1778-1802,* 29 april 1782.

[524] Tresoar, 327, inv.nr. 57, *Brief van Willem IV aan Jetze van Sminia betreffende de geboorte van een dochter,* 15 november 1746.

[525] Tresoar, Archief 326 Familie thoe Schwartzenberg en Hohenlansberg, inv.nr. 794.3, *Extract van een "proces-verbaal de revue des Gardes d'Honneur à cheval",* 10 juli 1813.

Het commando van de groep werd opgedragen aan Cornelis Franciscus Frisius Nauta van Hylckama, met als plaatsvervanger J.P. Fontein. Beiden waren zonen van leden van de Raad van de Prefectuur, Johan Petrus van Hylckama en Pieter Fontein. Dit wekt de indruk dat voor de selectie van leden voor de Gardes d'Honneur de functie van de vader hen meer aanzien verschafte binnen hiërarchie van het keizerrijk dan de afkomst van een vader. De Raad van de Prefectuur was in een departement het hoogste adviesorgaan van de prefect, en als zodanig behoorden de leden ervan tot de hoogste echelon van de gemeenschap.

Dit betekent in ieder geval dat in het Frankrijk van deze periode een adellijke titel niet altijd als het hoogste gold. Er konden dus ook niet automatisch rechten aan worden ontleend, rechten die binnen een militaire omgeving altijd als leidraad hebben gegolden. Edellieden waren altijd voorbestemd om officier te zijn. En in dit geval waren 'gewone' mensen aangewezen om het bevel te voeren over een aantal edellieden. Binnen het Franse systeem werden zonen van belangrijke ambtenaren kennelijk hoger gewaardeerd dan zonen van edellieden. Burgers behoorden dus niet noodzakelijkerwijs tot een sociaal lagere groep dan de edelen. Mogelijk was dit nog een gevolg van het denken in de revolutietijd, hoewel de prefect van Friesland, Verstolk, wel de titel van Rijksbaron droeg.

7.5 Hun relatie met 'het volk'

Dit deel van het hoofdstuk valt weer uiteen in een aantal kleinere deeltjes, te weten:

- Hoe zagen zij het gewone volk;
- Hoe wilden zij dat het gewone volk hen zag;
- Hoe zag het gewone volk hen.

Hoewel het lijkt dat dit drie afzonderlijke onderdelen zijn, lijkt het mij beter om deze vragen gelijktijdig te beantwoorden. Deze vragen zijn zo nauw met elkaar verbonden omdat voor bijna elke situatie die zich voordoet alle drie ter sprake komen.

Onder 'het gewone volk' kan het beste worden verstaan die groep mensen waarmee zij beroepshalve te maken hebben, namelijk de pachters van de boerderijen waarvan zij de eigenaar waren, en de groep mensen die tegen betaling arbeid voor hen verrichtten. Deze laatste groep is weer onder te verdelen in mensen die arbeid in één van hun ondernemingen verrichtten, zoals bos- en veenarbeiders, en mensen die op het door hen bewoonde landgoed werkten, zoals huisbedienden, keukenpersoneel, tuinlieden en verzorgers en bestuurders van paarden en rijtuigen. Verder kan deze groep nog uitgebreid worden met de rest van de bevolking die niet tot de middenstand en de beter gesitueerden behoorde.

Als individuen wensten de meesten behorend tot de groep voorname eigenerfden erkenning niet alleen door de adel en hun gelijken, maar ook door het gewone volk. Dit wordt duidelijk gedemonstreerd aan de hand van de vele kerken die door hun zijn gebouwd, en waarop hun namen en familiewapens dan ook duidelijk aanwezig zijn. Dit bouwen kan zijn gebeurd op hun initiatief, en soms ook door gehele of gedeeltelijke financiering van die bouw. Zo staan op de kerk in Oldeboorn de wapens van de families Van Scheltinga, Lycklama à Nijeholt en Van Andringa als hun 'handtekeningen' prominent boven de hoofdingang afgebeeld, tezamen met de namen, zodat eenieder duidelijk kon zien wie de weldoeners van de gemeenschap waren.

Op 6 augustus 1628 werd in Joure door Hobbe van Baerdt de eerste steen gelegd voor de bouw van de toren van de kerk, terwijl door dezelfde grietman op 16 maart 1644 de eerste steen werd gelegd voor de kerk zelf. Dit is duidelijk aangegeven boven de ingang van de kerk door het aanbrengen van een tekst en het wapen van de familie Van Baerdt, zodat iedereen duidelijk kon zien wie hier de oprichter van de kerk en de toren was. Hij wilde dus wel bekend staan als de weldoener van

Joure. De in de toren aanwezige luidklok is destijds geschonken door de secretaris Pieter Jelles van Hylckama.

Boven de ingang van de in 1711 opgerichte kerk in Hurdegaryp staan de wapens afgebeeld van Johannes Hector van Glinstra en zijn vrouw Anna Livius van Scheltinga als stichters van deze kerk. De kerk was opgericht omdat in de loop der jaren het dorp van plaats was veranderd door aanbouw aan een der zijden, waardoor de oude kerk buiten het centrum was komen te staan. Dat de bij deze wapens behorende tekst later tijdens de revolutie is weggehaald, is niet belangrijk wat betreft de oorspronkelijke bedoeling, namelijk het aangeven wie er werkelijk belangrijk waren bij de bouw van de kerk. Ook worden de mensen die de werkelijke bouw van de kerk hebben uitgevoerd met hun namen en familiewapens op de gevel vermeld.

In 1663 werd in Harich door Johannes van Scheltinga de herbouw van de kerk gestart. Deze kerk was door een stormwind zwaar beschadigd. Boven de ingang van de kerk werd een gedenksteen met het familiewapen van Johannes van Scheltinga aangebracht. Tijdens de revolutie is dit wapen voor een belangrijk deel weggebeiteld, maar de bijbehorende tekst is nog steeds aanwezig. Het familiewapen is op eenvoudige wijze in zwarte lijnen weer aangegeven. Wel is duidelijk dat Johannes van Scheltinga door het aanbrengen van wapen en tekst erkenning van de bevolking voor zijn goede handelingen wenste.

Dergelijke aanduidingen komen in geheel Friesland op zeer veel kerken voor. Ondanks dat sommige van deze gedenktekens tijdens de revolutie door een deel van de bevolking vernield is, zijn deze tekens heden ten dage over het algemeen zeer goed onderhouden en van een nieuwe verflaag voorzien, wat aangeeft dat ook nu nog de stichters van deze bouwwerken toch wel een zeker aanzien genieten. Echter moet niet uitgesloten worden dat het hier om een gewone zorg voor het erfgoed kan gaan, zonder rechtstreekse herinnering aan de oorspronkelijke stichter.

Hoe het gewone volk hen zag in negatieve zin kan het duidelijkst gedemonstreerd worden aan de hand van een serie gebeurtenissen die zich voordeden in 1748. Deze gebeurtenissen zijn bekend geworden onder de naam 'pachtersoproer'. Het was gebruikelijk dat door het volk belasting werd betaald, voor de minvermogenden onder het volk in de vorm van accijnzen op verbruiksgoederen als zout, zeep, wijn, hout, brood, turf, bier enzovoort. Deze belastingen werden niet geïnd door de overheid zelf, maar door een systeem van verpachting, waardoor er wel wat aan de strijkstok bleef hangen. Het baantje van pachter was een gewilde occupatie, waarmee veel geld viel te verdienen. Ook heerste er sinds 1740 honger in het land door slecht weer en als gevolg daarvan misoogsten. Dit verergerde natuurlijk de situatie, omdat de prijzen van levensmiddelen als gevolg van de misoogsten omhoog schoten. Ook raakten veel pachtboeren door die misoogsten een groot deel van hun inkomsten kwijt, waardoor zij aanzienlijk verarmden. De pachten, waar de belastingen een belangrijk deel van uitmaakten, waren hoog en bleven hoog. Omdat het 'gewone volk' al dan niet terecht duidelijk een connectie zag tussen het bestuur van de regenten/grietmannen en het inhalige gedrag van de belastingpachters, werd een aanzienlijk deel van hun ongenoegen op de grietmannen gericht.

Op 26 mei van dat jaar begonnen in Bergum de ongeregeldheden.[526] Boze boeren vernielden er de huizen van de belastingpachters. Een mogelijke aanleiding hiertoe is misschien de geboorte geweest van Willem V op 8 maart 1748. Het volk had grote verwachtingen van de toenmalige prins; men verwachtte dat hij hen zou kunnen bevrijden van de belastingdruk. De prinsgezinde

---

[526] Joh. Frieswijk e.a. (red.), *Geschiedenis van Friesland 1750-1995*, 25.

bevolking vond echter de grietmannen, die voor een belangrijk deel tegen oranje waren, en de belastingpachters niet oranjegezind genoeg. Dit, tezamen met de hoge belastingen, waren redenen genoeg om de huizen van de belastingpachters en de landadel aan te vallen. Zo werd onder andere Lauta State in Wier, dat bewoond werd door de grietman Horatius Hiddema van Knijff, in de nacht van 1 op 2 juni 1748 in brand gestoken. Alleen de toren heeft de brand doorstaan.

Een ander voorvalletje met enorme consequenties uit ongeveer dezelfde tijd. In de 18ᵉ eeuw was er sprake van stagnatie bij de vervening in Schoterland toen een zekere Martinus van Scheltinga de afgraving van de Compagnonsvaart in de buurt van Jubbega tussen 1732 en 1748 blokkeerde. Dit leidde tot zeer trieste gevolgen op sociaal gebied. Dit uitte zich in bedelarijen, diefstallen en dergelijke. Uiteindelijk is door het volk in 1748 de knoop doorgehakt door de Scheltinga's te dwingen hun verzet te staken. Met de Scheltinga's werden in dit geval bedoeld Martinus van Scheltinga (1666-1742), die van 1692 tot 1715 grietman was van Schoterland, zijn zoon Menno Coehoorn van Scheltinga (1701-1777), die van 1715 tot 1777 grietman was, en kleinzoon Martinus van Scheltinga (1736-1799), die het ambt van 1777 tot 1795 bekleedde. Aan de jaartallen van hun leven en hun functie is te zien dat het conflict startte met de oude Martinus en is overgenomen door zijn kinderloos overleden zoon Menno Coehoorn. Deze Menno Coehoorn werd op 14-jarige leeftijd al benoemd tot grietman. Vader Martinus heeft waarschijnlijk in de praktijk achter de schermen tot 1742 een grote rol heeft gespeeld. In dit geval hebben deze 'heren' enorm bijgedragen tot de verpaupering van de bevolking in hun grietenij, terwijl zij toch wel de verplichting hadden om zo goed mogelijk voor hen te zorgen.

De oorzaak van de grote problemen tussen de Van Scheltinga's en de lokale bevolking lag waarschijnlijk in het feit dat er in het jaar 1732 door onbevoegden ongeautoriseerd turf is gestoken op één van hun veenderijen. Dit heeft geleid tot een door Martinus van Scheltinga ingesteld strafproces.[527]

Deze ongeautoriseerde turfstekers waren mensen van de heren Compagnons van Heerenveen, die geen eigenaar van de betrokken gronden waren. De oude Martinus van Scheltinga was voor de helft eigenaar, terwijl de andere helft toebehoorde aan Jan Hendriks. Van de omgeving waar het delict plaats vond is door de landmeter Foocke Eiles uitgebreid alle gegevens op 7 en 8 oktober 1732 in kaart gebracht, waarvan op 18 oktober een akte is opgemaakt door de notaris Egbartus Oosterkamp. Deze gegevens zijn in een instructie aan de advocaat Hiddema opgenomen. Ook zijn historische gegevens betreffende de venen, zoals de aankoop op 21 november 1686 toegevoegd aan het dossier. Het clandestiene afgraven was gedaan door Uilke Hendrix en Douwe Joukes, die duidelijk een connectie hadden met de Compagnons.

Uit het voorgaande kan als conclusie worden getrokken dat Van Scheltinga een conflict had met de Compagnons, en als gevolg hiervan niet wilde instemmen met het graven van een vaart, de Compagnonsvaart, voor het afvoeren van turf. Dat dit tot gevolg had dat de gehele omgeving hier ernstig onder leed, was is de ogen van de Van Scheltinga's blijkbaar iets waar zij niets mee te maken hadden, maar een gevolg waren van het optreden van de Compagnons. Dat de ellende mede een gevolg was van hun grote halsstarrigheid deerde hun ogenschijnlijk niet. Voor de 'domme massa' waren

---

[527] Tresoar, Familiearchief Van Sminia, 327, inv.nr. 1045, *Instructies voor advocaat Hiddema als gemachtigde van Martinus van Scheltinga in een strafproces inzake het weghalen van turf uit zijn venen,* 1732. In dit dossier bevinden zich onder andere ook een rapport van een landmeter, een getekende kaart van de situatie, en diverse correspondenties, tezamen acht stukken.

zij de heren die het gezag bezaten en die dus niet konden buigen, ook al waren de gevolgen van hun halsstarrigheid voor hun reputatie wel dramatisch.

In de jaren 1786 tot 1788 had Willem van Glinstra een klein probleempje met een van zijn huurders. Deze huurder, Jan Ernst Steeg, had zonder toestemming bomen gekapt op het hornleger gelegen naast de door hem gehuurde zathe en landen. Op 5 april 1786 liet hij door de notaris J. Nieuwenhuis de hier volgende tekst opstellen:

Uit naam ende van wegens de Heer Willem van Glinstra oud Gecommitteerde Staat ten Landsdage wonende te Leeuwarden, te insinueren aan Jan Ernst Steeg en Grietje Rinses echtelieden onder Finkum, om geen boomen op het hornleger of elders, van de zathe en landen bij de insinneerden bewoond en gebruikt, te kappen nog uit te roeijen zonder schriftelijk consent van den insinuant als eigenaar van gedagte zathe; bij het doen van contrarie te protesteren van costen en schaden daan door te veroorsaken, desen met relaas in forma. Leeuwarden den 5e April 1786. w.g. J. Nieuwenhuis.[528]

Deze brief is de volgende dag door de heer Wilhelmi, executeur van de grietenij Leeuwarderadeel, tegenwoordig deurwaarder genoemd, aan de 'geïnsinueerde' voorgelezen, waarbij het antwoord hoogstwaarschijnlijk voor de heer Van Glinstra niet acceptabel was. In de rekening die Willem van Glinstra op 14 oktober 1788 aan de notaris voldeed staat de verdere geschiedenis te lezen.[529] Op 21 oktober 1788 werd een stuk opgemaakt

---

[528] Tresoar, toegang 327 (familiearchief Van Sminia), inv.nr. 915, *Aanzeggingen betreffende het zich onthouden van bepaalde gedragingen door pachters te Finkum en Stiens vanwege pachtheer Willem van Glinstra,* 5 april 1786.

[529] Tresoar, 327, inv.nr. 915, *Notule van salarien en expensen* ,14 oktober 1788.

waarin aan Jan Ernst Steeg en de zijnen per 12 mei 1787 de huur werd opgezegd.[530] Wel werd nog een bedrag van vijftig carolusguldens gerestitueerd vanwege een voorschot op de huur.

Deze ruzie omtrent het illegaal kappen van enkele bomen heeft dus geleid tot het verwijderen van de huurder van zijn boerderij, een nogal drastische oplossing, die waarschijnlijk bij de huurder geen waardering kon vinden, gezien de lange periode van de gevolgde procedure.

Ook in 1788 had Willem van Glinstra een klein meningsverschilletje met een zekere Pieter Willems de Vries, die een plank over een sloot had gelegd naar het land van één van zijn huurders, Gerben Jans, die een zathe en landen cum annexis had gehuurd, ook weer in Finkum. Als gevolg hiervan was over het land dat toebehoorde aan Van Glinstra een voetpad ingesleten, wat hem dus hinderde. Op 20 februari werd een insinuatie opgemaakt, die op 23 februari aan De Vries door de heer Wilhelmi werd voorgelezen, waarop deze de plank onmiddellijk verwijderde, waarmee de zaak afgehandeld was. Van Glinstra was duidelijk iemand die op zijn strepen stond, wat hem niet in dank werd afgenomen.

Uit deze korte histories blijkt wel dat bij het gewone volk de grietmannen, ook die van de niet-adellijke

---

[530] In de hiervoor genoemde stukken werd als datum 'Petri en Maij' genoemd, wat in de praktijk 12 mei inhoudt. De dag van Sint Petri viel oorspronkelijk op 1 mei, maar in 1700 werd deze dag verschoven naar 12 mei in verband met een correctie op de kalender naar aanleiding van onnauwkeurigheden als gevolg van het ontbreken van het schrikkeljaar in de eeuwen hiervoor, de overgang van heel Friesland van de Juliaanse naar de Gregoriaanse kalender. Het was gebruik dat jaarcontracten in de landbouw aanvingen op 12 mei, en dus ook weer eindigden op die datum; dit gold zowel voor huurcontracten als voor arbeidscontracten. Op die datum vond als het ware een volksverhuizing plaats op het platteland.

groep, lang niet altijd geliefd waren, en in sommige gevallen zelfs gehaat.

7.6 Reputaties in retrospect

Een manier om te zien of heden ten dage de bestudeerde families een reputatie hebben opgebouwd waarop zij trots zouden kunnen zijn, is het toekennen van straatnamen. Iemand die bij zijn leven een slechte reputatie heeft weten op te bouwen zal niet vaak voorkomen op de straatnaamborden. Zo is het zeer moeilijk om een Adolf Hitlerstraat in Nederland te vinden, terwijl er wel een overvloed aan vernoemingen van Roosevelt en Churchill te vinden zijn. Een niet al te goede reputatie is duidelijk een reden om ook op dit terrein een onbekende te zijn.

Uitgaande van deze manier van erkenning van personen heb ik onderzocht of namen van de oude grietmannen ook terug te vinden zijn in de plaatsen waar zij hun arbeid verricht hebben. Dit bleek waar te zijn. Van de familie Lycklama à Nijeholt waren twaalf straten, wegen en lanen naar hen vernoemd, en wel in de volgende gemeenten:[531] Ooststellingwerf (Appelscha 2x, Oldeberkoop en Makkinga), Weststellingwerf (Oldeholtpade en Wolvega), Boarnsterhim (Aldeboarn), Franekeradeel (Franeker), Gaasterlân-Sleat (Nijemirdum), Leeuwarden, Opsterland (Beetsterzwaag) en Skarsterlân (Joure). Het is wel opvallend dat deze vernoemingen hoofdzakelijk voorkomen in die gemeenten waar de vernoemde personen als grietman (of hoogle-

[531] De namen van deze gemeenten zijn de huidige; in de loop der jaren zijn veel vroegere grietenijen samengevoegd tot grotere gemeenten. Voor de straatnamen zie: *Shell stratenboek* (Capelle aan de IJssel 2005).

raar) actief zijn geweest.[532] Ook de familie Van Sminia is zeven maal vernoemd, en wel in Tytjerksteradiel (Oudkerk en Oenkerk), Boarnsterhim (Nes bij Akkrum), Leeuwarden, Littenseradiel (Wommels), Menaldumadeel (Menaldum) en Skarsterlân (Lekkerterp). De familie Van Haersma is vijf maal vernoemd, in Smallingerland (Drachten 2x), Achtkarspelen (Surhuizum), Leeuwarden en Tytjerksteradiel (Oenkerk). Ook de familie Van Scheltinga is vier maal vernoemd, in Achtkarspelen (Buitenpost), Het Bildt (Minnertsga), Kollumerland (Kollum) en Opsterland (Bakkeveen). Ook de namen van de families Andringa (Boarnsterhim: Aldeboarn en Tytjerksteradiel: Oenkerk), Van Baerdt (Skarsterlân: Joure), Van Glinstra (Tytjerksteradiel: Bergum) en Bergsma (Dantumadeel: Damwoude en Dongeradeel: Jouswier) komen in straatnamen voor.

Omdat vernoemingen naar gehate personen normaal gesproken helemaal niet voorkomen, en ook personen met een onduidelijke reputatie ook weinig redenen geven tot een vernoeming, kan dus wel met een redelijke zekerheid aangenomen worden dat voor de genoemde families een zekere vorm van erkenning van hun werkzaamheden door de huidige gemeentebesturen wel wijst op hun belangrijkheid in voorgaande tijden.

Zoals natuurlijk te verwachten is, zijn de meeste naar deze personen vernoemde straten te vinden in die gebieden waar deze grietmannen actief zijn geweest, dus hoofdzakelijk in het zuidoosten, het zuiden en het midden van Friesland. Het noorden en westen werd namelijk gedomineerd door de adellijke families; naar hen zijn in deze gebieden dan ook weer straten genoemd.

---

[532] In Leeuwarden is een hele wijk vernoemd naar oude Friese landhuizen met namen van edelen en eigenerfden; aan deze vernoemingen kan dus weinig betekenis worden gehecht.

Kort samengevat kan worden gezegd dat de grietmannen van eigenerfde oorsprong door hun gelijken en (delen van) de Friese adel op zodanige wijze werden geapprecieerd, dat omgang op (nagenoeg) gelijk niveau onderling mogelijk werd gemaakt. Met de gewone bevolking bestond een bijzondere en vaak tweeslachtige relatie. Enerzijds werden zij gewaardeerd, anderzijds waren er ook wel problemen. Ook door de huidige gemeenschap worden zij door het meer invloedrijke deel op waarde geschat.

Hoofdstuk 8

Samenvatting en conclusies

In dit hoofdstuk wordt nagegaan of uit de gegevens die in de voorgaande hoofdstukken zijn ontdekt en onderzocht, het mogelijk is om tot een idee te komen omtrent de 'belevenissen' van de onderzochte personen die in de periode van de revoluties grote veranderingen zagen voorbijgaan in hun persoonlijke, publieke en zakelijke leven. Mogelijk kunnen er in de toekomst verdere en meer gedetailleerde onderzoeken gedaan worden naar bijvoorbeeld één of enkele persoon of personen, of mogelijk families.

In paragraaf 1.5 heb ik verondersteld dat een aanzienlijk deel van de bij het bestuur betrokken oude Friese families, die niet tot de adel behoorden, gelukt moet zijn om de woelige periode van de grote veranderingen tijdens wat bekend staat als de Franse tijd vrijwel onbeschadigd te overleven. Met deze oude families worden in dit geval die der eigenerfden bedoeld.

Om vast te stellen of dit overleven inderdaad gelukt is moeten we de aanwijzingen die we in de voorgaande hoofdstukken hebben verzameld op hun merites onderzoeken. De belangrijkste vraag hierbij is, hoe en in welke mate zijn de eigenerfden met de hun ten dienste staande hulpmiddelen erin geslaagd om deze periode (1780 tot 1816) te overleven.

De beantwoording van deze vraag valt in een aantal delen uiteen. In ieder geval moeten we weten wat de woorden betekenen voordat een antwoord hierop zinvol is.

Allereerst dan de betekenis van het woord overleving. Hieraan kunnen meerdere mogelijkheden aan worden toegekend. Mogelijkheid nummer één is vanzelfsprekend de fysieke overleving of, beter gezegd, zijn de betrokken personen hier levend door deze periode heen gekomen. Voor het geval dit niet zo is, is dit dan het gevolg van politiek gerelateerde omstandigheden zoals oorlog of vervolging. Deze mogelijkheid geldt ook voor de directe familieleden. Een andere mogelijkheid is de politieke overleving. Hebben zij hun invloed weten te vergroten, of hebben zij aan belang ingeboet. Ook hier is naast hun eigen invloed die van de naaste familie belangrijk. Ten derde geldt de economische overleving. Hebben zij financieel schade ondervonden van de gebeurtenissen gedurende deze periode. Hebben zij hun inkomsten en vermogens weten uit te breiden, of in ieder geval op peil weten te houden. Zijn ze misschien totaal verarmd of verpauperd. Verder moet worden nagegaan of en hoe hun status binnen de gemeenschap is gewijzigd. Is hierin verandering opgetreden, en zo ja, ten goede of ten kwade. Tot slot moet worden vastgesteld of zij invloed hadden op de veranderingen. Zijn deze gebeurtenissen hun gewoon overkomen. Met andere woorden, beschikten zij over een werkwijze en strategie, en zo ja, wat was deze dan wel.

Er moet dus vastgesteld worden of zij deze periode als invloedrijke personen hebben overleefd, en zo ja, in welke mate. Verder moet worden vastgesteld of zij als groep enige invloed hadden op de gebeurtenissen rondom hen. Hoe hebben zij in positieve zin gebruik kunnen maken van de omstandigheden.

Het eerste deel van de beantwoording van deze vraag valt weer uiteen in een aantal kleinere onderdelen. Is het aantal bij het bestuur betrokken families in aantal gelijk gebleven, vergroot of verkleind? Hoe is de financiële situatie van hen beïnvloed door de omstandigheden? Hoe is het met hun politieke carrières gegaan? Hoe is het gegaan met het aanzien dat zij genoten? Wat is er overgebleven van hun vrijheid van handelen?

Het antwoord op het tweede deel van de vraag valt ook weer uiteen in een aantal deelantwoorden. Ten eerste, welke mogelijkheden werden hun aangereikt of onthouden? En in welke mate hebben zij gebruikgemaakt van de hun al dan niet geboden kansen?

In de volgende alinea's zal ik proberen hierop antwoorden te geven. Aangezien hier gebruik gemaakt wordt van de informatie die in de voorgaande hoofdstukken is verzameld, kan door het ontbreken van veel nieuwe informatie sommige alinea's wel wat vervelend gaan lijken. Gelukkig zit er ook nog wel wat nieuws bij, en worden verschillende onderwerpen nog enigszins naar de huidige tijd doorgetrokken. Veel van de huidige politieke gedachtegangen zijn immers gebaseerd op het verleden.

8.1 De families en hun leden

Om een antwoord te geven op de vraag of de eigenerfden bestuurders de woelige periode van ongeveer 1780 tot 1820 fysiek hebben overleefd zijn een aantal antwoorden mogelijk. Het betreft hier het overleven van zowel de personen als de families. Allereerst de personen die tijdens het oude regime tegenwoordig waren als grietman. Deze zijn allen verdwenen. Dit is ook niet zo verwonderlijk omdat van 1795 tot 1816 een periode van 21 jaren overbrugd wordt. Velen van hen zijn in die lange tijd overleden. Zien we echter naar de families van die groep die in 1795 grietman was onder het oude bewind en die in 1816 werden aangesteld als grietman, te weten de families Bergsma, Van Scheltinga, Haersma, Van Sminia, Lycklama à Nijeholt en Andringa de Kempenaer, dan lijkt de overlevingskans van de oude garde, en speciaal hun nazaten, zeer goed te zijn geweest. Alleen de naam Glinstra is uit deze groep verdwenen, en die van Hylckama is eraan toegevoegd. Velen uit die groep, zowel de vaders als de zonen, hebben zonder noemenswaardige onderbreking aan het bestuur van Friesland deelgenomen. Van Hylckama heeft zelfs continu vanaf het begin van de revolutie posities bekleed, zowel op gewestelijk als plaatselijk niveau. Het is duidelijk dat de periode van de revoluties en de Franse bezetting niet of nauwelijks van invloed is geweest op de carrières van zowel de individuele leden van de groep, als de gehele groep zelf.

De veronderstelling dat het aantal families van de eigenerfden dat bij het bestuur van Friesland betrokken was, nagenoeg gelijk gebleven was, kan dus als bevestigd worden beschouwd. De families die voor de revolutietijd bij het bestuur betrokken waren vinden we in de eerste periode van het Koninkrijk der Nederlanden weer terug. Geen van de families is in ongenade gevallen of vervolgd wegens samenwerking met de vijand, in dit geval Frankrijk. Op dit punt kunnen we dus vaststellen dat zij geen verlies hebben geleden. Natuurlijk relatief gezien, als we geen rekening zouden houden met de invloed die zijn in hun nieuwe functies binnen het koninkrijk hadden, vergeleken met hun vroegere positie. Ook zijn er geen van de belangrijke leden van de families omgekomen bij oorlogshandelingen, terwijl ook geen enkele groep van hen uitgestorven raakte. Fysiek hebben de leden van de onderzochte families, op een aantal natuurlijke sterfgevallen na, de tijd van de revoluties en de Franse bezetting voortreffelijk weten te overleven.

8.2 De politieke carrières

Er is een enorm verschil tussen de positie van de betreffende eigen-erfden van voor de revoluties, en van die na deze periode. Uit de voorgaande hoofdstukken blijkt dat de eigenerfden als groep aanmerkelijk aan belangrijkheid hebben ingeboet. Zo zijn zij, tezamen met de leden van de adel, niet langer de bezitters van het exclusieve stemrecht. Andere belangrijke personen op het platteland die nu bijdragen in de belastingen, zoals handelaren, vakmensen en de gestudeerde dorpselite, hebben voor uitbreiding van het aantal stemmers en stemmen gezorgd. Dit zegt evenwel niets over het al of niet verliezen van macht die de afzonderlijke leden van deze groep. Hiertoe reken ik als meest op de voorgrond tredenden en belangrijksten de families Van Sminia, Glinstra, Van Haersma, Lycklama à Nijeholt, Van Scheltinga, Andringa de Kempenaer, Van Vierssen en Van Hylckama. Deze families, met uitzondering van de familie Glinstra, vinden we weer terug in bestuurlijke functies in het nieuwe koninkrijk. Ondanks hun houding tijdens revoluties en bezetting zijn zij niet bij de koning in ongenade gevallen. Hierbij moet wel aangetekend worden dat de koning niet altijd hetzelfde heeft gedacht over de gedragingen van de voormalige grietmannen. Hij heeft immers vlak voor de inval van de Engelsen en Russen in 1799 nog bij jhr. Aebinga van Humalda geïnformeerd naar de gedragingen van vooraanstaande personen uit het Friese politieke leven. En dit hoogstwaarschijnlijk niet met de bedoeling om aan hen direct bij het slagen van die inval goede posities aan te bieden. Wel moet gezegd worden dat de koning zeer geïnteresseerd was in de administratieve en bestuurlijke kennis die de leden van de 'grote' eigenerfde families gedurende de 'Franse' periode hebben opgedaan, en die hij in zijn nieuwe bestuur dan ook goed kon gebruiken. Verder wilde hij hoogst waarschijnlijk geen onrust veroorzaken bij de Friese bevolking. De Friezen waren immers sinds eeuwen gewend bestuurd te worden door de adel en de eigenerfden.

Hieruit kan geconcludeerd worden dat de eigenerfden, die voorheen bij het bestuur van de diverse grietenijen waren betrokken, deze periode zeer goed hebben overleefd. Zij hebben althans hieraan geen nadelige gevolgen overgehouden. Het tegendeel is zelfs waar. De politiek meest actieve leden van de families Van Sminia, Lycklama à Nijeholt, Van Scheltinga (verschillende takken) en Andringa de Kempenaar zijn door koning Willem I in de adelstand verheven. Door de koning werden deze personen dus zeer gewaardeerd, ondanks het feit dat de leden van deze families gedurende de ‘Franse’ periode bijna steeds actief betrokken zijn geweest bij het bestuur. De revolutietijd en het daarop volgende koninkrijk en keizerrijk hebben deze in de adelstand verhevenen dus, politiek gezien, in het geheel geen windeieren gelegd. Integendeel. Wel moet gesteld worden dat door het in de adelstand verheffen van de meest vooraanstaande eigenerfden het aantal leden van deze groep wel is verminderd. Evenwel zijn niet alle leden van deze families geadeld, doch slechts enkelen en hun nazaten.

8.3 De financiële situatie van de families

Een ander onderwerp is de financiële situatie van de eigenerfden. Op dit punt zijn zij er ook niet echt slecht afgekomen. Ondanks het feit dat door het op de markt brengen van onteigende landerijen tijdens de revoluties, waardoor de waarde van hun bezit behoorlijk kelderde, en de waardevermindering van de hornlegers, zijn ze er toch in geslaagd om nog uitbreidingen van hun gebieden te realiseren. In de nieuwe situatie hadden zij, die het tot grietman hadden weten te brengen, evenwel nauwelijks nog de mogelijkheid om er andere ambten bij te nemen. En deze extra ambten waren destijds hun belangrijkste bron van inkomsten. Afgezien natuurlijk van de huuropbrengsten van hun landerijen. Evenwel zijn hun persoonlijke vermogens, zoals eerder gezegd, in de woelige tijden relatief gezien toch nog wel toegenomen, zodat ook op dit onderdeel een positief antwoord gegeven kan worden.

Als een logisch gevolg van de gewijzigde situatie heeft een deel van de belangrijke eigenerfden zich na 1816 langzamerhand teruggetrokken van het bestuurlijke werk. De juridische kant van het werk van de grietman was in 1816 aan hen onttrokken, zodat alleen het dagelijks bestuur van de grietenij overbleef. Een aantal, waaronder ook de in de adelstand verhevenen, gaf er de voorkeur aan om van de opbrengsten van hun landerijen te gaan leven. Zij trokken zich terug om op hun fraaie, al bestaande of nog nieuw te bouwen, landhuizen te gaan wonen, en zich meer met hun liefhebberijen bezig te houden. En deze liefhebberijen speelden zich het meest op het platteland af.

8.4 Het aanzien van de eigenerfden

Dit deel van de beantwoording van de vragen heeft een heel eigenaardig karakter. Aanvankelijk bestond deze groep uit personen met een zeer grote macht, die zij in het verleden door een serie handelingen hadden verkregen. Hiertoe behoorden een strategie van het verkrijging van stemmen door middel van sterk berekende huwelijken. Hierdoor werden stemdragende boerderijen aan het bezit van hun nakomelingen toegevoegd. Dit was duidelijk een strategie voor de zeer lange termijn. Verder bestonden er familie- en vriendschapsbanden, die van nut waren om overeenkomsten te sluiten met de bedoeling om de macht van de leden van de groep verder te consolideren. Hierbij werden vaak de belangen van mensen, die niet tot hun directe omgeving behoorden, totaal verwaarloosd, zoals de problemen die van de Van Scheltinga's in de periode van 1732 tot 1748 hadden met het volk betreffende het graven van de Schoterlandse Compagnonsvaart. Toen bestond er geen enkel respect voor de houding van hun grietman. Ook andere grietmannen hebben zo hun problemen met de inwoners van hun grietenij gehad.

Ondanks de problemen die de eigenerfde grietmannen en hun families soms hadden met het gewone volk, en natuurlijk hun pachters, hebben zij voor het merendeel wel een reputatie opgebouwd van kundigheid. Dit is vooral te merken aan het aantal afbeeldingen van familiewapens die aanwezig zijn op verscheidene kerken, maar vooral in de benoeming van de vele straatnamen die heden ten dage de herinnering aan deze grietmannen nog levendig houdt.

Een vreemd verschijnsel is evenwel dat in de periode van de Bataafse Republiek, toen de kiezers, onder welke nu ook niet-eigenerfden, de mogelijkheid hadden om andere mensen als hun vertegenwoordigers te kiezen, geleidelijk aan de eigenerfden het verloren terrein teruggaven. Blijkbaar had men toch meer vertrouwen in goede en ervaren en pragmatische bestuurders uit de omgeving van de eigenerfden dan in onervaren en vaak principiële patriotten. Toch moet er wel rekening worden gehouden met het feit dat de edelen tot 1806 niet aan het bestuur hebben deelgenomen, toen zij de vrijheid hiertoe van de verdreven stadhouder kregen. Het aanzien van de eigenerfden was, ondanks de grieven tegen hen vóór en tijdens het begin van de revolutie, toch nog niet zo slecht bij de kiezers. Vooral als we bedenken dat een belangrijk doel van de revolutie was om het bestaande regime omver te werpen en de macht bij het volk neer te leggen. En aan deze revolutie hebben ook eigenerfden, en zelfs edelen, van harte meegedaan.

Ook de nieuwe vorsten uit de Franse tijd, koning Lodewijk Napoleon en keizer Napoleon, hadden voldoende vertrouwen in de oude eigenerfden om hen weer in belangrijke administratieve en bestuurlijke posities op te nemen. Bij deze vorsten genoten zij dus ook een redelijk aanzien, of in ieder geval vertrouwen. Wel moet gesteld worden dat de voordelen voor de rest van de bevolking, vooral wat betreft het stemrecht, aanzienlijk zijn verminderd.

Bij de bevrijding van Nederland in 1813 trad een geheel nieuwe toestand in. Aanvankelijk hadden de voormalige machthebbers gehoopt dat de situatie van voor 1795 hersteld zou worden. Maar alles zou geheel anders uitpakken. De nieuwe vorst, Willem I, trok, gesteund door de sympathieën binnen het volk, alle macht naar zich toe. In deze consolidatie van de macht had hij een paar goede voorbeelden uit het verleden. Lodewijk Napoleon, zijn grote voorbeeld hoe een koning zich moest gedragen, en Napoleon waren er in geslaagd om alle gewesten binnen de grenzen van Nederland boven de grote rivieren als een eenheid te besturen. Na de bevrijding werden ook het zuidelijke deel van het huidige Nederland en, op advies van de geallieerden die Nederland mede hadden bevrijd, het huidige België en Luxemburg aan het rijk toegevoegd. Voor Friesland betekende dit dat het onderdeel gingen uitmaken van een aanmerkelijk grotere eenheidsstaat, waarin de invloed van de oude regenten tot een uiterst minimum werd beperkt. Dat de vorst wel waardering had voor de eigenerfden en hun omgeving mocht wel blijken uit zijn promotiebeleid. De koning had voor de door hem te benoemen 'volksvertegenwoordiging' een grotere groep edelen nodig, wat tot gevolg had dat een aantal eigenerfden in de adelstand werd verheven. Uit deze verheffingen blijkt wel dat de eigenerfden, althans een deel daarvan, bij de koning wel in aanzien stonden. Het 'gewone' volk, dat zeer heeft bijgedragen aan de benoeming van de koning, heeft geen inbreng in de samenstelling van de volksvertegenwoordiging meer. Dit zou pas enige decennia later met de nieuwe grondwet van 1848 veranderen. Ook bij de grondwetten van 1814 en 1815 blijft de vorst, later de koning, de machtige man, die ook buiten de Staten-Generaal om besluiten kan nemen. Pas in 1848 komen met de nieuwe grondwet van Thorbecke, geïnitieerd door Willem II,[533] echte volksvertegenwoordigers in het zicht.

Weer terug naar de hoofdlijn. Een belangrijk aandeel van het aanzien van de oude groep werd natuurlijk verkregen door de grote deskundigheid van de leden van die groep. Het grootste deel van hen was juridisch op hoog niveau geschoold. Dit waren juist de mensen die de koning nodig had om zijn rijk zeer snel efficiënt te kunnen besturen. Bijna iedereen van de nieuw aange-

---

[533] Een belangrijke adviseur in deze was jhr. R.L. van Andringa de Kempenaer.

treden personen uit de groep der eigenerfden had een academische opleiding genoten. Zij waren gepromoveerd in zowel het Romeins als in het hedendaagse recht. Dat sommigen van hen tot de groep der patriotten behoorden bleek geen probleem meer te zijn, al had de vorst in 1799 hier nog wel zijn bedenkingen tegen. Toch was hij grootmoedig genoeg om eventuele wrange gevoelens tegen de oude patriotten, en vooral die van het eerste uur, terzijde te zetten. Uit deze opstelling van de koning blijkt duidelijk dat hij wat deze mensen betreft, dank zij hun kennis van het recht, en hun lange traditie van besturen op allerlei niveaus, geïmponeerd was door hun kennis en ervaring, en mogelijk ook door hun integriteit.

8.5 De vrijheid van handelen

Tot 1795 waren deze eigenerfden gekozen door hun ‘gelijken’, eigenerfden die net zoals zij, tezamen met de leden van de adel alleen over stemrecht beschikten, en die voor hun verkiezing tot de Staten van Friesland zorgden, en voor hun voordracht voor een benoeming tot grietman. Bij de intrede van Willem I was alles evenwel totaal anders. Al in 1795 hadden de edelen en eigenerfden het alleenrecht op het stemrecht verloren. Nieuwe groepen stemmers waren toegelaten, waardoor aan de alleenheerschappij van de oude machthebbers een halt werd toegeroepen. In de periode na 1795 deden ook ‘gewone’ burgers hun intrede in het bestuur. Ook doopsgezinden en katholieken gingen deel uitmaken van de bestuurlijke macht. Zij waren voorheen uitgesloten van deelname aan openbare functies. Koning Willem I trok de macht tot het benoemen van grietmannen geheel naar zich toe. De invloed van de eigenerfden om leden van hun gemeenschap tot grietman te benoemen was hun dus geheel ontnomen. Het lijkt er evenwel op dat deze personen en families niet aan belang hebben ingeboet. Alleen zijn ze nu niet meer vertegenwoordigers van hun eigen groep die hun Friesland bestuurden, maar door de koning aangestelde bestuurders.

Verder kunnen we wel stellen dat de totale macht van de eigenerfden op een vreemde manier enorm is verminderd, door een klein maar belangrijk deel van hen op te nemen in de adelstand. Hierdoor is de invloed van de adel vergeleken met de eigenerfden relatief sterk toegenomen. De overgebleven eigenerfden waren ook niet meer de grootste en belangrijkste leden van hun oorspronkelijke groep. De belangrijkste leden van de groep van de eigenerfden hebben zich uitstekend weten te handhaven, maar dan wel als leden van de adel, en niet meer als eigenerfden.

Evenwel moeten we wel rekening houden met een aantal kleine details en omstandigheden. Waren zij vroeger een homogene groep met een zelfde achtergrond, in de loop der eeuwen waren er grote onderlinge verschillen ontstaan in hun macht en rijkdom. Het aantal eigenerfde families was in de loop der jaren drastisch teruggelopen door vermindering van het aantal stemagglomeraten. Vele kleinere eigenerfden waren hun stemrecht kwijtgeraakt, onder andere door verkoop van hun eigendom wegens het ontbreken van een mannelijke opvolger. Iedere keer dat er weer een familie uitstierf werden hun stemmen overgenomen door de aangetrouwde families die vaak al over meer stemmen beschikten.

8.6 De terugloop van de macht

Gaan we het anders bezien dan is de groep der eigenerfden er wel slechter van geworden. Door het in de adelstand verheffen van de meest invloedrijke personen uit hun midden is de groep der eigenerfden wel danig verzwakt. Daar komt dus nog bij dat zij nu niet meer het stemrecht als een privilege bezaten. Van een bevoorrechte groep waren zij nu heel gewone burgers geworden. En met precies dezelfde rechten als ieder ander.

Wel moet vermeld worden dat het stemrecht nu was verbonden aan inkomsten en vermogen. Wel is het nu zo dat per persoon slechts een enkele stem gold, wat in het verleden wel anders was geweest. Stemhebbend waren niet langer de oudere (stemdragende) boerderijen, waarvan een eigenerfde er vaak meerdere had, maar personen met slechts één stem per persoon. Als onderdeel van een groter geheel waren zij nu slechts een schaduw van wat zij voorheen waren. De leden van het restant van de groep eigenerfden, en dat was de grote meerderheid, zijn er dus in aanzien aanmerkelijk op achteruitgegaan. In de meeste gevallen kan wel gezegd worden dat zij geheel zijn verdwenen, speciaal als het inkomen van een dergelijke eigenerfde klein was. Wel moet gezegd worden dat mensen die voorheen geen enkel recht hadden om zich op bestuursniveau te laten vertegenwoordigen, dit in een later stadium wel verwierven, hetgeen natuurlijk als een groot goed moet worden beschouwd. De tijden zijn dan ook drastisch veranderd.

Verder zouden de eigenerfden als groep er financieel aanmerkelijk beter zijn afgekomen als zij niet gehinderd waren geweest door de perikelen met de beschikbare gronden. Als boeren hadden zij immers het grootste deel van hun vermogen geïnvesteerd in landerijen. Evenwel door de publieke verkoping van de landerijen die toebehoorden aan de kerken en instellingen, waardoor veel land beschikbaar kwam, hetgeen de waarde hiervan aanmerkelijk drukte. De waarde van landerijen daalde hierdoor tot éénderde van de oorspronkelijke waarde. Omdat praktisch gesproken al hun rijkdom in hun landerijen zat, verloren zij ongeveer tweederde van hun vermogen. Verder was er nog een instituut wat achteraf negatief voor hen werkte. Om meer stemmen te krijgen voor het nemen van beslissingen en aanstellingen hebben de eigenerfden, en tevens ook de adel, veel geïnvesteerd in landerijen waarop stemrecht rustte, maar die economisch geen enkele waarde hadden. In de loop der jaren bleef dit stemrecht bestaan op die gedeelten van de landerijen waarop de stemhebbende boerderij stond, of gestaan heeft. Dit stemrecht bleef zelfs bestaan toen de landerijen verder doorverkocht werden en alleen de plaats van de boerderij, het hornleger, afzonderlijk bleven bestaan en verhandeld konden worden. Hieraan kleefde dan wel de prijs van het daarbij behorende stemrecht. Deze lege stukjes grond, dus de hornlegers, waren bijzonder duur vergeleken met de oppervlakte die zij besloegen. Toen na de revolutie van 1795 het stemrecht van de eigenerfden was vervallen, en zij dus dezelfde rechten als gewone burgers hadden, waren deze relatief kleine stukken grond, waarop nauwelijks geboerd kon worden, dan ook praktisch waardeloos geworden. Ook hierdoor hebben de eigenerfden, maar ook de edelen, een deel van hun kapitaal verloren. De revolutietijd is voor de meeste grootgrondbezitters als bezitters van veel grond dan ook een periode van financieel verlies geweest. Gelukkig voor de meesten van hen beschikten velen nog over enige financiële reserves. Verder kan er wel gesteld worden dat de groep der eigenerfden na ongeveer 1818 nog nauwelijks enige invloed had op het bestuur in Friesland. Een belangrijk deel van hun invloed was al verloren gegaan door de verheffing van hun belangrijkste leden in de adelstand, terwijl de interesse van de ‘achtergebleven’ eigenerfden, vooral door de concurrentie van andere personen in de dorpen, zoals grotere zelfstandige kooplui en andere middenstanders, ook niet bijdroeg aan hun macht. En hoe verder we in de tijd verder gaan, hoe geringer hun invloed werd.

Waren de eigenerfden - maar dit geldt natuurlijk ook voor de edelen - vóór de revolutietijd nog in een positie geweest om buiten hun ‘normale’ functies als grietman andere posities te bekleden, zoals lid van de Staten van Friesland en Gedeputeerde Staten, het Mindergetal, lid van de Staten Generaal of de Raad van State, de Admiraliteit en andere hoge bestuursorganen, na 1815 was dit nauwelijks meer mogelijk. Voor andere functies dan die van grietman moesten nieuwe mensen aantreden. Als grietman waren ze nu uitvoerder geworden van opdrachten en regels verstrekt door het centrale gezag. Hun rechterlijke functie waren zij kwijt; deze werd nu ingenomen door speciaal daarvoor aangestelde rechters. Dat deze rechters soms ook weer voortkwamen uit de kring der eigenerfden, zoals Bavius Anthonius van Hylckama, die van 1811 tot 1817 rechter was bij de rechtbank in Sneek, doet hier niets toe of af. Oorspronkelijk behoorden zij tot de groep van vrije bestuurders en rechters, die geen hogere instantie boven zich hadden dan de Staten van Friesland. En van deze Staten maakten zij zelf, of hun familie, dan weer deel uit. Zij waren nu gedegradeerd tot door de koning benoemde ambtenaren, ondergeschikten van een centrale door één man geleide overheid. Dit moet wel als een enorme achteruitgang hebben gevoeld.

De functie van lid van de Staten van Friesland, of Gedeputeerde, was ook niet meer wat het in het verleden geweest was. In de nieuwe omgeving hadden deze instituties nauwelijks nog enige invloed, terwijl zij in het verleden geheel soeverein waren. Benoemingen en werkzaamheden van de 'volmachten' waren door de koning volledig uitgehold. Lidmaatschappen van dergelijke instellingen hadden als gevolg van de sterk veranderde verhoudingen binnen het koninkrijk dan ook hun aantrekkelijkheid verloren.

Verder bestond er onder de voormalige eigenerfden ook weinig animo om zitting te nemen in de Staten-Generaal. Een belangrijke reden hiertoe was het feit dat alles zich op een grote afstand van huis afspeelde. Verder ging alles over Nederland (inclusief België); Friesland kwam er nauwelijks aan te pas. Van de in de adelstand verheven families hebben slechts zes personen zitting gehad in de Staten-Generaal. Drie van hen namen zitting direct na de uitroeping van het koninkrijk, de anderen later. Van de familie Van Sminia slechts twee personen, met in totaal maar twee jaar lidmaatschap. Alleen de familie Lycklama à Nijeholt hield het iets langer vol. In totaal hebben twee leden van hen, met enkele onderbrekingen, van 1815 tot 1866 in de Tweede en Eerste Kamer zitting gehad.

Van de niet in de adelstand verheven families vinden we alleen een paar namen terug uit de familie Bergsma, een familie die fortuin had gemaakt in Nederlands Indië, en een relatieve laatkomer in de periode vóór de revolutie. Eén van hen, Willem Adriaan Bergsma, was van 1871 tot 1901 lid van de Tweede en Eerste Kamer. Een zwager van de hiervoor genoemde, de in Utrecht geboren Johannes H. Bergsma, was van 1894 tot 1897 Minister van Koloniën. Voordien was hij juridisch ambtenaar en rechter in Nederlands Indië.

Wel zijn veel van de vroegere eigenerfden in de periode van het koninkrijk nog actief geweest als grietman, en later als burgemeester, zowel binnen als buiten Friesland. Maar dit uitgeholde grietmanschap en, na de verandering van de indeling in gemeenten, ook het burgemeesterschap, gaf hun niet meer de macht die zijn oorspronkelijk ooit bezaten. Ook het feit dat er veel grietmannen en burgemeesters werden benoemd uit de andere plattelandsgroeperingen, heeft hun aantal relatief aardig gereduceerd.

De belangrijkste taak die de eigenerfde patriciers, en hiertoe reken ik ook nog diegenen die bij de aanvang van het Koninkrijk der Nederlanden in de adelstand werden verheven, zich stelden na de ingrijpende wijzigingen was het verwerven van een zo aangenaam mogelijk leven met zoveel mogelijk het leveren van bijdragen aan de Friese samenleving en cultuur, door zich hier intensief mee te bemoeien.

Er kan dus wel gesteld worden dat de invloed van de eigen-erfden als bestuurders aardig teruggelopen was. Eigenlijk kan bijna gesteld worden dat deze invloed praktisch verdwenen is. Dus, vooral als we het geheel op een iets langere termijn bekijken, is hun invloed nagenoeg geheel verdwenen. Zij waren een gewoon bestanddeel van de bevolking geworden. Afgezien van een paar uitzonderingen hebben de eigenerfden als invloedrijke en belangrijke groep de veranderingen niet, of in zeer geringe mate, overleefd.

8.7 De middelen en strategieën om te overleven

De belangrijkste middelen waarover de eigenerfden beschikten in de strijd om het bestaan waren hun kennis en ervaring omtrent het besturen van een grietenij, en nog belangrijker het mede besturen van een gewest. Deze kennis en ervaring waren niet alleen het gevolg van hun opleidingen, maar evenzeer van het eeuwenlang tot de besturende klasse te hebben behoord. Hierdoor was deze kennis hen als het ware met de paplepel ingegoten. Zij waren opgegroeid met het besef dat zij een functie te vervullen hadden. Ook waren zij er van overtuigd dat toekomstige generaties dezelfde plichten hadden tegenover Friesland, zoals zij er ook vanuit gingen dat zij die opdracht van de hun voorgaande generaties hadden ontvangen. Van verder belang was ook dat zij over de financiële middelen beschikten om de bij hun functies behorende status te demonstreren; middelen die hen aangereikt werden door hun voorgeslacht, en die zij weer wensten door te geven aan toekomstige generaties. Op die manier zouden zij verzekerd zijn van een voortbestaan van de familie in het toekomstige bestuur van hun veranderende vaderland. Verder was van enorm belang dat zij hebben beschikt over een enorm netwerk van families en vrienden, zowel binnen hun eigen groep als binnen de adel. Ongeveer iedereen was als familie gerelateerd aan de groep.

De vraag welke strategieën zij daarbij gebruikten bevindt zich in een totaal ander vlak. Waren de middelen zoals genoemd in de vorige alinea nog vrij simpel te gebruiken, het wordt moeilijker als de omstandigheden waarin deze middelen aangewend moeten worden duidelijk gaan afwijken van wat voor hen als de normale situatie beschouwd moet worden. En de omstandigheden in de bestudeerde periode zijn duidelijk veranderd. Eerst waren er de revoluties van 1795 en de daaropvolgende jaren, daarna het Koninkrijk Holland, het Franse Keizerrijk, en ten slotte het Koninkrijk der Nederlanden. Tijdens de revolutie van 1795 werden de eigenerfden uit hun functies van grietman ontheven. Verder werden zij niet meer ´automatisch´ benoemd in de Staten van Friesland en andere vertegenwoordigende lichamen. Evenwel wisten zij zich via het vergaren van stemmen weer als vertegenwoordiger naar voren te werken. Bij de benoeming van Lodewijk Napoleon tot koning van Holland werden zij weer ingeschakeld om bestuursfuncties in Friesland te vervullen. Dit vanwege hun grote kennis van het plaatselijke en gewestelijk bestuur. Ook in de Franse periode wisten zij hun posities weer in te nemen, evenals bij de invoering van het Koninkrijk der Nederlanden. Hun strategie was klaarblijkelijk het zich beschikbaar houden voor deze functies. Zij wilden dus de belangen van Friesland, maar ook hun eigen, blijven behartigen zonder zich teveel te vermoeien met de vraag wie nu de werkelijke macht bezat. Dat zij dit zelf niet meer de belangrijke behartigers waren moeten zij ongetwijfeld begrepen hebben.

Het accepteren van veranderingen, zelfs die veranderingen die hun positie uiteindelijk zouden ondergraven en uithollen, is blijkbaar hun belangrijkste strategie geweest. Zelfs als dit tot hun verdwijnen uit het machtscentrum zou leiden.

In dit onderzoek heb ik gepoogd om een antwoord te vinden op de vraag hoe de niet-adellijke patriciërs op het Friese platteland erin zijn geslaagd om de periode van ongeveer 1780 tot 1820 politiek te overleven. De grote vraag hierbij was welke strategieën zij hiertoe aangewend hebben.

Dat zij, de belangrijkste eigenerfden, deze periode van revoluties en veranderingen fysiek hebben overleefd, is duidelijk. Verder staat vast dat zij ook politiek gezien deze tijd glansrijk overleefd hebben, zolang wij geen rekening houden met de vermindering van de betekenis van de functies die zij aan het begin van de periode bekleedden, en de uitholling daarvan in de verschillende tijdvakken van de onderzochte periode.

Zij hebben deze turbulente periode overleefd dankzij onder andere aan hun kennis en ervaring van het besturen van hun grietenijen en gewest. Ook was belangrijk dat zij over een uitgebreid netwerk van familieleden, zowel binnen hun eigen groep als binnen de adel, beschikten. Verder is hun aanzien bij het uitvoeren van hun taken ook nog een niet onbelangrijke factor geweest. Zij zijn er ook in geslaagd om hun kennis, ervaring en aanzien aan een volgende generatie door te geven, zodat deze de opengevallen plaatsen van hun voorgangers konden innemen.

Maar de belangrijkste factor die aan hun politieke overleven bijdroeg moet wel zijn dat zij zich, ongeacht de omstandigheden, beschikbaar hebben gehouden voor bestuur van Friesland. Dat dit gebeurde in gelijknamige en gelijksoortige functies die evenwel van aanmerkelijk minder belang waren dan zij voorheen gewend waren, is slechts een gevolg van de veranderde omstandigheden.

Iets wat de aandacht verdient is het volgende. Heeft een staatsvorm zoals die in Friesland bestond voor de periode van de revoluties enig bestaansrecht? Zijn er landen waar een dergelijke vorm van bestuur bestaat? Als we goed om ons heen kijken dan moeten deze vragen wel bevestigend beantwoord worden.

In Europa bevindt zich een land met een zeer hoge graad van welstand, dat gekenmerkt wordt als een zeer democratisch land. Ik bedoel hier Zwitserland. Dit land wordt bestuurd in de vorm van een federale republiek. De wetgevende en uitvoerende macht berust bij het volk, die deze verantwoordelijkheid heeft overgedragen aan een volksvertegenwoordiging, de Bondsvergadering, bestaande uit een Nationale Raad, vergelijkbaar met onze Tweede Kamer, en gekozen via evenredig vertegenwoordiging, en een Kantonsraad. Hierin worden de onderliggende delen, de kantons en halfkantons in wat wij de eerste kamer zouden noemen, op basis van gelijkheid per kanton, ieder vertegenwoordigd door van twee afgevaardigden, net als in Friesland iedere grietenij werd vertegenwoordigd door twee volmachten. Door de afgevaardigden van de beide raden worden ministers in de Bondsraad gekozen, vergelijkbaar met de Friese gedeputeerden. Eén van hen fungeert bij toerbeurt, net als in Friesland, als voorzitter van de ministerraad en als tijdelijk staatshoofd. Hier is dus, net als in het oude Friesland, geen duidelijke scheiding van deze machten. Ook is deze confederatie, net als Friesland, in het verleden onafhankelijk verklaard door het Heilige Roomse Rijk. Wat het vooral boeiend maakt is dat dit land zijn onafhankelijkheid nooit heeft verloren, geen oorlogen heeft gekend, en altijd door andere landen is gerespecteerd. De structuur zoals deze was in Friesland lijkt wel de mogelijkheden te hebben gehad om zelfstandig te kunnen bestaan, in het geval dat het Koninkrijk der Nederlanden niet was ontstaan, of nog scherper gesteld, in het geval de Unie van Utrecht nooit was getekend. Evenwel de situatie met Spanje, waarin de gewesten zich toen bevonden, dwong Friesland ertoe zich bij de Nederlanden aan te sluiten.

Een andere natie waar de hierbij behorende delen zich op een soortgelijke manier laat representeren is de Verenigde Staten van Amerika. Hier is bij de opstelling van de bestuursstructuur rekening gehouden met de situatie zoals die zich destijds bij de erkenning van hun land door Friesland voordeed. Hier worden ook de presidentsverkiezingen, net als in Friesland via de dorpen, getrapt gehouden via kiesmannen. Ook zijn in diverse staten speciaal de verkiezingen op lager niveau kopieën van de manier van stemmen zoals die destijds in Friesland plaatsvonden. Een opmerkelijk verschil tussen het bestuur van vóór de revoluties in Friesland en die in de Verenigde Staten is de functie van het staatshoofd. Hebben de Verenigde Staten een via getrapte verkiezingen gekozen president als staatshoofd, in Friesland kende men een dergelijke functie zoals eerder genoemd helemaal niet. Verder lijkt de opbouw volksvertegenwoordiging sterk op die van Zwitserland.

Deze voorbeelden geven aan dat de methode van landsbestuur in Friesland in de eeuwen vóór de revoluties niet op zichzelf stond en dat zij in wezen als zeer levensvatbaar moet worden beschouwd. Wel moeten we er nog rekening mee houden dat het ontstaan van de Zwitserse statenbond op zeer kleine schaal in 1291 plaats vond, terwijl het begin van de Verenigde Staten vlak voor de revolutieperiode in Frankrijk en Nederland lag. Een groot verschil echter tussen het ontstaan van het systeem in Friesland en die in Zwitserland en de Verenigde Staten is evenwel dat in Friesland begonnen is met een groter geheel aan 'staten' dat geleidelijk afkalfde, terwijl in de beide andere gevallen sprake is van een beperkte start waarbij zich in de loop der jaren meerdere 'staten' zich aansloten.

Bij mij komt de volgende vraag naar boven als ik naar de situatie in Zwitserland en de Verenigde Staten kijk:

zou het misschien niet beter zijn als in Nederland de Eerste Kamer op dezelfde manier gekozen zou moeten worden als in die landen, en vanzelfsprekend ook als in het 'oude' Friesland. Rechtstreeks vanuit de provincies met vertegenwoordigers van de provincies, die ook nog in de provincies wonen en werken, en die deel uitmaken van de Provinciale Staten van de door hen vertegenwoordigde provincies. Iedere provincie zou dan een gelijk aantal vertegenwoordigers moeten afvaardigen, bijvoorbeeld vijf. Het aantal leden van de Eerste Kamer zou dan 60 worden. Een belangrijk voordeel hiervan zal zijn dat de politieke verhoudingen van deze kamer totaal anders kunnen wezen dan die van de Tweede Kamer. Ook is deze kamer dan verlost van zijn 'oude' en afgedankte bestuurders. Dit komt de ervaring van die kamer dan wel niet ten goede, maar de levendigheid wordt wel groter, omdat de zo gekozen leden niet altijd hun partijlijn zullen kiezen, maar meer voor het belang van de door hen vertegenwoordigde provincies zullen verdedigen. Als een gevolg hiervan kunnen de gewesten buiten de Randstad hun invloed vergroten, waardoor het 'Haagse gevoel' dat in het land bestaat enigszins verminderd worden, en het landsbestuur dus dichter bij het volk komt.

Summary

The subject of this study is the changes that the patricians, not belonging to the class of the nobility, in the province of Friesland experienced in their way of life and the instruments they used in trying to maintain their positions in political life that they occupied before, during the turbulent period of the patriotic revolutions and the French occupation, and ending after the establishment the Kingdom of the Netherlands, roughly the period from 1780 unto 1820.

Because of the unusual facts en developments in the history of the Frisians I found it necessary also to explore the history of much earlier times than that what happened during period mentioned before. This is because the reasons for the actions performed by the group of people of this study where based on their very ancient historic ideas. And the basic idea trough the ages was the absolute freedom of the people. They could not and would not tolerate any institution to rule over them. And with institution I mean kings and other rulers, foreign or their own. The owners of the land were the sovereign rulers of their land. And those owners of the land were a group of country noblemen and a group of large hereditary farmers, the 'eigenerfden'. Both groups of landowners had inherited their land from their forefathers. They have never taken land by force or by waging war. Respect for somebody else's property and rights have always been a priority. When they engaged in warfare, it was always needed to prevent somebody else from taking their land. For centuries they have elected their representatives out of their own groups to govern Friesland.

In chapter #1 of this study I represent a case of a single family, with the name of Van Hylckama. This family can be traced back to the middle ages. In 1545 the landowner Jelle Hylckama, at that time ´grietman´ (ruler and judge of a county, can be seen as a mayor in a rural environment) was fired from his position by the king of Spain, Charles V, who also ruled over the Netherlands at that particular time. Jelle lost his position of grietman because of his refusal to take the oath of allegiance to this before mentioned king, whom he could not and would not recognize as his superior. He obviously was a man of principles.

I got interested in this particular family and its history because of a strange succession of incidents that marked the position of this family in the turbulent period of the patriotic revolutions. A member of that family, Johan Petrus van Hylckama, was a landowner who in his earlier years became a captain in one of the foreign armies that were contracted by the Netherlands government to serve in this country. Till 1795 he was a representative in the Frisian Estates (Staten van Friesland). From the first day of the revolution in 1795 he was an active member of the patriotic party. That meant that he renounced the 'stadhouder' Willem V as a figure head of state in the Netherlands. He was part of the welcoming party that gave the French troops, who 'liberated' Friesland, a warm welcome. During the patriotic years, and the following French period, his influence in politics grew. During the French period he became one of four members of the prefect council, the prefect being the highest person in the Frisian region, the 'Département de la Frise'. This was one of the emperor Napoleon's departments in the former Netherlands. When in 1813 the Netherlands freed themselves, with the help of the allied nations who fought Napoleon, he laid low for a while. When Willem I of Orange became sovereign of the Netherlands he was chosen by this king to become a grietman in one of the counties. So during the period of this study he changed from Orangeman to patriot, and back to Orangeman. This strange succession of events intrigued me and made me ask myself: has this happened more, and why and how could this occur. How did this group of non-noble landowners succeed in maintaining their positions throughout this turbulent period of time?

In chapter #2 the historic base of Friesland has been described. I found this necessary in order to understand the way of thinking of the individuals involved. The basic idea behind their manner of operation must be found in the ancient history. The Frisians believed in what was known as the ´Frisian Freedom´. Their meaning about government was that they had to be governed by themselves. They had no need for foreigners to decide for them, not even by somebody from their midst. Although Friesland was in the eleventh and twelfth centuries temporarily ruled by people from outside the territory, the idea of determining their own destiny has always stayed alive. They have always felt to be part of a greater community, called the Holy Roman Empire, in which the emperor Charlemagne was the most important ruler. In the empire of Charlemagne the Frisians lived under a ´status aparte´ as a result of the fact that they had no local rulers. The individual Frisians were owners of their land. They had no kings or princes. The feudal system has never been a part of Frisian society. Since there were no middlemen in between the emperor and the people of Friesland the emperor was the only man above them. In fact they had their own set of laws, which were codified by Charlemagne in the *Lex Frisionum.*

During the later middle ages several rulers from outside Friesland tried to lay claims on this land, one of them being the count of Holland. These claims could always be rebuffed, and in 1417 the Roman king Sigismund recognized Friesland as being an immediate part of the empire. Every Frisian was the highest person in the Empire, and equal to kings. The result of this was that no-one else could have a claim. Frieslands freedom and the Frisians freedom were from that moment on guaranteed.

Despite this guarantee it was the Saxon duke Albrecht who, with the help of a professional army, occupied Friesland in 1498. The Frisian army was poorly organized and consisted only of a large band of farmer-soldiers. They could fight only in the traditional way of personal courage, but knew nothing about modern warfare. From 1498 on Friesland lost his independence. In 1524 Albrecht sold Friesland to the Habsburg kings. From that time on Friesland was part of the Habsburg Netherlands. In 1568 started an uprising against the Habsburg king Philips II, who was also king of Spain. During the eighty-years war against Spain Friesland became an active part of the United Netherlands Provinces.

Since the later part of the middle-ages in the region of Friesland developed an own system of government. The country was divided into four quarters, three in the countryside and one of the cities. The three land quarters were divided into thirty counties (grietenijen), in which each county elected two delegates. The city quarter consisted of eleven cities, which also had two delegates each. It made no difference what the size was of these counties or cities, nor the amount of people who lived there. These delegates formed the ´Staten van Friesland´, the parliament. From these delegates an executive body was chosen, who executed the decisions made by the parliament. Also from the delegates a college was chosen (mindergetal, ´lower number´) to prepare the proposals for the parliament. From their midst they chose a man to lead the meetings only for a short period of time. This was to prevent anybody from becoming too powerful. The delegates from the counties consisted of a member of the nobility and a member of the group of large farmers, one of them traditionally being the ´mayor´ of the county. Originally those mayors were elected for only one year, because in the beginning all of them had only one vote. And the votes were not coupled to the person, but to the land they owned. After a while the land belonging to these people expanded, especially through inheritance of lands belonging to in-laws and other family members. Never was land taken by force. For every vote they had they could remain in office for one more year. Since their assets grew over the years, there came a change in the system: mayors could now stay in office for the rest of their lives. This system has been active for a number of centuries.

In 1795, when the revolutions started, this system was scrapped, and the ′grietmen′ were discharged. The voting system also was completely overhauled. The possession of land was no longer the qualifying factor, but the paying of the taxes. Still many of the original landowners (eigenerfden) were elected or appointed to government and administrative functions during the turbulent years of revolution, kingdom and French occupation.

In 1813 everything changed again. With the introduction of the Kingdom of the Netherlands the representation in the various parliaments, as well as the Frisian as the Dutch, the delegates were now elected by the king. And again members of the landowners group again were in large numbers selected to take place in the administration of Friesland and the Netherlands.

In chapter #3 the functions that members of the class of the large farmers had over the years is studied in order to establish which families are the ones to be considered in more detail. In this chapter an insight is given about their activities in the field of local county offices, the parliament of Friesland and its derivatives, the parliament and State Council of the Netherlands, and their membership of the various judicial bodies. In this way the most important and powerful families could be detected.

In chapter #4 an analysis is made, based on the previous chapter, about the histories of the most important families as far as their contributions to the governing of Friesland is concerned. The descent of the various families has been disclosed, and the progress these families have made over the centuries.

In chapter #5 patronage and family relations are the subject of this study. Because of the idea that everybody was equal, and there was no ruler, not even a permanent president, patronage was not a big issue. The parliament was the institution that could give away the various functions in Friesland. Of course one could expect that the family members of the voting delegates were the most important candidates for the available functions, but this did not mean that one could become the protégé of somebody else, who was supposed to repay his support.

Another important subject in this chapter is the important case of family relations .within the group. It seems to be normal that over the years certain families became extinct. It has been customary that sons of members of the group married daughters of the same group. As a result of this many families got closely related, while others disappeared. The most important effect of these alliances of families and the extinction of others was that many pieces of land and, as a result of this, the votes for the various functions went into the hands of an ever decreasing number of families. So the heads of those families became more powerful with every new generation. Since they planned their alliances carefully, and especially keeping in mind what will happen with the newly to acquiring lands and votes, it is obvious that they were planning the future for the next generations.

Another obvious occurrence was the way they planned their future status. Many of their offspring married sons and daughters from the group of the noblemen. For ages the noblemen married quite endogamic. They however had e small problem; since centuries their numbers have declined dramatically. In the old Frisian system one became a nobleman because one had performed in his position as a local leader, and as a rich man, in an outstanding way. Because Friesland had no ruler, no one could be elevated to nobility by such a prince. The only way was to be recognized by his peers and the common people. Since about the end of the Middle Ages Friesland was no longer a free nation, and s a result of this, and because the Republic of the Netherlands had no king, nobody got elevated into nobility any more. Because of their dwindling numbers they did something which was unthinkable before, they married people from the group of rich and influential landowners. This resulted in the acquiring of old noble estates falling into the hands of the commoner landowners, heightening their status.

In chapter #6 the relations between the individual careers of the group of the landowners is researched. Noticeable is the level of education that the members of this group have acquired. Most of them, and especially the younger generation that came into the picture after the installation of the Kingdom of the Netherlands, had an academic education and graduated and got promoted in Roman and modern law.

In chapter #7 the way they considered themselves and their peers is the subject of investigation. From their mingling with the nobility, and the rich way of living they could afford, one can safely assume that they felt at least not inferior to the nobility. Although a number of them were in the beginning of the years of the Orange kingdom elevated to nobility, it seems that no one of the original Frisians had actually sought for elevation. There was only one person, no Frisian of origin, who was interested in being a nobleman, and he even applied for it during the Napoleonic period, without result. The reason King Willem I needed noblemen was that there were not enough of them to fill up the by him required numbers in the newly formed parliament. The members of this parliament were appointed by the king himself. A third part of the appointees needed to be noblemen, according to the king's decision.

In chapter #8 the conclusion was drawn that the group of landowners had physically survived the turbulent period of the investigation. Also their families have not suffered from their changing attitude towards the Orange family. However the value of their functions has been greatly diminished. In the earlier years they were elected members of a sovereign body. In the Kingdom of the Netherlands they were merely appointed administrators, where they only had to execute instructions from above. As a result of this change their interest in being part of the parliament, especially the national parliament, diminished to a relative low level. They still remained active in Frisian institutions, but the lack of real power must have been frustrating for them.

But most important, the conclusion can be drawn that the group of non-noble landowners have survived the turbulent period to the best of their abilities, taking into account that the overall situation has been drastically changed.

Overzicht van geraadpleegde archieven

Nationaal Archief, Den Haag
- *Archief van het Comité tot de Algemene Zaken van het Bondgenootschap te Lande*
- *Kabinet des Konings 1816-1840*

Tresoar, Leeuwarden (voorheen Ryksargyf Fryslân)
- *FA Van Andringa de Kempenaer*
- *FA Buma*
- *FA De Carpentier/Van Hylckama*
- *FA Van Eysinga/Vegelin van Claerbergen*
- *FA Kingma*
- *FA Lycklama à Nijeholt, Bolsward*
- *FA Thoe Schwartzenberg en Hohenlansberg*
- *FA Van Sminia*
- *BRF, Archief van de Prefect*
- *Provinciaal Bestuur 1813-1922*
- *Verzameling aanwinsten*
- *Doop-, Trouw- en Begraafregister diverse grietenijen*
- *Floreenkohiers diverse plaatsen*
- *Notariële archieven*

Biografisch Archief van het Parlementair Documentatie Centrum van de Universiteit Leiden

Literatuur

J. Aalbers en M. Prak (eds.), *De bloem der natie. Adel en patriciaat in de Noordelijke Nederlanden* (Meppel/Amsterdam 1987).

Francina van Anrooij e.a., *Herman Willem Daendels 1762-1818; Geldersman, patriot, Jacobijn, generaal, hereboer, maarschalk, gouverneur: van Hattem naar St. George del Mina* (Utrecht 1991).

H. Baert van Sminia, *Nieuwe naamlijst van grietmannen van de vroegste tijden af tot het jaar 1795, met enige geschiedkundige aantekeningen* (Leeuwarden 1837).

W. Bergsma, C. Boschma, M.G. Buist en H. Spanninga (eds.), *For uws lân, wyv en bern. De patriottentijd in Friesland* (Leeuwarden 1987).

H.M. Beliën, D. van der Horst, en G.J. van Setten (red.), *Nederlanders van het eerste uur. Het ontstaan van het moderne Neder land 1780-1830* (Amsterdam 1996).

L. Blok, *Stemmen en kiezen. Het kiesstelsel in Nederland in de periode 1814-1850* (Groningen 1987).

J.C.H. Blom en E. Lamberts (red.), *Geschiedenis van de Nederlanden* (Rijswijk).

J.A.H. Bots en W.Th.M. Frijhoff, 'De studentenpopulatie van de Franeker academie: een kwantitatief onderzoek' in: *Universiteit te Franeker vol. 1585-1811* (1985), pag. 56-72

Marcel Broersma, *Beschaafde vooruitgang; De wereld van de Leeuwarden Courant 1752-2002* (Leeuwarden 2002).

P. Brood, P. Nieuwland en L. Zoodsma (red.), *Hominus novi: de eerste volksvertegenwoordigers van 1795* (Amsterdam 1993).

Marijke Bruggeman, *Nassau en de macht van Oranje: de strijd van de Friese Nassaus voor erkenning van hun rechten, 1702-1747* (Hilversum 2007)

Hajo Brugmans, *Van republiek tot koninkrijk; geschiedenis der Nederlanden van 1795-1815* (Amsterdam

1939).

H.T. Colenbrander, *De Bataafsche Republiek* (Amsterdam 1908).

H.T. Colenbrander, *Inlijving en opstand* (Amsterdam 1913).

W. Eekhoff, *Friesland in 1813* (Leeuwarden 1863).

A.M. Elias en P.C.M. Schoelvinck, *Volksrepresentanten en wetgevers. De politieke elite in de Bataafs-Franse tijd 1796-1810* (Amsterdam 1991).

J.A. Faber, *Drie eeuwen Friesland. Economische en sociale ontwikkelingen van 1500 tot 1800,* 2 dln. (Leeuwarden 1973).

Joh. Frieswijk e.a. (red.), *Geschiedenis van Friesland 1750-1995* (Amsterdam 1998).

Joh. Frieswijk e.a. (red.), *Frieslands verleden verkend; problemen, methoden en onderzoek met betrekking tot de Friese geschiedenis na 1750* (Leeuwarden 1987).

W. Fritchy en J. Toebes (red.), *Het ontstaan van het moderne Nederland. Staats- en natievorming tussen 1780 en 1830* (Nijmegen 1996).

W.Th.M. Frijhoff, *Cultuur, mentaliteit: illusies van elites?* (Nijmegen 1984)

W.Th.M. Frijhoff, *La société néerlandaise et ses gradués, 1525-1814 : une recherche sérielle sur le statut des intellectuels* (Amsterdam 1981)

Willem Frijhoff en Marijke Spies, *1650: bevochten eendracht* (Den Haag 1999)

A.C.J.M. Gabriëls, *De heren als dienaren en de dienaren als heer. Het stadhouderlijk stelsel in de tweede helft van de achttiende eeuw* (Amsterdam 1990).

A.van der Goot en H. de Jong, *Centralisatie en belastingambtenaren in Friesland, 1795-1807* (Leeuwarden 1982).

C.J. Guibal, *Democratie en oligarchie in Friesland tijdens de Republiek,* (Assen 1934).

Gerlof D. Homan, *Nederland in de Napoleontische tijd, 1795-1813* (Haarlem 1978).

Geert H. Janssen, *Creaturen van de macht; Patronage bij Willem Frederik van Nassau (1613-1664)* (Amsterdam 2005)

Paul Knevel, *Het Haagse bureau; 17de-eeuwse ambtenaren tussen staatsbelang en eigenbelang* (Amsterdam 2001).

S. Koopmans, *Friesland gedurende het eerste jaar der Bataafsche vrijheid, febr. 1795-1796* (Leeuwarden 1888).

L. Kooijmans, *Onder regenten, de elite in een Hollandse stad. Hoorn 1700-1780* (Den Haag 1985)

Luuc Kooijmans, *Vriendschap en de kunst van het overleven in de zeventiende en achttiende eeuw* (Amsterdam 1997).

E.H. Kossmann, *De lage landen 1780/1980; Twee eeuwen Nederland en België, deel I 1780-1914* (Amsterdam 1986).

Jacques Kuiper, *Een revolutie ontrafeld. Politiek in Friesland 1795-1798* (Franeker 2002).

S. Kuiper, *'Tussen revolutie en reactie. De politieke elite van Leeuwarden in de jaren 1795-1798'* (Heerenveen 1986; scriptie Rijksuniversiteit Groningen).

Y. Kuiper, *Adel in Friesland 1780-1880* (Groningen 1993).

Y. Kuiper, 'Adel in Friesland. Opkomst en ondergang van de Friese Ridderschap', in: *It Beaken* 45 (1983), 157-195.

Y. Kuiper, 'Uitsterven of uithuwelijken? Een analyse van het demografisch gedrag van de adel in Friesland in de 18de en 19de eeuw', in: *Tijdschrift voor Sociale Geschiedenis* 12 (1986) 269-299.

Y. Kuiper, 'Van familieregering naar isolement. Frieslands politieke elite in het tijdvak 1748-1888', in: Y. Kuiper e.a. (red.), *Mensen van macht en aanzien. Frieslands elite in de 18de en 19de eeuw* (Heerenveen 1987), 65-77.

Y. Kuiper en J. Frieswijk, *Twee eeuwen Friese adel, 1814-2000: van landadel naar historisch instituut*

(Heerenveen 2000).
Yme Kuiper en Kees Thomassen, *Banden van vriendschap: de collectie alba amicorum Van Harinxma thoe Slooten* (Franeker/Leeuwarden 2001).
W.W. van der Meulen, *Coert Lambertus van Beijma. Een bijdrage tot de kennis van Frieslands geschiedenis tijdens de patriottentijd* (Leeuwarden 1894).
Nederlandse 'alba studiosorum' en 'promotorum': in druk verschenen naamlijsten van Nederlandse studenten en gepromoveerden (Den Haag 2007)
J. Pollmann, 'Dienst en wederdienst. Aspecten van patronage in bestuur en samenleving', in: *Het ancien régime 2 (OU)* deel 2 (Heerlen 1991) blz. 51-74.
M. Prak, *Gezeten burgers, de elite in een Hollandse stad. Leiden 1700-1780* (Den Haag 1985)
M. Prak, *Republikeinse veelheid, democratisch enkelvoud; sociale veranderingen in het Revolutietijdvak, 's-Hertogenbosch 1770-1820* (Nijmegen 1999).
Henk Nicolai, *De Kingma-kroniek; Hoe een familiegeheugen meer dan tweehonderdvijftig jaar intact bleef,* (Groningen 1997)
D.J. Roorda e.a., *Overzicht van de nieuwe geschiedenis. De algemeene geschiedenis van het einde der middeleeuwen tot 1870* (Groningen 1983).
Joost Rosendaal, *Bataven! Nederlandse vluchtelingen in Frankrijk 1787-1795* (2003).
N. van Sas, 'Het politiek bestel onder koning Willem I', in: *Documentatieblad Werkgroep Achttiende Eeuw* 49/50 (1981).
N.C.F. van Sas, *De metamorfose van Nederland; van oude orde naar moderniteit 1750-1900* (Amsterdam 2004).
Simon Schama, *Patriotten en bevrijders: revolutie in de Noordelijke Nederlanden, 1780-1813* (Amsterdam 1989).
G.F. thoe Schwartzenberg en Hohenlansberg (red.), *Groot Placaat en Charterboek van Vriesland,* 6 delen (Leeuwarden 1768-1795).

Foeke Sjoerds, *Algemene Beschryvinge van oud en nieuw Friesland, Vol.2 nr.7.* (Leeuwarden 1767).

H. Spanninga, 'De Friese politieke elite in de 17[de] en 18[de] eeuw', in: J. Frieswijk e.a. (red.), *Frieslands verleden verkend. Problemen, methoden en onder zoek met betrekking tot de Friese geschiede nis na 1750* (Leeuwarden 1987) 120-133.

Joke Spaans, *Armenzorg in Friesland 1500-1800: publieke zorg en particuliere liefdadigheid in zes Friese steden: Leeuwarden, Bolsward, Franeker, Sneek, Dokkum en Harlingen'* (Hilversum 1997)

Hotso Spanninga, 'Patronage in Friesland in de 17[e] en 18[e] eeuw: een terreinverkenning', in: *De Vrije Fries* 67 (1987) blz. 11-26.

E.H. Waterbolk, 'Vrienden: dankbare en ondankbare', in: *Rond Viglius van Aytta* (Leeuwarden 1980) blz. 59-69.

L. Wichers, *De regeering van koning Lodewijk Napoleon, 1806-1810: grootendeels naar oorspronkelijke en onuitgegeven bescheiden bewerkt* (Utrecht 1892).

G.A. Wumkes, *Stads- en dorpskroniek van Friesland,* 2 dln. (Leeuwarden 1934).

Begrippenlijst

Eigenerfde: Een lid van de groep van (rijke) niet-adellijke boeren, dat in het bezit was van landerijen waarop stemrecht rustte, en meestal verkregen door overerving.

Gedeputeerde: Een volmacht die deel uitmaakte van het dagelijks bestuur in Friesland. Voor elk van de drie landelijke kwartieren werden twee volmachten aangewezen, door de steden drie, in totaal dus negen. Via almanakken werd bepaald welke grietenij de gedeputeerde leverde; dit was vanwege de continuïteit meestal de grietman.

Grietman: Gekozen bestuurder, tevens rechter, in een grietenij. De verkiezing verloopt getrapt, waarbij de meerderheid van de dorpen beslist wie voorgedragen wordt. De benoeming geschiedt door de Staten van Friesland.

Grietenij: Voorloper van de gemeentes in Friesland. Aan het hoofd staat een grietman, die wordt bijgestaan door een secretaris. Friesland telde dertig grietenijen, verdeeld over drie kwartieren.

Hornleger: Stemgerechtigde boerderij, waarbij eerst het bijbehorende land is verkocht of afgestaan, waarna ook nog de boerderij is afgebroken. In de praktijk was dit een klein stukje land met nauwelijks enige waarde, en waarop geen activiteiten meer plaatsvonden. Om dat op hornlegers nog wel een stemrecht rustte, waren deze kleine stukjes land zeer duur. Na het afschaffen van de stemrechten op landerijen werden de hornlegers dan ook waardeloos.

Mindergetal: Omdat de volmachten niet altijd bijeenkwamen, werd een aantal van hen, twee voor ieder kwartier, in totaal dus acht mannen, aangewezen om bij hun aanwezigheid de zaken waar te nemen. Moest er een beslissing genomen worden, dan reisden de leden van het Mindergetal af naar hun grietenijen om de volmachten te raadplegen. Hieruit is de uitdrukking 'op zijn elfendertigst' ontstaan, wat duidt op de lange tijd die nodig was om een beslissing te nemen.

Stemgerechtigd: Niet de eigenaren zelf van de landerijen waren stemgerechtigd, maar het stemrecht rustte op de landerijen. Het stemrecht werd uitgeoefend door de eigenaar. Bij overdracht van de landerijen ging het stemrecht over naar de nieuwe eigenaar.

Volmacht: Voor de Staten van Friesland werden in de grietenijen afgevaardigden gekozen die de grietenij in de Staten vertegenwoordigden. Als eerste volmacht trad de grietman op, die over het algemeen voor het leven benoemd werd. Een tweede volmacht werd bij meerderheid van de dorpen gekozen; hij diende maar een betrekkelijk korte tijd. Beide volmachten behoorden tot verschillende groeperingen, één tot de adel en de andere een eigenerfde.

Bijlage 1.2.

Stamboom Van Hylckama.

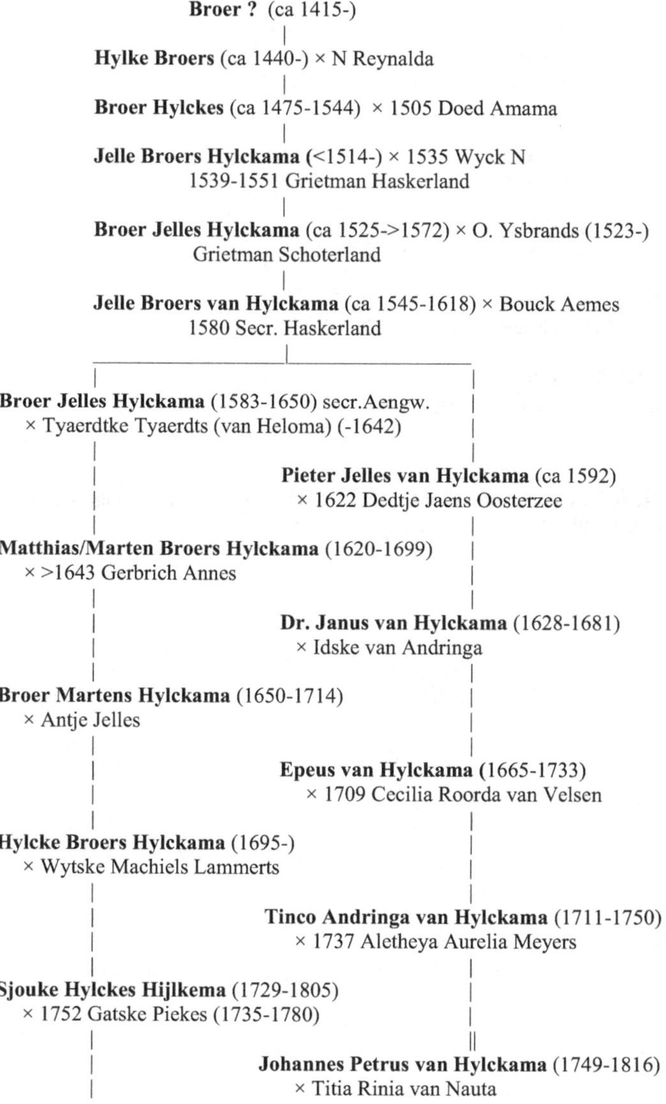

|

Hylke Sjoukes Hijlkema (1756-1819)
× Wikje Bonnes Groeneveld (1763-1852)

|

Bonne Hylkes Hijlkema (1788-1826)
× 1808 Janke Kerstes de Jong (1788-1870)

|

Kerst Bonnes Hijlkema (1813-1903)
× 1834 Akke Hettes Bruinsma (1816-1863)

|

Wouter Kerstes Hijlkema (1851-1921)
× 1874 Grietje Gerbens vd Goot (1854-1947)

|

Bonne (Wouters) Hijlkema (1882-1937)
× 1908 Æbeltje Dijksma (1883-1925)

|

Fettje Hijlkema (1910-1991)
× 1933 Johannes de Groot (1906-1951)

|

Klaas de Groot (1934-)
× 1958 Wijtske Pranger (1936-)

Note: De meeste verbindende gegevens zijn afkomstig uit de 'Van Hylckama'-stamboom van G.J. Niessink.

Bijlage 3.2.

Bij Koninklijk Besluit van 22 juni 1816 werden de volgende personen benoemd tot Grietman in de diverse gemeenten.[534] Op 19 juli 1816 werden zij door de gouverneur van Friesland beëdigd.[535]

Johannes Casparis Bergsma
Jacobus Johannes Bergsma
Eduard Marius van Beijma
Mr. Bernardus Buma
Daniel Bonifacius v.d. Haer van Campens Nieuwland
Sijbrand van Haersma
Willem Anne van Haren
Albert ten Broeke Hoekstra
Johannes Lambertus Huber
Johan Petrus van Hijlckama
Anton Anne van Andringa de Kempenaer
Augustinus Georg Lijcklama à Nijeholt
Daniel de Blocq van Scheltinga
Menno Coehoorn van Scheltinga
Willem Livius van Sminia
Hector Livius Haersma van Vierssen
Frans Julius Johan van Scheltinga
Christiaan Westenberg
Jan Albert Willinge
Johan Stachhouwer

Jhr. Jacob Nanning Baron du Tour
Jhr. Hector van Sminia

---

[534] Tresoar/ Archief 11, nr.6653, *Koninklijk besluit benoeming grietmannen,* 22 juni 1816.
[535] Tresoar/ 326 Familiearchief van Schwartzenberg thoe Hohenlansberg, nr.778.6 *Proces-verbaal van de beëdiging van grietmannen*, 19 juli 1816.

Jhr. Tjalling Ædo Johan van Eijsinga

Jhr. Georg Frederik Baron thoe Schwartzenberg en Hohenlansberg
Jhr. Carel Emilius Elst Collet d'Escurij
Jhr. Idzert Frans van Eijsinga
Jhr. Joan S. Camstra Baron thoe Schwartzenberg en Hohenlansberg
Jhr. Bernard Walraad van Welderen Rengers
Jhr. Frans Julius Johan van Eijsinga
Jhr. Valerius Lodewijk Vegelin van Claerbergen
Jhr. Frans Godard Ain Boelens Baron van Lijnden
Jhr. Walraven Robbert Jacob Dirk van Heeckeren

Bijlage 3.3.

Gedeputeerden in Friesland uit de groep van eigenerfden over de periode 1695-1795, gedestilleerd uit M.H.H. Engels, *Gedeputeerde Staten van Friesland 1577-1795.*[536]

Namen	*zittingsperiodes*			*totaal jaren*
Van Altena				
Henricus W.	1764-1767			3
Van Andringa				
Regnerus	1695-1698	1710-1713	1725-1728	9
Bergsma				
Wilhelmus	1761-1764			3
Petrus A.	1767-1770	1794-1795		4
Johan Caspar	1782-1785	1788-1791		6
Van Beyma				
Eduard M.	1788-1789			1
Bouricius				
Jacobus	1704-1707			3
Martinus	1734-1737	1749-1752		6
Van Burum				
Allard	1716-1719	1722-1725		6
Van Glinstra				
Hector	1701-1703			2

[536] M.H.H. Engels, *Naamlijst van Gedeputeerde Staten van Friesland 1577-1795,* (Leeuwarden 1979).

Hector W.	1731-1734	1746-174		6
Joannes	1713-1714			1
Valerius	1750-1755			5

Van Goslinga

Sicco	1713-1716	1728-1730		5

Van Haersma

Arent	1695-1698	1717-1719	1725-1728	8
Eelco	1698-1701	1709-1712		6
Arnoldus	1704-1707			3
Aulus	1714-1717			3
Livius	1731-1734	1749-1752	1764-1767	9
Hans H.	1749-1751			2
Aulus	1758-1761			3
Daniel de B.	1773-1776	1791-1794		6
Hector Livius	1782-1785			3

Van Idema

Edo A.	1779-1782	1794-1795		4

De Kempenaer

Daniel Livius	1785-1788			3

Lycklama à Nijeholt

Bartholdus	1698-1701			3
Augustinus	1707-1710			3
Livius S.	1722-1725	1737-1743	1752-1764	
	1766-1773			28
Daniel de B.	1743-1746			3
Regnerus	1756-1757			1
Augustinus	1773-1776			3

Van Scheltinga

Martinus	1704-1707	1719-1722		6
Martinus (Ae)	1719-1722			3
Menno C.	1734-1737	1749-1752	1757-1758	
	1764-1767			10

Cornelius	1776-1779	1791-1794		6
Martinus	1779-1782	1785-1788	1794-1795	7

De Schepper

Imilius J.	1770-1773			3

Van Sminia

Frederik	1695-1698	1710-1713	1725-1728	
	1740-1743			12
Idzart	1719-1722	1734-1737		6
Tjalling E.	1761-1764			3
Hobbe B.	1779-1782			3

Van der Waeyen

Jacob	1714-1716	1725-1728		5

De Wendt

Eyzo	1773-1776			3

Van Wyckel

Henricus	1707-1710			3
Regnerus A.L.	1722-1724			3

Totaal aantal zittingsjaren der eigenerfden 224

Bijlage 3.4.

Leden der Staten-Generaal uit de groep van eigenerfden over de periode 1695-1795, gedestilleerd uit M.H.H. Engels, *Naamlijst van Friese afgevaardigden ter Staten Generaal van 1637 tot 1795.*[537]

Namen	*zittingsperiodes*	*totaal jaren*
Van Andringa		
Regnerus	1709, 1737-1739	4
Bergsma		
Petrus A.	1775	1
Van Burum		
Allard	1711-1716	6
Van Glinstra		
Hector W.	1728-1730	3
Van Goslinga		
Sicco	1705-1713, 1720-1724, 1726-1731	20
Van Haersma		
Hans H.	1746	1
De Kempenaer		
Dancker	1712-1715, 1718-1720, 1725-1727, 1730-1731	11
Daniel Livius	1752-1761	10
Regnerus L.A.	1779, 1782, 1783	3

537 M.H.H. Engels, *Naamlijst van Friese afgevaardigden ter Staten Generaal van 1637 tot 1795* (Leeuwarden 1989).

Lycklama à Nijeholt

Augustinus	1701-1703, 1705	4
Daniel de B.	1767-1769	3
Livius S.	1735-1740, 1761-1763	9
Regnerus	1749	1

Van Scheltinga

Cornelis	1701-1704	4
Martinus	1788-1791	4
Martinus	1704, 1715-1716	3
Menno C.	1743, 1748, 1773	3

Van Sminia

Frederik	1695, 1698-1699, 1707-1709, 1715-1717	8
Hobbe B.	1761	1
Tjalling	1752	1

Van der Waeyen

Jacobus	1695-1697, 1704-1706, 1722-1725, 1730-1740	21

Van Wyckel

Henricus	1716	1
Regnerus L.	1749	1

Bijlage 3.5.1.

Leden van het Hof van Friesland uit de stand der eigenerfden over de periode 1695-1795, gedestilleerd uit M.H.H. Engels, *Hof van Friesland: Raadsheren 1578-1795.*[538]
De O, W en Z in de zetelnaam geeft het kwartier van de bezetter aan: Oostergo, Westergo en Zevenwouden.

Zetel	*periode*	*naam*	*aantal jaren*
O1	1694-1710	Haersma, Hector Livius van	15
O1	1720-1762	Haersma, Arent Aulus van	2
O1	1762-1781	Blau, Quirijn	19
O1	1781-1795	Buma, Gerlacus	14
O2	1693-1715	Hamerster, Aggaeus	20
O2	1715-1763	Hamerster, Dominicus	48
O2	1763-1780	Sminia, Arent Jan van	17
O2	1780-1795	Humalda, Idsard Aebinge van	15
O3	1675-1721	Burum, François van	26
O3	1721-1780	Boelens, Ayzo van	59
W1	1666-1714	Ockinga, Jarich	19
W1	1721-1745	Sloterdijk, Titus	24
W1	1755-1788	Haersma, Jan L.D. van	33
W1	1788-1795	Haersma, Arent Aulis van	7
W2	1703-1759	Andla, Ulbe Sixma	56
W2	1759-1771	Acronius, Isaac	12
W2	1771-1795	Idsinga, Johan	24
W3	1679-1698	Idsinga, Harmannus	3
W3	1698-1720	Knock, Barthold	22
W3	1720-1780	Knock, Bernardus	60
W3	1780-1795	Huber, Hermanus U.	15
Z1	1686-1705	Bouricius, Hector	10

[538] M.H.H. Engels, *Hof van Friesland: Raadsheren 1578-1795: Franeker Academie: Curatoren 1586-1795: naamlijsten* (Leeuwarden 1984).

Z1	1705-1711	Kempenaer, Dankert de	6
Z1	1711-1720	Lycklama à Nijeholt, Pierius	9
Z1	1722-1737	Vierssen, Philippus van	12
Z1	1771-1783	Binckes, Simon	12
Z1	1783-1795	Huber, Ulrich Jan	12
Z2	1679-1714	Scheltinga, Martinus van	19
Z2	1714-1725	Scheltinga, Gajus van	11
Z2	1725-1757	Lycklama à Nijeholt, Tinco	32
Z2	1757-1781	Wyckel, Johan van	24
Z2	1781-1791	Sloterdijk, Matthijs	10
Z2	1791-1795	Willinge, Jan Albert	4
Z3	1679-1721	Sminia, Hobbe Baerdt van	26
Z3	1730-1789	Kempenaer, de	59
Z3	1789-1795	Vierssen, Martinus van	6

Bijlage 3.5.2.

Advocaten bij het (provinciaal gerechts)Hof van Friesland over de jaren 1695 tot 1795, gedestilleerd uit M.H.H. Engels, *Advocaten bij het (provinciaal gerechts)Hof van Friesland: chronologische en alfabetische naamlijst 1577-1849.*[539] Alleen de belangrijkste namen uit dit boek zijn hierin opgenomen.

- 1695 04 27 Dr. Scheltinga, Eco
- 1702 07 14 Dr. Lijklema a Nyeholt, Pierius
- 1705 02 16 Dr. Glinstra, Joannes (van
- 1705 11 10 Dr. Scheltinga, Gajus van
- 1706 10 04 Dr. Reinalda, Wibrandus
- 1708 02 14 Dr. Boelens, Theodorus Mauritius van
- 1710 09 15 Dr. Reinalda, Wibrandus
- 1714 06 30 Dr. Frisius, Cornelius Franciscus
- 1715 07 05 Dr. Vierssen, Willem van
- 1716 07 08 Dr. Tinga, Felix
- 1716 09 22 Dr. Feijtsma, Eco
- 1719 09 21 Dr. Boelens, Ayzo
- 1722 07 06 Dr. Fenema, Hector Hieronimus
- 1722 11 17 Dr. Boelens, Wigerus Ambrosius van
- 1723 06 30 Dr. Swalue, Bernardus Johannes
- 1723 07 01 Dr. Bergsma, Adrianus
- 1725 12 07 Dr. Reinalda, Jacobus
- 1732 09 10 Dr. Lijklama a Nyeholt, Albertus
- 1735 01 18 Dr. Meijers, Sebastiaan Jan;
- 1738 07 14 Dr. Bouricius, Livius (Bouritius)

---

539 M.H.H. Engels, *Advocaten bij het (provinciaal gerechts)Hof van Friesland: chronologische en alfabetische naamlijst 1577-1849* (Leeuwarden 1995).

- 1738 09 09 Dr. Frieswijk, Jacobus Albertus
- 1740 06 27 Dr. Rinia, Franciscus
- 1741 01 17 Dr. Swalue, Albertus Otto
- 1741 06 07 Dr. Boelens, Boelardus Augustinus van
- 1743 09 11 Dr. Nauta junior, Bavius
- 1753 05 15 Dr. Idema, Edo Alma van
- 1753 11 29 Dr. Nauta, Rudolph
- 1754 01 15 Dr. Nauta, Marius
- 1754 09 03 Dr. Lijklama a Nijeholt, Hector Jacob
- 1756 03 10 Dr. Knock, Barold Johan
- 1757 07 05 Dr. Buma, Gerlacus
- 1758 09 12 Dr. Glinstra, Vincentius van
- 1759 06 19 Dr. Haarsma, Jacob Boreel van
- 1759 07 03 Dr. Kempenaar, Francois de
- 1762 05 18 Dr. Bergsma, Petrus Adrianus
- 1763 04 12 Dr. Swalue, Bernardus Fredrik
- 1764 12 14 Dr. Glinstra, Johannes van
- 1766 06 03 Dr. Bergsma, Johan Caspar
- 1766 09 23 Dr. Bergsma, Theodorus
- 1770 06 20 Dr. Sinia, Nanne
- 1771 03 13 Dr. Scheltinga, Frans Julius Johan van
- 1772 09 10 Dr. Nauta, Franciscus Rinia van
- 1773 06 23 Dr. Bergsma, Petrus Adrianus
- 1776 01 16 Dr. Tour, Jacob Nanning baron du
- 1776 05 21 Dr. Rengers, Ulbe Aylva
- 1777 07 08 Dr. Velsen, Abel van
- 1777 09 05 Dr. Nauta, Gysbartus Anthonius
- 1779 07 13 Dr. Bergsma, Ennius Harmen
- 1780 11 21 Dr. Rengers, W. F. Schratenbach
- 1781 07 03 Dr. Hylckema, Tinco Andringa van
- 1782 04 23 Dr. Roorda, Jan
- 1782 07 09 Dr. Huber, Epeus Wielinga
- 1783 07 14 Dr. Nauta, Cornelis Franciscus Frisius
- 1783 09 02 Dr. Bergsma, Willem Bernardus
- 1785 09 06 Dr. Vierssen, Martinus van
- 1787 07 10 Dr. Hamerster, Dominicus Aggaeus
- 1788 11 25 Dr. Nauta, Rudolph Oostenbroek
- 1789 02 10 Dr. Sminia, Hector van
- 1790 02 22 Dr. Scheltinga, Daniel de Blocq van

- 1793 09 03 Dr. Roorda, Evert
- 1794 03 18 Dr. Bergsma, Willem Cornelis
- 1794 04 08 Dr. Scheltinga, E. E. Wielinga van
- 1795 03 11 Dr. Rengers, Justinus Sjuk Gerrolt Juckema van. Burmania

Bijlage 3.6.1.

Naamlijst van de secretarissen van de grietenijen over de periode van 1695 tot 1800, gedestilleerd uit M.H.H. Engels *Grietenijsecretarissen vóór 1800,* waarvan de meeste gegevens afkomstig zijn uit: E.M. van Burmania, *Naamlijst der heeren grietslieden en secretarissen in Vriesland* (1783).[540]

Leeuwarderadeel
1695-1707. Johan Keimpes **Bruinsma**.
1707-171 4. Dr. Wiger **Dotingh**.
1714-1740. Dr. Stephanus **Duivestein**.
1740-1767. Mr. Henricus **Duivestein.**
1767-1784. Mr. Assuerus Regnerus van **Wyckel**.
1784-1790. Mr. Abraham de **Vriese.**
1790/91-1796. Mr. Epeus **Cats.**
1796-1802. Gerardus van **Wageningen**

Ferwerderadeel
1669-1696. Joannis **Horatii**.
1696-1711. Tjalling **Nauta.**
1711-1735. Gosewyn van **Coehoorn**.
1735-1741. Everhard van **Hussen**.
1741-1742. Mr. Harmen Adolph **Sloterdyk**.
1742-1788. Mr. Jan **Albarda.**
1788-1796. Mr. Henricus Julius **Albarda.**
1796-1798. Cornelis Theod. **Halbetsma.**
1798-1811. Dr. Willem **Albarda**.

West-Dongeradeel
1687-1700. Scipio **Hillama** = **Halbetsma.**

---

[540] E.M. van Burmania, *Naamlijst der Heeren Grietslieden en Secretarissen in Vriesland* (Leeuwarden 1783).
Verder aangevuld met informatie door M.H.H. Engels.

1700-1712. Theodorus **Halbetsma**.
1719-1751. Claes Jillis **Hulshuis.**
1751-1763. Mr. Focco Sytses **Reiding.**
1763-1780. Mr. Jan **Hoekstra.**
1780-1787. Mr. Coert Lambertus van **Beyma.**
1789-1798. Mr. Bavius Renici van **Theeken.**
1799-1802. Mr. Anthonius **Joha.**

Oost-Dongeradeel
1674-1699. Cornelis **Bosman.**
1699-1702. Cornelis **Bosman** jr.
1702-1705. Coert van **Beyma**.
1705-1711. Piërius **Lycklama à Nijeholt.**
1711-1727. Dirck Jansz. van **Thuinen**.
1727-1728. Harmanus **Sloterdijck**.
1728-1737. Rintje **Posthumus.**
1737-1771. Wilhelmus **Bergsma.**
1771-1779. Henricus van **Wyckel.**
1779-1797. Mr. Jouwert **Witteveen.**
1797-1802. Harmen Tieden **Ament.**

Kollumerland
1691-1716. Wybrandus **Sybrandi.**
1716-1724. Pietter de **Latorre.**
1725-1780. Sybrandus **Wybrandi**.
1780-1796. Mr. Simon **Gerroltsma**.
1796-1801. Jan Sybrandi **Braak**.

Achtkarspelen
1671-1701. Schelte Julius van **Aitzema**.
1701-1703. Theodorus **Bos**.
1710-1729. Sybr andus **Huisinga**.
1729-1732. Nicolaus **Ritsma.**
1732-1735. Tadaeus **Libeï**.
1735-1750. Eelco van **Haersma.**
1750-1755. Mr. Jan Lodewyk Doys van **Haersma.**
1755-1783. Carel Alexander van **Haersma**.
1783-1788. Arent Aulus van **Haersma.**

1788-1796. Sybrand van **Haersma**.
1796-1798. Willem Bartel van der **Kooi**.
1798-1802. D.K. van der **Meer**(?)

Dantumadeel
1693-1737. Dr. Jacob **Fenema.**
1737-1746. Dr. Harmen Jarich **Idema**.
1746-1780. Mr. Petrus Joannis **Poutsma**.
1780-1783. Mr. Petrus Adrianus **Bergsma.**
1783-1786. Mr. Johan Caspar **Bergsma.**
1786-1794. Sietze **Loyenga**.
1794-1795. Mr. Willem Cornelis **Bergsma.**
1795-1802. Henricus **Raap**.

Tietjerksteradeel
1686-1697. Jacob **Recalf**.
1698-1705. Epeus van **Glinstra**.
1705-1735. Johannes van **Glinstra**.
1735-1764. Hector van **Glinstra.**
1764-1769. Johannes van **Glinstra.**
1769-1781. Aulus van **Sminia.**
1781-1796. Jetze van **Sminia.**
1796-1802. Gerrit Rinses **Voormeulen**.

Smallingerland
1675-1698. Johannes H. **Duyf**.
1698-1757. Mr. Henricus **Duif.**
1758-1770. Hector Livius van **Haersma.**
1770-1789. Mr. Focco Sytzes **Reiding.**
1789-1795. Mr. Sietze/Sytzo Fokkes/Fockes **Reiding**.
1795-1799. Klaas P. **Pel**.
1799-1812. Sietze Fokkes **Reiding.**

Idaarderadeel
1687-1699. Aggeus **Bruinsma**.
1699-1729. Ulbo **Idsardi**.
1729-1737. Tjalling **Idsardi**.
1737-1768. Mr. Petrus **Bruinsma.**

1769-1789. Mr. Daniël Sigismundus **Mebius.**
1791-1796. Mr. Paulus Johannes **Mebius.**
1796-1797. N.J. van **Altena**.
1797-1802. Dirk Tjibbes **Wijma**.

Rauwerderhem
1692-1701. Johannes/Jonas **Ruardi.**
1701-1720. Douwe/Dominicus **Haringa**.
1720-1728. Sipco **Fei(c)kens.**
1728-1755. Nicolaus Ruardi.
1755-1766. Zacheus **Mulder/Muller.**
1767-1793. Johannes van **Doem.**
1793-1796. Dr. Willem **Nauta.**
1796-1799. Folkert Nicolaas van **Loon.**
1798-1811. Dr. Willem **Nauta**.

Menaldumadeel
1695-1697. Assuerus van **Glinstra**.
1697-1707. Assuerus van **Viersen**.
1707-1747. Johan Casper **Schik.**
1748-1763. Hendrik van **Theeken.**
1763-1802. Mr. Johannes **Mebius.**

Franekeradeel
1691-1698. Alexander **Wijdenbrugh.**
1698-1706. Dr. Rudolphus **Petri.**
1706-1709. P. **Altena**.
1709-1735. Johan **Reinalda.**
1735-1743. Dr. Jacob **Reinalda.**
1743-1785. Govert **Deketh.**
1785-1796. Mr. Jan **Dekets/Deketh.**
1796-1811. Mr. Sijbrand **Wijbenga.**

Barradeel
1683-1706. Jacob **Meilsma**.
1706-1719. Eelco **Offringa**.
1710-1723. Romulus Cornelius **Backer.**
1723-1749. Dr. Reiner/Regnerus Jacobs **Braam**.

1749-1761. Johannes G. **Gerlofsma**.
1761-1796. Rein **Smit**.
1797-1800. P.C. **Leijstra**.

Baarderadeel
1686-1699. Mr. Mathys **Jansonius**.
1699-1700. Idts **Jans.**
1700-1704. Arnoldus van **Buhren.**
1704-1706. Idts **Jans.**
1706-1723. Pier Hessels **Spyksma.**
1717-1723. Johannes **Idsardi.**
1723-1733. Mr. Jan Willem **Petraeus**.
1733-1743. Wierd Ages **Wiarda.**
1743-1790. Abelus **Wiarda.**
1790-1795. Dr. Jacob **Verschuir/Verschuur.**
1795-1796. Walle Tjerks **Hettema**.
1796-1802. W. van **Jelgershuis**.

Hennaarderadeel
1681-1706. Mr. Frederik Bootis **Ringnalda.**
1706-1709. Jan Taedes **Schuijringa.**
1709-1736. Mr. Feddo van der **Sluis.**
1736-1738. Th. van der **Sluis**.
1738-1753. Mr. Albert **Lycklama à Nijeholt.**
1753-1802. Mr. Jacobus van der **Kolk**.

Wonseradeel
1690-1718. Johan **Bentingh**.
1718-1753. Abraham **Castel.**
1753-1792. Hans Willem **Wiarda.**
1792-1796. Mr. Rudolph **Muntz**.
1796-1802. Frans de **Boer**.

Wymbritseradeel
1689-1725. Johan **Rodenhuis.**
1725-1732. Frederik **Rodenhuis.**
1732-1738. Otto Andrias van **Lindenquist.**
1738-1740. R. **Suidstrand**.

1741-1778. Wybe **Tuinhout**.
1778-1788. Mr. Lollius **Adema**.
1788-1796. Mr. Bar(r)o **Adema.**
1796-1802. Paulus Cornelis **Scheltema**.

Hemelumer Oldephaart
1688-1696. Dr. Johan **Kaldenbach.**
1696-1713. P. **Stout.**
1713-1716. J. **Galtema.**
1716-1750. Jan **Galtema.**
1750-1751. Abelus **Galtema.**
1751-1761. Jan **Galtema**.
1761-1784. Tjeerd **Abbring**.
1784-1785. Jan Regnerus **Eckringa**.
1785-1790. Paulus van **Thielen**.
1790-1795. Siebe/Sybe Harmens van **Midlum**.
1795-1796. Dr. Tammerus Canter **Visscher**.
1796-1811. Gosuinus **Keuchenius**.

Het Bildt
1688-1703. Jan/Joannes **Alberda/Albarda**.
1703-1742. Dr. Cornelius **Alberda/Albarda**.
1742-1748. Hermannus **P. Eckringa.**
1749-1761. Dr. Jacobus **Hixenius.**
1762-1796. Mr./Dr. Henricus **Andreae / Beucker Andreae**.
1796-1811. Everhardus van **Loon**.

Utingeradeel
1677-1710. Allard **Schellinger.**
1710-1732. Anthonius **Rodenburg**.
1732-1768. Mr. Dominicus H. **Bonnema.**
1768-1796. Tinco van **Teijens.**
1796-1802. Jacob Klazes de **Jong**.

Aengwirden
1681-1716. Bernard **Bornéus.**
1716-1724. L. van der **Veght**.

1724-1733. Gerardus **Schouten**.
1733-1737. Ruardus **Ruardi.**
1738-1770. Ate **Schotanus**.
1770-1796. Marten P. **Zylstra.**
1796-1804. Albert Reinders **Cromkamp**.

Doniawerstal
1694-1719. Melchior de **Rhee**.
1730/31. A. **Frederici.**
1731-1769. Johannes van **Greven.**
1772-1780. Justus **Wiaerda**.
1781-1798. Mr. Meinardus **Siderius.**
1798. Franke **Jongbloed.**

Haskerland
1689-1718. Jan Tjeerds **Tadema.**
1739-1776. Barent/Bernardus **Munniks.**
1776-1794. Jan Willem **Wiaerda**.
1794-1796. Henricus **Cannegieter**.
1796-1802. Pieter **Regnery**.

Schoterland
1690-1709. Hermanus de **Bitter**.
1716-1727. Willem van der **Veght.**
1728-1743. Daniël de Blocq van **Scheltinga**.
1743-1761. Arent Cornelis van **Scheltinga.**
1762-1775. Claes van **Heloma.**
1775-1796. Tjaerd van **Heloma.**
1796-1802. Luitjen **Johannes.**

Lemsterland
1692-1710. Wytze **Riemersma**.
1713-1743. Adolph van **Alsem**.
1743-1749. Mr. Paulus de **Jongh.**
1750-1760. Miggiel **Oldendorp**.
1761-1779. Gepke S. **Radys**.
1780-1795. Mr. Matthias Hermannus **Winterswijk**.
1795-1802. Jan **Kleinhouwer.**

Gaasterland
1688-1722. Bernard **Echten**.
1722-1778. Dodoneus Phocaeus **Heemstra van Colde.**
1778-1804. Mr. Bernardus Johannis **Scrinerius.**

Opsterland
1680. Augustinus **Lycklama à Nyeholt**.
16xx. Pier **Lycklama**.
17xx. Tinco **Lycklama à Nyeholt**.
17xx. Barthold **Lycklama**.
17xx. Lubbartus **Lycklama à Nyeholt**.
1777. Benedictus van **Teijens**.

Oost-Stellingwerf
1691-1698. Dr. Bartholdus **Lycklama à Nyeholt.**
1699-1733. Gerhardus **Meekhof.**
1733-1748. Albartus **Meekhof.**
1748-1776. Harmanus **Meekhof**.
1776-1798. Andries van **Riesen.**
1799-1801. Luitjen Bernardus **Tietema.**

West-Stellingwerf
1688-1712. Elias **Wigeri/Wigery.**
1712-1733. Wiger **Wigeri/Wigery.**
1733-1742. J. **Deutelius**.
1736-1800. Jr. Jan Poppe Andreae van **Canter.**

Bijlage 3.6.2.

Bij Koninklijk Besluit van 22 juni 1816 werden de volgende personen benoemd tot Secretaris in de diverse gemeenten.[541]

M.P.C. Robidé van der Aa
Jan Albarda
Reitze Attama
Christoffel Binkers
Geert Lammerts Brouwer
Hendrik Cannegieter
Jentje Cats Epeuszoon
Daniel Engelen
Wyger van Eyck
Sieds Pieters van Goinga
Wesselius Balster Kool van Heerens
M.Y. de Jongh
Jan Klazer
Hendrik Willem van der Kolk
Hendrik Kuiper
Simon Lambsma
Evert van Loon
Paulus Johannes Mebius
Frederik Mulier
Gerardus Asjuerus Avenhorn Borius van Nauta
Anthonij Jacob de Jongh Persijn van Nauta
Sijtse Fokkes Reiding
Frederik Zacharias Reneman
Jacob Jacobs Schots
Dominicus Suringar
Willem Livius van Vierssen
Jan Hendrikus Jetso van Wageningen
J.F. Wielandt

---

[541] Tresoar/ Archief 11, nr.6653, *Koninklijk besluit benoeming grietmannen,* 22 juni 1816.

Frederik Witteveen
Sybrand Wijbenga
Leonard Ypey

Bijlage 4. Stambomen van de families Van Scheltema en Sminia.
Tabel 4.2.1

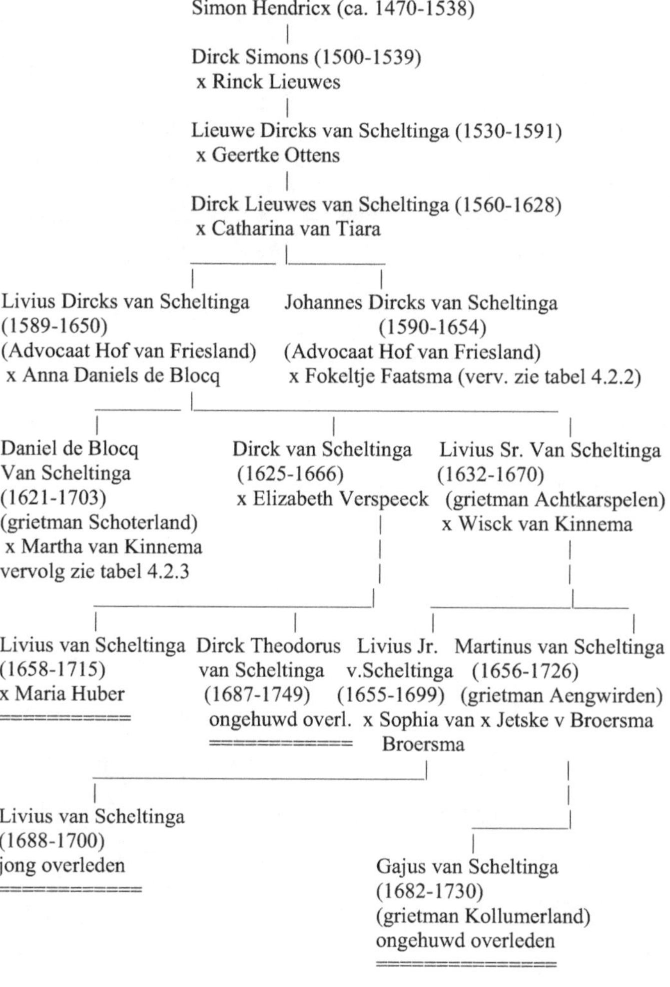

Tabel 4.2.1: Het begin van de familie Van Scheltinga, bijna uitgestorven. De met een dubbele onderlijning aangegeven takken zijn in de mannelijke lijn uitgestorven.

Tabel 4.2.2.

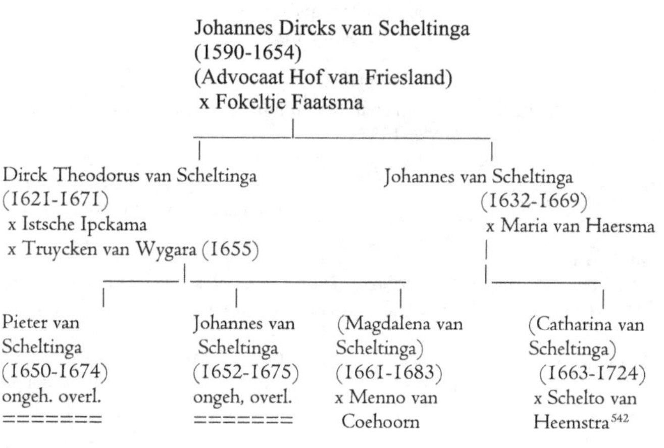

Tabel 4.2.2 De in mannelijke lijn uitgestorven tak van Gaasterland.

[542] Een aardige bijkomstigheid is dat het echtpaar Schelto van Heemstra en Catharina van Scheltinga rechtstreekse voorouders zijn van de bekende filmactrice Audrey Hepburn. Zie hiervoor www.Worldroots.com, ingebracht door Leo van de Pas.

Tabel 4.2.3.

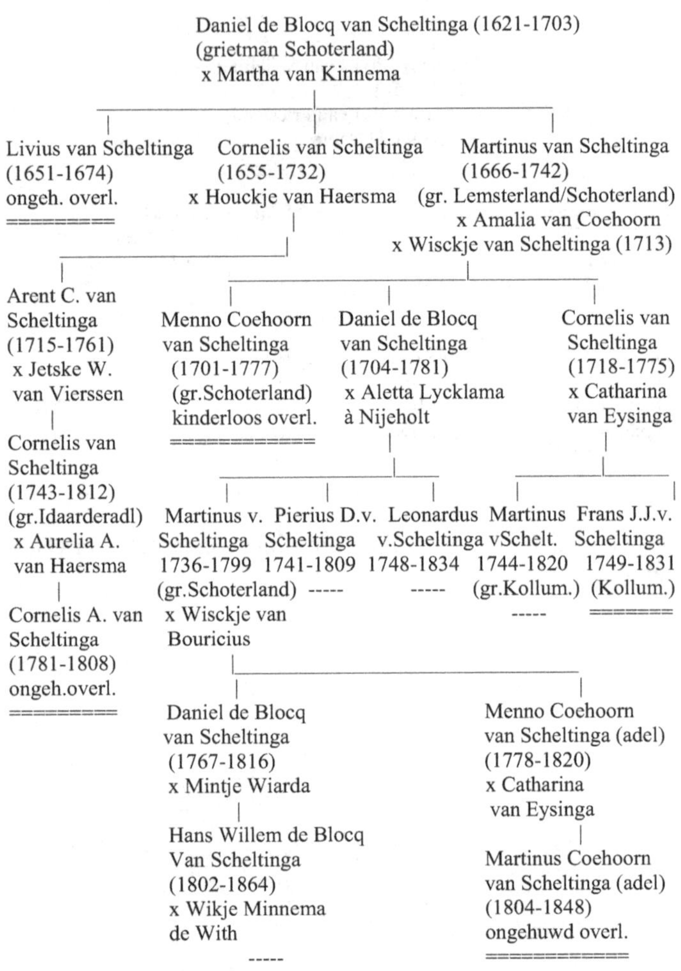

Tabel 4.2.3 De bloeiende tak van de Van Scheltinga's tot de 19e eeuw.

Tabel 4.2.4

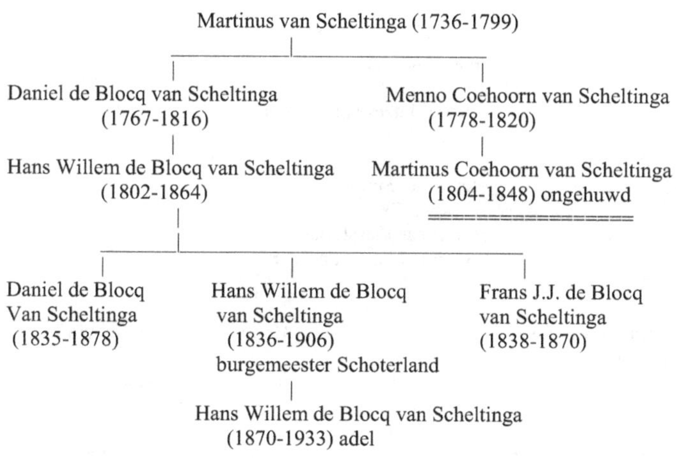

Tabel 4.2.4 De machtige tak van de Van Scheltinga's in de 19e eeuw.

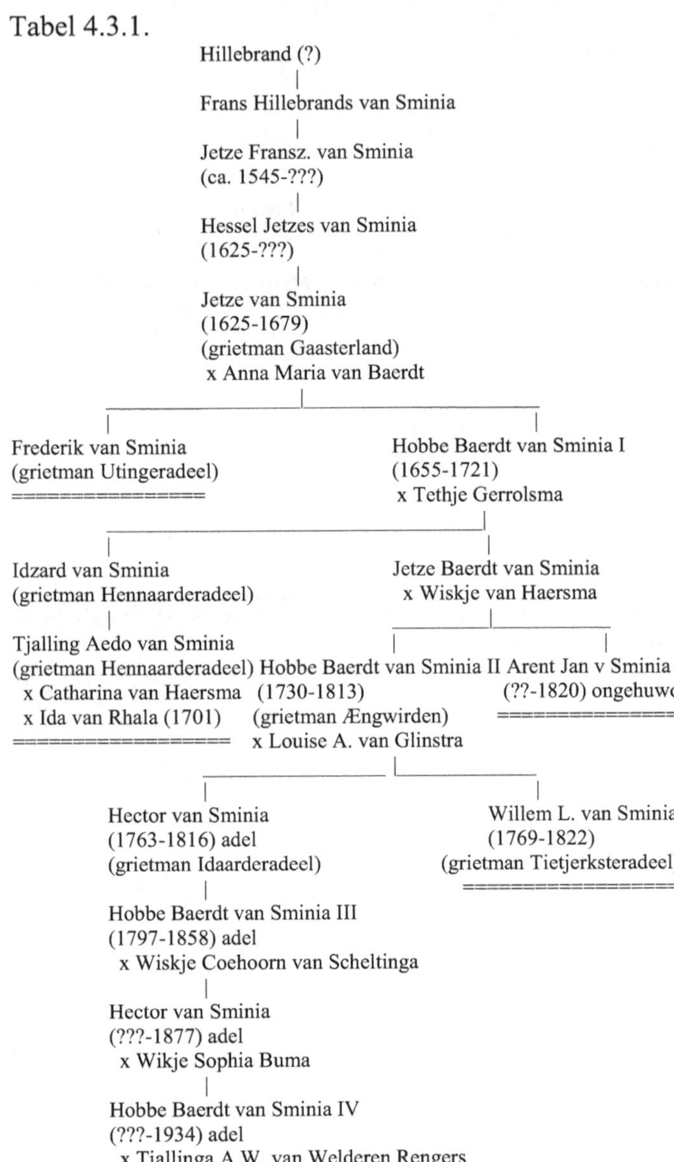

Tabel 4.3.1: Vereenvoudigd genealogisch schema familie Van Sminia.

Tabel 4.3.2.

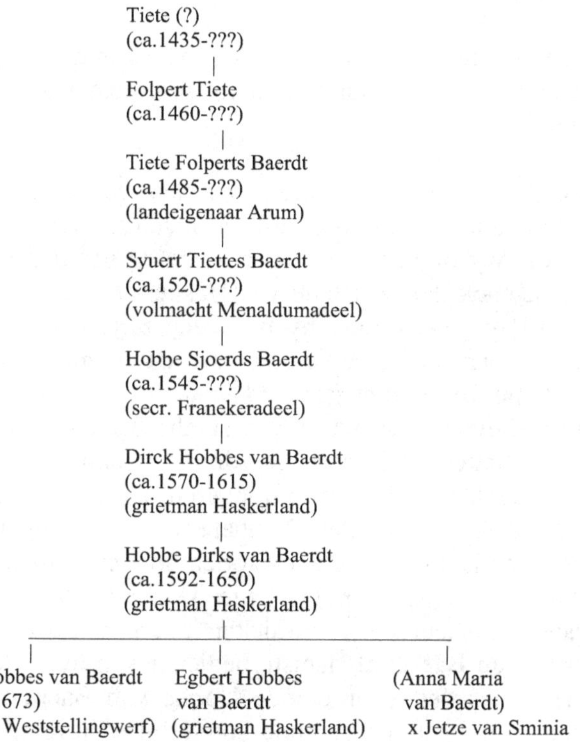

Tabel 4.3.2: Vereenvoudigd genealogisch schema familie Van Baerdt.

Bijlage 4.2

Proclamatie van 2 oktober 1615 betreffende de benoeming van Hobbe van Baerdt tot grietman van Haskerland.[543]

Die Staten van Vrieslandt, Aen der geene die desen sullen sullen sien hooren oft lesen saluit, doen te wetene, dat wy buyten drie gequalificeerde persoonen byde ingesetenen der Grietenie van Haskerlandt genomineert ende buytgeset omme by ons eene buyt derzelve drie persoonnen tot de bedieninge van t'Grietmanschap der grietenie voornoemt gecozen te worden by advise van onsen lieven ende getrouwen stadholder ende Gedeputeerde Staten geeligeert, geordonneert ende gecommitteert hebben, eligeren ordonneren ende committeren uudte desen den Edelen Erenbare ten voorsienigen ende discreten Hobbe van Baerdt totten doet ende officie van t'Grietmanschap der grietenie Haskerlandt voor het vacerende deur den dootlijcken overganck van wijlen Dirck van Baerdt als laetste bediener van dyen. teneide onze sulcs den voornoemde Hobbe van Baerdt volcomen macht autoriteyt ende sonderlinge bevel onmid'l voor het Grietmanschap voortaen te houden, exerceren ende bediening t'regt der Staaten van Frieslandt te bewaren de seluiger resolutien placcaten ende ordonantien alsmede den consentie der contributien so exerceren ende doen exerceren. Ende den ingesetenen der voornoemde grietenie ende allen anderen die daar te doend sullen hebben in haar goet recht voor te staan ende te beschermen, den boosen ende quadtdoenders sonder eenige situlatie te doen straffen, ende enkele ijgen goet

---

[543] Tresoar, Familiearchief Eysinga/Vegelin van Claerbergen, nr. 176, charternummer 6633, *Proclamatie van de benoeming van Hobbe van Baerdt tot grietman van Haskerland,* 2 oktober 1615.

cort ende onvertogen recht ende justitie te administreren, ondedat op den reservatien ende conditiën hier volgende. Te weten dat hij grietman tot zijne proffijten allene sal hebben t'gene dat comen sal vande consenten van coopen, bedragende onder de tweehondert goude guldens van welcke contentie dien hij binnen syn tyd gegeven sal hebben hij nochtans goede regchter sal houden, ende die verclaring daar afstellen in sijn verkennige die hij jaarlijcks schuldich sal wesen te doene. Sonder dat hij hem sal mogen onderwynden eennige consenten van twee hondert gouden guldeens ofte dar en boven ende sal deselve nijet mogen laten splijten op arbitale correctie gelijck hij mede geen consent gelt sal mogen ontfangen van coopen van huijsen op de saten staende als wetende naer olden gewoonte onder die melioratie der landen van den saten beclempt. Ende sullen die consenten van twee hondert goude guldens ende daar boven betalet worden in handen van den ontfanger der Grietenie of te die tot sulcx geautoriseert sal weten binne de penning daar af beheert te mogen worden tot mede vervullinge van de voor het grietenie extraordinaris lasten volgende der landschappe resolutie dijen aengaende genoomen.Van wege hier ontfanck den voornoemde ontfanger gesonden hoort sijn quitantie te passeren ende den grietenie in reekening te brengen. Ende tal van allen breucken ende boeten inden voor de grietenie vervallende iaarlycx verkenninge doen t'daechs nae Sondach Trinitatis ende t'gene boven den behoorlijcken oncosten suijver blijft sal daar af d'eenne giefte comen tot proffijte vanden landtschappe ende overgelevert worden in handen vanden ontfangerder domeijnen. Ende d'ander helfte tot proffijte vanden grietman voornoemt sal vorts geene compositie van breucken mogen maecken dan in presentie van sijn secretaris. Die doen van bij die grietmans reeckeninge iaarlycx contrerolle besloten sal onderseynden. Gelijck den voornoemde grietman oock nijet vermogen en sal in saacken sijnden officie te besoigneren dan in bijwesen

van sijn secretaris. Ende sal voorts alles generalijck doen, dat een goet en getrouw grietman schuldich is en behoort te doene. Wie troeche alsoe wil ende getrouwelyk te bedienen hij grietman gesonden wort den behoorlyke Eedt in onse gedeputeerde handen te pressenen. Ontbieden ende wenden daaromme allen ende een ijgelijck dat sij den voornoemde Hobbe van Baardt t'voornoemde grietmanschap tot alsulche eeren, emolumenten proffijten ende vervallen, als daar toe staende en boven vermelt rustelijck ende vredelijck laeten exerceren ende gebruycken, gewesende allen beletten ende provisien ter contrarien. Gegeven binnen Leeuwarde, onder t'zegel der State van Vrieslandt ende de handt vanden secretaris der selver. Den tweede Octobris anno xvj. ende vijfthien, R. Ringia vt
Bijden Staten van Vrieslandt ter relatie van de Gedeputeerde der Staten voor desen A. Aijtsma

Bijlage 4.8.

Brieven in 1799 geschreven door de Erfprins Willem van Oranje aan Æbinga van Humalda.

Eerste brief 27 juli 1799

Schönhausen den 27e July 1799.

Hoogwelgebore Heer !

Deeze UwHwgb: (*UwHoogwelgeborene*) door den LtCol: (*luitenant kolonel*) Swartz ter hand zullende gesteld worden, neeme ik deze gelegentheid waar UwHegb: (*UwHoogedelgeborene*) kennisse te geeven dat binnen weinige daagen door de troeppes der geallieerde mogentheden eene landing van de zeekant staat ondernoomen te worden, die de bevryding van ons Vaderland tot oogmerk heeft, en tegelijkertyt als het gunstig tytstip moet aangezien worden eene algemeene omwenteling daar te brengen. Den LtColonel Swartz heb ik gelast zig voor eerst na Varel te begeven ten einde zig aldaar met UwHwgb: en de Heer v.d. Haar te aboucheeren, en vervolgens na Engeland overtesteeken, om aldaar de expeditie die tegen het eyland Ameland gerigt is te helpen dirigeeren. Ik zal de nodige instructien aan den Colonel L van Plettenberg doen toekoomen ten einde dezelve zig zoodra de omstandigheden zulks toelaaten na de provintie van Friesland begeeve, om aldaar het commando op zig te neemen, en verzoeke UwHegb: met beide Heeren na maate zij eerder of vroeger zullen aangekoomen zijn, het noodige te willen overleggen.
Ik ben van voorneemen mij binnen een paar dagen na de frontieren, en wel voor het eerst te Lingen /, alwaar ik hoop den 3e Augustus te zullen aankoomen /, te begeeven, om beter in staat te zijn de bewegingen die waarschynlyk by aannadering van vreemde troeppes over de

geheele Republyk zullen uitbarsten, te kunnen dirigeren, en heb tot dien einde eene proclamatie laaten opstellen, dewelke ogenblikkelyk zal uitgestrooyt en aangeplakt worden. Dezelve zal in naam en van weegens Zyne Hoogheid gepubliceerd worden, bescherming der wetten en veiligheid van persoon en goederen, voor zoo verre men zig niet tegen zet, beloonen; verders uitzigt geeven omtrent het uitwerken ener generale amnestie, doch met uitzondering van Irhooven van Dam en Blaauw, alsmeede van die geene die het Aliantie tractaat met Frankryk getekent hebben. Verders wordt in de bewuste peovincien omtrent het justicieele, finantieele en de interieure politie een provisioneel bestuur opgeroepen bestaande uit de leeden van de vorige regeering voor zo verre op hun gehouden gedrag zeedert 1[e] January 1795 niets te zeggen valt. Eindelyk behelst zy eene uitnodiging aan de armee en de marine om zig te verklaaren voor de wettige regeering.-

Waarmeede d'Eer heb steeds te verblijven

HoogwelGebooreHeer.-

UwsHwgb.DW Dienaar,

Wi Erfprins van Oranje

Tweede brief 9 augustus 1799

Hoogwelgebore Heer !

Deeze dient om UHWgbore te verzoeken my wel te willen opgeeven, welke de Leeden geweest zyn, die in de Gedeputeerdens, de Rekenkamer en 't Hof in de Provintie van Vriesland aangesteld waren den 1 January 1795, en of dezelven leden van het onwettig bestuur geweest, ofwel eenige verklaring gegeeven hebben, dienende tot bevestiging van hetzelve en afzwering van de oude constitutie. Verder zal UwHwgb: my verplichten met my kennis te geeven, op welke wyze ge-

employeert geweest zijn de Heeren door UHwgb en den Heer van der Haar aan my voorgeslagen als kunnende in het provisioneel Bestuur aangesteld worden.
Ingevolge brieven eergisteren uit Engeland aangekomen verneem ik dat de intentie van myn vader zoude zijn een proclamatie in zyn eigen naam uit te geeven. Zulks verpligt my provisioneel de genome maatregelen op te schorten tot ik nadere informatie zal ontvangen hebben, en steld my dus in de onmogelijkheid omtrent de autorisatie door den Heer van der Haar zelf tot aanstelling aan het hoofd der Burgeryen en Ingezetenen der provintien van Groningen en Vriesland verlangd een bepaald antwoord te kunnen geeven. Zodra ik daartoe in staat zal zyn, zal ik niet ontbreeken UHwgb: er terstond kennis van te geeven en dezelve alsdan een gelijke missive te adresseren als die, met welke den Heer van der Haar tot diens einde wenscht voorzien te zyn.

Verblijve verder met alle achting,

HoogWelGebore Heer !

UHegb dienstwillige Dienaar

Wi Erfprins van Oranje

Lingen den 9 Augustus 1799

P.S. Daar ik heden niet aan den Heer van der Haar schryven kan, zo verzoek ik UHegb: de inhoud dezes voor zig te willen bewaren.

(Twee brieven van Humalda aan de Prins dd. 10 augustus 1799)

<u>Derde brief</u> 13 augustus 1799

Hoogwelgebore Heer,

UHWGb beide missiven van den 10 dezer zyn my door den Heer van Heemstra ter hand gesteld; het zal my

aangenaam zyn dien jongman van dienst te zyn, en zynen goeden wil en yver te kunnen employeeren.
Ik ben UHWGb voor het aan my gezondene zeer verplicht en zal van de bygevoegde aanmerkingen aan niemand eenige opening geeven. Ingeval UHWGb my verders eenige communicatien zoude willen geven, verzoeke ik dezelve door het canaal van den Heer van der Graaf, welke te Leer tot nader orders blyft, my wel te willen doen toekomen, hebbende dezelve gelegenheid officiers na herwaards te zenden.
Hier nevens zal UHWGb eene qualificatie vinden, zo als ik geoordeeld heb dezelve best te kunnen geeven; dezelve is volkomen overeenkomstig met degeene die ik aan de Heer van der Haar en aan den Heer Guichard voor Stad en Lande toegezonden heb.

Waar mede verblyve met alle hoogachtinge

HoogWelGebore Heer,

UHWGb dienstwillige Dienaar

Wi Erfprins van Oranje

Lingen den 13 Augustus 1799.

(Twee brieven van Humalda aan de Prins dd. 14 augustus 1799)

Vierde brief 20 augustus 1799

Hoog Wel Gebooren Heer !

Ene afwezigheid van eenige dagen uit Lingen heeft mij verhindert UHWGb den ontfangst Uwer twee brieven van den 14 dezer meede te deelen. Ik bedank voor alle de gegeevene ilucidatien, en zal in zijn tyd daar van het nodige gebruik maaken. Het was mij intussen aangenaam te verneemen dat UHWGb met de qualificatie vergenoegt is. Ik hoop dat UHWGb overtuigt is, dat ik

met dankbaarheid erkenne alle de reeds aangewende moeite, niet twijfelende aan Uw ijver tot voortzetting der geregte zaak.
Met vergenoeging heb ik kunnen merken uit het gesprek met de Heer de Witt, die geleegenheid gehad heeft mij te onderhouden, dat Uw opgave eensluidende waaren met zijne gezegdens. Zijne Wele (*Weledele*) is door mijn gewaarschoud, dat Hij alleen door UHWGb zoude verwittigt worden, wanneer de tyd tot ageeren gekoomen zoude zijn; heb Zijn Edele derhalve verzogt den Heer Ypee uit mijn naam te zeggen, dat ik met plaisier zoude zien, dat het door hem te vooren opgegeeven plan mij voor UHWGb middel wierd geextradeert (*uitgeleverd*).
De oudste zoon des Grietmans van Wymbritseradeel bevind zig tans hier, en heeft middel gevonden voor deszelfs komst onderrigt te worden van verschillende zaaken inzonderheid van het beraamen voor het inwendige der Provintie. Hijwas geautoriseert mij te zeggen, dat schoon eenige te vooren invloed hebbende regenten voor als nog niet zouden meedewerken, zij nogtans alles approbeerden en wanneer het nodig zoude bevonden worden, hunne stemmen daartoe zouden verleenen. Verder heb ik mij met ZEd (*Zijne Edele*) niet uitgelaaten. – In verwagting dat ik na omstandigheden aan UHWGb brieven geantwoord heb, blijf ik met hoogagting.

HoogWel Geboren Heer !
UHWGb Dienstwillige Dienaar
Wi Erfprins van Oranje

Lingen den 20 Augustus 1799

Vijfde Brief 23 augustus 1799

Hoog Wel Gebooren Heer

Hier nevens heb ik het genoege Uhwgb: eenige exemplaaren der bewuste proclamatie te zenden met verzoek dezelve te laaten uitdeelen wanneer het gepaste tydstip gekoomen zal zyn aan degeene die Uhwgb: zal oordeelen daarover het beste gebruik te zullen maaken; maar Uhwgb: gelieft vooral zorg te draagen dat meergemelde proclamatie niet bekent word in deeze environs waar door Uhwgb: byzonder zult verplichten aan die met achting blyft

Hoog Welgeboorene Heer

Uhwgeb: Dienstwillige Dienaar
Wi Erfprins van Oranje

Lingen den 23 Aug: 1799

Zesde brief 25 augustus 1799

Lingen den 25.Augustus 1799.

Hoog WelGebooren Heer !

Zeer spoedig hoop ik in staat te zyn UwHWGeb het afgesprooken signaal te kunnen laaten toekoomen, vermits ik zo eenen verneem dat een Sterke Engelsche Vloot Texel genaderd heeft donderdag laatstleeden, en dat schoon de opgekoomen wind haar genoodzaakt heeft zich wat te verwyderen, er nogthans Vrydag met een parlementair vaartuig drie officieren aan boord van S.B.N. Story gekomen zyn, gemunieerd (*voorzien*) met proclamatien van den Generaal Abercombie. Daar de Heer die my de tyding uit Texel brengt bevreesd was dat na de conferentie de Lichters waarschynlyk gepresd zouden worden heeft hy dezelve niet kunnen afwagten. De Majoor Van de Graaf is gechargeert te trachten de Hauerse(?) Schans of de Bourtang te bezetten; weest zo goed met ZynEd daaromtrent het nodige af te spreeken en hem behulpzaam te zyn, zo om geweeren te bezorgen alsom an deze Schikkingen die UHoogWG nuttig zal oordeelen te beraamen.

Met achting blyve ik steeds

Hoog WelGebooren Heer

UHWG Dienstwillige Dienaar

Wi Erfprins van Oranje

(Een brief van Humalda aan de Prins dd. 25 augustus 1799)

Zevende brief 29 augustus 1799

Lingen den 29 Augustus 1799

Hoog Welgebooren Heer

Ik heb door den jongenHeer d'Escury wel ontfangen UHWGb Missive van den 25 dezer en vertoef ik niet dezelve voor de daar in my medegedeelde informatien dank te zeggen. Wegens den jongen Heer Rengers ben ik nieuwsgierig te vernemen wat na de verdere nauwkeurige informatien UHWGb my omtrend denzelven zal kunnen communiceeren. My is het aangenaam te vernemen, dat den inhoud der Proclamatien UHWG voldaan hebben. Dezelve dankende voor de bezorging der bewuste Missive, verblyve ik met alle hoogachting

Hoog WelGebooren Heer

UHWG Dienstwillige Dienaar

Wi Erfprins van Oranje

<u>Achtste brief</u> 29augustus 1799

Hoog Wel Geboren Heer

UHWH zende ik den Heer P.A. Ragay met de aangenaame tyding der ontscheeping der Engelschen en der bestemming van de Helder. Hy zal UHWG mondeling onderhouden over het tegenswoordig te verrichte, verblyvende ik intussen met achting

HoogWelGeboren Heer

UHWG DW Dienaar

Wi Erfprins van Oranje

Lingen den 29 Augustus 1799

Bijlage 5.1

Toezegging/overeenkomst betreffende de benoeming van Regnerus van Andringa tot grietman van Utingeradeel, gedaan tegenover Hobbe van Baerdt.[544]

"Alsoo ick Rinse van Andringa,[545] tegenwoordich in de derde stemmen van het vacerende grietmanschap van Utingeradeel door gelieven vande ingesetenen ben geraekt ende daeromme geerne tottet verschreven ampt soude zijn gepromoveert, tot welken eijnde ick nootsakelijk van doen hebbe het faveur ende de stemminge vande Heere Hobbe van Baert mede Gedeputeerde Staat van Vrieslant [546], sonder wiens gunste ick tottet verschreven Ampt niet kan geraken. Soo ist dat wy Rinse van Andringa ende Sake Teijens secretaris van Obsterlandt tot recompens van dese grote gunst ende faveur hebben aengenomen ende belooft sulx doende door crachte deses zijn Edele ende zijn Edele vrienden altoos wederomme alle gunsten ende faveur te bethonen ende met niemant inde Wolden eenige correspondentie te houden sonder zijn Edele ende zijn Edele soone de grietman Dirck van Baert wil ende kennisse, ende sullen mede in specie gehouden zijn geduijrende onse regieringe - ende comparitie - ten Landsdage alle Raetheerschappen die mogen komen te vaceren daartoe te promoveren die gene die emant der gemelte heeren Baert ons daar toe sullen recommanderen, alsmede indien hiernae mochte gebeuren dat des meergemelten Heeren Baert jongste soone Egbert Baert inde derde stemme

---

[544] Tresoar, familiearchief Van Eysinga/Vegelin van Claerbergen, inv.nr. 167, *Toezegging/overeenkomst tussen Regnerus van Andringa en Hobbe van Baerdt,* 22 juni 1640.
[545] Ook bekend als Regnerus van Andringa.
[546] Grietman van Haskerland.

van de Grietenije mochte geraken ende emant van ons beyden alsdan in het College der Heeren Gedeputeerden mochte sitten soo beloven wy den voornoemden Egbert Baert voor soo veel in ons is tot Grietman te promoveren / Dat bevestigen van 't gene voorschreven is hebben wy desen met onsse handen vertekend / den 22 junij 1640.

(Getekend door) S. Teijens 1640 en R. Andringa 1640

Bijlage 5.7.1. Relatie tussen de families Van Scheltinga, Van Hylckama en Andringa de Kempenaer.

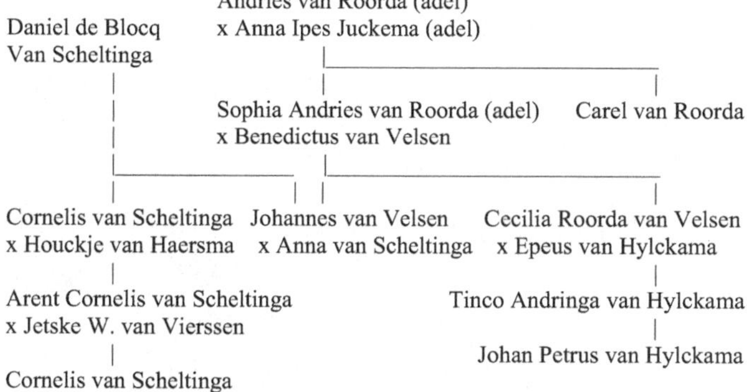

Tabel 5.7.1 Familierelatie tussen Cornelis van Scheltinga en Johan Petrus van Hylckama, gezien vanuit Andries van Roorda.

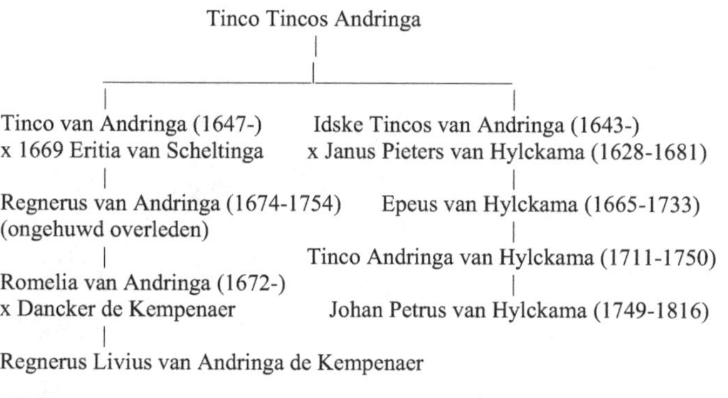

Tabel 5.7.2 Familierelatie tussen Van Andringa de Kempenaer, Van Scheltinga en Van Hylckama.

Bijlage 5.7.2 Huwelijken tussen de verschillende families.

Lubbert Lycklama à Nijeholt	Romelia van Scheltinga
Augustinus Lycklama à Nijeholt (1670-1744)	Houkje van Glinstra (1671-1693)
idem	Dedtke van Andringa (1677-1719)
Livius Suffridus Lycklama à N. (1695-1773)	Aukje van Scheltinga (1710-1765)
Tinco Lycklama à Nijeholt (1696-1762)	Martha Kinnema van Scheltinga (1702-1778)
Johannes van Scheltinga (1632-1669)	Maria Aulus van Haersma
Cornelis van Scheltinga (1655-1732)[547]	Houkje van Haersma (1676-1728)
Daniel de Blocq van Scheltinga (1704-1781)[548]	Aletta Catharina Lycklama à Nijeholt (1717-1789)
Arent Cornelis van Scheltinga (1715-1761)	Jetske Wiskia van Vierssen (1717-1762)
Martinus van Scheltinga (1736-1799)[549]	Wiskje van Bouricius (1742-1795)
Cornelis van Scheltinga (1743-1812)[550]	Aurelia Aletta van Haersma (1748-1810)
Leonardus Epeus van Scheltinga (1748-1834)[551]	Maria van Haersma (1743-1826)
Arent Arnoldus van Haersma (1645-1709)	Aurelia van Glinstra (1645-1707)
Sybrand van Haersma (1766-1839)	Isabella Boreel van Scheltinga
Hobbe van Baerdt[552]	Apollonia van Vierssen

---

[547] Tresoar, DTB 598, 1673-1743, *Trouwregister Hervormde gemeente Heerenveen,* 1699.
[548] Tresoar, DTB 598, 1673-1743, *Trouwregister Hervormde gemeente Heerenveen,* 1735
Tresoar, DTB 75, 1639-1810, *Trouwregister Hervormde gemeente Jorwerd,* 1735.
Tresoar, DTB 990, 1732-1736, *Trouwregister Hervormde gemeente Leeuwarden,* 1735.
[549] Tresoar, DTB 995, 1761-1766, *Trouwregister Hervormde gemeente Leeuwarden,* 1764.
[550] Tresoar, DTB 996, 1766-1772, *Trouwregister Hervormde gemeente Leeuwarden,* 1768
[551] Tresoar, DTB 4, 1772-1812, *Trouwregister Hervormde gemeente Augustinusga,* 1774.

Tjalling Aedo van Sminia	Catharina van Haersma
Jetze Baerdt van Sminia (1703-)	Wiskje van Haersma
Hobbe Baerdt van Sminia I (-1721)[553]	Catharina Van Haersma
Hobbe Baerdt van Sminia II (1730-1813)[554]	Louise Albertina van Glinstra
Hector van Sminia (1763-1816)	Wiskje van Haersma
Hobbe Baerdt van Sminia III (1797-1858)[555]	Wiskje Coehoorn van Scheltinga
Arent Johannes van Sminia (1806-1875)[556]	Clara Coehoorn van Scheltinga (1806-1857)
Epeus van Glinstra	Eelkjen van Bouricius
Hector Epeus van Glinstra (1652-1705)	Johanna Hillegonda van Vierssen (1648-1738)
Johannes Hector van Glinstra (-1714)	Anna Livius van Scheltinga (1665-1699)
Vincentius van Glinstra (1676-1730)	Catharina Aurelia Livius van Scheltinga (1683-1761)
Pompeus Onno van Vierssen (1768-1852)	Marthe Kinnema van Scheltinga (1775-1847)
Willem Livius van Vierssen (1680-1752)	Christina van Scheltinga (1693-1763)
Hessel Jetze van Vierssen	Lucia Wilhelmina van Glinstra
Willem Livius van Vierssen (1778-1824)	Johanna Gesina van Scheltinga
Cornelis Livius van Bouricius	Elske van Vierssen
Martinus Jacobus van Bouricius (1708-1755)	Romelia M. Lycklama à Nijeholt (1709-1774)
Tinco van Andringa	Ericia van Scheltinga
Johannes Casparus Bergsma (1775-1818)[557]	Jetske Wiskia van Scheltinga

---

552 Tresoar, DTB 971, 1617-1623, *Trouwregister Hervormde gemeente Leeuwarden,* 1617.
Tresoar, DTB 626, 1640-1704, *Trouwregister Hervormde gemeente Oudega Nijega Opeinde,* 1692.

553 Tresoar, DTB 626, 1640-1704, *Trouwregister Hervormde gemeente Oudega Nijega Opeinde,* 1692.

554 Tresoar, DTB 704, 1679-1811, *Trouwregister Hervormde gemeente Bergum,* 1758.

555 Tresoar, *Huwelijksakte Schoterland*, 1823, Akte nr. 37, 15 juni 1823.

556 Tresoar, *Huwelijksakte Schoterland*, 1828, Akte nr. 28, 31 oktober 1828.

557 Tresoar, DTBL 952, 1798-1802, *Doopboeken Hervormde gemeente Leeuwarden,* 1799.

Bijlage 5.7.3 Voorbeelden van relaties.

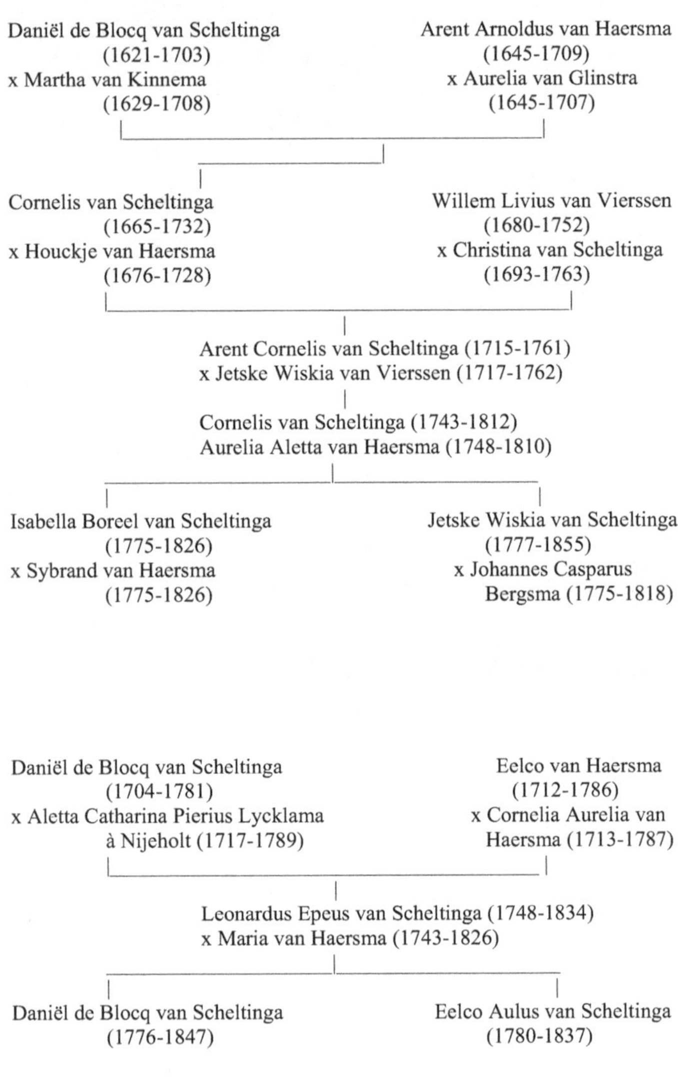

Tabel 5.7.3 Voorbeeld van relaties tussen de families Van Scheltinga, Van Glinstra, Van Haersma, Van Vierssen, Bergsma en Lycklama à Nijeholt.

Bijlage 5.7.4 Relaties met de adel.

In deze tabel zijn de eigenerfden als eerste genoemd, gevolgd door de adellijke huwelijkspartners.

Magdalena van Scheltinga (1661-1683)
Menno baron van Coehoorn (1641-1704)

Catharina van Scheltinga (1663-1724)
Schelto Feyes baron van Heemstra

Martinus van Scheltinga (1666-1742)[558]
x 1700 Amalia Menno barones van Coehoorn (1683-1708)

Cornelis (Martinus) van Scheltinga (1718-1775)[559]
x 1742 Jkvr. Cecilia Johanna van Eysinga (1719-1775)

Frans Julius Johan van Scheltinga (1749-1831)
Jkvr. Clara Tjallinga Aebinga van Humalda

Menno Coehoorn van Scheltinga (1778-1820)
Jkvr. Catharina Johanna van Eysinga (1778-1850)

Wiskje van Scheltinga
Schelto baron van Heemstra

Martinus (Cornelis) van Scheltinga (1744-1820)
Catharina Louise Antoinette barones du Tour van Bellinchave (1760-1837)

---

[558] Tresoar, DTB 301, 1651-1771, *Trouwregister Hervormde gemeente Wyckel,* 1700.
Tresoar, DTB 598, 1673-1743, *Trouwregister Hervormde gemeente Heerenveen,* 1700.
[559] Tresoar, DTB 598, 1673-1743, *Trouwregister Hervormde gemeente Heerenveen,* 1742.

Idzard van Sminia (-1754)[560]
x 1714 Jkvr. Tjallinga Ædonia van Eysinga (-1733)
Cecilia van Sminia[561]
x 1745 Jhr. Tjalling Edo Johan Heringa van Eysinga

Regnerus Livius van Andringa de Kempenaer (1752-1813)
x 1774 Jkvr. Judith Elisabeth d'Arnaud (-1780)[562]
x 1800 Tjallinga Aurelia Wilhelmina Camstra barones thoe Schwartzenberg en Hohenlansberg[563]

Henriette Jacoba van Andringa de Kempenaer[564]
x 1794 Justinus Sjuck Gerold Juckema van Burmania

Antoon Anne van Andringa de Kempenaer (1777-1825)
Jkvr. Anna Maria Catharina Alberda van Ekenstein

Augustinus Lycklama à Nijeholt[565]
x 1762 Susanna barones thoe Schwartzenberg en Hohenlansberg

Tinco Marinus Lycklama à Nijeholt (1766-1844)
Elisabeth Helena barones thoe Schwartzenberg en Hohenlansberg

---

560 Tresoar, DTB 986, 1709-1714, *Trouwregister Hervormde gemeente Leeuwarden,* 1714.
561 Tresoar, DTB 582, 1676-1811, *Trouwregister Hervormde gemeente Rauwerd Irnsum,* 1745.
562 Tresoar, DTB 493, 1772-1811, *Trouwregister Hervormde gemeente Lemmer Follega Eesterga,* 1774.
563 Tresoar, DTB 799, 1624-1810, *Trouwregister Hervormde gemeente Burgwerd Hichtum Hartwerd,* 1800.
564 Tresoar, DTB 486, 1675-1804, *Trouwregister Gerecht Lemsterland,* 1794.
Tresoar, DTB 885, 1707-1810, *Trouwregister Hervormde gemeente IJsbrechtum Tjalhuizum,* 1794.
565 Tresoar, DTB 995, 1761-1766, *Trouwregister Hervormde gemeente Leeuwarden,* 1762.

Wija Catharina van Glinstra[566]
x 1726 Willem Hendrik baron van Heemstra

Louisa Albertina van Glinstra[567]
x 1772 Jhr. Pieter B. Vegelin van Claerbergen

Eritia Martha van Glinstra[568]
x 1801 Johannes Galenius baron van Sytzama

Isabella van Haersma[569]
x 1785 Jhr. Idzard Aebinga van Humalda

---

[566] Tresoar, DTB 704, 1679-1811, *Trouwregister Hervormde gemeente Bergum,* 1726.
Tresoar, DTB 712, 1660-1811, *Trouwregister Hervormde gemeente Oenkerk Giekerk Wijns,* 1726.
[567] Tresoar, DTB 461, 1633-1810, *Trouwregister Hervormde gemeente Cornjum,* 1772.
[568] Tresoar, DTB 1002, 1798-1809, *Trouwregister Hervormde gemeente Leeuwarden,* 1801,
[569] Tresoar, DTB 512, 1600-1811, *Trouwregister Hervormde gemeente Dronrijp,* 1785. Toen zij in 1785 huwden werden zij door het patriottische exercitiegenootschap 'verrast' met hun aanwezigheid; dit moet door de bruidegom waarschijnlijk niet erg geapprecieerd zijn geweest, aangezien hij een Oranjeaanhanger was. Zie: Tresoar, EVC, 323-01, inv.nr. 327, 9 maart 1785.

Over de auteur

De in 1934 in Leeuwarden geboren drs.ing. Klaas de Groot, die zijn gehele werkzame leven als elektronicus heeft gewerkt, heeft op latere leeftijd nog Cultuurwetenschappen gestudeerd. Hij heeft zich gespecialiseerd in de Friese geschiedenis, en dan vooral die rond de periode van de revoluties en de Franse bezetting.

Zeitfracht Medien GmbH
Ferdinand-Jühlke-Straße 7
99095 Erfurt, Deutschland
produktsicherheit@kolibri360.de